"十四五"国家重点出版物出版规划项目

国家出版基金项目
NATIONAL PUBLICATION FOUNDATION

中国区域协调发展研究丛书

范恒山　主编

# 粤港澳大湾区
# 高质量发展

陈文玲　徐占忱　李浩东 等 著

辽宁人民出版社

© 陈文玲 等　2023

**图书在版编目（CIP）数据**

粤港澳大湾区高质量发展 / 陈文玲等著. —沈阳：
辽宁人民出版社，2023.11
（中国区域协调发展研究丛书 / 范恒山主编）
ISBN 978-7-205-10960-8

Ⅰ.①粤… Ⅱ.①陈… Ⅲ.①区域经济发展—协调
发展—研究—广东、香港、澳门 Ⅳ.①F127.65

中国国家版本馆 CIP 数据核字（2023）第 223410 号

出版发行：辽宁人民出版社
　　　　　地址：沈阳市和平区十一纬路 25 号　邮编：110003
　　　　　电话：024-23284321（邮　购）　024-23284324（发行部）
　　　　　传真：024-23284191（发行部）　024-23284304（办公室）
　　　　　http://www.lnpph.com.cn
印　　刷：辽宁新华印务有限公司
幅面尺寸：170mm×240mm
印　　张：28
字　　数：360 千字
出版时间：2023 年 11 月第 1 版
印刷时间：2023 年 11 月第 1 次印刷
策划编辑：郭　健
责任编辑：张婷婷　郭　健
封面设计：胡小蝶
版式设计：留白文化
责任校对：吴艳杰
书　　号：ISBN 978-7-205-10960-8
定　　价：98.00元

# 总　序

　　区域发展不平衡是世界许多国家尤其是大国共同面对的棘手难题，事关国家发展质量、民族繁荣富强、社会和谐安定。鉴此，各国都把促进区域协调发展作为治理国家的一项重大任务，从实际出发采取措施缩小地区发展差距、化解突出矛盾。

　　我国幅员辽阔、人口众多，各地区自然资源禀赋与经济社会发展条件差别之大世界上少有，区域发展不平衡是基本国情。新中国成立以来，党和国家始终把缩小地区发展差距、实现区域协调发展摆在重要位置，因应不同时期的发展环境，采取适宜而有力的战略与政策加以推动，取得了积极的成效。新中国成立初期，将统筹沿海和内地工业平衡发展作为指导方针，为内地经济加快发展从而促进区域协调发展奠定了坚实基础；中共十一届三中全会以后，实施东部沿海率先发展战略，为快速提升我国综合实力和国际竞争力提供了强劲驱动力。"九五"时期开始，全面实施区域协调发展战略，以分类指导为方针解决各大区域板块面临的突出问题，遏制了地区差距在一个时期不断拉大的势头。党的十八大以来，协调发展成为治国理政的核心理念，以区域重大战略为引领、以重大区域问题为抓手，多管齐下促进区域协调发展，区域经济布局和国土空间体系呈现崭新面貌。在新中国七十多年发展的辉煌史册中，促进区域协调发展成为最亮丽、最动人的篇章之一。围绕发挥地区比较优势、缩小城乡区域发展和收入分配差距，促进人的全面发展并最终实现全体人民共同富裕这个核心任务，中国从自身实际出发开拓进取，推出了一系列创新性举措，形成了一大批独特的成果，也积累了众多的富有价值的宝贵经验，成为大国解决区域发展不平衡问题的一个典范，为推动全人类更加公平、更可持续的发展做出了重要贡献。中国的探索，不仅造就了波澜壮阔、撼人肺腑的伟大实践，也形成了具有自身特色的区域协调发展的理论体系。

我国已经开启全面建设社会主义现代化国家的新征程。促进区域协调发展既是推进中国式现代化的重要内容，也是实现中国式现代化的重要支撑。缩小不合理的两极差距，实现区域间发展的动态平衡，有利于推动经济高质量发展，有利于增进全体人民幸福美好生活，有利于实现国家的长治久安。我国促进区域协调发展取得了长足的进步，但面临的任务依然繁重，一些积存的症疾需要进一步化解，一些新生的难题需要积极应对。我们需要认真总结以往的成功做法，适应新的形势要求，坚持目标导向和问题导向的有机统一，继续开拓创新，把促进区域协调发展推向一个新高度，努力构建优势互补、高质量发展的区域经济布局和国土空间体系。

顺应新时代推进现代化建设、促进区域协调发展的要求，中国区域协调发展研究丛书出版面世。本套丛书共 10 册，分别是《中国促进区域协调发展的理论与实践》《四大区域板块高质量发展》《区域发展重大战略功能平台建设》《京津冀协同发展》《长江经济带发展》《粤港澳大湾区高质量发展》《长江三角洲区域一体化发展》《黄河流域生态保护和高质量发展》《成渝地区双城经济圈建设》《高水平开放的海南自由贸易港》，既有关于区域协调发展的整体分析，又有对于重大战略实施、重点领域推进的具体研究，各具特色，又浑然一体，共同形成了一幅全景式展示中国促进区域协调发展理论、政策与操作的图画。从目前看，可以说是我国第一套较为系统全面论述促进区域协调发展的丛书。担纲撰写的均是经济、区域领域的著名或资深专家，这一定程度地保障了本丛书的权威性。

本丛书付梓面世凝聚了各方面的心血。中央财办副主任、国家发展改革委原副主任杨荫凯同志首倡丛书的撰写，并全程给予了积极有力的推动和指导；国家发展改革委地区振兴司、地区经济司、国土地区所等提供了重要的支撑保障条件，各位作者凝心聚力进行了高水平的创作，在此谨致谢忱。

期待本丛书能为加快中国式现代化建设，特别是为促进新时代区域协调发展提供有益的帮助，同时也能为从事区域经济工作的理论研究者、政策制定者和实践探索者提供良好的借鉴。让我们共同努力，各尽所能，一道开创现代化进程中区域经济发展的新辉煌。

2023 年 10 月

# 前　言

　　建设粤港澳大湾区是习近平总书记亲自谋划、亲自部署、亲自推动的重大国家战略。2017 年 7 月 1 日，在习近平主席见证下，香港特别行政区、澳门特别行政区、国家发展和改革委员会、广东省共同签署了《深化粤港澳合作　推进大湾区建设框架协议》。2019 年 2 月 18 日，中共中央、国务院印发了《粤港澳大湾区发展规划纲要》，充分发挥粤港澳综合优势，深化内地与港澳合作，进一步提升粤港澳大湾区在国家经济发展和对外开放中的支撑引领作用。粤港澳大湾区是我国开放程度最高、经济活力最强的区域之一，是国家建设世界级城市群和参与全球竞争的重大战略选择，在国家发展大局中具有重要战略地位。珠海横琴、深圳前海和广州南沙是《粤港澳大湾区发展规划纲要》中明确规定的重大发展合作平台，2021 年以来，中共中央、国务院先后发布了《横琴粤澳深度合作区建设总体方案》《全面深化前海深港现代服务业合作区改革开放方案》和《广州南沙深化面向世界的粤港澳全面合作总体方案》，"以点带面"引领带动粤港澳全面深化合作，从而拓展港澳发展空间，支持港澳经济社会发展，保持港澳长期繁荣稳定。2023 年以来，《关于金融支持前海深港现代服务业合作区全面深化改革开放的意见》《关于协同打造前海深港知识产权创新高地的十六条措施》等各项政策密集出台，进一步将深港融合发展向纵深推进。2023 年 4 月，习近平总书记在广东考察时指出，"粤港澳大湾区在全国新发展格局中具有重要战略地位"，强调要"使粤港澳大湾区成为新发展格局的战略支点、高质量发展的示范地、中国式现代化的引领地"，为在新时代新征程推进粤港澳大湾区建设进一步指明了前进方向，注入了强大动力。

　　改革开放 40 多年来，我国适应经济全球化发展大势，抓住了重要历史机遇，大力发展开放型经济，取得了举世瞩目的巨大成就。其中，香港始终是联系内地与国际市场的重要纽带,在内地扩大对外开放过程中,港澳发挥了重要的积极的作用。广东是东南沿海先发区域,其改革开放与其毗邻港澳有很大关系,在国家发展中始终走在前列。因此,新时期、新形势下将国家开放经验转化为粤港澳大湾区的制度设计,是粤港澳大湾区更好地承担国家全面对外开放使命的现实需要,有利于推动我国从商品要素开放向制度型开放转变,有利于构建开放型中国与开放型世界接轨的开放型经济新体制,有利于推进共建"一带一路"和构建人类命运共同体,形成新发展格局、新安全格局、新文明格局、新开放格局;有利于推动"一国两制"事业发展新实践,更好地融入国家发展大局;有利于推动我国经济高质量发展,打造绿色低碳优质生活圈,为长时期大国博弈赢得战略主动,为实现中华民族伟大复兴梦想、推进中国式现代化进程当好排头兵。

中国国际经济交流中心一直致力于粤港澳大湾区研究,课题组相关研究人员深入大湾区调研,开展了粤港澳大湾区规划、粤港粤澳合作框架、粤港澳大湾区城市群发展规划、粤港澳大湾区标准规则对接等多项重大研究,为相关规划和文件起草做出了积极贡献,研究积累丰富。本书详细阐述粤港澳大湾区发展的重大战略价值和发展思路,对大湾区的历史沿革进行系统梳理,通过世界三大湾区发展经验对比总结出大湾区发展的主要特征和发展经验。在以上研究基础上,提出未来大湾区迈向高质量发展的重点任务和战略举措。最后针对创新和规则标准衔接两个重大问题进行专题研究和讨论,旨在对大湾区未来发展提出有针对性、建设性和前瞻性的政策参考建议。

本书由陈文玲总负责,提出研究思路和框架,并指导课题组完成了研究任务;徐占忱负责组织工作。具体章节编写人员如下:绪论,李锋;第一章,颜少君;第二章,谢兰兰;第三章,任海平;第四章,张乃欣;第五章,毕成良;第六章,李浩东;第七章,陈文玲;第八章,陈文玲、徐占忱、颜少君、李锋、张茉楠、田栋、梅冠群、李浩东。最后,由陈文玲和徐占忱负责全书统稿,李浩东具体负责对全书进行统一修改和订正。

2023 年 10 月

# 目　录

# 专题篇

# 总论篇

ZONG LUN
PIAN

# 绪　论

　　建设粤港澳大湾区是习近平总书记亲自谋划、亲自部署、亲自推动的重大国家战略。"一个国家、两种制度、三个关税区、三种货币"之下的大湾区建设，开世界未有之先例。2017年7月1日，《深化粤港澳合作 推进大湾区建设框架协议》签署。党的十九大报告提出，以粤港澳大湾区建设、粤港澳合作、泛珠三角区域合作等为重点，全面推进内地同香港、澳门互利合作。2018年8月，国家粤港澳大湾区建设领导小组成立。2018年11月12日，习近平总书记在会见香港澳门各界庆祝国家改革开放40周年访问团时，对大湾区建设作出指示："要大胆闯、大胆试，开出一条新路来。"2019年2月18日，中共中央、国务院印发了《粤港澳大湾区发展规划纲要》，充分发挥粤港澳综合优势，深化内地与港澳合作，进一步提升粤港澳大湾区在国家经济发展和对外开放中的支撑引领作用。打造粤港澳大湾区，建设世界级城市群，有利于丰富"一国两制"实践内涵，进一步密切内地与港澳交流合作，为港澳经济社会发展以及港澳同胞到内地发展提供更多机会，保持港澳长期繁荣稳定；有利于贯彻落实新发展理念，深入推进供给侧结构性改革，加快培育发展新动能、实现创新驱动发展，为我国经济创新力和竞争力不断增强提供支撑；有利于进一步深化改革、扩大开放，建立与国际接轨的开放型经济新体制，建设高水平参与国际经济合作新平台；有利于推进"一带一路"建设，通过区域双向开放，构筑丝绸之路经济带和"21世纪海上丝绸之路"对接融汇的重要支撑区。

## 一、新时期粤港澳大湾区建设的独特战略价值和长远历史意义

建设粤港澳大湾区有利于成为特色鲜明的国际金融中心、国际航运中心、国际贸易中心、国际科技产业创新中心、全球先进制造业基地，城市功能布局更加合理，人口与经济集聚度进一步提高，参与全球合作与竞争的能力大幅跃升，国际影响力显著提升，逐渐发展成为充满活力的世界级城市群，跻身国际一流湾区行列。

### （一）助推中国提高全球竞争力和影响力的客观要求

推动粤港澳合作发展，有利于培育比肩以纽约、伦敦、东京为中心的世界级城市群，建设高水平参与国际经济合作新平台，配合中国实现从经济大国向经济强国的转变。"一国两制"背景下的粤港澳大湾区经过多年发展，除了经济实力雄厚、科研能力突出等现实优势外，在互补发展、制度创新、资源集聚、文化认同、优质生活等方面也具有突出的优势，可以形成代表中国参与国际竞争的世界一流湾区。

一是便于优势互补携手发展。港澳作为知名自由港，与内地属不同的三个独立关税区。港澳有国际化营商环境、发达的国际营销网络、世界一流的专业服务能力、与内地互补的产业结构和多种语言、多元文化优势，国际资本认可程度高，能快速融入国际经济体系。内地有先进的制造业基础，庞大的内需市场，丰富的劳动力供给和依然存在的低成本优势，双方可以实现互补发展。

二是便于制度创新共同发展。两地实行不同的经济、社会、政治制度，形成了迥异的发展格局。港澳是成熟发达的市场经济体，小政府大社会，社会治理结构多元但行政效率相对较低。内地实行有中国特色的社会主义市场经济，强势政府，行政效率相对较高。两地可以在构建高标准经贸规则、推进政府行政体制改革、推进社会事业共建共享、推动产业协同发展等方面进行合作，共同进行制度创新。通过若干制度创新，打造一个充满活力、务实高效的创新高地，形成自己的规则、标准，代表国家参与国际竞争，最终引

领国际标准制定。

三是便于集聚高端资源。大湾区是中国市场经济最发达的地区，市场主体发达活跃，契约意识强，营商环境好，吸引集聚了众多高等级的研发平台、著名的科技引领型企业、体系完整的全产业链条、高水平的创新创业人才、汹涌澎湃的创新热情、海量供应的民间资本、发达的国际营销网络、相对成熟的市场环境。此外，集中了经济特区、自贸试验区、国家级新区、开放型经济新体制试点试验区等众多平台，政策优势叠加，可先行先试。

四是便于增进文化认同。粤港澳大湾区三地通用粤语，语言相通，文化相近，血脉相连，发展历程相似，内部具有天然的认同感。港澳一直是中国对外开放的窗口，东西方文明在此汇聚，具有开放包容的文化内涵。内地九市经过四十多年改革开放的洗礼，整体形成了敢为天下先的文化特质。基于文化认同，经过规划的科学引导，该区域可从区域共同体向经济共同体进而是社会共同体逐步迈进。

五是便于发挥外来人口红利。粤港澳大湾区是中国移民人数最多的地区之一，外来人口红利持续增加，不断为经济保持长久活力注入新鲜血液。2016 年末，广州、深圳常住非户籍人口分别为 534 万人、786 万人，所占比例分别为 38%、66%；2021 年末，广州、深圳常住非户籍人口分别为 870 万人、1212 万人，所占比例分别为 46%、69%。2016 年深圳市留学人员引进人数再创历史新高，达到 10509 人，同比增长 49.3%，10 年间年度引进留学人员人数从 1 千人增长到 1 万人。2021 年，深圳新引进落户 2.7 万名留学回国人员，同比增长超三成，数量创历年新高。

### （二）粤港澳大湾区是全面深化改革和扩大开放的新探索

2008 年国际金融危机以来，逆全球化思潮日益凸显。为了缓解国内经济放缓带来的压力，西方发达国家政府开始在移民、投资和贸易等领域趋于保守。全球化进程遭遇"逆风"，贫富分化日益严重，地区热点问题此起彼伏，恐怖主义、网络安全、重大传染性疾病、气候变化等非传统安全威胁持续蔓延，人类面临许多共同挑战。全球化在当代社会面临的最大问题是"政治意愿的减弱"，虽然反全球化很多年前就一直存在，但之前只是一种社会思潮，现在的逆全球化成了政治思潮，在欧美等国家都不同程度存在。部分原因是全球化虽然创造了史无前例的巨大财富，但是财富只是流到了部分国家和极少数人手中，社会分化、收入分配差距加大、结构性失业增加、生态环境恶化等问题日益凸显。经济全球化是一把"双刃剑"，当世界经济处于下行期的时候，全球经济"蛋糕"不容易做大，甚至变小了，增长和分配、资本和劳动、效率和公平的矛盾就会更加突出，发达国家和发展中国家都会感受到压力和冲击。

从国际看，世界多极化、经济全球化、文化多样化、社会信息化深入发展，为粤港澳大湾区提升国际竞争力提供了良好的外部环境；新一轮科技革命和产业变革蓄势待发，为粤港澳大湾区成为国际产业创新策源地提供了新机遇。同时，过去数十年，国际经济力量对比深刻演变，新兴市场国家和发展中国家对全球经济增长的贡献率已经达到80%，而全球治理体系未能反映这种新格局，代表性和包容性很不够。全球产业布局在不断调整，新的产业链、价值链、供应链日益形成，而贸易和投资规则未能跟上新形势，机制封闭化、规则碎片化十分突出。全球金融市场需要增强抗风险能力，而全球金融治理机制未能适应新需求，难以有效化解国际金融市场动荡不稳、资产泡沫积聚等问题。

从国内看，国家"一带一路"倡议的实施，为粤港澳大湾区充分发挥港澳独特优势，更高层次更高水平参与国际合作和竞争带来了新空间；我国发展进入新常态，要求经济增长更多依靠科技进步、劳动者素质提升和管理创新，为粤港澳大湾区更好发挥科教创新优势，推动创新发展、转型升级带来了新契机；全面深化改革进入新阶段，为创新粤港澳大湾区合作发展体制机制注入了新活力。从粤港澳大湾区看，物质基础雄厚，产业体系完备，资金供给充裕，人力资本丰富，创新动能增强，消费升级加快，市场空间广阔，综合优势显著。

建设粤港澳大湾区有利于推动"一带一路"倡议实施，通过区域双向开放，向南面向广大南亚、东南亚市场，向西面向欧亚大市场，构筑丝绸之路经济带和"21世纪海上丝绸之路"对接融汇的重要支撑区；有利于构建高标准贸易投资规则，建立与国际接轨的开放型经济新体制，为全面深化改革和扩大开放探索新途径、积累新经验。

**（三）粤港澳地区自身调整转型和可持续发展的内在要求**

对标国际一流湾区和世界级城市群，粤港澳大湾区发展也面临着不少问题。一是"一国两制"框架下易造成区域分割。不同于世界上其他国际一流湾区，粤港澳大湾区内存在三个相互独立的关税区，客观上限制了人流、物流、资金流、信息流等生产要素的自由流动，内部未能构建起统一市场。二是对构建紧密型经济体的设想与措施方面内地"热"、香港"冷"，理念、认知、行动上存在差异。港澳对如何将制度优势转化为竞争优势思路不清，在特定领域存在排斥与内地合作的现象。三是粤港澳大湾区各城市单元整合程度较低，缺乏整体协同，城市间合作发展面临障碍，未形成"群"的发展效应，在交通规划一体化、新兴产业错位发展、土地和资源集约利用、生态环境共治、公共服务同城化等方面尚面临协调难题，个别领域同质化竞争，资源错配程度高。四是粤港澳大湾区发展不协调。东西两岸在经济实力、发展阶段、常住人口等方面有较大差距，东岸拥有香港、深圳两个国际化大都市，西岸则缺乏这样的发展引擎。粤港澳大湾区与周边粤东、西、北发展差距大，辐射带动作用没有有效发挥。五是创新发展面临障碍。土地物业及人力成本高企，创新成本较高。同时，结构性问题突出，基础研究能力相对薄弱，原始创新不足，文化领域创新能力下降，创新合作程度不深。六是交通枢纽功能不强，区域对外通道还较为薄弱，铁路对外运输能力较为紧张，限制了珠三角与纵深腹地的经济联系，区域内部通道还有待进一步完善，城际轨道发展明显滞后，粤港澳大湾区东西岸之间的交通连接依然薄弱，港口、机场未能充分利用，跨界交通基础设施衔接不够通畅。七是资源约束趋紧，生态环境压力严峻。土地开发强度大，部分城市超过30%的国际警戒线。黑臭水体问题突出，水污染问题严重。违法建筑成片成群，清理难度较大。八是《内地与香港关于建立更紧密经贸关系的安排》（简称"CEPA"）落地存在障碍。存在"大门开、小门不开""玻璃门""弹簧门"等现象。另外，粤港澳大湾区在国际影响力、营商环境、辐射带动等方面存在一些问题，与国际一流湾区的建设目标还有相当差距。

### （四）拓展港澳地区发展新空间和保持港澳长期繁荣稳定

建设粤港澳大湾区有利于探索"一国两制"条件下区域合作新机制，打造深度解决港澳问题的新平台，拓展港澳地区发展新空间，提升港澳国际竞争力，保持港澳长期繁荣稳定。国际上，金融危机冲击和深层次影响在相当长时期依然存在，世界经济在深度调整中曲折复苏、增长乏力；国际金融市场动荡不稳，全球贸易持续低迷，全球化进程遭遇逆风；传统安全威胁和非传统安全威胁交织，国际关系复杂程度前所未有，不稳定不确定因素明显增多。国内，有效需求乏力和有效供给不足并存，结构性矛盾更加凸显；传统比较优势减弱，金融风险隐患增大；资源约束趋紧，生态环境恶化趋势尚未得到根本扭转；收入差距较大，人口老龄化加快。粤港澳大湾区自身，存在三个相互独立的关税区，内部未能实现要素自由流动；内部各单元在一些领域同质化竞争，导致恶性竞争、资源错配；整体创新合作程度不深，世界级企业和品牌缺乏，国际影响力有待提升；香港国际金融中心地位弱化，澳门产业结构过于单一；香港社会内部矛盾显现，部分人群对祖国认同感降低。

## 二、粤港澳大湾区具备建成国际一流湾区和世界级城市群的基础条件

粤港澳大湾区包括广东省的广州、深圳、珠海、佛山、惠州、东莞、中山、江门、肇庆9市和香港、澳门两个特别行政区。改革开放以来，特别是香港、澳门回归祖国后，粤港澳合作不断深化实化，粤港澳大湾区经济实力、区域竞争力显著增强，已成为中国综合实力最强、开放程度最高、经济最具活力的区域之一，无论是经济规模、外向程度、产业形态，还是城市竞争力和区域一体化水平，都已具备建成国际一流湾区和世界级城市群的基础条件。

## （一）综合实力雄厚

总体经济规模较大。近年来，粤港澳大湾区建设取得阶段性显著成效，国际一流湾区和世界级城市群建设迈出坚实步伐。2021 年大湾区经济总量约 12.6 万亿元人民币（约合 1.95 万亿美元），比 2017 年增长约 2.4 万亿元人民币；世界 500 强企业 25 家，比 2017 年增加 8 家；其中，深圳经济总量超过 3 万亿人民币，香港和广州经济总量均超过 2 万亿人民币。同时，粤港澳大湾区经济腹地广阔，泛珠三角区域拥有全国约五分之一的国土面积、三分之一的人口和三分之一以上的经济总量。

外向型经济发达。对外贸易总额、利用外资总额、港口集装箱年吞吐量、机场旅客年吞吐量等都位居各湾区前列。2021 年，粤港澳大湾区港口集装箱年吞吐量超过 8000 万标箱，机场旅客年吞吐量达 2 亿人次，位居各著名湾区之首。

人口总量大。第七次全国人口普查公报数据显示，截至 2020 年 12 月，粤港澳大湾区常住人口高达 8617.19 万人，比提出规划建设大湾区的 2017 年年底增加了 472.83 万人。粤港澳大湾区总人口超过纽约、东京和伦敦三大城市群，人口密度基本与东京湾区持平。

## （二）创新累积效应显现

粤港澳大湾区是中国市场经济最发达的地区，市场主体发达活跃，契约意识强，营商环境好，集聚并形成了众多高等级的研发平台、著名的科技引领型企业、体系完整的全产业链条、高水平的创新创业人才、汹涌澎湃的创新热情、海量供应的民间资本、发达的国际营销网络、相对成熟的市场环境。

高端创新要素加快聚集。香港拥有世界 100 强大学 4 所，广东省拥有国家工程实验室 12 家、国家工程（技术）研究中心 23 家、国家认定企业技术中心 87 家，涌现出华为、腾讯、比亚迪、大疆等一大批创新型企业。2021 年，广东省高新技术企业超过 6 万家，其中绝大部分都在粤港澳大湾区，比 2017 年净增加 2 万多家。2021 年广东区域创新综合能力排名蝉联全国第一，实现了"五连冠"；全省研发经费支出超 3800 亿元，占地区生产总值比重达

3.14%；发明专利有效量、专利合作条约（PCT）国际专利申请量等重要的创新指标位居全国首位；"深圳—香港—广州"科技集群蝉联全球第二位。

外来人口红利位居全国前列。粤港澳大湾区是中国移民人数最多的地区之一，外来人口红利持续增加，不断为经济保持长久活力注入新鲜血液。截至 2020 年底，深圳市常住人口为 1756.01 万人，与 2010 年第六次全国人口普查相比增加 713.65 万人，相当于全省同期增量 2171 万的三分之一，增量居全省第一，比同期江苏省人口增量（609 万）还多；广州市常住人口为 1867.66 万人，与 2010 年第六次全国人口普查相比增加 597.58 万人，增量居全省第二。

### （三）产业结构不断优化

粤港澳大湾区经济结构正向湾区经济的中高级迈进。港澳地区现代服务业占主导，服务业增加值占地区生产总值比重均在 90% 左右，金融、医疗、旅游、贸易、物流、法律、会计、商业管理、餐饮、博彩等行业发达。内地 9 市产业体系比较完备，制造业基础雄厚，正向先进制造升级，产品科技含量不断提升，金融、信息、物流、商务、科技等高端服务业发展较快，已形成先进制造业和现代服务业双轮驱动的产业体系。（表 1）

表 1 粤港澳大湾区 2021 年地区生产总值构成比重（%）

| 类别 | | 第一产业 | 第二产业 | 第三产业 |
|---|---|---|---|---|
| 内地 9 市 | 广州市 | 1.1 | 27.4 | 71.5 |
| | 深圳市 | 0.1 | 37.0 | 62.9 |
| | 佛山市 | 1.7 | 56.0 | 42.3 |
| | 惠州市 | 4.7 | 53.3 | 42 |
| | 东莞市 | 0.3 | 58.2 | 41.5 |
| | 中山市 | 2.5 | 49.4 | 48.1 |
| | 江门市 | 8.2 | 45.5 | 46.3 |
| | 珠海市 | 1.4 | 41.9 | 56.7 |
| | 肇庆市 | 17.3 | 41.6 | 41.1 |

| 类别 | | 第一产业 | 第二产业 | 第三产业 |
|---|---|---|---|---|
| 港澳 | 香港 | 0.7 | 10.1 | 89.2 |
| | 澳门 | 0.0 | 4.3 | 95.7 |
| 广东省 | | 4.0 | 40.4 | 55.6 |
| 全国 | | 7.3 | 39.4 | 53.3 |

数据来源：国家统计局，Wind 数据，香港年报。澳门为 2019 年数据。

### （四）国际化程度较高

粤港澳大湾区与世界经济深度融合，国际交流频繁。香港作为国际金融、贸易和航运中心，连续 22 年获评全球最自由经济体。澳门正在建设世界旅游休闲中心和中国与葡语系国家商贸合作服务平台。广州、深圳等珠三角城市是内地外向型经济发展的重要代表城市，深圳是具有国际影响力的国际科技产业创新中心，广州是国际商贸中心。粤港澳大湾区是中国对外贸易的重要门户和全球投资最活跃的区域，也是参与经济全球化和国际分工协作的主要地区之一。大湾区对外货物贸易额占全国的比重约为四分之一，实际利用外商直接投资额占全国的比重约为五分之一，对外直接投资额占全国的比重约为四分之一。同时，粤港澳大湾区在近代以来就是中国对外开放的前沿，港澳一直是中国对外开放的窗口，东西方文明在此汇聚，具有开放包容的文化内涵。

### （五）区域合作进入新阶段

在《内地与香港关于建立更紧密经贸关系的安排》《内地与澳门关于建立更紧密经贸关系的安排》及有关补充协议（CEPA）和粤港、粤澳合作框架协议下，粤港澳三地已经形成多层次、全方位的合作发展机制，粤港澳合作正进入以经贸制度对接、技术标准互认和服务贸易自由化为主导的新阶段。

《珠江三角洲改革发展规划纲要（2008—2020）》实施以来，珠三角地区一体化水平不断提升。基础设施互联互通加快推进，拥有世界上最大的海港群和空港群，辐射国际、国内的对外通道正在形成，以口岸为节点，由轨道、公路、水运、航空等多种运输方式组成的跨界交通基础设施体系得以完善，港珠澳大桥和深中通道建成后将显著改善大湾区东西岸之间的交通连接。优质生活圈初具规模，广州、东莞、惠州、肇庆等城市已建成国家森林城市，人们生活富足，幸福指数较高。大湾区同城化趋向增强，城市间合作进一步加深，正从"一群城市"的城乡一体化向"一个城市群"的区域一体化发展，已具备建设世界级城市群基础条件。

粤港澳三方可以实现互补发展，香港可以发挥"超级联系人"作用，帮助内地企业"走出去"、提升内地国际化程度、提供国际资本的投融资服务，提升社会治理水平。内地可以支持港澳产业落地，提供广阔内需市场、提供就业创业机会、拓展港澳发展空间。

### （六）政策叠加优势突出

大湾区涵盖港澳两个特别行政区，拥有"一国两制"制度优势。拥有市场化程度较高的经济特区、自由贸易试验区、国家级新区、开放型经济新体制试点试验区等平台，具备先行先试的优势。港澳是成熟发达的市场经济体，小政府大社会，社会治理经验丰富。内地实行中国特色社会主义市场经济，能够更好地发挥政府与市场的作用。两地可以在构建高标准经贸规则、推进政府行政体制改革、推进社会事业共建共享、推动产业协同发展等方面进行合作，共同进行制度创新，打造一个充满活力、务实高效的创新高地，形成自己的规则、标准，代表国家参与国际竞争，最终引领国际标准制订。

## 三、强化粤港澳大湾区建设的战略定位

### （一）充满活力的世界级城市群

粤港澳大湾区将依托香港、澳门作为自由开放经济体和广东作为改革开放排头兵的优势，继续深化改革、扩大开放，在构建经济高质量发展的体制机制方面走在全国前列、发挥示范引领作用，加快制度创新和先行先试，建设现代化经济体系，更好融入全球市场体系，建成世界新兴产业、先进制造

业和现代服务业基地，建设世界级城市群。粤港澳大湾区将积极推进供给侧结构性改革，引导产业向价值链和创新链高端迈进，培育若干千亿级产业集群。经过十多年的努力，粤港澳大湾区有望建成为世界级金融、产业、航运和贸易中心、全球重要的先进制造业和现代服务业基地、具有国际竞争力的现代产业先导区，经济实力明显增强，成为世界经济增长重要引擎。按照目前的地区生产总值增速预测，到2025年，粤港澳大湾区的地区生产总值将突破3万亿美元，超过纽约湾区的规模，接近东京湾区的水平；到2030年，粤港澳大湾区的地区生产总值将突破4万亿美元，超过东京湾区的水平。

**（二）具有全球影响力的国际科技创新中心**

粤港澳大湾区坚持对标世界科技和产业发展前沿，加强创新平台建设，大力发展新技术、新产业、新业态、新模式，加快形成以创新为主要动力和支撑的经济体系；扎实推进全面创新改革试验，充分发挥粤港澳科技研发与产业创新优势，破除影响创新要素自由流动的瓶颈和制约，进一步激发各类创新主体活力，建成全球科技创新高地和新兴产业重要策源地。粤港澳大湾区将统筹利用全球科技创新资源，优化跨区域合作创新发展模式，构建国际化、开放型区域创新体系，打造粤港澳大湾区创新合作共同体，加快推进广东国家科技产业中心和珠三角国家自主创新示范区建设，建设开放创新转型升级新高地，形成以创新为主要引领和支撑的经济体系和发展模式，为国家实施创新驱动发展战略提供支撑，逐步发展成为国际重要的科技产业创新中心。在空间上，将构建"广州—东莞／惠州—深圳—香港—澳门／珠海—中山—江门—佛山"创新带，重点打造广州、深圳、香港科技创新极，培育澳门—珠海科技创新极，引领整个湾区科技创新合作发展。推动粤港澳相关机构共同建设国际科学创新平台，建设广东国家大科学中心，加快对接国家科技重大专项和科技计划。将依托天河二号超级计算机建设国家大数据科学研究中心，推进南沙国家海洋实验室、南沙国家科技兴海示范基地建设，加快东莞散裂中子源、惠州加速器驱动嬗变系统研究装置、惠州强流离子加速器装置以及江门中微子实验站、深圳国家基因库、广东IMEC研究中心等重大科学工程建设。将以粤港澳科技创新平台为依托，加快推进与全球创新型国家合作与交流，拓展科技创新合作空间，全面深化粤港澳与泛珠三角地区科技产业创新合作，支持企业到海外设立研发机构和创新孵化基地，鼓励境内外投资者在粤港澳设立国际科技创新中心或平台。将围绕粤港澳的产业定位以及重点产业技术突破和应用需求，针对下一代通信技术、生物医药、新材料、装备制造、汽车等重点产业领域，加强产业技术链的技术分析，归纳技术链主要环节的构成与研发难点，加强原创性技术和前沿技术的突破。

### （三）"一带一路"建设的重要支撑

粤港澳大湾区将更好发挥港澳在国家对外开放中的功能和作用，提高珠三角九市开放型经济发展水平，促进国际国内两个市场、两种资源有效对接，在更高层次参与国际经济合作和竞争，建设具有重要影响力的国际交通物流枢纽和国际文化交往中心。粤港澳大湾区将立足泛珠三角区域连接南亚、东南亚和沟通太平洋、印度洋的区位优势，发挥港澳独特作用，共同推动"一带一路"建设，构建全方位开放发展新格局，形成粤港澳大湾区参与国际竞争与合作新优势，打造我国高水平参与国际合作的重要区域。粤港澳大湾区将深化与沿线国家基础设施互联互通及经贸合作，强化"一带一路"倡议的起始点与节点"双重功效"，成为连接"21世纪海上丝绸之路"的重要支撑区域。将布局立足国内、直通全球、双向辐射的国际海运物流网络，进一步巩固提升香港国际航运中心地位。将加强广州港、深圳港、珠海港等港口建设，打造海上丝绸之路沿线港口节点，建立"一带一路"沿线港口与物流合作机制。充分利用粤港澳大湾区港口优势，为"一带一路"沿线内陆国家提供转口贸易、仓储物流、离岸金融等综合性服务。同时，粤港澳大湾区还可发挥独特的金融优势，共建"一带一路"金融新枢纽，探索在香港设立以人民币计价交易的证券交易平台，筹备"一带一路"板股票交易市场，促进以跨境金融、离岸金融为重点，通过股权投资、项目投资、金融租赁、银团贷款以及结构化融资等方式，与"一带一路"沿线国家和地区的金融机构和投资机构开展合作。香港将发展成为亚太区国际法律及争议解决服务中心，推动粤港澳深化法律、仲裁、调解及其他争议解决服务的合作，为内地及海外企业与"一带一路"沿线国家和地区开展经贸、投资等合作提供国际法律及争议解决服务，方便广东企业选择港澳作为与海外合作方解决争议的中立第三地。充分发挥港澳所处东西方文明交汇点的独特优势，借助侨乡、英语和葡语三大文化纽带，创新对外传播、文化交流、文化贸易方式，推进东西方文明交流互鉴，推进与"一带一路"沿线国家民心相通，开展全方位公共外交，服务国家战略，建成中华文明输出重要窗口、传统文化勃兴发展基地和亚太国际交往中心。

## （四）内地与港澳深度合作示范区

粤港澳大湾区将依托粤港澳良好合作基础，充分发挥深圳前海、广州南沙、珠海横琴等重大合作平台作用，探索协调协同发展新模式，深化珠三角九市与港澳全面务实合作，促进人员、物资、资金、信息便捷有序流动，为粤港澳发展提供新动能，为内地与港澳更紧密合作提供示范。粤港澳大湾区将通过创新合作机制，破解制约合作发展的突出问题，充分发挥各城市的比较优势，建成全球最具活力经济区，实现优势互补和互利共赢。通过推动升级内地与港澳《关于建立更紧密经贸关系的安排》，加大内地对港澳开放力度，加快两地市场互联互通，推动粤港澳服务贸易自由化不断深化，携手提升金融、研发、咨询、物流等服务行业的国际竞争力。通过清理阻碍要素合理流动的各种规定和做法，建立统一市场体系，推动各类生产要素在区域内便捷流通和优化配置。粤港澳大湾区将通过给予重大合作平台更多先行先试政策，支持深圳前海、广州南沙、珠海横琴、大广海湾经济区、中山粤澳全面合作示范区、港澳青年创业基地建设等重大合作平台对港澳进一步扩大开放，推动粤港澳大湾区在科技创新和金融发展方面走在世界前列。通过支持粤港澳三方在粤港澳大湾区共建产业合作园区，发展"飞地经济"，拓展港澳产业发展空间，同时配套建设国际化社区，提供与港澳衔接的教育、医疗等服务，吸引港澳青年在大湾区就业、生活，拓展港澳居民工作生活空间。通过鼓励金融机构和社会资本共同出资设立粤港澳大湾区合作发展基金，支持重大合作项目建设，在粤港澳大湾区合作发展基金内还可以设立粤港澳大湾区创业投资基金、粤港澳大湾区产业发展基金、粤港澳大湾区生态环境保护合作基金等若干子基金。粤港澳大湾区将把人才资源聚集和开发放在最优先位置，通过优化人才发展机制，完善人才培养、引进、使用机制，放宽外国高层次人才签证和居留许可政策，搭建粤港澳人才交流合作平台，推动大湾区真正成为吸引各类人才创新创业的沃土，造就和聚集一批世界水平的科学家、行业领军人才、工程师和创新团队。

### （五）宜居宜业宜游的优质生活圈

粤港澳大湾区坚持以人民为中心的发展思想，践行生态文明理念，充分利用现代信息技术，实现城市群智能管理，优先发展民生工程，提高大湾区民众生活便利水平，提升居民生活质量，为港澳居民在内地学习、就业、创业、生活提供更加便利的条件，加强多元文化交流融合，建设生态安全、环境优美、社会安定、文化繁荣的美丽湾区。粤港澳大湾区将在落实《共建优质生活圈专项规划》的基础上，共同推进生态空间、生态经济、生态环境、生态文化及生态制度体系建设，形成绿色低碳、可持续发展的生产、生活方式，以宜居、宜业、宜商、宜游为基本要求，将大湾区建成生态安全、环境优美、经济发达、社会安定、文化繁荣、可持续发展的国家绿色发展示范区、中国优质生活圈先行先试区、"21世纪海上丝绸之路"生态文明样板。粤港澳大湾区将加强水污染共同治理，推动水环境质量取得突破进展，联动提升珠江流域水环境质量，加强东江、西江水资源保护，制定大湾区用水总量、用水效率和水功能区纳污红线，探索建立流域分水制度和流域生态补偿机制，力争上下游城市通过援建、共建等创新方式，共同保护水环境质量。将加强大气污染联防联治，为国家城市群大气质量改善树立标杆，健全大湾区大气联合监测网络及预警机制，联合制定主要空气污染物共同减排目标，加快淘汰珠三角地区落后产能。将着力做好土壤污染风险管控，共同加强土壤环境保护与修复，建立土壤环境质量检测网络，合作开展污染场地土壤污染治理与修复试点示范工程。粤港澳大湾区将打造绿色协同发展模式，共建大湾区"低碳发展示范区"，开展绿色低碳示范工程，构建绿色经济体系，加强对传统优势产业的技术扶持和清洁化改造，培育绿色生活、消费观念，推动建立绿色、低碳、循环型社会体系。将共建城市群绿色空间，以土地集约利用、产业循环发展、资源高效利用为原则，共同设定资源消耗上限，共同划定生态保护红线，共同改造提升塑造城市群生态景观，联合加强城市群生态系统建设，共同打造国家森林城市群，共同实施城市交通绿色廊道、水系生态廊道及公共绿地建设提升工程，推动开展邻接地区生态保育合作，共同建立紧凑型城市群绿色空间格局。将以改善大湾区社会民生为重点，推动形成公共服务共享体系和社会协同治理机制，提升内地的社会管理和服务能力。

## 四、充分发挥粤港澳大湾区各地的比较优势实现合作共赢

### （一）创新发展：破解体制机制障碍和关键核心技术被"卡脖子"的难题

建设粤港澳大湾区需要充分发挥各城市的比较优势，重塑国际竞争新优势。但是，粤港澳大湾区建设面临着诸多体制机制障碍，在一定程度上制约了区域合作潜力的发挥和整体国际竞争力的提升。同时，粤港澳大湾区创新驱动发展面临障碍，区域内的创新资源未能实现充分共享，协同创新模式仍在探索中，创新合作程度不深，区域创新潜力尚未完全释放，导致原始创新不足，世界级的企业和品牌不多。土地物业及人力成本高企，创新成本较高，基础研究能力相对薄弱，文化领域创新能力下降。要坚持创新发展，全面深化改革，推动重点领域和关键环节改革取得新突破，释放改革红利，促进各类要素在大湾区便捷流动和优化配置；积极实施创新驱动发展战略，完善区域协同创新体系，集聚国际创新资源，建设具有国际竞争力的创新发展区域。要依托香港、澳门、广州、深圳等中心城市的科研资源优势和高新技术产业基础，充分发挥国家级新区、国家自主创新示范区、国家高新区等高端要素集聚平台作用，联合打造一批产业链条完善、辐射带动力强、具有国际竞争力的战略性新兴产业集群，增强经济发展新动能。加快推进大湾区重

大科技基础设施、交叉研究平台和前沿学科建设，着力提升基础研究水平。优化创新资源配置，建设培育一批产业技术创新平台、制造业创新中心和企业技术中心。充分发挥粤港澳科技和产业优势，积极吸引和对接全球创新资源，建设开放互通、布局合理的区域创新体系。推进"广州—深圳—香港—澳门"科技创新走廊建设，探索有利于人才、资本、信息、技术等创新要素跨境流动和区域融通的政策举措，共建粤港澳大湾区大数据中心和国际化创新平台。

### （二）协调发展：破解发展不平衡不充分的难题

粤港澳大湾区珠江口东西两岸在经济实力、发展阶段、常住人口等方面有较大差距，粤港澳大湾区与周边粤东、西、北发展差距大，没有有效发挥辐射带动作用。粤港澳大湾区各城市的产业定位趋同，金融、航运、制造等领域存在重复建设和恶性竞争的问题。香港希望巩固国际金融、航运、贸易三大中心地位。广州市提出举全市之力建设国际航运中心、物流中心、贸易中心、现代金融服务体系和国家创新中心城市。深圳市提出建成更高水平的国家自主创新示范区、金融中心和功能显著增强的国际物流枢纽城市。同时，各方按照简单的梯度分工配置产业，利益共享的产业链发展不足，不利于形成世界级的产业集群。佛山要强化制造名城地位，建设国家级先进装备制造业城市、珠江西岸先进装备制造业龙头城市。东莞要建设国际制造名城、珠三角创业创新基地。中山要建设世界级现代装备制造业基地。江门要建设世界级轨道交通装备产业基地。肇庆要建设珠江—西江经济带先进制造业重要基地。同时，粤港澳大湾区各城市单元整合程度较低，缺乏整体协同，城市间合作发展面临障碍，未形成"群"的发展效应，在交通规划一体化、新兴产业错位发展、土地和资源集约利用、生态环境共治、公共服务同城化等方面尚面临协调难题，个别领域同质化竞争，资源错配程度高。粤港澳大湾区将实施区域协调发展战略，充分发挥各地区比较优势，加强政策协调和规划衔接，优化区域功能布局，推动区域城乡协调发展，不断增强发展的整体性。

### （三）绿色发展：破解生态保护各自为战的难题

粤港澳大湾区巨大的经济总量带来较大环境压力，资源约束趋紧，废水、废气、工业固废等污染物排放量加大。珠江流域水环境与水质堪忧，黑臭水体问题突出，水污染问题严重，对优质生活圈建设带来挑战。粤港澳大湾区虽然水资源总量丰富，但巨大的经济总量和人口密度使得人均水资源量不足，水资源成为制约经济增长的重要因素。同时，粤港澳大湾区土地开发强度大，部分城市超过30%的国际警戒线，违法建筑成片成群，清理难度较大。粤港澳大湾区要大力推进生态文明建设，树立绿色发展理念，坚持节约资源和保护环境的基本国策，实行最严格的生态环境保护制度，坚持最严格的耕地保护制度和最严格的节约用地制度，推动形成绿色低碳的生产生活方式和城市建设运营模式，为居民提供良好生态环境，促进可持续发展。

### （四）开放发展：破解国内国外双循环节点不强的难题

粤港澳大湾区内部存在三个相互独立的关税区，区域内未能实现要素便捷流通，资源错配程度高，合作发展受制于市场分割。粤港澳大湾区在国家对外开放中的功能和作用还需进一步提升，促进国际国内两个市场、两种资源有效对接，在更高层次参与国际经济合作和竞争。粤港澳大湾区要立足泛珠三角区域连接南亚、东南亚和沟通太平洋、印度洋的区位优势，发挥港澳独特作用，构建全方位开放发展新格局，打造我国高水平参与国际合作的重要区域。粤港澳大湾区要抓住《区域全面经济伙伴关系协定》（RCEP）带来的机遇，以"一带一路"建设为重点，构建开放型经济新体制，打造高水平开放平台，对接高标准贸易投资规则，加快培育国际合作和竞争新优势。充分发挥港澳独特优势，创新完善各领域开放合作体制机制，深化内地与港澳互利合作。发挥香港在金融领域的引领带动作用，巩固和提升香港国际金融中心地位，打造服务"一带一路"建设的投融资平台。支持广州完善现代金融服务体系，建设区域性私募股权交易市场，建设产权、大宗商品区域交易中心，提升国际化水平。支持深圳依规发展以深圳证券交易所为核心的资本市场，加快推进金融开放创新。支持澳门打造"中国—葡语"国家金融服务平台，建立出口信用保险制度，建设成为葡语国家人民币清算中心，发挥中葡基金总部落户澳门的优势，承接中国与葡语国家金融合作服务。研究探索建设"澳门—珠海"跨境金融合作示范区。

### （五）共享发展：破解三地规则衔接不够的难题

粤港澳大湾区城市间在基础设施联通、生态环境共治、公共服务衔接等方面存在一定的障碍，不仅限制了内部合作效应的放大，也限制了与纵深腹地的经济联系。粤港澳大湾区要坚持以人民为中心的发展思想，让改革发展成果更多更公平惠及全体人民。提高保障和改善民生水平，加大优质公共产品和服务供给，不断促进社会公平正义，使大湾区居民获得感、幸福感、安全感更加充实、更有保障、更可持续。推动教育合作发展，支持粤港澳高校合作办学，鼓励联合共建优势学科、实验室和研究中心。充分发挥粤港澳高校联盟的作用，鼓励三地高校探索开展相互承认特定课程学分、实施更灵活的交换生安排、科研成果分享转化等方面的合作交流。密切医疗卫生合作，推动优质医疗卫生资源紧密合作，支持港澳医疗卫生服务提供主体在珠三角九市按规定以独资、合资或合作等方式设置医疗机构，发展区域医疗联合体和区域性医疗中心。推进社会保障合作，探索推进在广东工作和生活的港澳居民在教育、医疗、养老、住房、交通等民生方面享有与内地居民同等的待遇。加强跨境公共服务和社会保障的衔接，探索澳门社会保险在大湾区内跨境使用，提高香港长者社会保障措施的可携性。

## 五、积极谋划推进粤港澳大湾区建设的重大战略举措

### （一）创新体制机制，打造具有全球影响力的湾区

粤港澳大湾区是我国发展最好的城市群之一，未来的目标是建成世界级城市群，在科技创新、金融发展、产业引领等方面具备全球影响力。虽然粤港澳合作已经多年，但是粤港澳大湾区建设仍面临着诸多体制机制的制约。一是产业协同发展机制尚未建立。粤港澳大湾区各城市的产业定位趋同，金融、研发、航运等产业存在重复建设和恶性竞争的问题，同时各方按照简单

的梯度分工配置产业，没有形成利益共享的产业链，不仅加剧了粤港澳大湾区的不平衡发展，而且不利于形成世界级的产业集群。二是尚未形成共同市场。粤港澳大湾区内存在三个相互独立的关税区，内部未能实现要素自由流动，合作发展受制于严重的市场分割。三是国际影响力有待提升。粤港澳大湾区还没有形成世界级的金融中心、创新中心和商贸中心，对中国由经济大国向经济强国迈进的推动力亟待增强。

与渤海湾、杭州湾相比，粤港澳大湾区的最大优势是拥有香港和澳门两个特别行政区、深圳和珠海两个经济特区，具备"一国两制"特殊制度优势和先行先试的机制优势。应发挥上述制度体制优势，坚持目标导向、问题导向和需求导向，着力破解制约粤港澳大湾区合作发展的突出矛盾和问题，打破区域性市场壁垒，探索共建世界级城市群的合作机制与模式，打造世界金融中心、世界创新中心和世界智造中心、世界航运中心，早日建成世界级城市群。

第一，打造内地与港澳更紧密经贸关系的升级版。全面落实《内地与香港、澳门关于建立更紧密经贸关系的安排》（CEPA）有关协议，加大服务业开放的广度和深度，加快两地市场互联互通，推动粤港澳服务贸易自由化不断深化，携手提升金融、研发、咨询、物流等服务行业的国际竞争力。

第二，探索建立统一市场体系。清理阻碍要素合理流动的各种规定和做法，推动各类生产要素跨区域有序流动和优化配置。

第三，给予粤港澳大湾区更大试点权限。加快开放电力、民航、铁路、石油、天然气、邮政、市政公用等行业的竞争性业务，面向社会资本扩大市场准入。扩大金融、教育、医疗、文化、互联网、商贸物流等领域开放，开展服务业扩大开放综合试点。

第四，给予重大合作平台更多先行先试政策。允许深圳前海、广州南沙、珠海横琴、大广海湾经济区、中山粤澳全面合作示范区、港澳青年创业基地建设等重大平台对港澳进一步扩大开放，与港澳共建各类合作园区。

第五，打造人才特区。盖有非常之功，必待非常之人，人是科技创新最关键的因素，粤港澳大湾区要在科技创新和金融发展方面走在世界前列，必须聚集全球英才，把人才资源聚集和开发放在最优先的位置，改革人才培养、引进、使用机制，广泛吸引世界级科技大师、海外优秀专家学者、国际行业领军人才及顶尖人才来大湾区工作和创业，努力造就和聚集一批世界水平的科学家、科技领军人才、工程师和高水平创新团队。

### （二）促进规则衔接，打造具有全球吸引力的湾区

推动粤港澳大湾区规则衔接关系到能否把我国对外开放程度最高、制造业先进、人力资本和创新型企业丰富的优势转化为集成优势；关系到"一国两制"伟大构想的成败和国家长治久安，也事关日益激烈的大国竞争尤其是中美博弈的战略主动权。粤港澳大湾区规则衔接情况复杂，难度大、问题多，不能走老路，必须下定决心以创新思维来设计政策，并采取超常规的办法和方式来推动，确保规则衔接真正落地。

建议中央给予粤港澳大湾区规则衔接的特殊授权，以非常规气魄与思路创新大湾区战略的落地方式。由于粤港澳三地的制度不一样、法律不一样，部分规则衔接需要突破很多法律和制度的限制，不仅变革的特点十分突出，而且改革的不确定性非常大，需要地方在承担一定改革风险的基础上，大胆试大胆闯自主改。建议给予粤港澳大湾区规则衔接的综合授权，建立规则衔接的特殊机制。在中央顶层设计和战略部署下，允许粤港澳大湾区在规则衔接重点领域深化改革、先行先试，允许试对，也允许试错，打通三个单独关税区、不同法律体系的限制，整体破除各种贸易投资壁垒，促进商流、物流、信息流、资本流顺畅流通，推动 11 个城市逐渐成为一个统一的大市场。支持粤港澳大湾区对标国际最高标准进行更多原创性改革，努力形成一些更优秀的规则，促进三地制度优势叠加、要素优势叠加、人才优势叠加、产业优势叠加，形成新的竞争优势，成为世界上竞争力最强的湾区，成为代表国家整体竞争力的重要载体。

建议国家成立推进粤港澳大湾区规则衔接的专门机构，创新大湾区多层次、专业化、常态化的合作机制。粤港澳大湾区规则衔接涉及的事权复杂，

不仅包括副省级城市、计划单列市、经济特区和地级市，还包括特别行政区，不仅涉及省级事权、市级事权，还涉及中央事权，仅通过11个城市之间的双边和多边协商，很多问题无法解决。建议在粤港澳大湾区建设领导小组下设粤港澳大湾区规则衔接专责小组，负责规则衔接的统筹协调工作。中央和国家机关有关部门要加强指导协调，及时研究解决粤港澳大湾区规则衔接工作推进中遇到的重大问题。重大事项按程序向中共中央、国务院请示报告，并研究设立大湾区派出机构。广东省要积极创造条件、全力做好各项指导支持工作。同时，粤港澳三地政府要联合建立粤港澳大湾区规则衔接联席会议机制，常态化推进粤港澳规则衔接工作。根据不同领域规则衔接的不同需求，建立规则衔接协调工作专班，加强粤港澳三地各行各业的沟通与对话。研究建立粤港澳三地跨部门协作相关机制，完善各方信息沟通共享和规则衔接协同推进机制。

建议国家支持粤港澳大湾区内地九市扩大对香港的开放，一手抓放大香港既有优势，一手抓缓解或者消除香港固有难题。"一国两制"是建设大湾区的突出优势，是其他国际湾区没有的优势。推动粤港澳大湾区规则衔接，推动香港实现更好发展。在中美博弈的大背景下，香港的整体优势和战略地位更加凸显。但是，香港经济正处于转型升级和创新发展的关键时期，传统的产业优势缩窄，并面临服务业竞争加剧、科技创新基础薄弱、营商成本上升和外部干扰不断等诸多挑战。同时，香港贫富两极分化问题严重，社会逐渐老龄化，部分居民居住条件差，整体社会幸福感较低。因此，建议在贸易投资、要素流动、资质互认等方面扩大内地对香港的开放，支持珠三角九市主动衔接香港具有国际竞争优势的部分规则，推动香港产业转型升级，帮助香港提升国际竞争优势。通过扩大内地对香港的开放，推动香港成为粤港澳大湾区建设的积极参与者和促成者，进一步巩固香港作为国际金融、航运、贸易中心和国际航空枢纽的地位，进一步放大香港作为中国与世界"超级联系人"的作用。通过扩大内地对香港的开放，成为为香港发展提供人员、信息等生产要素无障碍流通的经济腹地，促进粤港澳大湾区经济深度融合，为香港中低收入阶层提供更大的发展空间，使香港的问题得到妥善解决。支持建设粤港澳大湾区（肇庆）特别合作试验区，发挥肇庆市的生态环境、土地等比较优势，建立香港居民生活功能疏解区，打造为香港居民"量身定制"的社区，破除居住政策制度壁垒，推动香港医疗、社保和保险等在试验区通用。

建议国家支持珠三角九市延伸内地自贸试验区、自由贸易港政策，同时与港澳部分自由港政策衔接。建设粤港澳大湾区是丰富"一国两制"实践内涵的重大战略，促进规则衔接是推动战略落地根本保障。香港和澳门本身就是高度开放的自由港，其部分规则值得珠三角九市学习借鉴。建议支持珠三角九市延伸港澳部分自由港政策，深圳前海、广州南沙、珠海横琴等重大平台可先行延伸，探索实施低税率、简税制，充分发挥其在粤港澳大湾区规则衔接中的试验作用，将香港和澳门的优势放大到粤港澳大湾区，形成更大的开放优势和制度优势。建议支持深港科技创新合作区、东莞滨海湾新区、中山翠亨新区等特色合作平台，延伸内地自贸试验区、自由贸易港政策，同时与港澳部分自由港政策衔接，进一步深化粤港、粤澳合作，推动粤港澳大湾区深度参与国际合作，提升粤港澳大湾区的整体实力和全球影响力。

建议粤港澳共同设计粤港澳大湾区规则衔接具体路径，确保规则衔接真正落地，全面提升三地市场一体化水平。坚持先简后繁分步推进大湾区规则衔接，共同推动国家加快出台 CEPA 相关细则。坚持对标国际最高水平开放形态，率先实行一揽子先行先试开放政策，推动粤港澳大湾区服务贸易深度合作。坚持以共建合作平台推动粤港澳大湾区贸易规则加快衔接，用好自贸试验区、开放型经济新体制试点试验等先行先试平台，加强三地贸易规则衔接。坚持以信息共享推动大湾区规则衔接，统一进出口检验检疫标准体系和认证标准。共同建设粤港澳大湾区数字贸易发展公共平台，形成大湾区数字贸易领域的信用、监管、支付体系，打造大湾区数字贸易生态体系，以贸易发展新优势引导形成具有中国自身优势和利益的电子商务领域全球性贸易规则框架，在大湾区打造我国参与构筑下一代贸易方式（E 国际贸易）标准的主导性平台。深化"三互"大通关改革，三地逐步推行货物通关"联合查验""单边验放",拓宽"跨境一锁"查验范围,统一三地海关进出口需要的资料格式、编码规则、数据模型,建设标准统一、口径一致的数据库体系。建成大湾区统一的国际贸易"单一窗口",特别是推动香港和澳门建立国际贸易"单一窗口",并与内地的"单一窗口"对接,整合三地申报要素,推动实现"一次申报、分别处置",打通跨境贸易及口岸管理的数据壁垒,突破时间和空间的限制,为企业提供一站式的服务。在监管制度、服务功能、交易模式等方面加强合作,形成"香港国际通道 + 广州(深圳、东莞)保税分拨"的合作新模式。可以依托广州白云机场综合保税区、深圳盐田综合保税区、虎门港综合保税区,在综保区试行境内关外管理模式改革,将香港的国际分拨功能延伸到综保区。

建议粤港共同推动深港协同发展,使之成为规则衔接的示范,提升粤港澳大湾区在国家创新和经济发展中的引领作用。深港两地地域相连、互补优势十分突出,可以通过协同发展创造"1+1>2"合作新格局。深圳建设中国特色社会主义先行示范区需要借助香港的国际化优势,香港寻求经济发展新动力需要依托深圳突出的科技创新优势。要加速"深港创新同城化",支持开展创新要素跨境便利流动试点,破解人员、资金、技术和信息等要素跨境流动的各种障碍,推动深圳充分利用香港自由港的优势聚集境外科技人才,推动香港经济由金融驱动的发展模式转向"金融 + 创新"双轮驱动的发展模式,逐渐形成深港协同创新的新格局,成为广深港澳科技创新走廊的引领者。未来,要充分发挥华为、腾讯、大疆等科技创新领军企业的独特优势,进一步整合深圳、香港、东莞和惠州的比较优势,联合打造成为世界级的科创中心。考虑到深港科技创新合作区包含香港部分区域,建议国家赋予合作区"辖内境外"特殊监管区地位,实现科技人员进出自由,打造开放层次更高、营商环境更好、辐射作用更强的科技创新高地。可借鉴新加坡、迪拜等自由港经验,结合我国的实际情况,在合作区探索实施针对境外高科技人才的"一线放开、二线管住"的管理制度。

建议广东省要加快进行珠三角九市与港澳规则衔接改革试点,取得经验及时在全国推广。支持珠三角九市开展要素市场化配置改革试点，进一步打破户籍、地域、身份、档案、人事关系等制约，破除阻碍要素自由流动的体制机制障碍，打破地方保护、行政性垄断，进一步提升九市的市场一体化水平，为香港优势和澳门优势放大到大湾区提供制度保障，进一步丰富"一国两制"事业发展新实践。

### （三）支持深港科技创新特别合作区探索新模式，推动粤港澳大湾区成为国际科技创新中心

加快发展横跨深港两地的深港科技创新特别合作区，探索科技创新的合作路径和体制机制，打造世界一流的科技创新平台，有利于形成发挥"一国两制"制度红利的最佳结合点，发挥特别行政区和经济特区"双特"叠加的制度优势，用好"人才第一资源"、激发"创新第一动力"，为粤港澳大湾区成为国际创新中心提供新引擎，为国家高质量发展创造成功实践。

习近平总书记 2017 年 7 月 1 日亲自见证签署的《深化粤港澳合作推进大湾区建设框架协议》首次提出建设粤港澳大湾区国际科技创新中心，在更高层次、更大范围支持粤港澳强强联合，共建共享，推动大湾区科技创新一体化。国家于 2019 年 2 月出台的《粤港澳大湾区发展规划纲要》将打造国际科技创新中心作为粤港澳大湾区的重要功能定位。深港科技创新特别合作区是独一无二的土地相连的跨境合作区域，其建设能够实现两地科技资源共建共享，增强深港双向融通、互惠发展，打造跨境协同创新合作平台，推动粤港澳大湾区全面提升科技创新能力。

新模式有利于探索实现高质量发展的新路径。改革开放 40 多年，我国经济快速增长，成为全球第二大经济体，成为名副其实的制造业大国、贸易大国。党的十九大提出着力转变发展方式、优化经济结构、转换增长动力，加快建立实体经济、科技创新、现代金融、人力资源协同发展的产业体系，促进产业迈向中高端。新时代实现我国经济由大国向强国迈进的重点是推进经济由高速增长向高质量发展跃升。2018 年 3 月 7 日，习近平总书记参加全国人大第一次会议广东代表团审议时对广东提出"发展是第一要务，人才是

第一资源，创新是第一动力"的新要求，强调的就是高质量发展。广东作为改革开放的先行区、深圳作为改革开放试验田，有条件、有能力、更有义务在新时代国家推进实施高质量发展上发挥示范引领作用。打造深港科技创新特别合作区的目的就是着眼于高质量发展，发挥好香港和深圳的合作潜力，在科技创新领域推进深港深度合作，促进各类科技创新要素和资源的集聚辐射，建成具有全球影响力的国际科技创新中心，促进我国产业迈向全球价值链中高端的位置。打造深港科技创新特别合作区重点是在科技创新、实体经济、现代金融、人力资源协同发展上探索新路子、形成新模式，探索我国在若干尖端科技领域赢得竞争优势的新路径，尽快形成推进高质量发展的强大合力。

新模式有利于构建深港跨境协同创新的新平台。深圳和香港作为粤港澳大湾区的两大核心，在科技、金融、专业服务等方面拥有独特优势。凭借完整的科技产业链、丰富的创新科技领军企业、活跃的科技创新生态，深圳可以把创新这面旗帜举得更高，先行一步，成为排头兵中的"尖兵"，通过深港科技创新特别合作区这个"窗口"彰显新时代我国改革开放伟大成就和中国特色社会主义的巨大优越性，为扩大开放探新路、为世界科技强国建设作出新贡献。香港现代服务业发达、科教资源丰富、市场体系健全、资本市场发达、知识产权保护完善、资讯流通便捷，具备发展科技创新的良好基础。同时，香港作为国际自由港，在汇聚调动全球资源、全方位对接全球规则、实现科技和产业互动发展方面具有独特优势。重大科研平台是吸引和汇聚顶尖科学家，开展重大科技创新活动的重要载体。以建设深港科技创新特别合作区为契机，加快落马洲河套地区开发，探索深港合作新模式，用好"人才第一资源"、激发"创新第一动力"，充分发挥科技创新示范带动作用，有利于实现深港两地强强联合，提升两地在科技创新领域的前沿科技研发能力和全球资源整合能力，进一步助推香港和深圳共同打造具有全国乃至全球影响力的科技创新高地。

新模式有利于培育粤港澳大湾区创新发展的新引擎。韩正副总理在粤港澳大湾区建设领导小组第一次全体会议上强调，要积极吸引和对接全球创新资源，建设"广州—深圳—香港—澳门"科技创新走廊，打造大湾区国际科技创新中心。粤港澳大湾区建设国际科技创新中心需要在重大科研平台、开放协同创新、科研体制改革创新供给等方面集中发力，培育具备国际竞争力的科技创新能力。充分发挥深圳与香港的科技优势和制度优势，打造要素流动畅通、科技设施联通、创新链条融通、人员交流顺通的深港科技创新特别合作区，有利于提升两地的协同研发能力，建设具有全球影响力的创新资源配置中心，全面提升科技创新合作层次和水平，成为粤港澳大湾区创新发展的新引擎，推动粤港澳大湾区成为代表国家参与全球竞争的国际科技创新中心。打造深港科技创新特别合作区，瞄准国际科技创新前沿，围绕新一代信息技术、生物医药、人工智能、机器人、金融科技、新材料等国家战略产业技术领域，联合开展技术攻关，强化重点领域关键环节的重大技术研发，建设一批突破型、前沿型国家重大科研基础设施和世界级大科学设施集群，有利于成为全球创新体系的关键节点，为粤港澳大湾区形成国际产业竞争新优势提供新支点。

新模式有利于形成创新要素便利有序流通的新机制。粤港澳大湾区建设国际科技创新中心，除了在大装置、大平台等"硬环境"方面发力外，更为关键的是构建能够促进创新要素便利有序流通的"软环境"。深圳是中国改革开放的窗口，拥有特区立法权，鼓励创新宽容失败氛围浓厚，创造了举世瞩目的"深圳速度"。香港拥有完善的知识产权保护制度、健全的市场经济体系和国际一流的营商环境，多年被国际权威机构评选为全球最自由经济体和最具竞争力的地区之一，对全球顶级创新资源具有较强的吸引力。充分利用深港科技创新特别合作区地域狭小、结果可控的优势，发挥深圳和香港的制度优势，构建技术、人才、资本、数据、信息依照特定规则进行互融互通、畅通有序的体制机制，建立一套有利于海外高层次人才引进、就业、发展的系统制度安排，打造在尖端领域开展国际科技合作的新机制，成为对引进国际通行规则进行"压力测试"的试验田，有利于统筹运用好国际国内两类规则，培养造就一大批具有国际水平的战略科技人才、科技领军人才、青年科技人才和高水平创新团队，构建面向全球的科技创新合作体系，促进国内外创新要素高效对接。

充分把握和利用"一国两制"的制度优势、香港独特优势和深圳改革开放先行先试优势，支持深港科技创新特别合作区大胆创新体制机制，集聚国内外科技人才，扩大和深化内地与香港的科技合作，丰富"一国两制"实践内涵，推动粤港澳大湾区成为国际科技创新中心。

第一，授权深圳片区进行综合配套改革。当前，我国已进入全面深化改革的新时期，改革进入"深水区""攻坚期"，需要若干具备条件的地区承担起综合配套改革试验田的任务，勇当全面深化改革的先行者。深圳是改革开放的先行者、排头兵，可对深港科技创新特别合作区深圳片区进行改革综合授权，为全国在新时代全面深化改革、实现创新驱动发展创造新经验、探索新路径。考虑到深港科技创新特别合作区包含香港部分区域，而香港属于自由港，国家可赋予合作区深圳片区"辖内境外"特殊监管区地位，部分适用中国特色自由贸易港的政策，与合作区香港片区对接，特别是在科技创新领域先行先试，实现科技人员、科研设备等进出自由，打造开放层次更高、营商环境更优、辐射作用更强的国际科技创新高地。在国家层面，应支持合作区瞄准国家发展重大战略需求，充分发挥深圳的科研优势和特区立法权优势，在科技创新体制机制、营商环境改革、建设现代化经济体系等方面大胆改革，允许设立负面清单，先行先试，以全球视野谋划和推动科技创新，大力引进国内外高端创新资源，重点在基础研究和前沿技术等领域培育国际科技合作平台，逐步建成世界级科技创新高地。

第二，支持打造科技创新领域"压力测试"试验田。充分利用深港科技创新特别合作区地域狭小、结果可控的优势，构建人才、技术、信息等要素依照特定规则进行互融互通、畅通有序的体制机制。重点围绕提高供给体系质量、发展新经济、培育新动能等方面开展制度创新探索，构建与大科学大创新时代相匹配的科技创新体制，加快形成以创新为主要引领和支撑的经济体系和发展模式。扩大外籍科技人才长期居留许可签发范围，探索对符合条件的外籍科技人才颁发"高科技人才绿卡"。探索推进人员出入境便利，香港居民可持香港身份证、内地居民可持港澳通行证自由进出深港科技创新特别合作区。在深港科技创新特别合作区深圳片区内率先降低商务签注准入门槛，降低申请的条件要求，延长许可逗留时限，拓展商务签注涵盖的行业领域，研究推出科研、创业等多种签注类型。推广前海通过公共wifi网络平台向香港客户提供上网通道做法，允许部分合格企业经登记后更便利地接入域外网站。运用电子身份证、人脸识别等先进技术，允许深港科技创新特别合作区深圳片区内人员在实名认证下查阅国际互联网信息。支持引入国际知名的研发机构、孵化器、创业投资机构，打造一批世界级的公共研发平台、知识产权平台、技术转化平台、技术及大数据交易平台，构建覆盖创新全链条的国际科技合作平台网络，吸引集聚全球优秀科技人才，促进国内外创新要素高效对接。

第三，给予创新主体相应的扶持政策。对在深港科技创新特别合作区深圳片区内工作的香港居民，参照前海和横琴的政策由政府按内地与香港个人所得税差额给予补贴，纳税人取得的上述补贴免征个人所得税。对合作区深圳片区内企业聘用的外籍员工、拥有境外永久居民身份的员工等人员的个人所得税参照香港税法征收。对香港居民实施同等的就业创业优惠政策，符合相关规定的给予就业创业培训补贴。实施支持科技企业发展的税收优惠政策，对深港科技创新特别合作区深圳片区内从事科技创新活动的企业参照香港税法征税，对香港居民为法人的初创型科技企业实行企业所得税"两免三减半"政策。探索成立"深港青年创新创业基金"，支持深港两地的青年到深港科技创新特别合作区创新创业。

**（四）支持横琴构建体现"一国两制"优越性的新型管理体制，推动粤港澳大湾区三极之一的"澳珠极"快速壮大**

随着粤港澳大湾区建设的加速推进和港珠澳大桥的正式开通，横琴的区位优势更加突显，成为全国唯一同时与港澳两地陆桥相连的关键地区。习近平总书记在庆祝澳门回归祖国20周年大会暨澳门特别行政区第五届政府就职典礼上的讲话强调,特别要做好珠澳合作开发横琴这篇文章,为澳门长远发展开辟广阔空间、注入新动力。在新的历史条件下,推动横琴构建体现"一国两制"优越性的新型管理体制,有利于促进粤澳经济深度融通,探索"一国两制"实践新模式,为实现祖国完全统一和中华民族伟大复兴贡献力量。

横琴构建新型管理体制不仅有利于实现自身高质量发展,还有利于吸引澳门居民在横琴创业就业,促进澳门经济适度多元发展,增强中华民族的凝聚力和向心力,彰显中国特色社会主义制度的优越性。第一,推进"一国两制"伟大实践的积极探索。横琴是全国唯一同时与港澳陆桥相连的自由贸易试验区片区,具有探索体现"一国两制"优越性新型管理体制的独特优势,可以在加强内地与港澳合作中走在前列。横琴与澳门的合作模式在一定程度上可看作内地与港澳合作的"测试版",横琴构建新型管理体制有利于推动横琴与澳门在管理体制方面取长补短,将澳门部分制度规则引入横琴,优化营商环境,打造内地与港澳规则衔接的示范区。横琴可以在经贸规则对接、产业互补发展、科技协同创新、优质生活圈构建、文化交汇融通等方面探索与澳门合作的新机制,贯通粤澳产业空间、居住空间和国际合作空间,成为澳门居民来内地发展的首选地。第二,助力粤港澳大湾区建设的制度创新。粤港澳大湾区建设需要创新合作模式,实现"1+1+1>3"的效果。但大湾区内部发展不平衡不充分问题突出,内地九市与港澳的合作深度、广度、效果都不相同,特别是珠江西岸发展水平与东岸相比存在较大差距。未来促进大湾区发展,特别是提升珠江西岸发展水平,需要在制度创新上进行积极探索。横琴构建新型管理体制,有利于更好发挥内地与港澳的互补作用,充分释放内地发展潜力,推动珠江西岸实现跨越式发展,使支撑大湾区三极之一的"澳珠极"快速壮大起来。第三,推动澳门融入国家发展大局的有效举措。在内地从由商品和要素流动型开放向规则等制度型开放转变过程中,澳门具有特殊地位和独特优势,能够更好服务于我国与世界的双向交流。横琴作为澳门连接内地的区域结合部、制度结合部,承担着服务澳门产业多元发展的特殊职责，可为新时期推动澳门融入国家发展大局、共享祖国繁荣富强进行先行探索，创造更多制度融合与制度借鉴的范例。横琴构建新型管理体制有利于探索建立"澳门资源＋横琴载体＋开放人才＋先进技术＋政策支撑＋成果共享"的协同发展新模式，为澳门长远发展开辟广阔空间、注入新动力。第四，实现横琴高质量发展的重要保障。横琴是继上海浦东新区、天津滨海新区之后的第三个国家级新区，处于粤港澳大湾区建设和"一国两制"实践的前沿，但目前还没有完全进入高质量发展的轨道，还没有实现承担的国家使命。解决这些问题，关键是要创新管理体制，吸引优质要素集聚，特别是港澳及国外的科技、资金和人才。横琴可以在三地要素流通、标准对接、资质互认、治理协同等方面大胆探索，构建起体现"一国两制"优越性的新型管理体制，促进粤澳合作中医药科技产业园做优做强，推动横琴国际休闲旅游岛与澳门世界休闲旅游中心形成优势互补。

横琴构建新型管理体制的基本设想。以习近平新时代中国特色社会主义思想为指导，全面准确贯彻"一国两制"方针，全面落实《粤港澳大湾区发展规划纲要》，构建体现"一国两制"优越性的新型管理体制，促进粤港澳深度合作示范区建设，推动澳门融入国家发展大局，进一步丰富"一国两制"伟大实践。一是在横琴粤澳深度合作区探索建立"共商共建共管共享"的管理体制。横琴粤澳深度合作区是粤澳双方正在谋划的深化粤澳合作的主平台，可大胆探索建立"共同商量、共同建设、共同管理、共享成果"的粤澳深度合作新模式。横琴粤澳深度合作区重点在经济运行和社会管理方面探索实现与澳门最大程度的规则衔接，争取克服"两制"之异带来的困难和障碍，力求形成"两制"之和的最大叠加效应。共同设立横琴粤澳深度合作区联合管理委员会，发挥共同决策、共同规划、共同管理的职能，有效管理深度合作区内经济和社会事务。共同成立投资控股公司，共同推动深度合作区基础设施建设、土地开发利用和新兴产业发展，助力澳门拓展城市功能。力争到2025年，横琴粤澳深度合作区初步建立粤澳双方"共商共建共管共享"的管理体制，澳门居民尤其是青年一代在合作区就业、创业、生活的获得感显著提升。二是在横琴探索建立"广东主导、澳门参与"的管理体制。坚守"一国"之本，善用"两制"之利，推动粤澳双方围绕开发横琴加强管理合作，探索"共同谋划、共享成果"的合作机制，进一步释放改革红利，促进粤澳深度合作。在广东省粤港澳大湾区建设领导小组下设"横琴专责小组"，负责粤澳协同发展具体工作的沟通、检查和督办，加大广东省对横琴新区的领导协调力度。建立横琴新区管理委员会与澳门特区政府、两地各部门间的全方位、定期常态化的直线沟通协商机制，在谋划空间布局、新兴产业体系、基础设施联通、公共服务对接、生态环境共治、政策体系构建等方面更多地征求澳门特区政府的意见。设立横琴驻澳门办事处，开展政务和信息服务，全面提升对澳行政沟通效率。借鉴国际经验，成立琴澳投资控股公司，共同推动土地开发、设施建设、产业发展、项目落地、服务配套，协同澳门城市功能拓展，建立产业准入、项目遴选、标准对接等方面的联合机制。鼓励澳门居民中符合条件人员依法报考横琴公务员，积极引入澳门专业人士作为横琴新区管委会治理小组成员。推动横琴着力在经济管理方面构建与国际更高标准投资贸易规则相适应的制度环境，深化粤澳各领域互利合作，实现横琴与澳门共同发展。坚持以人民为中心的发展思想，推动横琴建立对标国际一流城市的社会保障和公共服务管理体系，推动民生服务设施共建共享，为澳门居民在横琴工作和生活提供更加便利的条件。

在横琴构建新型管理体制的政策建议方面，支持横琴大胆探索、先行先试，逐步构建新型管理体制，进一步强化与澳门的深度合作，全面释放"一国两制"的制度优势，加快将制度优势转化为发展优势。一是支持横琴开展法律特别授权综合改革试验。争取通过全国人大和国务院授权，支持横琴在经济和社会管理领域大胆探索，制定便利澳门企业和居民在横琴发展的相关法规。中央有关部门、广东省人民政府应根据横琴建设自由贸易试验区、延伸港澳自由港部分政策的需要，适时取消、下放相关审批事项，给予横琴更多的改革自主权。在政治和法律内地管控的前提下，支持横琴粤澳深度合作区在经济、商事及部分民事行为等领域借鉴国际经验，先行先试。二是支持横琴与澳门共同探索发展成果共享机制。支持横琴探索建立与澳门"共享空间、共享服务、共享政策、共享收益"的共享成果机制，形成促进澳门经济适度多元发展的保障体系。支持横琴与澳门税收制度相衔接，探索实施"澳企澳税"，将澳门企业在横琴投资产生的财税收益按一定比例返还澳门。支持横琴探索将澳门特区政府、企业和个人在横琴粤澳深度合作区内投资产生的地区生产总值统一纳入澳门统计范畴。支持横琴采取"澳门资金、横琴载体、合作开发、成果共享"的合作思路，由澳门出资在横琴设立长期投资基金，以"政府推动、企业主体、市场化运作"的方式共同创造经济和财税收益。支持横琴为澳门居民提供与本地户籍人口同等待遇的公共服务，让澳门企业、个人在横琴享受与澳门趋同的营商环境。三是支持横琴优化澳门居民和外籍高端人才进出境管理制度。横琴的人才优势不突出，很难形成创新优势和产业优势，需要创新集聚人才的管理制度。横琴是一个相对独立的岛屿，毗邻澳门、桥接香港，具备聚集外籍高端人才的离岛优势。可争取国家赋予横琴"辖内境外"特殊监管区地位，实现澳门居民和外籍高端人才便利进出，打造开放层次更高、营商环境更优、辐射作用更强的国际离岸人才岛。可借鉴新加坡、迪拜的经验，结合我国实际情况，在横琴探索实施针对澳门居民和外籍高端人才的"一线放开、二线管住"的人才管理制度。"一线"是指横琴与澳门的连接线，"二线"是指横琴与珠海的连接线。利用"名单报备＋人脸识别＋大数据分析"等精准监管手段，澳门居民和外籍高端人才可从澳门通过"一线"便利进出横琴，若由横琴通过"二线"进入珠海，则需按国家制度办理相关入境手续。

## （五）支持广佛高质量发展融合试验区先行先试，打造粤港澳大湾区共建共治共享示范区

广佛高质量发展融合试验区是落实粤港澳大湾区广佛极点带动示范要求、都市圈一体化发展的全面合作试验平台。试验区位于广州市荔湾南片区、番禺区广州南站周边与佛山市三龙湾片区交界区域，拥有得天独厚的区位优势、便捷的交通条件、长期的合作基础，如能在规划统筹、市场统一、

交通互联、创新协同、产业共建、生态共保、民生共享等方面大胆探索，将加快实现创新融合、市场融合、交通融合、生态融合、智慧融合，推动广佛同城实现从"物理并治"到"有机融合"的历史跨越，为粤港澳大湾区共建共治共享提供示范。

建设试验区是广州和佛山实现同城化建设、高质量发展的现实需要，是助力我国形成"双循环"新发展格局、培育参与国际合作和竞争新优势的重要举措。第一，承担国家培育都市圈战略使命的积极探索。广佛两市地理位置相邻，经过十多年的同城化建设，已形成互补发展格局。推动试验区先行先试，因地制宜开展差异化、多类型协同治理试验，大胆开展各项政策和体制机制创新，有利于破解生态共建难、产业协同难、服务共享难等问题，实现共建共治共享，为全国都市协同治理提供新典范。第二，形成"双循环"新发展格局的重要实践。广佛两市合作基础较好、外向型经济占比较高，试验区可充分发挥"产业多元、空间相连、风险可控"的综合优势，探索融合发展新模式、新路径、新体制，为我国形成"双循环"新发展格局做出有益探索，积累宝贵经验。第三，推动粤港澳大湾区合作共享的有效途径。广佛与港深、澳珠相比，体制机制壁垒少，建设试验区有利于打造共建共治共享的城市间跨区域合作平台，把相对分散的市场整合成为统一的大市场，充分释放广佛强强联合的引领作用，为大湾区合作共享提供示范。第四，促进广佛融合高质量发展的先行试验。广佛同城化建设进入融合共建新阶段，试验区可先行探索建立共融的知识创新体系、技术创新体系和人才培养体系，建立联合招商、共同开发、利税共享的产业合作发展机制，构建特色鲜明、协同互动、基于产业链分工的产业联动发展格局，强化产业链"稳链、补链、强链、控链"协同联动，促进产业迈向全球价值链中高端。

高质量、高规格、高起点推动试验区建设，着力推动规划统筹、市场统一、交通互联、创新协同、产业共建、生态共保、民生共享，率先实现经济社会管理同城化，成为推动广佛同城化和粤港澳大湾区建设的示范区。一是共建"共编共审共管"的规划机制。构建统一的规划管理信息平台，推动基础资料数据、各级各类规划成果动态共享和规划管理信息的通报、备案，落实国土空间规划"一张图"管理。二是共建高端高质的世界级产业集群。创建以广州南站为枢纽的粤港澳大湾区文商旅产业集群，壮大以佛山三龙湾为核心的智能装备制造产业集群，打造以荔湾为龙头的生物医药与健康产业集群，培育具备广佛特色的新一代信息技术产业集群。三是共建活力强劲的科技创新中心。依托美的库卡智能制造产业基地、碧桂园博智林机器人谷、海龙国际科技创新产业区、季华实验室等创新平台，链接广州大学城、国际创新城、佛山中德工业服务区等创新平台，构建开放型科技资源共享体系，培育一批根植本地的创新型明星企业。四是共建统一开放的优越市场环境。以打破地域分割和市场壁垒为重点，加快清除妨碍广佛统一市场建设和公平竞争的各种规定和做法，优化两市在市场准入、产权保护、政务服务等方面的制度安排，营造规则统一开放、要素自由流动的市场环境。五是共建互联高效的新型数字基础设施。加大试验区"新基建"项目布局建设力度，加快发展5G、大数据中心、人工智能、工业互联网等重点领域，推动跨行业、跨领域工业互联网平台建设。六是共建联通共享的公共服务体系。推动试验区内的广佛居民在基本公共服务方面享受同等待遇，率先实现户籍准入年限同城化累积互认，促进试验区人口数量和质量的双提升。依托粤港澳合作高端服务示范区，逐步放宽直至取消对港澳服务提供者的准入限制。

广佛同城化建设十多年，虽然推出了一些创新制度，但作为粤港澳大湾区的重要极点，两地融合发展需要更高层次的政策支持。支持试验区先行先试，有利于为广佛高质量融合发展探索可复制、可借鉴、可推广的经验。一是授权试验区实行真正意义的同城化管理。大胆开展政策创新，加快破解市场统一、产业协同、公共服务均等化过程中的体制机制难题，发挥去行政边界化的先导作用，实现同城同管理、同城同待遇，打造广佛全域同城化的示范区。设立试验区管委会，作为广佛两市政府的共同派出机构，负责试验区的建设工作。二是支持将自贸试验区部分政策拓展至试验区。允许参照中国（广东）自由贸易试验区现有政策，在试验区同步开展试点，承接国家对自贸试验区新的试点任务，在推进投资和贸易自由化便利化方面大胆创新探索。三是支持试验区建设大湾区文商旅融合发展典范区。允许开展文商旅融合发展试点，支持在要素流动、规则衔接和项目用地等方面先行先试，加快培育文商旅新业态新模式。强化长隆粤文化世界等重大项目的引领作用，支持陈村花卉世界打造世界级花卉主题公园，推动广东美术馆、广东非物质文化遗产展示中心、广东文学馆"三馆合一"，促进文化创意、商务服务和特色旅游等产业深度融合。在确保数据流动安全可控的前提下，逐步扩大数据领域开放，探索既能便利数据跨境流动又能保障安全的机制。培育发展虚拟现实（VR）、增强现实（AR）等超高清视频产业。四是支持试验区设立广东省中药材交易所和药品进口口岸。支持试验区打造粤港澳大湾区医药健康综合试验区，支持广州国际医药港设立广东省中药材交易所，打造"买全球、卖全球"的中医药线上线下融合新展贸平台，形成引领全国的中药材价格指数。增设南海三山港国际货柜码头为药品进口口岸，为广佛医药产业发展提供强有力平台。五是支持试验区开展以置换方式进行建设用地空间调整试点。探索建设用地置换模式，允许符合土地利用总体规划和控制性详细规划要求的存量建设用地，按照"面积相等、价值相当、双方自愿、凭证置换"的原则，通过土地位置调换等方式进行调整使用。六是支持试验区探索境外高端人才执业资格和从业经历认定办法。具有港澳执业资格的金融、法律、医疗等专业服务人才，经相关部门或机构备案后，可在试验区提供专业服务。放宽现代服务业从业限制，对在试验区注册的单位合法工作的境外高端人才，经备案后其在境外的从业经历可视同国内从业经历。七是支持试验区建设中欧（中德）合作新高地。支持佛山中德工业服务区建设中德智能制造与工业服务融合发展示范区，将中德工业城市联盟打造成为中德地方合作示范平台，推动商务部、外交部、对外友协等国家部门在政策、品牌、网络等方面给予全面支持。

# 第一章
# 新时期粤港澳大湾区发展的
# 重大战略价值

当前，世界之变、时代之变、历史之变正以前所未有的方式展开，我国面临的外部环境日益复杂，粤港澳大湾区是我国开放程度最高、经济活力最强的区域之一，是国家建设世界级城市群和参与全球竞争的重大战略选择，在国家发展大局中具有重要战略地位。新时期建设粤港澳大湾区，有助于依托香港、澳门和广东的既有优势，进一步扩大改革开放，促进国内国际两个市场、两种资源的有效对接，在更高层次参与国际经济合作和竞争，为长期大国博弈赢得战略主动；有利于推动形成全面开放新格局，建立与国际接轨的开放型经济新体制，加快构建以国内大循环为主体、国内国际双循环相互促进的新发展格局；有利于推动"一国两制"事业发展新实践，更好融入国家发展大局；有利于推动我国经济高质量发展，打造绿色低碳优质生活圈。

## 第一节　推动形成双循环新发展格局

构建以国内大循环为主体、国内国际双循环相互促进的新发展格局是以习近平同志为核心的党中央积极应对国际国内形势变化、与时俱进提升我国经济发展水平和塑造国际经济合作竞争新优势而作出的重大决策。构建新发展格局是事关全局的系统性、深层次变革，是立足当前、着眼长远的战略谋划。以开放促改革、促发展，是我国现代化建设不断取得新成就的重要法宝。构建新发展格局是适应我国发展新阶段要求，塑造国际合作和竞争新优势的必然选择。

改革开放40多年来，我国适应经济全球化发展大势，抓住了重要历史机遇，大力发展开放型经济，取得了举世瞩目的巨大成就。其中，香港与澳门始终是联系内地与国际市场的重要纽带，在内地扩大对外开放过程中港澳发挥了不可磨灭的作用。广东作为东南沿海先发区域，其改革开放与毗邻港澳有很大关系，在国家发展中始终走在前列。因此，新时期下将国家开放经验转化为粤港澳大湾区的制度设计，是粤港澳大湾区更好承担国家加快构建新发展格局的现实需要，有利于推动我国从商品要素开放向制度型开放转变，有利于构建与国际接轨的开放型经济新体制，有利于推进"一带一路"建设，推动形成全面开放新格局，为新发展格局提供重要支撑。

## 一、当前我国面临的国际环境发生重大变化

众所周知，改革开放以来，我国经济的快速发展很大程度上得益于有利的外部环境。如今，我国新一轮对外开放面临的环境正在发生重大变化，这突出表现在：

一是经济全球化与"逆全球化"思潮并行发展。经济全球化发展趋势并未发生根本性逆转，但"逆全球化"高涨，给世界经济增长和经济全球化带来诸多挑战。人类历史发展告诉我们，经济全球化是社会生产力发展的客观要求和科技进步的必然结果，是一个不以人们的意志为转移的、不可逆转的客观进程。不同意识形态、不同发展程度的国家，不管是否愿意，都将或早或迟、或主动或被动地卷入其中，总体来看，经济全球化符合经济规律，符合世界各国利益，是大势所趋。过去数十年来经济全球化为世界经济和国际贸易增长提供了强劲动力，促进了商品和资本流动、科技和文明进步、各国人民交往。当然，经济全球化也是一把"双刃剑"。在世界经济格局深刻调整背景下，固有的经济增长与分配失衡、资本与劳动、效率与公平的矛盾更加

凸显，新冠疫情席卷全球凸显全球公共卫生安全问题，俄乌冲突等地区冲突频繁发生，恐怖主义、难民潮等全球性挑战此起彼伏。作为全球化受益者的美国在全球掀起"逆全球化"和反多边贸易风潮，多次表示对 WTO 现有机制的不满，利用"关税""毁约""脱钩""排他性条款"等极限施压手段，推行贸易、投资和科技等领域的单边保护主义政策，高度强调意识形态和价值观，发起所谓的"民主峰会"，不断拉拢、联合盟友搭建各种阵营和制造全球分裂，给世界经济增长和经济全球化带来了诸多挑战。正如习近平主席在2022 年世界经济论坛视频会议的演讲所指出的"大江奔腾向海，总会遇到逆流，但任何逆流都阻挡不了大江东去。动力助其前行，阻力促其强大。尽管出现了很多逆流、险滩，但经济全球化方向从未改变、也不会改变。"

二是全球产业链的"全球性"减弱及"区域性"增强。互联网迅猛发展，新技术、新产业不断涌现，智能制造与数字化服务进一步融合。人员、资本、技术、信息等生产要素的跨境流动成为常态。以跨国公司为主体的全球产业布局不断以产业链、供应链和价值链形态加速深入演进。新冠疫情持续反复从供给侧和需求侧双向冲击全球价值链，全球化呈现出碎片化、区域化、结构化趋势。受俄乌冲突和疫情双重影响，全球"经济断链"趋势更加明显。随着中美关系变化，美国拉拢盟友在全球范围推动对我国经济"脱钩"和"断链"，全球产业链的"全球性"减弱及"区域性"增强，供应链成本增大和价值链收缩，将成为中长期普遍现象。如今，俄乌冲突持续演变，"以俄为界"的经济"价值观壁垒"将进一步加剧本已困难重重的经济全球化的进程，世界或将分裂为两大阵营。

三是全球竞争正在由"经济之争"转向"制度竞争""规则竞争"。国际经济竞争归根结底是规则和标准的竞争，规则和标准的支配权意味着发展的主动权。近年来，国际贸易竞争从货物贸易转向服务贸易，规则、标准成为多边贸易体制、区域协定和双边合作的焦点议题和内容，世界经济合作与竞争进入更高层次、更为复杂和剧烈变动的演化调整阶段，从产业重组要素流动到进入制度、规则、标准之争，从产业链垂直分工发达国家拥有硬件竞争优势到产业链水平分工，从强调劳动力红利和价格竞争优势到比较营商环境等。2018年以来，全球范围内先后签署《全面与进步跨太平洋伙伴关系协定》(Comprehensiveand Progressive Agreement for Trans-Pacific Partnership，简称 CPTPP)、《日本与欧盟的经济合作协定》(Japan-EU Economic Partnership Agreement，简称日欧 EPA)、《美墨加贸易协定》(The United States-Mexico-Canada Agreement，简称 USMCA)、《区域全面经济伙伴关系协定》(Regional Comprehensive Economic Partnership，简称 RCEP)等超大范围的自贸协定。在新一轮国际经贸规则构建过程中凸显覆盖面广、领域多元化、更加注重规则和高质量高标准等特点，并呈现出在原产地规则、知识产权保护、服务业开放、数字经济和数字贸易、环保劳工、竞争政策和国有企业等方面的加速变革趋势，不仅将产生贸易转移效应，加速我国出口型加工制造产业向海外转移，还将加大国内制度法规的调整压力，削弱我国在全球新一轮贸易规则制定中的话语权，对我国适应国际规则变革提出了新挑战。特别是在新型的数字经济和数字贸易领域，主要国家围绕规则和治理体系之争日益激烈。美国正在牵头起草一项涵盖印太地区主要经济体的数字贸易协议，致力于为数字经济制定标准，包括数据使用、贸易便利化和电子海关安排的规则，涵盖日本、澳大利亚、加拿大、新西兰、智利、马来西亚和新加坡等国家。未来，主要国家围绕数字经济、人工智能、网络安全等新兴技术等领域的规则和标准之争，将对世界经贸格局产生深远影响。

四是我国对外开放由商品和要素流动型开放向规则等制度型开放转变。这是更加深入、全面、系统、公平的开放。当前和今后一段时期，我国既会持续面对来自发达经济体的严峻挑战，又要面临来自发展中国家特别是新兴经济体的激烈竞争，就要更注重体制机制与国际惯例和国际规则的全面接轨，要进行制度型开放、内生型开放、创造型开放和引领型开放等，使我国加快对标国际通行规则，让中国经济运行更加符合国际通行规则，营造出公平、开放、统一、高效、可预期的市场环境，不断提高要素市场国际化水平和资源配置效率，进一步提升参与国际竞争的能力。总体看，我国对外开放正面临参与全球价值链层次偏低、服务业开放不足、衔接国际贸易投资新规则有障碍、对外投资竞争力不强等问题，迫切需要加快推动由商品和要素流动型开放向规则等制度型开放转型，建立形成与国际高标准经济规则相接轨的基本制度框架和治理体系。作为我国对外开放的重要门户、全球投资最活跃的区域之一、高水平参与国际经济合作的重要平台，粤港澳大湾区在助力国家全面对外开放新格局中依然具有不可替代的独特地位和价值。粤港澳大湾区规则衔接有利于将港澳已有的开放优势和制度创新优势放大到整个湾区，形成可推广、可复制、与国际通行规则相衔接的投资贸易规则体系，成为新时代我国对外开放前沿阵地和制度性开放新高地。

## 二、粤港澳大湾区在构建新发展格局中的独特优势和价值

### （一）粤港澳合作为中国 40 年改革开放做出了积极贡献

改革开放深刻改变了中国，也深度影响了世界。香港和澳门一直是中国改革开放的重要窗口和桥梁。"一国两制"的成功实践，正是中国改革开放的丰硕成果之一，不仅使香港、澳门得以顺利回归祖国，保持稳定繁荣，也开拓了广阔的发展空间。国家主席习近平在会见香港澳门各界庆祝国家改革开放 40 周年访问团时强调，"总结改革开放成功的实践，在国家改革开放进程中，港澳所处的地位是独特的，港澳同胞所作出的贡献是重大的，所发挥的作用是不可替代的"。包括投资兴业的龙头作用、市场经济的示范作用、体制改革的助推作用、双向开放的桥梁作用、先行先试的试点作用和城市管理的借鉴作用。

一是助力国家初步建立了对外开放体制机制。改革开放初期，虽然内地市场得以放开，但内地投资环境差、政策不完善、投资前景不明朗的情况尤在，很多外商对于中国缺乏了解和信任。外资大都在犹豫观望，迟迟不敢进入中国内地市场。正是在这种情况下，港澳同胞抱着"敢为天下先"的精神，率先来到内地进行投资，就此开启了外资在中国内地投资的大门。随着改革开放进程的不断深入，港澳在改革开放中的角色也在不断演进。从早期

吸引外资进入内地投资带动经济发展到内地企业发展壮大走向国际市场的过程中，香港和澳门始终是联系内地与国际市场的重要纽带。

二是助力中国经济融入全球产业链价值链。自20世纪60年代开始，全球美日欧等制造业开始向亚洲"四小龙"等地转移，香港和澳门承接了从欧、美、日本转移的制造业。80年代初最巅峰时，香港制造业一度曾占香港地区生产总值的23%，雇用工人曾占香港劳动人口的41%。在中国内地改革开放之后，香港和澳门企业家利用内地生产成本较低的优势，把生产线迁移至内地，推动港澳劳动密集型加工业北上珠三角，建立"前店后厂"的分工模式，为内地全境通过吸收外资、参与国际贸易深度嵌入全球产业链、价值链提供了重大历史机遇。随着香港和澳门经济向高端服务业转型，粤港澳合作中的产能合作模式发生了重大转变。2003年内地与香港签订《内地与香港关于建立更紧密经贸关系的安排》（CEPA），在此基础上又陆续签署了10个补充协议，如《CEPA广东协议》《CEPA服务贸易协议》《CEPA经济技术合作协议》《CEPA投资协议》等，各种CEPA协议的修订重心是扩大内地对港澳服务部门的开放。2015年《CEPA服务贸易协议》签署之后，内地对港澳开放服务部门达到153个，涉及世界贸易组织160个服务部门的95.6%，基本实现了内地全境与香港的服务贸易自由化，推动了内地服务业的渐进式开放。

三是助力国家对接国际经贸规则。CEPA为中国对接国际先进经贸规则提供现实可能。CEPA系列协议本质上是内地与香港两个独立关税区之间签订的双边自由贸易协议，十几年来，CEPA框架不仅促进内地与港澳的经济联系，更率先引入了一系列国际经贸协议的先进规则，帮助国家对接国际贸易投资新规则新标准。例如2014年《CEPA广东协议》首先确立了国际通行的准入前"国民待遇＋负面清单"的承诺形式，为中国自贸试验区外商投资负面清单的修订以及中美双边投资协定（BIT）的谈判提供了标杆；2017年《CEPA投资协议》纳入了法律政策透明度、环境保护，乃至投资者—东道方争端解决等敏感的新议题，为中国内地熟悉新一代贸易投资规则奠定基础。

### （二）新时期粤港澳大湾区助力双循环新发展格局的独特优势

作为我国对外开放的重要门户、全球投资最活跃的区域之一、高水平参与国际经济合作的重要平台，粤港澳大湾区在助力国家全面对外开放和新发展格局中依然具有不可替代的独特优势和价值。正如习近平主席会见香港澳门各界庆祝国家改革开放 40 周年访问团时所指出，"在新时代国家改革开放进程中，香港、澳门仍然具有特殊地位和独特优势，仍然可以发挥不可替代的作用"，希望港澳"更加积极主动助力国家全面开放"，强调"在国家扩大对外开放的过程中，香港、澳门的地位和作用只会加强，不会减弱"。"要把香港、澳门国际联系广泛、专业服务发达等优势同内地市场广阔、产业体系完整、科技实力较强等优势结合起来，提升香港国际金融、航运、贸易中心地位，加快建设香港国际创新科技中心，加强澳门世界旅游休闲中心、中葡商贸合作服务平台建设，努力把香港、澳门打造成国家双向开放的重要桥头堡"。

粤港澳大湾区具备开放水平较高、合作基础良好、产业结构互补等国内其他区域无法比拟的基础条件，使其能更好地承担新时代国家全面对外开放的使命。首先，粤港澳大湾区是中国对外开放水平最高和营商环境最佳的区域。香港是中国开放程度极高、营商环境最优、各类贸易投资自由化便利化制度健全的自由港。世界银行发表《2020 年营商环境报告》显示，在便利营商排名榜上，香港取代丹麦，上升至全球第三。广东省通过长期改革开放，特别是广东自贸试验区的制度创新，贸易投资自由化便利化水平取得了长足进步。根据全国工商联发布的《2020 年营商环境评价报告》，广东位居全国营商环境综合排名第二，在"印象中营商环境最好的三个省份和三个城市"调查中，广东省获评"营商环境最佳口碑省份"第一名，深圳市获评"营商环境最佳口碑城市"第一名。粤港澳大湾区通过促进要素便捷高效流动、助力湾区营商规则对接，能够在小区域内构建和测试与国际接轨的开放型经济新体制，推动粤港澳大湾区打造市场化、法治化、国际化营商环境，为中国内地学习借鉴国际高标准贸易投资规则、尽快提升贸易投资便利化自由化水平、为树立新时代通过制度创新培育国际经济合作竞争新优势的标杆提供助力。其次，粤港澳大湾区产业结构互补性较强。港澳与珠三角九市产业互补性强，产业协同创新具有良好的基础和前景。香港金融、专业服务、商贸物流服务等支柱行业向高增值环节升级，金融服务业占香港生产总值的比重从 1997 年约 10%，上升至 2015 年的接近 18%。香港是全球最大的人民币离岸中心，澳门也初步建立起覆盖葡语国家的人民币清算网络，珠三角核心区正逐渐成为全球重要的战略性新兴产业集聚区，新一代信息技术、新材料、智能机器人、绿色石化、新能源领域均处于第一梯队，各领域增加值占全省增加值均达到 75% 以上。粤港之间的产业互补与共同升级，有助于通过扩大广东对港澳服务业开放，探索粤港澳大湾区跨境产业融合发展新模式，深化粤港澳三地产学研资源的协同创新合作。同时，服务业开放"先行先试"能够为促进内地服务业的总体开放积累经验，充分发挥服务贸易增长对制造业转型升级的促进和示范效应，树立创新能力开放合作的标杆，提升中国制造业参与全球价值链的层次。第三，大湾区建设合作基础良好。港澳特区一直是中国内地对外开放的窗口，粤港澳三地合作有良好的前期基础，直到 2017 年，内地的外商直接投资仍然有超过 70% 来源于香港，同时有 60% 左右的内地对外直接投资经过香港。新时代粤港澳合作全面进入到 CEPA 框架下以服务业合作和服务贸易发展为主要内容的制度性整合阶段，建设粤港澳大湾区成为国家重大战略。因此，发挥湾区经济开放性、创新性和宜居宜业的天然优势，借助香港和澳门自由港的开放制度优势和政策优势，建设湾区与国际接轨的营商环境，有利于服务内地"双向"开放合作，助力和服务内地企业参与"一带一路"和"走出去"拓展全球市场。

### 三、粤港澳大湾区助力国家全面对外开放和新发展格局的路径选择

新形势下，将 40 多年来我国对外开放的先进经验转化为粤港澳大湾

区的制度设计，特别是借鉴上海自贸试验区新片区、海南自贸港等国家新布局，在此基础上通过粤港澳大湾区内规则标准对接或衔接，深化制度创新，创造高标准国际经贸规则和国际一流营商环境，积极探索我国新一轮对外开放的新路径和新方式，有利于在更高起点、更高层次、更高目标上推进改革开放，探索更多可复制、可推广、与国际通行经贸规则相衔接的经验做法，使粤港澳大湾区成为我国新一轮对外开放的前沿阵地，成为新时代引领高标准国际经贸的制度性开放新高地，建立与国际接轨的开放型经济新体制；同时也有利于通过区域双向开放，全面参与国际经济合作，推进"一带一路"建设，构建"丝绸之路经济带"和"21世纪海上丝绸之路"的对接融通的重要支撑区，打造高水平参与国际经济合作新平台。

第一，助力服务业对外开放和竞争力水平提升。我国已经连续十多年成为全球第一大货物贸易国，是120多个国家的第一大贸易伙伴。相比较而言，我国对外开放的短板是金融、专业服务业等开放不足和竞争力不强的行业，而国际贸易竞争正从货物贸易转向服务贸易，服务业开放也可以通过扩大高质量生产性服务业供给，提升制造业嵌入全球价值链的层次以及高科技行业创新能力。香港有全球竞争力极强的银行、保险、评级金融机构，以及符合国际标准的建筑、会计、法律、咨询等专业服务业，在粤港澳大湾区发展中，充分发挥横琴粤澳深度合作区和前海深港现代服务业合作区的"先行先试"功能，推动继续扩大广东对港澳敏感服务业的开放，是粤港澳大湾区产业互补的必然要求，也是助力新时代全面扩大敏感服务业对外开放、提升制造业参与全球价值链层次、扩大创新能力开放合作、加快构建开放型新体制、形成全面开放新格局的核心路径。

第二，助力"一带一路"建设。香港是全球规模最大的离岸人民币枢纽，也是国际金融、物流与贸易中心和亚太地区重要的运营控制中心。澳门是中国—葡语系国家经贸合作平台。广东省开放型经济发达，是内地企业"走出去"的领先地区。湾区三地已经形成了助力内地企业"走出去"、促进"一带一路"双向开放的成熟机制。通过加快探索粤港澳合作联动新机制，湾区三地携手参与"一带一路"建设，有助于三地要素充分融合，确立粤港澳大湾区在全球及亚太地区供应链、价值链的物流及贸易中心地位，以及推动人民币国际化过程中的金融中心地位，巩固湾区成为中国企业"引进来"和"走出去"的总部与管理中心地位，助力国家全面开放新格局中的"一带一路"对外投资与国际产能合作建设，增进国家整体与"一带一路"沿线的经贸往来，助力内地"双向"高水平开放。

第三，助力国家形成与国际接轨的国际经贸规则体系。改革开放以来，港澳一直是内地学习借鉴成熟市场经济管理体制、改善营商环境、适应国际贸易投资规则的重要平台。近年来，以美欧日等发达国家主导的CPTPP、TTIP（跨大西洋贸易投资伙伴协定）、TISA（国际服务贸易协定）、USMCA为代表的第二代国际贸易投资规则，突破传统的区域经贸合作定位，更加重视"后边境"壁垒的消除、关注所有贸易利益相关方、推动投资贸易自由化便利化的思路逐步为各类后续贸易投资协定所吸收，也将成为国际贸易投资规则的重要演进方向。港澳特区作为营商环境优越的自由港，在吸收和实践国际贸易投资新规则方面具有先天优势。通过与发达经济体签署的自贸协定，以及CEPA框架的逐步更新，港澳特区在国际贸易投资规则的实践经验能够为内地加快构建投资贸易规则体系提供示范作用。粤港澳大湾区通过三地在营商规则方面的对接，有助于内地在安全可控的前提下全面学习、借鉴、测试相关国际贸易投资新规则，在竞争中立、权益保护等敏感议题方面取得突破，为中国对接新一轮国际贸易投资规则、强化在新一轮全球经济治理中的话语权提供支持。

第四，助力国家打造国内国际双循环的根据地。这是"逆全球化"浪潮下粤港澳大湾区主动作为的战略选择。经济全球化是人类社会发展的客观规律和历史进程，是世界经济增长的主要动能和主流方向，但反全球化的"逆流"发生也是必然，一些国家保护主义和单边主义盛行。特别是，当前人类正在经历"第二次世界大战"以来最严重的全球公共卫生突发事件，世界经济深度衰退，跨国经贸和人员交往严重受阻，贸易保护主义、孤立主义、极端民族主义等逆全球化发展因素加快集聚，以美国为首的西方国家加快推动"去中国化"，增强产业本土化、自主化，以提升产业链供应链的安全性，这必将对全球产业布局带来冲击，对经济全球化造成严重的障碍，也使我国面临的外部环境更加严峻，增加了我国开展国际经贸合作的难度。在这样的背景下，中央提出构建"以国内大循环为主体、国内国际双循环相互促进的新发展格局"，要以满足国内需求为立足点，着力打通生产、分配、流通、消费各个环节，积极促进形成供给需求能在国内基本满足、可持续、低风险的强大国内统一市场体系，维护国内的产业链与供应链安全；同时，继续推进全面对外开放，积极拥护新型经济全球化，促进良性国际循环，形成国内循环、国际循环相互促进的新发展格局。粤港澳大湾区是我国开放程度最高、经济活力最强的区域之一，是中国联系世界的重要纽带，在国家发展大局中具有重要战略地位。特别是对于构建国内国际双循环相互促进的新发展格局而言，粤港澳大湾区战略地位尤为重要，它既是国内市场循环的腹地，是联系国际市场循环的桥梁、战略支点，也是国内国际市场的重要转换带。加快落实推进粤港澳大湾区建设，充分发挥湾区产业体系完备的优势，着力打通粤港澳大湾区内外生产、分配、流通、消费各个环节，提升市场互联互通水平，促进生产要素高效便捷流动，形成基于强大国内市场的区域市场，保持并放大我国制造业优势，形成稳定的产业链、供应链、服务链和价值链，从而使粤港澳大湾区成为国内市场循环的最稳固的根据地。充分发挥大湾区区位优势明显和国际化水平领先优势，积极推动新型经济全球化、参与全球竞争和国际经济合作，使粤港澳大湾区成为我国抢抓国际市场机遇的排头兵、抵御国际市场危机与风险的缓冲带，成为新形势下国家构建以国内市场循环为主体、国内国际双循环相互促进新发展格局的战略要地。

# 第二节　推动"一国两制"事业发展新实践

一直以来，港澳发展与祖国命运相连，在我国具有独特的地位和价值。过去几年，外部势力对香港渗透、干预加剧和香港自身固有矛盾相互交织，"非法占中""修例风波"等一度令香港陷入乱局，《中华人民共和国香港特别行政区维护国家安全法》（以下简称《国安法》）颁布实施推动香港实现由乱转治、由治转兴，粤港澳大湾区建设和《中华人民共和国国民经济和社会发展第十四个五年规划和 2035 年远景目标纲要》（简称《"十四五"规划纲要》）为港澳融入国家发展大局带来发展新机遇，丰富了"一国两制"的内涵，有利于进一步密切内地与港澳交流合作，为港澳经济社会发展以及港澳同胞到内地发展提供更多机会，保持港澳长期繁荣稳定。

## 一、《国安法》推动港澳和粤港澳大湾区建设进入发展新阶段

新中国成立 70 多年来，港澳具有独特的地位和价值。改革开放之前，香港是中国通向国际市场的唯一通道，改革开放 40 多年来，香港成为中国东西方文化和市场的"超级联系人"，港澳在推动中国改革开放历程中发挥了独特的作用。广东珠三角地区毗邻港澳，成为中国改革开放前沿和试验田。香港回归以来，与内地关系日益紧密，目前香港居民 70% 以上来自内地，主要是广东省，资本市场 60% 以上企业、70% 以上资金来自内地，是内地吸引外商直接投资的第一来源地。港澳的制造业经过几十年向内地转移，从 10 万家、几十万就业人口发展到几百万家企业、近千万就业人口，港澳居民在内地生活、创业、就业日益增多。但是香港回归以来并没有完全实现人心回归，也没有实现与内地规则标准对接，既没有把港澳的制度、规则与标准优势放大为毗邻地区省份的优势，也没有从内地快速发展形成的更为先进的制度、规

则与标准中汲取"养分"，转化为香港的新优势。

"一国两制"是中国的一个伟大创举，需要在实践中不断探索。当前"一国两制"在香港的实践遇到一些新情况新问题，必须在牢固树立"一国"意识，坚守"一国"原则基础上，聚焦发展这个永恒主题。可以看到，《国安法》的颁布实施，为坚守"一国之本"和维护香港的社会稳定与经济繁荣提供了强大的法律保障，香港实现了由乱转治重大变化。据香港统计处公布的数据显示，2021 年全年，香港地区完成的名义地区生产总值达到了 28616.2 亿港元，与上年同期相比，剔除物价上涨因素后，实现了 6.4% 的增长。其中，外部需求回暖带来的进出口商品贸易获得了最为明显的复苏——出口商品增长 19%，进口商品增速也达到了 17.6% 的较高水平，贸易带来的增长为过去 10 年来最高。《国安法》实施后，香港的金融中心地位没有动摇，联系汇率制度运作良好，截至 2021 年 6 月的 12 个月，新股集资额增加超过五成，港股成交增加近七成。香港总商会调查显示，超过六成的受访企业认为，《国安法》将对其业务带来正面或中性影响。根据研究机构最新发布的《全球金融中心指数》报告，香港总排名重返世界前三。可以说，祖国的坚强后盾是香港发展的最大底气，正在推动香港迈向由治转兴的新阶段。

加快推动粤港澳大湾区高质量发展，创新"一国两制"内涵，把主要精力集中到搞建设、谋发展上来。重塑港澳优势，明确港澳定位和作用，通过落实粤港澳大湾区战略，推动港澳加快经济社会发展，实现港澳少年快乐成长、青年施展才能、壮年事业有成、长者安度晚年的期望。港澳背靠祖国、面向世界，有着许多有利发展条件和独特竞争优势。特别是粤港澳大湾区国家战略的落实推进为港澳发展提供了难得机遇、不竭动力、广阔空间。加快推进粤港澳大湾区建设，可以把香港营商制度和营商环境等优势复制放大到整个湾区，可以把香港优势和内地优势对接形成的制度集成优势，在取得经验后复制推广到全国转变为整个国家的优势，从而使香港在《国安法》立法后变得比以往更加开放、更有竞争力、更有制度优势，使港澳乃至大湾区作为全球"超级联系人"角色得以加强。这是新形势下丰富"一国两制"实践内涵，探索不同制度下国家统一强盛的新路径，也是深度破解港澳面临内外问题，应对外部势力对我国干预的主动战略选择。

## 二、粤港澳大湾区建设为新时期下港澳发展提供了重大机遇

香港和澳门的经济和社会发展，一直与内地的发展和需要紧密相连，国家支持是香港和澳门发展的最大机遇。

### （一）深度融入粤港澳大湾区

持续深入推进"一国两制"试验，保持香港和澳门长期繁荣稳定，促进香港和澳门人心回归是粤港澳大湾区建设的初心使命。当前香港和澳门社会面临的许多问题都可以归结为发展不平衡，通过推进港澳更好融入大湾区建设，为港澳注入长期发展动力，是解决港澳发展不平衡问题的重要机遇和抓手。从 2017 年的《粤港澳大湾区发展规划纲要》到中央发布的《全面深化前海深港现代服务业合作区改革开放方案》《横琴粤澳深度合作区建设总体方案》，一系列政策的出台和落实，从政策协调、要素流动便利化、标准对接、规则衔接等多个方面，为港澳进一步融入大湾区建设增添了动力。

### （二）深度融入"双循环"新发展格局

香港和澳门享有"一国两制"优势，可以粤港澳大湾区发展为切入点，积极成为国内大循环的"参与者"和国际循环的"促成者"，为自身发展带来活力和机遇。港澳通过深度融入粤港澳大湾区建设，对内可以将大湾区建设成为国内最有活力的市场、最完整的产业链条和最前沿的对外开放阵地。对外港澳可以通过强化"超级联系人"角色和功能，促进与丰富内地市场与国际市场的互动和对接，以及国家标准和国际标准的对接，成为国际大循环的推动者。

### （三）对接《"十四五"规划纲要》

《"十四五"规划纲要》明确提出保持香港、澳门长期繁荣稳定，支持港澳巩固提升竞争优势，支持港澳更好融入国家发展大局。具体而言，明确香港"八大中心"新定位，除了传统定位，还赋予了香港新的定位，支持香港提升国际航空枢纽地位，支持香港建设国际创新科技中心和区域知识产权贸易

中心，以及支持香港发展中外文化艺术交流中心。支持澳门丰富世界旅游休闲中心内涵，支持粤澳合作共建横琴，扩展中国与葡语国家商贸合作服务平台功能，打造以中华文化为主流、多元文化共存的交流合作基地，支持澳门发展中医药研发制造、特色金融、高新技术和会展商贸等产业，促进经济适度多元发展。这些都体现了中央对香港和澳门发展的重视和支持。《"十四五"规划纲要》明确提出，高质量建设粤港澳大湾区，深化粤港澳合作、泛珠三角区域合作，推进深圳前海、珠海横琴、广州南沙、深港河套等粤港澳重大合作平台建设，完善港澳融入国家发展大局、同内地优势互补、协同发展机制，粤港澳大湾区高质量发展和《"十四五"规划纲要》的结合，必然为港澳发展提供发展机遇。

### （四）积极参与共建"一带一路"建设

"一带一路"建设的推进，为大湾区充分发挥港澳独特优势，更高层次更高水平参与国际合作和竞争带来了新空间，建设粤港澳大湾区也有利于推动共建"一带一路"实施。在共建"一带一路"框架下，香港和澳门可以也应该有所作为，香港可以利用金融、航空枢纽、创科等优势，澳门可以利用葡语优势，拓展香港和澳门经济腹地，促进港澳更好融入国家发展大局。具体而言，港澳可以积极参与大湾区世界级机场群和"一带一路"空中丝绸之路建设，帮助大湾区形成面向国际市场的全球性内外联动新格局；可以充分利用港澳在"一带一路"金融、法律服务、仲裁、风险管理和投融资等方面独特优势，为参与共建"一带一路"的企业提供融资、人才等产业配套服务，同时推动形成"一带一路"相关标准，并逐步转化为国际通行标准，为大湾区建设提供支撑，同时为自身发展寻找新的动力源。

## 三、粤港澳大湾区为破解港澳发展难题提供了路径

改革开放40多年来，中国内地经济飞速发展，香港与内地关系日益紧密，香港成为内地吸引外商直接投资的第一来源地，港澳的制造业经过几十年向内地转移，带动了近千万就业人口，港澳居民在内地生活、创业、就业日益增多。

百年未有之大变局下，随着中美博弈进入了常态化新阶段，美国打"香港牌"，遏制中国发展图谋不会改变，这将成为香港融入国家发展大局的最不稳定因素。根据外交部网站发布的《美国干预香港事务、支持反中乱港势力事实清单》，自 2019 年"修例风波"以来，美方通过包括炮制涉港法案、悍然实施制裁、污蔑诋毁特区事务、包庇支持反中乱港分子、多边串联施压等多种方式和手段干预香港事务共计 100 余项。拜登政府依托国会通过了系列与香港有关的法案，试图削弱香港营商环境和国际地位。

推动粤港澳大湾区建设，积极融入国家发展大局既是"一国两制"的应有之义，也是港澳当前探索发展新路向、开拓发展新空间、增添发展新动力的客观要求。应该看到，港澳发展的最大机遇在内地、在粤港澳大湾区内，城市各有特点、各有优势，发挥各自优势，实现资源互补基础上的合作，实现融合发展。一是应以建设好国际创新科技中心为路径，积极推动港澳融入大湾区区域协同创新体系，提高大湾区经济创新力和竞争力，提升港澳发展的质量。二是积极推进粤港澳大湾区规则标准衔接，更好地融入国家发展大局。应充分利用"一国两制"，降低制度性摩擦，提供现有其他世界顶级湾区所不具备的制度创新可能性，全力打造全球一流营商环境，力争形成以我为主，全面放大制度创新红利，增强我国在中美大国博弈中的战略主动性。三是依托大湾区建设使港澳将腹地扩大至更广阔的内地，以获得可持续发展的规模化支撑，充分发挥港澳服务于国家整体的功能与作用，尤其推动人民币国际化方面的独特作用。

# 第三节　推动我国经济高质量发展

中国经济已由高速增长阶段转向高质量发展阶段，是能够更好满足人民日益增长的美好生活需要的发展，是体现新发展理念的发展，是创新成为第一动力、协调成为内生特点、绿色成为普遍形态、开放成为必由之路、共享成为根本目的的发展。创新粤港澳大湾区经济高质量发展的体制机制，打造高质量发展典范是新时期粤港澳大湾区发展的内在要求。

## 一、粤港澳大湾区建设可以为我国经济高质量发展探路

党的二十大报告指出，高质量发展是全面建设社会主义现代化国家的首要任务。中共十九届四中全会作出了"推动经济高质量发展"的战略部署，这是保持我国经济社会持续健康发展和实现第二个百年奋斗目标的必然要求，也是当前必须跨越的关口。要始终坚持把新发展理念作为推动高质量发展的根本遵循。创新发展方面，要始终坚持抓创新就是抓发展，下大力气提升自主创新和原始创新能力，尽快突破关键核心技术背后的重大科学问题；创造有利于科技成果转化、新技术快速应用和迭代升级的生态环境。协调发展方面，要始终坚持正确处理发展中的重大关系。加快全国统一大市场建设，打破影响生产要素自由流动、优化配置的各种体制机制障碍，把各地区之间发展不平衡转化为利用好各自的比较优势，实现更合理分工，凝聚更强大的合力。绿色发展方面，要始终坚持生态文明理念和人与自然和谐发展。生产、生活方式要控制在自然资源、生态环境可承受范围内，实现人与自然的良性循环；建设绿色基础设施，构建绿色生产体系，积极促进绿色消费，逐步改变大量消耗资源能源的出口依赖型生产方式。开放发展方面，要建立更高层次、更高水平的开放型经济新体制，以高水平开放打造国际合作和竞争新优势。共享发展方面，要始终坚持发展为了人民、发展依靠人民、发展成果由人民共享，不断提高人民生活水平并缩小收入分配差距，实现人民对美好生活的向往。

要实现经济高质量发展的目标，就必须构建推动经济高质量发展的体制机制，破解当前我国经济发展中结构性、体制性、周期性问题相互交织所带来的困难和挑战。改革开放 40 多年来，粤港澳大湾区走在我国改革开放的最前沿，为我国对外开放和经济现代化建设作出了巨大贡献。粤港澳大湾区特别是广东省是中国改革开放的一面旗帜，也是中国发展阶段性特征的一个缩

影。当前我国经济发展中面临的结构性、体制性等问题，在粤港澳大湾区都有所体现。解决这些问题，需要进一步改革开放，创新体制机制。推进粤港澳大湾区建设，充分发挥粤港澳科技研发与产业创新优势，推动转型发展、创新发展和绿色发展，破除影响创新要素自由流动的瓶颈和制约，促进各类要素在大湾区便捷流动和优化配置，持续保持和放大大湾区的巨大制造业生产能力优势、市场优势、创新集聚和体制机制优势，使粤港澳大湾区成为新时代改革开放的受益者，发展成果的共享者，社会主义现代化强国的建设者，成为全国经济高质量发展的典范。

## 二、粤港澳大湾区可以为全国统一大市场先行探路

2022 年 4 月 10 日，《中共中央、国务院关于加快建设全国统一大市场的意见》（以下简称《意见》）发布。《意见》明确提出，加快建设高效规范、公平竞争、充分开放的全国统一大市场，全面推动我国市场由大到强转变，为建设高标准市场体系、构建高水平社会主义市场经济体制提供坚强支撑。加快建设全国统一大市场，是中共中央、国务院从全局和战略高度作出的一项安排，是构建高水平社会主义市场经济体制的内在要求，是实现科技自立自强、推进产业升级的现实需要，也是构建新发展格局的基础支撑和内在要求。

2019 年 2 月，中共中央、国务院印发《粤港澳大湾区发展规划纲要》（以下简称《纲要》），把"大湾区内市场高水平互联互通基本实现，各类资源要素高效便捷流动"作为 2035 年要达成的目标之一。《纲要》提出探索有利于人才、资本、信息、技术等创新要素跨境流动和区域融通的政策举措，以及提升粤港澳口岸通关能力和通关便利化水平，促进人员、物资高效便捷流动等具体举措。因此，粤港澳大湾区的建设，打破制度壁垒，使之成为互补互动互相支撑的巨大潜在优势，使粤港澳大湾区突破商流、物流、信息流、资金流和人员流动的制度障碍，快速解决跨境协调、社会融合等衔接问题，实现资源要素的优化配置，真正实现区域经济一体化发展，这既有利于三地发展，也是创造中国经济社会发展新思路新布局的一次伟大探索与尝试，可以

对建设全国统一大市场起到积极的引领和支撑作用，给全国建设统一大市场进行探路提供经验。

习近平总书记指出，"建设好大湾区，关键在创新。要在'一国两制'方针和基本法框架内，发挥粤港澳综合优势，创新体制机制，促进要素流通。大湾区是在一个国家、两种制度、三个关税区、三种货币的条件下建设的，国际上没有先例。要大胆闯、大胆试，开出一条新路来"。我们一定要遵循习近平总书记重要指示精神，打破传统思维定式，在保持"一国"的前提下，充分利用现有制度规则差异，通过制度对接和规则衔接，在国际上没有先例可循的中国国土上，创造出一番事业和奇迹。比如，一个国家内跨行政区域的两种制度，可以在保持原来社会结构、社会认同相对稳定下实现资源有效配置。三个法域可以使三地在维护国家立法统一下，形成有区别但可以相互借鉴的法律连接关系，推动区域内联合执法和司法结果互认，特别是内地可以通过借鉴港澳海洋法系判例法，逐渐弥合法律上的差异，适应国际上更大范围的法律约束。三个独立关税区为内地探索实行零关税、低税率、简税制，实现区域内一体化快速通关，构建与国际高标准对标的商事便利化制度体系提供重要参照系。三套货币体系使三地可以联手共同应对和缓冲国际金融风险，特别是香港作为全球最大的人民币离岸中心，是人民币国际化的最大"防火墙"，是国家对外开放"先行先试"的试验场，"沪港通""深港通""债券通"都在香港试点，这也说明香港独特的价值和作用。充分利用制度规则差异，打破制度壁垒实现经济、社会、文化、制度等方面的协同融合发展的过程，是粤港澳三地相互借鉴、相互学习、相互衔接、相互匹配，形成新的优选制度和制度规则对接或衔接的过程。在这个过程中，制度规则标准对接或衔接，需要向最优、最开放、最高的规则标准看齐，三地共同对接国际适用的高标准规则，这也是新形势下我国应对全球产业链、产品链、供应链、价值链变化的必然选择。因此，面向未来创造与国际一流标准衔接的粤港澳大湾区一体化的高标准制度规则体系，最终粤港澳大湾区一定会成为中国乃至世界商流、物流、资金流、信息流和人员流动等现代流通最顺畅、市场活跃度最高、现代营商环境最优的区域。在这种情况下，进一步提升和放大香港优势，推动三地产业优势互补和资源优化配置，真正实现粤港澳大湾区的经济一体化发展，打造国际一流湾区，形成中国经济增长新动能，形成中国在全球竞争新优势，从国家战略规划变成现实。

## 三、粤港澳大湾区可以为我国构建现代产业体系探路夯基

构建现代产业体系是转变发展方式、调整结构的一项重要任务。粤港澳三地比较优势明显，具有雄厚的存量资源。粤港澳大湾区国家战略实施推进，为三地改革探索、突破壁垒，把存量资源转化为增量资源，比较优势转变为集成优势提供了重大机遇，有利于为我国构建现代产业体系探路夯基。广东是我国对外开放的前沿阵地，是我国第一经济大省、第一对外贸易大省，是全国领先的先进制造业基地、创新高地和人才知识高地。广东也是国内国际化、市场化和开放程度最高的省份之一，特别是正在形成基于三地优势的科技创新长廊，经济高质量、一体化发展的三个核心极点，拥有华为、中兴通讯、腾讯等一大批创新型企业。2019 年，中央决定把深圳建设成中国特色社会主义先行示范区，广州南沙、深圳前海、珠海横琴三大国家级新区加速度发展。香港创新区、深圳国家自主创新示范区、深港科技创新合作区、广州知识城等一批创新开放合作平台正在形成。香港是国际金融、航运、贸易中心和国际航空枢纽，拥有高度国际化、法治化、市场化、便利化的营商环境以及遍布全球的商业网络，是全球最自由经济体之一，在现代营商制度和营商环境、税收制度、人才制度、社会管理和治理模式等方面，优势十分明显。"更为重要的是，香港享有'一国两制'的制度优势，不仅能够分享内地的广阔市场和发展机遇，而且经常作为国家对外开放'先行先试'的试验场，占得发展先机"。澳门是世界旅游休闲中心，是国际化商务旅游之都，是我国与葡语国家商贸合作的服务平台，是不可多得的与葡语国家联系的大通道。

2021 年大湾区经济总量约 12.6 万亿元，比 2017 年增长约 2.4 万亿元，占

国内生产总值的 11.05%。但与东京湾区、纽约湾区、旧金山湾区等世界一流湾区相比，粤港澳大湾区还有很大发展空间。中国社会科学院财经战略研究院发布的《四大湾区影响力报告（2018）：纽约·旧金山·东京·粤港澳》显示，粤港澳大湾区在占地面积、人口总量、港口集装箱吞吐量、机场旅客吞吐量等方面优势明显，整体影响力指数排名第三，高于东京湾区，排在旧金山湾区和纽约湾区之后。但在人均国内生产总值、地均国内生产总值、第三产业比重和营商环境等得分远低于其他三大湾区；创新基础指标和创新能力指标也表现乏力，也排在最后一位。这说明粤港澳大湾区整体的发展质量和创新水平与发达国家湾区相比还存在一定差距。之所以存在着差距，有历史形成的原因，更有在新形势下三地没有实现规则标准对接或者衔接，形成集成优势有很大关系。特别是，当前粤港澳大湾区国家战略实施推进和协同发展，必须正视和协调解决影响三地实现优势互补的体制机制问题。如能通过规则衔接或对接，破解粤港澳大湾区建设中存在的深层次难题和体制机制性障碍，把香港、澳门的独特存量资源优势，与广东的存量资源优势叠加转变为新的集成优势，将产生巨大的乘数效应。通过形成发展共识，以创造优质制度供给，放大我国的经济规模优势、市场规模优势、制造业生产能力优势和创新优势，大幅度提升现代服务能力和金融能力，优化营商规则和营商环境。只要这些优势发挥出来，就一定能使这一区域超越纽约湾区、旧金山湾区、东京湾区等世界著名湾区，成为具有最强制造业能力、创新能力、现代服务能力和金融能力的世界一流湾区，成为全球知识高地、技术高地、人才高地和优质制度供给高地。这既是粤港澳大湾区国家战略的核心要义，也是推进粤港澳大湾区建设的迫切需要。

## 四、粤港澳大湾区可以为我国绿色低碳发展先行探路

生态环境是人类生存和发展的根基，建设美丽家园是人类的共同梦想。面对生态环境挑战，人类是一荣俱荣、一损俱损的命运共同体，没有哪个国家能独善其身。后疫情时期，随着全球生态环境挑战日益严峻，良好生态环

境成为各国经济社会发展的支撑点和人民生活质量的增长点，绿色发展成为各国共同的关切和追求的目标，围绕"绿色发展"的国际合作与竞争及国际秩序不断演进。拜登政府上台后美国重回《巴黎协定》，2021 年 4 月的气候变化峰会、第 26 届联合国气候大会（COP26）等重要会议接连召开，绿色复苏、绿色发展将成为主要国家的共同选择。欧盟的绿色协议"绿色交易"、拜登政府的"绿色新政"和日本的"绿色增长战略"都意在实现脱碳，完成产业大转变，进而提高国际竞争力。上述国家都在举政府和民间之力，对可再生能源、氢能、储能、碳循环等成长型行业进行集中投资和战略扶持。绿色转型为企业发展提供了重要投资机遇。后疫情时期，多国政府出台了大规模的经济救助与刺激计划，涉及数万亿美元的资金投入。拜登政府曾公布的逾 2 万亿美元的基建和经济复苏计划中环保相关的绿色产业是重中之重；2021 年 10 月公布的 1.75 万亿美元的"重建更美好未来法案"计划框架中有涉及 5550 亿美元的气候项目。此外，欧盟、德国、英国已经明确提出经济刺激计划的绿色比例——其刺激计划资金的 10%—38% 将用于节能建筑翻新、电动和铁路交通、氢能等可再生能源和碳捕获与封存技术的研发等气候友好型领域。

坚持"绿色复苏"成为推动经济高质量发展也是中国的战略选择。我国经济复苏聚焦的七大新基建领域也蕴含着丰富的绿色元素。引领全球气候治理方面，2020 年 9 月，习近平主席在第七十五届联合国大会上宣布我国将提高国家自主贡献力度，力争于 2030 年前二氧化碳排放达到峰值，努力争取 2060 年前实现碳中和。中国将大力支持发展中国家能源绿色低碳发展，不再新建境外煤电项目。同年 12 月 12 日，习近平主席在气候雄心峰会上进一步做出"到 2030 年，中国单位国内生产总值二氧化碳排放将比 2005 年下降 65% 以上，非化石能源占一次能源消费比重将达到 25% 左右"等庄严承诺。2021 年 6 月，中国与共建国家发出"一带一路"绿色发展伙伴关系倡议。2021 年 10 月，中国印发了《关于做好碳达峰碳中和工作的意见》《2030 年前碳达峰行动方案》，是我国实现庄严承诺的顶层设计和工作指南。与后疫情时期经济复苏战略的选择密切相关。现阶段应对疫情的经济刺激方案会对未来几十年的碳排放产生深远影响，因此，面向清洁能源的"绿色复苏"计划，可以在拉动经济体量的同时，引领我国走向更清洁、可持续的气候道路，积极引领全球气候治理，推动经济复苏与绿色发展的协同共赢。

与世界三大湾区相比，粤港澳大湾区人口、经济总量、占地面积等指标已与世界一流湾区水平相当，但在生态环境质量和绿色发展水平方面差距较为明显。作为世界级城市群，粤港澳大湾区历经长期快速工业化、城镇化发展，大部分地区资源环境承载能力已接近或超过上限，面临持续赶超世界先进水平与生态环境严重超载的双向压力。未来需要更充分发挥科技创新优势，"破局"解决生态环境严重"超载"问题，应充分发挥粤港澳大湾区绿色发展基础优势和科技创新产业聚集优势，加快绿色清洁低碳技术创新和推广应用，打造清洁技术和新能源产业基地，进一步加快产业结构与能源结构的战略性调整，形成绿色低碳产业体系、绿色能源体系、绿色交通运输体系和绿色生活方式，建设具有国际影响力的绿色发展示范区。应着力建设引领全国、面向全球的生态环境创新服务平台，组织多学科、跨地域的科技协同创新，建立生态环境前沿科学研究平台、重点实验室和创新基地，同时把粤港澳大湾区建设成为生态环境保护修复领域新技术、新成果应用基地，持续推动新技术、新成果的转化和落地，使粤港澳大湾区真正成为绿色低碳、宜居宜业宜游的"优质生活圈"。


# 第四节　打造大国竞争博弈新高地

当今世界正面临"百年未有之大变局"，大国竞争与博弈异常激烈，中美关系成为"百年未有之大变局"的最大变量。香港成为外部势力对中国博弈的重要"棋子"，这使粤港澳大湾区面临的外部环境发生了极大变化，也更加凸显粤港澳大湾区国家战略的重大战略价值。创新"一国两制"内核，重塑港澳优势，以制度创新为重点，用创新思维推动粤港澳大湾区建设，是"逆全球化"浪潮下粤港澳大湾区主动作为的战略选择，有利于创造我国在国际竞争特别是大国博弈中的新高地。

## 一、大国博弈特别是中美大国竞争博弈加剧

当前，国际形势正在发生显著而深刻的变化，俄乌冲突、新冠疫情和大国竞争博弈叠加加剧百年未有之大变局的演变，国际环境日趋复杂，国家间相互依赖程度不断加深，不同发展阶段的国家之间、不同政治制度的国家之间、不同社会阶层的群体之间、不同价值取向的群体之间的对立冲突越发明显。美国发起的与其他国家之间的矛盾冲突不断升级，全球进入空前激烈的大国竞争与博弈，全球政治、经济、外交、地缘格局正在加速分化与重构，中美竞争博弈更是成为大国竞争博弈的焦点，成为影响我国外部环境的最大变量。

作为世界头号超级大国，美国在全球影响力无出其右。尽管中国一直坚持走和平发展道路，但是美国"认定"中国一定会挑战其霸主地位，并可能会陷入"修昔底德陷阱"。在此背景下，美国从 2016 年开始已不再把恐怖主义当作主要威胁，而是明确将中国视为头号竞争对手。继特朗普政府搞逆全球化，大打贸易战，并在政治、经济、军事和科技等多领域对中国极限施压后，拜登政府继承了特朗普遏制中国的战略，并将对华战略定位进行升级，在美国白宫国家安全委员会 2021 年 3 月发布的《国家安全战略临时指南》里，将中国定义为"唯一潜在竞争对手"，认为中国是唯一有能力将其经济、外交、军事和技术力量结合起来，对稳定和开放的国际体系构成持久挑战的潜在竞争对手。不同于特朗普的个人独断专行和单打独斗的手法，拜登政府更加重视团队力量、盟友力量和智库力量，动用一切可以动用的外交、经济、军事、意识形态等工具抗衡中国，开展全方位的对华竞争，以图削弱或延缓中国发展势头。比如，科技领域奉行"小院高墙"战略，利用美国的科技创新优势对中国打科技战。在美国认为中国威胁到其核心技术优势的领

域，包括超算、量子计算、5G、高端芯片、安防视频、大飞机制造等，美国则采用一切手段"竖起高墙"。相关打压措施包括发布"实体清单"、发布"中国军工复合体企业"清单、发布禁令、吊销运营牌照、通过立法等。拜登政府还进一步加强出口管制的立法，加强对军民两用技术的投资和贸易限制，继续严格限制中国在美投资，执行严格的投资审查制度。

新冠病毒感染和俄乌冲突下美国加快推动世界分裂及与中国产业链供应链"脱钩"，中美对抗性竞争博弈加速并成为中美关系的主流，长期趋势性特征凸显。尽管随着美国政府的更迭，中美关系存在局部缓和的可能性，但美国内已经达成了对华强硬共识，中美关系竞争本质和主基调不会发生根本性逆转。

## 二、粤港澳大湾区创新发展应对中美大国尤其是科技博弈机遇与挑战

粤港澳大湾区经济发展水平全国领先，产业体系和配套能力完备，产业集群发展优势明显，经济互补性强，创新企业和创新要素集聚。香港、澳门服务业高度发达，珠三角九市已初步形成以战略性新兴产业为先导、先进制造业和现代服务业为主体的产业结构，三地科技研发、转化能力突出，拥有一批在全国乃至全球具有重要影响力的高校、科研院所、高新技术企业和国家大科学工程，创新要素吸引力强，创新基础雄厚。据统计，粤港澳大湾区9+2城市2017年地区国内生产总值首次超越纽约湾区排在东京湾区之后，综合经济实力已然成为世界城市群经济发展的新引擎。其中，香港、深圳、广州作为区域核心城市地区国内生产总值远远领先于其他城市，佛山、东莞作为第二梯队经济实力逐步增强，其他城市与发达地区仍有一定差距。从各城市产业构成看，香港、澳门经济以第三产业为主。内地城市中，广州第三产业占比超过70%，在区域经济发展中将凭借发达的第三产业优势继续发挥对外服务与贸易中心的地位；深圳除了高科技制造中心优势外，金融、服务业、物流等第三产业也在全国占据重要地位，与香港互联互通的优势将助推两地

产业链整合与协作；佛山、惠州等作为世界制造业中心，承担着广州、深圳制造业转移的产业布局任务；相较于其他城市，地区生产总值较低的肇庆、江门等地区第一产业仍然占比较大，未来可在第一产业上发展现代农业，在与其他湾区城市协作基础上逐步完善第二、第三产业。

创新是粤港澳大湾区发展的引擎和主要驱动力。凭借着发达的外贸经济、活跃的创新创业氛围以及良好的营商环境，大湾区创新综合能力在近几年有了质的飞跃，综合创新能力处在全国领先水平。区域创新能力比较优势主要体现在企业创新能力、科研创新成果转化与应用能力等。区域内部核心城市深圳已经发展成为全国创新中心，并融入全球创新网络。除了众多国际级创新巨头，深圳也成为创新型独角兽企业聚集地。这些企业主要集中在互联网金融、人工智能、智能硬件等新兴行业，为城市带来源源不断的创新活力。

同时，粤港澳大湾区建设正面临前所未有的新挑战，成为中美博弈的前沿焦点之一。香港成为美国打压、遏制和围堵中国战略转向的重要焦点地区，华为、中兴通讯、海康威视、大疆等广东一批创新型企业被美国列入实体清单，正遭遇空前的困难和挑战。粤港澳大湾区原有的存量矛盾和问题尚待解决，新的增量问题更加严峻，存量和增量矛盾的叠加交织，使粤港澳大湾区国家战略能否落地和成功受到空前挑战。

## 三、中美博弈背景下粤港澳大湾区发展战略价值更加突显

大国竞争博弈比拼的是一个国家经济发展的韧性、活力、发展空间和回旋余地，更多表现为大城市群之间的竞争。中国要在长周期的中美竞争博弈中胜出，必须要有创新高地、人才高地、知识高地、制度供给高地、经济高质量发展高地。粤港澳大湾区是我国经济的重要增长极、参与全球竞争的重要空间载体和联系世界的重要纽带，在国家发展大局中具有重要战略地位。因此，推进粤港澳深度合作形成一个人流、商流、物流、资金流、信息流能够畅通的强大区域统一市场，打造国际一流湾区和发展重要增长极，塑造并

提升粤港澳大湾区世界级城市群的国际竞争力，对于持续保持我国经济发展的韧性、活力和回旋空间，提升我国应对外来风险挑战的能力，增强我国对美博弈的底气和筹码具有重要意义和价值。

粤港澳大湾区具有创新的集成优势，香港作为国际重要的商贸平台及科技交易中心，将会为大湾区其他城市提供科研、创新成果转化平台与国际金融等服务，而香港自身科技创新的发展也将会越来越依赖于内地市场与区域创新网络。除了深港创新枢纽外，"广深科技创新走廊"计划延长至香港、澳门。创新走廊将会充分发挥广州科研资源和人才储备优势、东莞制造业基础、深圳企业应用创新能力，再结合港澳地区国际化创新资源，这一创新集群将会发展成为大湾区国际科技创造中心的主要载体。同时，用创新思维和非常规的改革开放布局，加快落实推进粤港澳大湾区国家战略规划，搭建适应人员、资源、市场、政策等创新生态环境，围绕区域产业链需求构建，从源头创新到创新成果转化应用建立起完善的创新链条，通过协作机制做到创新链与产业链的深度融合，以创新引领区域产业升级，建立大湾区创新网络体系和商业模式创新，推进城市基础设施和公共服务水平，建设创新孵化加速器以及优化创新流程，为企业与市场主体创造良好的创新环境，通过提供更好的制度规则，使粤港澳大湾区成为创造全国创新高地、人才高地、知识高地、制度供给高地、经济高质量发展高地的引领者、探索者和改革者。

总之，在中美大国博弈日益激烈的新形势下，如能通过粤港澳大湾区建设尤其是湾区规则标准的对接或衔接，创新粤港澳大湾区建设的合作思路、合作方式和合作路径，使粤港澳大湾区成为引领未来中国经济发展的新引擎和动力源，成为中美竞争博弈特别是打破美对我封锁和围堵的重要突破口，有利于从整体上改变中美竞争博弈态势，成为中美长期竞争博弈中我变被动为主动的关键一步。

# 第二章
# 粤港澳大湾区发展的历史沿革

世界顶级城市群大多分布在湾区。湾区从出现、成形到成熟大致经历港口经济、工业经济、服务经济和创新经济几个阶段，经济形态升级的同时伴随着人口、产业、贸易、金融、技术、信息等要素不断流入和空间集聚，从而形成极具全球竞争力的发展优势，是全球创新能力的重要载体。粤港澳大湾区与旧金山湾、纽约湾、东京湾并列为世界四大湾区之一，尽管作为经济和创新载体明确性概念提出的时间晚于其他三大湾区，但毋庸置疑的是，长期以来，这一区域历史同源、经济互融，地理邻近，从地缘到人缘具有天然的亲密性，虽然经济结构各异但产业联系紧密，金融服务业、制造业、科技创新相互支撑，是代表我国最高开放程度、最强经济活力和最高水平经济实力的区域，是我国重要的经济增长极，在国家发展大局中战略地位突出。建设粤港澳大湾区，既是我国新时代推动"双循环"新发展格局的重要探索举措，也是推动"一国两制"事业向前发展的新实践。

## 第一节　区域协调发展形成阶段
### （改革开放初—港澳回归前）

粤港澳大湾区是在珠三角经济圈层基础上，随着资源的自然集聚和跨区域经济不断延伸融合逐渐形成的超大规模区域性经济中心。在粤港澳大湾区形成的过程中先后经历了由珠三角到大珠三角的经济圈层扩围历程，并进一步扩大至泛珠三角经济合作区域范围。

## 一、珠三角经济圈层

珠三角既是个地理区域概念，更是个经济区域概念，随着区内城市间合作领域的扩展和整合力度提高，其外延不断扩大。20 世纪 80 年代我国实行改革开放，采取了点、线、面分步骤有序的开放策略。珠三角区位优势突出，是我国改革开放的前沿，最早实行对外开放政策，在改革开放中逐渐发展成为一个具有独立意义的经济区域。1985 年，中央确定珠三角经济开发区，以突破行政区划的经济格局协同推进区域间经济合作，当时初定空间范围包括 4 市 13 县，1987 年进一步扩大为 7 市 21 县。1994 年 10 月，广东省委七届三次全会上提出建设珠江三角洲经济区，将广州、深圳、佛山、东莞、中山、珠海、江门、肇庆、惠州等 9 个城市纳入经济区范围，这一区域是广东乃至全国经济增长最快、经济发展水平最高的地区之一。按 1993 年的数字，其面积和人口占广东全省的 23.4% 和 31.2%，却贡献了广东省 70.2% 的地区国内生产总值，这九市即后来被广泛认可的珠三角区域。随后，广东省专门成立了"珠江三角洲经济区规划协调领导小组"，以推进这一城市群经济社会整体协调发展。

## 二、大珠三角经济圈层

传统的大珠三角是由珠三角九市和香港、澳门构成的城市群，在空间范围上，大珠三角与粤港澳大湾区一致。珠三角地区与港澳地理位置毗邻，天然形成了良好的地缘和人口条件，经济制度和产业结构迥异，经济发展水平高低有别，为三地互补发展提供了重要基础。改革开放以来，珠三角区域与港澳地区形成了广泛、密切的经贸合作关系，为大珠三角的确立及发展创造了良好便利的客观条件。1988 年，《国务院关于广东省深化改革扩大开放加快经济发展请示的批复》中提出，广东必须充分发挥地处沿海、毗邻港澳的优势，大力发展外向型经济，肯定了港澳对广东外向型经济合作的重要性，为广东面向港澳开放提供了先行先试的体制机制保障。很长一段时间内，珠三角充当了港澳经济腹地的角色，以"前店后厂"模式与港澳展开经济合作，港澳在此区域的投资多集中于以"三来一补"（来料加工、来件装配、来样加工、补偿贸易）为主的出口加工贸易和以房地产、娱乐、餐饮为主的服务领域。借由这两个经济自由度较高的地区，珠三角地区成为我国开放先行地区，率先融入了全球经济，为我国积累了重要的对外开放经验，也为新的历史时期与粤港澳在更高层次上协同发展奠定了基础。

## 三、泛珠三角经济圈层

泛珠三角最早在 2003 年提出，包括华南、东南和西南 9 个省份（福建、广东、广西、贵州、海南、湖南、江西、四川、云南）及香港、澳门两个特别行政区。这些地区直接或间接与珠江流域的经济流向和文化有关，在资源、产业、市场等方面有较强互补性。泛珠三角"9+2"区域合作的目的是更好地解决东西部协调发展的问题。从区域内部看，东西部地区在资源、产业和市场等方面有较强的互补性，合作潜力巨大。从区域外部看，泛珠三角区域紧邻东南亚，与东盟市场联系紧密，加之国际金融中心和物流中心香港、旅游娱乐中心澳门，各种产业层次兼备，有助于我国更好实施外向型经济发展战略。目前，泛珠三角区域合作已经形成常态化机制，进入实施阶段，在基础设施、科技、人才等多方面达成合作协议。当前，泛珠三角区域合作已被纳入《"十四五"规划纲要》，作为高质量建设粤港澳大湾区的重要举措，进一步明确泛珠三角区域合作在新发展阶段的战略定位，为下一步合作发展注入新动力。

珠三角经济圈逐渐自然成型。对内，初步形成要素充足、优势互补的区域经济协调发展格局；对外，架构起我国入世前与全球经济贸易内联外通的桥梁，并逐渐发展为我国的主要经济增长极。至 1999 年，珠三角九市占广东省地区国内生产总值的比重已经达到 74.5%。同时，香港、澳门回归前，三地是处于不同政体下的独立发展单元，政治制度、法律体系和经贸机制差异性大，区域经济深度融合仍有一定障碍，仅仅依靠市场的自发性调节，已经无法突破体制机制障碍造成的效率损失，需要在更高层次上协调和理顺三地深度合作的体制机制。

# 第二节　区域经济深度融合发展阶段
## （港澳回归—2014 年）

1997 年 7 月 1 日香港回归祖国，1999 年 12 月 20 日澳门回归祖国，我国先后恢复了对香港和澳门的主权，三地合作正式由"三国三制"迈入"一国两制"时代，为顶层设计统筹协调发挥三地比较优势扫清了政治障碍。紧接着，2001 年 12 月 11 日我国正式加入 WTO，为粤、港、澳区域经济深度融合发展创造了史无前例的历史性契机。这一时期，由粤、港、澳 3 个支点构成的大珠三角经济圈加速形成，三地经济融合、合作升温，步伐全面提速，逐渐形成了基于各自比较优势的明确功能分工。

## 一、初步形成战略协同

港澳回归和我国加入 WTO 是这一时期粤港澳深化合作的重大契机。港澳回归为中央和各级地方政府推动"一国两制"框架下的跨区域合作部署扫清了障碍。当时各区域发展面临着不同的历史任务，广东要摆脱粗放发展，实现产业升级，香港要应对金融服务业与制造业融合发展，澳门则需解决产业结构单一的问题，协同旅游与博彩业发展，由于之前没有此类改革经验，在宏观层面上如何合理设计合作架构为首开先例，在此背景下，三地合作遵循先易后难的原则，从经贸领域逐渐延伸到更广泛的经济社会协同，一系列政策协调议题密集出台，有力推动了三地关系和谐互动和不断纵深发展。

深化经贸合作。2003 年，内地与香港特区政府、澳门特区政府分别签署了《关于建立更紧密经贸关系的安排》（以下简称"CEPA"）。CEPA 是"一国两制"原则的一次成功实践，涵盖了内地与港澳经贸交流的各领域，以自由贸易原则发展与港澳的经贸关系，减少内地与港澳在经贸交流中的体制性障碍，加速了相互间资本、货物、人员等要素的便利流动。随着合作的深入，CEPA 的内容不断增加和充实，后期又相继签署了系列补充协议及其他贸易投资相关协议，包括 10 份 CEPA 补充协议、《CEPA 货物贸易协议》《CEPA 服务贸易协议》《CEPA 投资协议》及《CEPA 经济技术合作协议》等，内地与港澳经贸合作的规则体系愈发完善。以广东为前沿，港澳与内地经贸自由化便利化程度不断提高。

推动城市群协调发展。2003 年，粤港合作联席会议第六次会议确立了粤港合作的新思路，明确要将大珠三角打造成为世界上最繁荣、最具活力的经济中心之一。2004 年第七次粤港联席会议上，双方一致认为应加强区域规划的协调，成立了"粤港城市规划及发展专责小组"，共同开展《大珠江三角洲城镇群协调发展规划研究》。这是在"一国两制"框架下三地首次合作开展的区域规划研究。研究围绕构建协调可持续的世界级城镇群的总体目标，以"一湾三区"（环珠江口湾区和广佛、港深、澳珠三大都市区）为大珠三角城镇群的中枢，围绕空间发展、跨界交通、生态环境等议题，推动区域合作开发，提高大珠三角整体的国际竞争力。2008 年，国务院颁布实施《珠江三角洲地区改革发展规划纲要（2008—2020 年）》，首次正式将与港澳紧密合作的相关内容纳入珠三角长周期规划中，提出了探索和推进粤港澳地区合作，打造世界级城市群的构想，将湾区建设与大珠三角区域一体化上升为珠三角地区的整体发展战略。

粤港、粤澳形成合作框架协议。2009 年，《政府工作报告》中首次提及粤港澳合作，为广东省与港澳纵深协同发展拉开了序幕。为落实跨地区合作，以 CEPA 经贸合作为基础，由中央政府牵头，2010 年广东省与香港签署《粤港合作框架协议》，这是全国首份省级行政区和特别行政区之间的合作协议，首次明确提出粤港两地金融合作以香港为龙头，被视为粤港合作的一大新突破。2011 年，广东省与澳门在北京签署《粤澳合作框架协议》，三地政府按照年度共同确定重点工作内容，有序推进区域合作，合作进程开始提速。

## 二、粤港澳常态化高层级合作机制建立

形成和固定了以联席会议机制为引领的顶层设计安排。应该说，粤港澳大湾区的实践过程是体制机制不断突破和创新的成功尝试。在合作机制上，粤港澳区域合作协调形成了以联席会议机制为引领的顶层设计安排。1998 年，广东省与香港特别行政区建立粤港合作联席会议，由广东省与香港特区政府高层人员组成，每年轮流在广州和香港举行一次，2003 年开始升级为粤港首长主持会议（"双首长制"），由两地行政首长共同主持。联席会议由全体大会、工作会议、联络办公室和专责小组构成基本架构，截至 2022 年 4 月，共举办了 22 届。会议内容从最初两地基本民生保障和经济发展，逐步扩容到生态治理、基础设施建设、跨境开发、旅游合作、社会服务和文化教育等多领域，显示两地合作深度和宽度的不断拓展。2001 年，广东省与澳门特别行政区建立行政首长会晤制度，下设联络办公室和专责小组，常设机构为粤澳合作联络小组，广东与澳门每年至少轮流举办一次全体会议。2003 年，参照粤港合作机制，升级为粤澳合作联席会议，下设经济贸易、出入境旅游、环保合作和基础设施等多个专家小组。

先后设立多层次工作制度。自以粤港、粤澳合作联席会议为顶层设计的机制建立以来，已逐步设立不同层次的工作制度，三地合作机制不断完善。目前，粤港合作联席会议机制设立了 23 个粤港合作专责小组，粤澳合作联席会议机制设立了 25 个粤澳合作专责小组，每个小组设有相对固定的组长（牵头）单位、成员单位和联络员。专责小组作为粤港、粤澳合作机制的重要组成部分，是提出、实施、推进和完善三方合作议题、合作项目和合作内容的主要平台，这也是粤港、粤澳合作联席会议机制不同于其他联席会议机制的

重要特点。

常态化的合作机制对于粤港澳拓宽合作领域，丰富合作层次，提升合作水平发挥了重要作用。经过多年体制机制协调探索实践，粤港澳建构了广泛的区域合作平台，合作模式由自下而上的民间合作升级为自上而下推动的高层级府际合作，在中央政府统领下，不断破解体制机制障碍，多领域协作推进。

# 第三节　大湾区体制机制高度协同一体化发展新阶段
## （2013 年至今）

党的十八大以来，国际国内环境发生巨大变化，粤港澳区域合作进程不断加速，迫切需要在新的国际化坐标体系中为粤港澳合作寻找全球化发展新坐标。

统观整个改革开放历程，珠三角地区享国家开放之先机，是我国改革开放的先锋和经济增长的引擎，在长期开放中形成了可持续发展的内生动力，为国家经济增长做出了突出贡献。近年来国家战略的重心转向区域协调发展，先后实施了京津冀协同发展、长江经济带、双渝经济圈等系列重大战略，面向全新的国内和国际发展形势，在国家整体发展大局下，明确粤港澳地区的历史使命，进一步推动粤港澳协同合作，提升这一区域的国际地位是新形势下顶层设计必须解决的重大问题。2015 年，国家发展改革委、外交部、商务部联合发布《推动共建丝绸之路经济带和"21 世纪海上丝绸之路"的愿景与行动》，提出"充分发挥深圳前海、广州南沙、珠海横琴、福建平潭等开放合作区作用，深化与港澳台合作，打造粤港澳大湾区"，首次正式将粤港澳大湾区概念写入国家文件。

2016 年 3 月，《中华人民共和国国民经济和社会发展第十三个五年规划纲要》明确提出"支持港澳在泛珠三角区域合作中发挥重要作用，推动粤港澳大湾区和跨省区重大合作平台建设"。同月，国务院印发《关于深化泛珠三角区域合作的指导意见》，明确要求"广州、深圳携手港澳，共同打造粤港澳大湾区，建设世界级城市群"。

自 2017 年以来，粤港澳大湾区连续 7 次出现在《政府工作报告》中，推动大湾区从构想到实践、从雏形到纵深推进的发展历程。2017 年《政府工作报告》中首次提出粤港澳大湾区概念，提出"研究制定粤港澳大湾区城市群发展规划，发挥港澳独特优势，提升在国家经济发展和对外开放中的地位与功能"，粤港澳大湾区由区域合作上升为国家战略。到 2018 年提出"出台实施粤港澳大湾区发展规划纲要"，2019 年部署"落实纲要"、2020 年"深入推进"、2021 年"扎实推动"，2022 年强调深入实施区域重大战略和区域协调发展战略。体现了中央政府对粤港澳大湾区发展的重视。

2017 年，国家发展改革委与粤港澳三地政府在香港共同签署《深化粤港澳合作 推进大湾区建设框架协议》，由中央政府主导，将三方合作机制上升为四方机制，初步制定三地政府的分工、七大重点合作领域及协调机制，标志粤港澳大湾区建设正式启动。党的十九大报告更加强调两制融合，将香港、澳门融入国家发展大局，提出"以粤港澳大湾区建设、粤港澳合作、泛珠三角区域合作等为重点，全面推进内地同香港、澳门互利合作"。

2019 年 2 月，《粤港澳大湾区发展规划纲要》（以下简称《纲要》）正式发布，作为全面指导粤港澳大湾区今后一个时期合作发展的纲领性文件，规划近期至 2022 年，远期展望至 2035 年，将"一国、两制、三个关税区"的区域合作推向全新纵深。《纲要》对粤港澳大湾区赋予五个战略定位：充满活力的世界级城市群、具有全球影响力的国际科技创新中心、"一带一路"建设的重要支撑、内地与港澳深度合作示范区、宜居宜业宜游的优质生活圈。目前，围绕总体规划正在构建包括基础设施互联互通、生态环境保护、产业发展、城际铁路等"1+N"的规划体系。粤港澳大湾区协同发展进入新的历史阶段。关于粤港澳大湾区的重要规划与政策演进轨迹见表 2-3-1。

表 2-3-1　粤港澳大湾区发展历程的相关规划与重要政策文本

| 时间 | 规划与政策 | 主要内容 |
|---|---|---|
| 2003 年 | 《内地与香港关于建立更紧密经贸关系的安排》《内地与澳门关于建立更紧密经贸关系的安排》（CEPA） | 内地与香港、澳门在"一国两制"框架和 WTO 自由贸易规则下促进贸易投资自由化、便利化的制度性安排多次升级协议内容。包括《CEPA 补充协议》1—10、《CEPA 货物贸易协议》《CEPA 服务贸易协议》《CEPA 投资协议》及《CEPA 经济技术合作协议》等 |
| 2008 年 | 《珠江三角洲地区改革发展规划纲要（2008—2020 年）》 | 将珠三角九市与港澳紧密合作的相关内容纳入规划，目标是到 2020 年，将粤港澳打造成分工合作、优势互补、全球最具核心竞争力的大都市圈之一 |
| 2010 年 2011 年 | 《粤港合作框架协议》《粤澳合作框架协议》 | 从经济、社会、文化、民生方面对广东、香港、澳门的角色分工作出清晰定位，并按年度确定重点任务 |
| 2015 年 | 《推动共建丝绸之路经济带和"21 世纪海上丝绸之路"的愿景与行动》 | 首次在国家级文件中提出大湾区概念<br>提出"充分发挥深圳前海、广州南沙、珠海横琴、福建平潭等开放合作区作用，深化与港澳台合作，打造粤港澳大湾区" |
| 2016 年 | 《中华人民共和国国民经济和社会发展第十三个五年规划纲要》 | 第一次将大湾区建设纳入国家发展规划<br>支持港澳在泛珠三角区域合作中发挥重要作用，推动粤港澳大湾区和跨省区重大合作平台建设 |
| 2016 年 | 《国务院关于深化泛珠三角区域合作的指导意见》 | 提出构建以粤港澳大湾区为龙头，以珠江—西江经济带为腹地，带动中南、西南地区发展，辐射东南亚、南亚的重要经济支撑带 |
| 2017 年 | 《政府工作报告》 | 研究制定粤港澳大湾区城市群发展规划，发挥港澳独特优势，提升在国家经济发展和对外开放中的地位与功能，标志着大湾区建设由区域合作上升为国家战略 |
| 2017 年 | 《深化粤港澳合作 推进大湾区建设框架协议》 | 三地明确分工，广东构建科技、产业创新中心和先进制造业、现代服务业基地，巩固和提升香港国际金融、航运、贸易三大中心地位，推进澳门建设世界旅游休闲中心。将粤港澳大湾区建设成为更具活力的经济区、宜居宜业宜游的优质生活圈和内地与港澳深度合作的示范区，打造国际一流湾区和世界级城市群。<br>三方合作机制上升为四方机制，标志大湾区建设正式启动 |
| 2017 年 | 十九大报告 | 以粤港澳大湾区建设、粤港澳合作、泛珠三角区域合作等为重点，全面推进内地同香港、澳门互利合作<br>强调两制融合，香港、澳门融入国家发展大局 |

续表

| 时间 | 规划与政策 | 主要内容 |
|------|-----------|---------|
| 2019 年 | 《粤港澳大湾区发展规划纲要》 | 大湾区建设的管总规划<br>5 大战略定位：充满活力的世界级城市群、具有全球影响力的国际科技创新中心、"一带一路"建设的重要支撑、内地与港澳深度合作示范区、宜居宜业宜游的优质生活圈 |

资料来源：根据公开资料整理汇总。

　　《纲要》实施三年以来，粤港澳大湾区建设不断取得新进展、新成效，大湾区经济呈持续稳健增长趋势。三地经济社会发展战略协同性增强，创新资源加快集聚，创新要素跨境流动更加畅通，规则衔接、机制对接不断深化，综合实力显著增强，创新能力及核心竞争力不断提升。截至 2021 年末，粤港澳大湾区内万亿地区生产总值城市已有 5 个，分别是：深圳、广州、香港、佛山和东莞，地区生产总值合计达 10.56 万亿元，区内世界 500 强企业 25 家，"深圳—香港—广州"科技集群蝉联全球第二位。朝着建成富有活力和国际竞争力的一流湾区和世界级城市群加速迈进。

# 第三章
# 世界三大湾区的发展经验及启示

自从 2017 年《政府工作报告》正式把"粤港澳大湾区"纳入其中，湾区和湾区经济受到高度重视。充分借鉴世界发达湾区建设的经验，准确把握湾区经济的内涵和共性规律，对我国加快发展湾区经济，推动建设世界一流湾区，更好服务国家战略，具有重要意义。

湾区是指由一个海湾或者相连的若干个海湾、港湾、邻近岛屿共同组成的区域，即围绕沿海口岸分布的众多海港和城镇所构成的港口群和城镇群。"湾"是海湾，湾的基础是深水良港的先天地理优势，这是一个海湾能成为湾区的先决条件。"区"是腹地，区决定着湾可以走多远，能有多强。在当今全球经济发展中，能够起到引领全球技术创新和资源配置的地方，大多集聚在港湾遍布、水路相连的湾区。据世界银行数据显示，世界 60% 的大城市坐落在湾区，湾区占世界经济总量的 75%。而这一由湾区地理位置所衍生出的经济效应被称为湾区经济。湾区经济既是港口城市都市圈与湾区独特地理形态相结合聚变而成的一种独特经济形态，也是港口经济、集聚经济和网络经济高度融合而成的一种独特经济形态。从产业经济学角度看，"湾区经济"不仅是一个区域概念，还是一个产业概念，即还需要有临港产业群，或称为濒海产业圈，只有两者结合到一块才能被称作"湾区经济"。

纵观世界湾区发展，皆是因港而生、依湾而兴，其经济发展主要经历了港口经济、工业经济、服务经济、创新经济四个阶段，湾区经济作为重要的滨海经济形态，是当今国际经济版图中的突出亮点，是世界一流滨海城市的显著标志。国际知名湾区，特别是经济实力最强的纽约湾区、旧金山湾区、东京湾区三大"黄金湾区"，以开放性、创新性、宜居性和国际化为其最重要特征，具有开放的经济结构、高效的资源配置能力、强大的集聚外溢功能和发达的国际交往网络，发挥着引领创新、聚集辐射的核心功能，已成为带动全球经济发展的重要增长极和引领技术变革的领头羊。近几年三大湾区的地区生产总值都达到 1 万亿美元以上，甚至超过 2 万亿美元。三大湾区的产业呈现高端化特征，服务业占比均达 80% 以上，世界 500 强企业数量近百家。三大湾区已经分别形成各自特色，纽约湾区拥有"金融湾区"的名号，东京湾区被称为"产业湾区"，旧金山湾区也有"科研湾区"的美誉。事实上，今天的三大湾区都已经成为"综合型湾区"。

# 第一节　世界三大湾区的主要特征

## 一、纽约湾区

### （一）地理概述

纽约湾区在地理概念上即通常所说的纽约大都会区，湾区包括美国最繁华的纽约市、长岛和纽约州哈德逊中下游的河谷地区。同时也将新泽西州中以纽瓦克和泽西市为代表的 5 市，康涅狄格州 7 大城市中的 6 座以及宾夕法尼亚州的东北五县纳入湾区范畴。

美国管理和预算办公室对纽约湾区有两个定义：大都会统计区和联合统计区。狭义上纽约湾区指的是大都会统计区，进一步细分为四个大都市分区，25 个县，占地面积约 17405 平方千米。大都会区包括纽约州的 12 个县（纽约市的 5 个行政区，长岛两个县和哈德逊河下游的 5 个县）、新泽西州北部和中部的 12 个县和宾夕法尼亚州东北部的 1 个县。

广义上的纽约湾区指联合统计区，即在大都会统计区的基础上又增加7个大都会区，共35个县，管辖面积较大都会区扩大将近一倍（约34493平方千米）。其中新增的是纽约、新泽西州、康涅狄格州和宾夕法尼亚州另外10个县。这片地区俗称为三州地区，但不包括宾夕法尼亚的一些城市，因此比实际的三州地区范围要小。

纽约湾大都会区总人口约为2000多万人，纽约湾联合统计区总人口约2400万人。纽约湾大都会区的地区生产总值占美国国内生产总值的10%多，列各大都会区头名，相当于同年全美各州排名第二和世界国家排名第十的经济水平。泛金融业在湾区经济中占比约为1/3，是推动纽约湾发展的主导力量，也体现出纽约金融中心的地位。教育服务和艺术、娱乐及休闲两个科目占比全国份额均超过12%，说明湾区对教育与文化的重视。商品制造业与服务业分别代表湾区的第二产业和第三产业，前者占比湾区经济约8%，呈现下降趋势；后者为湾区经济贡献80%以上且持续稳步提升；两者对比更印证纽约湾区的第三产业十分发达。

## （二）历史变迁

湾区在大航海时代之后变得越来越重要，自然禀赋使得纽约非常适合展开贸易往来。贸易除了给纽约带来人财物之外，还形成了地标之一——曼哈顿。曼哈顿是纽约湾区中最早开始规划的地区之一。为解决移民潮，1811年出台了《委员会计划》，这被认为是纽约城市发展最重要的规划文件。这份规划对街道建设和公共空间做了具体安排，设置12条南北主干道、155条正交十字路、建设公园以及广场，虽然这种设计并不完美，但独特的"网格状"规划在一定程度上平衡了人口与城市的关系，也成为很多城市规划效仿的对象。

19世纪中期，在港口优势、技术创新、政府政策等内外因素推动下，纽约制造业得到快速发展，形成纽约湾区制造业蓬勃发展阶段。1914年巴拿马运河开通，纽约进入大发展时代。当时纽约人口激增，制造业和海运业刺激了经济发展，一派欣欣向荣的景象中同时也暴露了纽约在发展中缺乏城市规划的短板。1922 年，纽约当地最著名的商业和专业精英召集成立了纽约区域规划委员会，1929 年拿出了"世界上第一个关于大都市区的全面规划"——《纽约及其周边地区的区域规划》，在第一轮规划中就提出了跨越行政边界建设有活力、宜居、可持续社区的意见。此后，依据规划，纽约大量建设基础设施及城市建设项目。

第二次世界大战后，在技术革新、产业升级的推动下，纽约湾区逐步进入工业化后期发展阶段。因为纽约湾区是跨州建设的大都市区，平衡区域内庞大的人口、建设和管辖之间的关系就成为摆在规划者面前最重要的问题之一。纽约湾区的经验是，在规划管理上，实行多方联合，由区域规划委员会和大都市圈规划组织 (MPO) 分别负责经济发展和交通建设的协调规划工作。作为经济发展主要规划方的区域规划委员会，在 1968 年制定了第二次区域规划。这一次规划注重郊区与城区平衡发展，将就业集中于卫星城，恢复区域公共交通体系，从而使曼哈顿成为全美金融、商业和文化中心。20 世纪七八十年代，金融保险等服务业快速兴起，促使纽约湾区向知识经济主导阶段演进。进入 20 世纪 90 年代后，1996 年，第三次区域规划——《危机挑战区域发展》的核心是在全球视野之下，凭借投资与政策来重建经济、公平和环境，通过整合经济、公平和环境推动区域发展，强调形成高效的交通网络的重要性以期重塑区域的经济和活力，从而增加区域的全球竞争力。

20 世纪后半叶以来，纽约湾区的生物、医药、材料、化学、航天、核物理、超级计算、大数据等新兴产业开始蓬勃发展，纽约附近的哥伦比亚、康奈尔、纽约、普林斯顿等著名研究型大学的基础研究工作、周边大企业的研发工作以及部署于湾区的一批重大科技基础设施对这些产业的创新发展提供了有效支撑，特别是在新材料、高性能制造、能源和核物理研究及相关产业发展方面取得了突出的成就，居于全球领先地位。

21 世纪后，州政府决策割裂、地方与区域经济结构脱节、四分之三的工薪阶层工资停滞不前、住房供给缺乏、科技发展和区域气候变化等问题成为困扰纽约湾区发展的"绊脚石"。2014 年，纽约区域规划委员会对纽约大都市地区发展发表了题为《脆弱的成功》的第四次规划报告。第四次纽约大都市地区规划着眼于"区域转型"，确定了"经济机会、宜居性、可持续性、治理和财政"四方面议题，提出"经济、包容性和宜居性"目标。2017年，筹备四年半之久的纽约湾区最新规划发布，为纽约都市圈未来25年的发展和管理提供建议。

**（三）发展现状**

而今，纽约湾区既是国际金融中心，也是美国东部知名高校集中地，同时，也有制造中心提供强力支持。纽约证券交易所、纳斯达克证券交易所以及华尔街都在这里，此外，还包括美国7大银行中的6家，世界金融、证券、期货及保险和外贸机构等近3000家机构总部，美国500强中1/3企业总部。金融业为何能在纽约湾区扎根壮大，这主要得益于产业升级转型。之前的制造业和贸易发展为产业结构调整提供了支持，城市服务业为首的第三产业兴起并逐渐占据主要地位，这就为金融业发展创造了良好契机。当然，除了包含新泽西州的普林斯顿大学、康州的耶鲁大学和曼哈顿的哥伦比亚大学3所常春藤联盟高校在内的58所高校为纽约湾区提供智力支持与人才储备之外，和谐开放的管理也为金融创新带来了活力。

纽约湾区是世界金融的核心中枢，其金融业、奢侈品、都市文化等都具有世界性的影响力。泛金融业为纽约湾区经济做出三成以上的贡献，占全国泛金融业总额的15%以上。诸多金融巨头选择将总部设在纽约进一步使得纽约湾区对金融企业产生聚集效应。曼哈顿被形容为整个美国的经济和文化中心，也是联合国总部大楼的所在地。下曼哈顿的华尔街是美国甚至世界当之无愧的最重要的金融中心，有高达1.2兆的本地生产总值，并拥有两座世界上最大的股票交易所，即纽约证券交易所和纳斯达克交易所，美国商品交易所以及美国贸易委员会等金融交易所的总部也同样坐落于华尔街。美国7家大银行中的6家，3000多家世界金融、证券、期货及保险和外贸机构均设于此，成为世界金融的"心脏"。纽约的对外贸易周转额占全美的1/5，制造业产值占全美的1/3。全美最大的500家公司，1/3以上的总部设在纽约湾区。

硅巷（Silicon Alley）位于曼哈顿中心区，已成为纽约大都会区高科技产业的代名词，与硅谷和波士顿一并构成美国三大科技中心。区域产业包含互联网、新媒体、数码、软件开发、游戏设计以及金融科技（FinTech）等信息技术领域，代表公司有 IBM Watson、R3、DoubleClick、E-Trade 和 Oscar Health。同时，该区内的创业生态系统和风险投资氛围也十分浓厚。风投资金驱使高科技初创公司汇聚资本和人才，同样也推动区域内的创业与创新全球化发展进程。

世界五百强企业有 20 多家总部设在纽约湾区。从行业分析，金融类企业占据半壁江山，多达十余家；以强生为代表的制药类企业紧随其后；还包括电信业龙头威瑞森（Verizon）、计算机业巨头 IBM、食品业代表百事以及娱乐业的 21 世纪福克斯等。从盈利能力来看，摩根大通领跑榜单，强生排在次席。而主营烟草业的菲利普—莫里斯国际公司（Philip Morris International）的利润率高达 25% 以上，比摩根大通还高出约 3%。

完善的海陆空交通体系为湾区发展提供强大支撑。纽约湾区拥有北美最大的交通运输网络，服务于从纽约市至长岛，纽约州的东南部和康涅狄格州大约 5000 平方千米内的 1500 多万人口。纽约湾区建有肯尼亚机场、纽瓦克机场和拉瓜迪亚机场三个国际机场，高速公路十分发达，港口运输效率极高，有大都会北方铁路等城际轨道，形成以纽约为中心的放射状的海陆空立体交通网络，极大提高了要素集聚和扩散的效率。

港口效能方面，纽约—新泽西港拥有 4 个集装箱码头，该港集装箱吞吐总量为东海岸第一和全美第三，并在世界港口排名中列第 20 位左右。近年来中国是该港的最大贸易国，进出口额约占总量的 30%，印度排在次席。

交通通勤方面，大都会交通管理局 MTA 为通勤距离远的居民提供便利，使其能搭乘地铁、巴士、列车等公共交通通勤，促进了湾区经济发展。根据 MTA 官方统计，其地铁、巴士、列车每年为纽约提供近 30 亿人次运力（相当于全国公共交通运能的 1/3 以及全国铁路运能的 2/3）。MTA 桥梁和隧道每年运载 3 亿辆车，超过全美范围内任何一个桥梁和隧道管理机构。虽然全国近85%的上班族需要开车上班，但每 5 个在纽约市中心商务区工作的上班族里有 4 人为了避免交通拥堵而选择乘坐公共交通。长岛铁路系统是美国最繁忙的通勤铁路。新泽西运输系统通勤铁路的运能仅次于长岛铁路。Metro-North Railroad 则是美国第三繁忙的铁路系统。纽约湾区内共有五个机场，其中肯尼迪国际机场、纽瓦克自由国际机场和拉瓜迪亚机场是最主要的三大机场。纽约湾区航空客运总量在 1 亿人以上，肯尼迪机场全年旅客运输量就达 6000 万人以上，国内排名大约第五，世界排名前 20 位，其国际旅客运输量甚至超过国内旅客；纽瓦克自由国际机场和拉瓜迪亚机场在美国境内的运力大致相同且均超过肯尼迪机场。

纽约湾区内往返三座核心城市的通勤人数居多，它们地理上横跨纽约州和新泽西州，其中泽西市位于纽约市和纽瓦克市之间。以各市市政厅为基准点，公共交通往返纽约和泽西市仅需 35 分钟，只比自驾多出 5 分钟，若上下班时间，乘坐公共交通通勤的优势明显。纽约和纽瓦克市之间单程的公共交通时间要比自驾多花 10 分钟，而高峰期自驾时间与公共交通相差无几。若高峰时期从纽瓦克自驾到泽西市，需要花费比平时空闲时期近一倍多的时间，因而选择公共交通较为明智。

功能互补的产业格局形成强大发展动力。纽约湾区在长期发展演进中，逐渐形成了功能互补的产业分工格局。纽约凭借科技、资本和产业优势，通过产业的集聚和扩散，辐射带动周边城市发展。湾区经历了产业转移过程，纽约制造业迁移至费城和巴尔的摩，部分高技术制造业转移至波士顿。分城市看，纽约承担金融和商贸中心功能，波士顿以纺织、造船等传统工业为主导，并集聚高等教育功能。费城是港口和交通枢纽，是重工业基地。巴尔的摩也是钢铁、有色等工业重镇。

目前，美国在纽约湾区范围内建设的重大科技基础设施共计 16 个（表3-1-1），这些设施主要依托布鲁克海文国家实验室和普林斯顿等离子体物理实验室进行管理。

表3-1-1 纽约湾区重大科技基础设施列表

| 序 | 设施 | 领域、学科 | 管理机构 |
|---|---|---|---|
| 1 | 欧洲核子研究中心强子对撞机美国分支机构 | 核物理、粒子物理、材料 | 布鲁克海文国家实验室 |
| 2 | 加速器试验设施 | 核物理、粒子物理、材料 | 布鲁克海文国家实验室 |
| 3 | 布鲁克海文直线加速器 | 核物理、粒子物理、材料 | 布鲁克海文国家实验室 |
| 4 | 相对论重离子对撞机（RHIC） | 核物理、粒子物理、材料 | 布鲁克海文国家实验室 |
| 5 | 范德格拉夫静电加速器设施 | 核物理、粒子物理、材料 | 布鲁克海文国家实验室 |
| 6 | 国家球形托卡马克实验装置 | 能源、核物理 | 普林斯顿等离子体物理实验室 |
| 7 | 电子显微镜设施 | 生物、材料 | 布鲁克海文国家实验室 |
| 8 | 功能纳米材料中心（CFN） | 材料、化学 | 布鲁克海文国家实验室 |
| 9 | 国家同步辐射光源（NSIS） | 生物、材料、物理 | 布鲁克海文国家实验室 |
| 10 | 纽约计算科学中心 | 超算、大数据 | 布鲁克海文国家实验室 |
| 11 | 国家核数据中心 | 超算、大数据 | 布鲁克海文国家实验室 |
| 12 | 蓝色纽约计算科学中心 | 超算、大数据 | 布鲁克海文国家实验室 |
| 13 | 能源研究加速器中心 | 核物理、粒子物理、材料 | 布鲁克海文国家实验室 |
| 14 | 美国宇航局空间辐射实验室 | 航天、材料 | 布鲁克海文国家实验室 |
| 15 | 东北太阳德研究中心 | 能源 | 布鲁克海文国家实验室 |
| 16 | 放射性示踪化学、仪器和生物成像 | 生物、医药、化学 | 布鲁克海文国家实验室 |

资料来源：美国能源部技术过渡设施数据库，https://www.energy.gov/technologytransitions/technology-transi-tions-facilities-database.

## 二、旧金山湾区

### （一）地理概述

旧金山湾区简称湾区，是美国加利福尼亚州北部的一个大都会区，位于沙加缅度河下游出海口的旧金山湾和圣帕布罗湾四周，包含西侧的旧金山，南侧的圣马刁县、圣克拉拉谷地区，东侧的阿拉米达县、康特拉科斯塔县、索拉诺县，以及北侧的马林县、纳帕县和索诺马县，共 9 个县、101 个城市，是继纽约、洛杉矶、芝加哥、休斯顿之后的全美第五大都会区。面积共 1.8 万平方千米，可以分为北湾、东湾、南湾和半岛几个区域，总人口超过 800 万。不像其他以单一城市为中心的大都会区，旧金山湾区有数个独特的城郊中心。目前，发展形成了旧金山市、半岛、南湾、东湾、北湾等五大区域的格局，其中，硅谷所在的南湾、西部金融中心旧金山市及坐拥奥克兰港的东湾是人口产业的聚集区，发展较为亮眼。湾区有 3 个中心城市，分别是位于半岛北端的旧金山、位于南湾的圣何塞以及位于东湾的奥克兰，形成各具特色、优势互补的三大区域中心。

北湾是美国著名的酒乡和美食之都，据称全美 90% 的葡萄酒都产于此。由于人口密度小、缺少大规模人口聚居区，北湾是湾区唯一没有通勤轨道交通的地区，金门大桥是此区通往旧金山唯一的道路。除了一小部分地区外，北湾是一个极为富有的地方，马林县经常被列为全国最富有的行政区，这里有着最好的可眺望旧金山市的豪宅。

旧金山市区拥有重要的海军基地和著名的贸易港。工商业发达，也是美国西部最大的金融中心，是互联网初创公司和新兴社交媒体的一个大本营。总部设在旧金山的知名技术公司包括打车软件运营商优步、住宿分享平台爱彼迎、社交媒体推特等；依托医学和生物技术出类拔萃的加利福尼亚大学旧金山分校，大量尖端生物医药公司也落户旧金山。

东湾拥有湾区最大海港奥克兰港，是美国第五大集装箱货运港口。美国顶尖高校加利福尼亚大学伯克利分校也在东湾，与旧金山隔海湾相望。

旧金山半岛介于旧金山和南湾的地区（硅谷），包括部分硅谷城市。旧金山港是世界三大天然良港之一，主要经营散货装卸、渡轮服务和船舶修理业务。

南湾以硅谷地区为主，云集了成千上万家高新科技企业，涉及计算机、通信、互联网、新能源等多个产业。这里的科技公司可谓群星闪耀，比如全球市值最大的两家公司苹果和"字母表"（谷歌母公司），以及市值第五大公司脸书，老牌科技巨头惠普、思科、英特尔，等等。

旧金山湾区历史悠久，作为进入美国的重要口岸和早期淘金的热门地区，旧金山及其周边城市一直以来吸引着美国甚至世界各地的移民，对形成现有湾区规模起到了至关重要的作用。

**（二）历史变迁**

作为世界三大湾区之一，在近年来全美国内生产总值仅增长 2%—3% 的情况下，旧金山湾区仍保持了较高的增长速度和旺盛的经济活力，并成为美国重要的人口集聚区和经济增长极。回顾旧金山湾区的发展历程，探寻其在不同阶段驱动湾区发展的核心要素，可为其他湾区发展提供经验借鉴。

旧金山湾区 19 世纪 50 年代兴起于加州的淘金热，借助海湾和港口优势，运输业、采金业、冶炼业、金融业开始兴盛，形成了由移民组成的多样化和开放包容的文化氛围。20 世纪 30 年代经济萧条时期，相继修建奥克兰海湾大桥、金门大桥等重大工程，既为当地提供了大量就业机会、刺激了经济发展，也为湾区各个区域实现了基建连接，为生产要素的跨区域快速流动构筑了区域交通网络。第二次世界大战时期，作为面向太平洋的重要军事基地，面对大量的制造需求、劳动力需求和研究需求，联邦政府在湾区内签订了各式战争合同总计 60 亿美元，全面刺激了湾区造船业和军事高科技研发产业的发展。两次世界大战以后移民不断进驻，城镇人口稳步增长，旧金山市从 1940 年到 1950 年间，居住人口从 634000 增长至 774821。再加上斯坦福大学和斯坦福工业园区的产学研结合，吸引更多优秀的研究所、教育机构、人才和风投资金等来到湾区。人、财、技术、政策的集聚效应铸造了硅谷，也为湾区带来了新动力，最终形成了全球跨国公司总部集聚的科技创新湾区。

从历史来看，旧金山湾区经历了三次重要转型。1848 年到 19 世纪 70 年代，以淘金热为契机，旧金山湾区逐渐发展成为湾区制造业中心，同时发展金融业。19 世纪 80 年代到第二次世界大战，旧金山湾区进入后淘金期，金融业逐步成为主导。第二次世界大战至今，旧金山湾区步入后工业化发展，进入成熟期。伴随硅谷迅猛崛起，旧金山湾主打以硅谷为特色的高科技研发，大力推动创新经济快速成长，逐步形成"科技湾区"。在"矿业城市""铁路城市"两次城市化高潮下，旧金山湾区中心城市错位发展，逐渐成为引领全球湾区经济发展的重要标杆。

### 1. 萌芽期

港口 + 资源（1848—1870）。1848 年，马歇尔在旧金山附近发现了黄金，各行各业的人们涌向金矿发源地，导致旧金山地区人口激增，淘金热时期从此开始，美国西部城市化也随之开启。但由于地处美国政治经济边缘地带，城市发展并不均衡，呈现点状开发，旧金山利用区位优势，成为首位城市。1850—1870 年的两个十年间，人口分别增长 97% 和 133%。淘金热期间，旧金山成为移民和货物集散中心，商业逐渐发展起来。在这个时期，旧金山的工业化也开始起步，为了满足移民的生活需求，旧金山市采用轻工业和重工业并举的发展模式，工厂的出现为旧金山在湾区内奠定了制造业中心的地位，同时在一定程度上加速了城市化进程。在淘金热时期，大部分的生活物资来源于海运，贸易的发展使部分金融机构开始兴起，此阶段旧金山经济开始逐渐发展起来。

初期的交通方式以海运为主，但贸易需求催生内陆交通网络发展加快。交通主要以水上运输为主，湾区内部仅有少量公路和几条铁路运输线。19 世纪 60 年代末期，一方面由于轮船航运速度提高，缩短航行时间，另一方面农牧业和林业逐渐重新开发，对外出口货物品种增多，旧金山在西部海域的贸易日渐明显，贸易需求也催生了内陆交通网络的快速发展。旧金山

1861—1864 年间修建了通往圣何塞的铁路，这也是加州第一条运营铁路，但由于筹措资金较为困难，铁路修建难度较大，此阶段的交通网络线密集程度较低。

### 2. 发展期

产业 + 交通（19 世纪 80 年代至第二次世界大战）。这一阶段是旧金山湾区工业化快速发展的时期，人口增速渐趋平稳，中心城市集聚发展，跨海大桥增强了城市间联系，旧金山率先实现产业转型，成为西部商业贸易和金融中心，奥克兰依托铁路带动，工业化加速，成为中心城市之一。

跨海大桥密切了城市间的联系。20 世纪 20 年代，旧金山湾区的高速公路网修建完成，先后建成的 7 座跨海大桥，是湾区交通一体化发展的重要里程碑。跨海大桥的建立不仅消除了城市的孤立性，形成了湾区城市网络雏形，更拉近了湾区内部城市的商业贸易的发展，湾区在协同化发展上迈了一大步。

旧金山制造业外迁，贸易发展迅猛，金融机构市场细分开始。19 世纪后期，随着湾区的发展，旧金山中心城市逐渐凸显，地价和劳动成本的上升使得部分低成本制造业，如钢铁和冶炼业逐渐从旧金山外迁，1906 年的地震更是加剧这一趋势，带动旧金山周边城市制造业发展。与此同时，旧金山海上贸易发展迅猛，20 世纪 80 年代初基本上已经垄断了太平洋海岸与内陆的海上贸易，涵盖了 99% 的太平洋沿岸进口货物和 83% 出口货物。商业贸易的发展也促使了金融行业服务细分，金融机构更加细化，分工更加明显，产生了商业银行、保险公司和股票交易等三种主要形式，多家大型机构开始建立分支机构，旧金山金融中心地位加强。

奥克兰依托铁路带动，工业化开始加速，成为中心城市之一。19 世纪后期，以奥克兰为中心，先后修建了通往海沃德、伯克利、圣兰德诺、阿拉梅达等城市的铁路，形成章鱼触角似的陆路交通网。铁路的发展在很大程度上带动了奥克兰工业化的发展，工业企业的数量越来越多，一部分为旧金山分流来的企业，另一部分为奥克兰东部资本建立，这些企业以滨水区铁路线为轴线，在湾区东部逐渐形成了一个工业地带，并且逐步扩大到西奥克兰地区，带动当时奥克兰经济发展，1880年到1890年之间，奥克兰制造业产值增加了3倍多，成为"铁路城镇的典型"。

### 3. 成熟期

科技+创新（第二次世界大战后至今）。硅谷的迅猛崛起，无疑是这一阶段旧金山湾区发展的最大推力，可以说，硅谷把旧金山湾区送上了世界三大湾区之一的宝座，也为旧金山湾区贴上了"科研湾区"的显著标签。

硅谷的崛起和长盛不衰的因素很多，诸如高收入和高社会地位的工程师文化、高成本的正向淘汰机制、扁平式的企业管理制度、包容且多元的移民文化汇集全球精英人才、鼓励创业的"车库文化"等，但硅谷独特的创新体系和风险投资是其取得成功的最核心要素。

大学与企业的创新驱动循环。斯坦福大学早期创立的科技园，促成了硅谷的萌芽。一个客观因素是，斯坦福大学地处美国经济边缘的西部地区，可获得的政府科研经费较少，迫使其与企业共同进行创新。大学和硅谷企业的发展是相辅相成的。一方面，大学为硅谷输送了大量的技术和管理人才，另一方面，这些高科技企业为大学提供了源源不断的科研资金、设备。总之，产学研的无缝对接，推动了湾区科技创新与研发。

风险投资的保驾护航。在硅谷的发展过程中，除科技的推动以外，资本的力量也不容忽视。在硅谷有各种规模的风险投资机构。但与传统投资的明显区别在于，硅谷的风险投资不仅为科技公司提供早期的起步资金，还帮助公司建立自己的团队。也就是说硅谷风险投资某种程度上充当了孵化器的作用，其好处在于保证了公司创始人可以专注于技术创新。一些巨头公司，如苹果、Google、甲骨文等都在风险投资的保驾护航下发展起来。

交通的快速发展，尤其是轨道交通对湾区发展起到极大的促进作用。从1972年第一条城际轨道通车以来，BART（Bay Area Rapid Transit）不断改变着湾区各城市的职住关系。目前，湾区轨道交通已通车线路达十多条，平均每周客运量50万人次以上。尤其是2017年3月硅谷沃姆斯普林斯延伸线建成，硅谷与其他城市的联系度进一步提升。

在这一阶段，湾区中心城市定位更加明确并发展成型，旧金山的西部金融中心地位进一步巩固，商贸和零售业也快速发展；奥克兰历经曲折发展，港口和新兴经济占据主导地位；圣何塞则依托硅谷，逐渐成为湾区的科技创新中心。

旧金山：金融之城大放异彩。旧金山在湾区城市中率先向后工业城市转型，服务业进一步发展，零售业和金融业保持了湾区的中心地位。与此相反，一些传统产业和部门，如制造业和港口，却趋于衰落。从近些年就业人口结构来看，服务、商业金融、批发零售已经成为主导行业，占据了近三成的就业人口，制造业实现了向周边其他低成本的城市转移，就业人口占比仅2.5%。

随着第二次世界大战后西部地区移民和经济机会的增加，美国与太平洋地区之间贸易的增长（尤其是旧金山与日本之间的贸易在20世纪60年代快速增长），使得旧金山对国内外金融市场需求都有了进一步扩张。以美洲银行为代表的金融服务改革，也促使银行业实力不断增长。尤其是在硅谷崛起之后，以硅谷为产业链带动的科技金融业成为其显著标志，旧金山金融中心成为风险投资的沃土。

受第二次世界大战后联邦政府"城市更新"的影响，旧金山中心城区出现曼哈顿化的趋势，这为办公、零售业等提供了较大的空间。同时，1990年以后，随着加州经济的复兴，旧金山的零售购买力进一步提升，旧金山逐渐成为美国零售业的重要地区。

奥克兰：工业城市的曲折转型。第二次世界大战后，奥克兰作为战时"兵工厂"的时代已经过去，邻近城市凭借更加优惠的政策，吸引制造业转移，使得奥克兰制造业由盛转衰。与此同时，奥克兰港却获得了突飞猛进的发展，成为奥克兰新的经济增长极。这一方面源于奥克兰港优越的天然条件，另一方面也要归功于奥克兰港口管理部门的大力改造。1969年，奥克兰港就超越旧金山港成为世界上仅次于纽约的集装箱货运第二大港。

20 世纪 80 年代后，奥克兰港受到洛杉矶、长滩港的巨大冲击，在西海岸的地位明显下降。20 世纪 90 年代，奥克兰政府采取了积极吸引高新技术公司的政策，同时，奥克兰远低于旧金山和圣何塞的房价也是其能够吸引人才的关键因素之一。总之，随着硅谷的外溢，奥克兰成本优势逐渐显现，新兴产业也逐渐成为促进经济增长的主要驱动力之一。

圣何塞：科技城市的异军突起。第二次世界大战后，圣何塞从一个农产品加工业为主的小城市，迅速成长为一个以高科技产业为主导的大城市。圣何塞的崛起，一是得益于移民的增加，二是得益于硅谷迅猛发展。

人口快速增加。婴儿潮和移民涌入使得城市人口爆发式增长。圣何塞是湾区三个核心城市中唯一没有人口负增长的城市，且增速明显高于旧金山和奥克兰，1950—1970 年，圣何塞总人口翻了两番，且 2/3 新增人口是移民，移民人口呈现两个显著特点：一是部分移民有较高素质，包括电子工程师、数学家、电子技术人员等；二是移民的年龄构成较轻，1970 年的数据显示，77% 为 44 岁以下人口。这些高素质的年轻人涌入，为圣何塞经济崛起奠定了基础。

"硅谷首府"地位确立。硅谷的不断发展为圣何塞提供了难得的历史机遇和良好的外部环境，20 世纪 70 年代以后，随着科技浪潮的不断出现，硅谷地理范围不断扩大，但北部可用土地日益减少，中心不断向南迁移。同时圣何塞大力进行工业园区建设和市中心区改造，先后建造了北部的林孔区和南部的艾登维尔区，以吸引和发展高科技产业。20 世纪 90 年代，圣何塞逐渐成为"硅谷首府"，城市经济开启快速发展通道。

总体来看，旧金山湾区从萌芽期到发展成熟，虽历经 160 多年，但其核心发展阶段主要集中于第二次世界大战以后，尤其是硅谷崛起后。纵观其发展史，科技创新、金融支撑、产业互补、交通一体化是旧金山湾区最核心的驱动因素。目前，旧金山湾区已经成为依靠科研创新为原动力，以旧金山、奥克兰、圣何塞三大城市为核心的世界级湾区。

## （三）发展现状

旧金山湾区是典型的"高科技湾区"，以环境优美、科技发达著称。它拥有世界知名的硅谷以及斯坦福、加州大学伯克利分校等20多所著名科技研究型大学。这里是大批科技巨头企业全球总部所在地。2021年《财富》杂志评选的世界500强企业中，有10家总部在旧金山湾区。虽然其数量在三大湾区中最少，但产业特色更为鲜明。上榜的10家企业中有7家来自科技行业，包括苹果、Alphabet（谷歌母公司）、脸书、惠普、英特尔等。旧金山湾区企业的平均营收和利润两项重要指标明显高于其他湾区。

旧金山湾区是美国人口最集中、经济增长最快的区域之一，是全美居民收入水平最高最繁荣的区域之一。旧金山湾区的产业特色：旧金山市主要以旅游业、服务业、金融业为主；圣何塞市电子工业发达，集中了电子计算机、电子仪表以及宇航设备等制造业；奥克兰市主要以港口经济为主，其港口是世界上最早使用集装箱运输的港口之一。

旧金山湾区是全球创新圣地和世界上最重要的高科技研发中心之一，是以电子与信息技术产业为代表的全球最大的产业创新集聚区域，拥有硅谷科技创新区和众多研发型企业，高技术经济占据了该湾区的半壁江山。世界著名高科技研发基地硅谷拥有全美第二多的世界500强企业，谷歌、苹果、Facebook等互联网巨头和特斯拉等企业全球总部都聚集于此。在半导体、计算机、互联网、大数据和云计算等领域占据全球领先地位。湾区内研发中心分布在圣何塞和奥克兰，创新型金融服务机构集中在旧金山，打造形成一条集研发设计、制造和科技服务的完整高科技创新产业链条，成为旧金山的湾区核心竞争力。

旧金山湾区聚集了多所世界一流大学和多个享有国际声誉的国家实验室，并拥有一大批重大科技基础设施，这些创新资源使旧金山湾区成为全球创新高地和最重要的科技创新中心之一。目前旧金山湾区拥有重大科技基础设施共计34个，涉及的研究领域涵盖了物理学、生命科学、生物、化学等基础科学，还包括能源建设、先进材料、制造业检测、工程学、网络与数据科学等，它们主要由劳伦斯伯克利国家实验室、桑地亚国家实验室、劳伦斯利弗莫尔国家实验室、斯坦福直线加速器中心国家实验室等机构进行管理。（表3-1-2）

表3-1-2　旧金山湾区重大科技基础设施列表

| 序 | 设施 | 领域、学科 | 管理机构 |
|---|---|---|---|
| 1 | 加速器质遗法中心 | 材料、物理 | 劳伦斯利弗莫尔国家实验室 |
| 2 | 地质力学实验设施 | 物理、能源 | 桑地亚国家实验室 |
| 3 | 加速器结构试验区（ASTA） | 物理 | 斯坦福直线加速器中心国家实验室 |
| 4 | 下一代线性对撞机测试加速器（NLCTA） | 材料、物理 | 斯坦福直线加速器中心国家实验室 |
| 5 | 先进加速器实验测试设施 | 物理 | 斯坦福直线加速器中心国家实验室 |
| 6 | 88英寸回旋加速器设施 | 材料、物理 | 劳伦斯伯克利国家实验室 |
| 7 | 伯克利实验室激光加速器设施 | 环境、材料 | 劳伦斯伯克利国家实验室 |
| 8 | 伯克利低放射背景探测设施 | 生物 | 劳伦斯伯克利国家实验室 |
| 9 | 伯克利同步辐射红外结构生物设施 | 生物、医药 | 劳伦斯伯克利国家实验室 |
| 10 | X射线光学设施（CXRO） | 生物、医药 | 劳伦斯伯克利国家实验室 |
| 11 | 红外热像仪实验设施 | 环境、材料、军事 | 劳伦斯伯克利国家实验室 |
| 12 | 系统生物学知识库KRASE设施 | 生物、医药 | 劳伦斯伯克利国家实验室 |
| 13 | 材料表征（窗用）设施 | 材料、物理 | 劳伦斯伯克利国家实验室 |
| 14 | 移动窗热试验设施 | 能源、建筑 | 劳伦斯伯克利国家实验室 |
| 15 | 材料项目设施 | 材料、生物、医药 | 劳伦斯伯克利国家实验室 |
| 16 | 薄膜与沉积系统设施（窗口式） | 材料、生物、医药 | 劳伦斯伯克利国家实验室 |
| 17 | 先进光源（AIS） | 材料、物理、生物、医药 | 劳伦斯伯克利国家实验室 |
| 18 | 能源科学网络（ESNET） | 能源、网络 | 劳伦斯伯克利国家实验室 |

续表

| 序 | 设施 | 领域、学科 | 管理机构 |
|---|---|---|---|
| 19 | 联合基因组研究所（JGI） | 生物、医药 | 劳伦斯伯克利国家实验室 |
| 20 | 国家电子显微中心 | 材料、物理、生物、医药 | 劳伦斯伯克利国家实验室 |
| 21 | 国家能源研究科学计算中心（NERSC） | 超级计算、网络 | 劳伦斯伯克利国家实验室 |
| 22 | 分子构造设施 | 物理、材料 | 劳伦斯伯克利国家实验室 |
| 23 | 生物医学加速器质遗法设施 | 生物、医药、材料 | 劳伦斯利弗莫尔国家实验室 |
| 24 | 高性能计算创新中心 | 超级计算、网络 | 劳伦斯利弗莫尔国家实验室 |
| 25 | 气候模型诊断与比对程序设施 | 气候、超级计算、网络 | 劳伦斯利弗莫尔国家实验室 |
| 26 | 300实验测试网站 | 网格 | 劳伦斯利弗莫尔国家实验室 |
| 27 | 热力学、液体力学和材料分解工程科学实验设施 | 能源、物理、材料 | 桑地亚国家实验室 |
| 28 | 离子束实检设施 | 能源、物理 | 桑地亚国家实验室 |
| 29 | 材料结构，性能科学与工程设施 | 材料、物理 | 桑地亚国家实验室 |
| 30 | 微系统与工程科学应用设施 | 材料、物理 | 桑地亚国家实验室 |
| 31 | 脉冲功率和系统验证设施 | 电子、物理 | 桑地亚国家实验室 |
| 32 | 终端站（A）测试波束（ESTI） | 物理、材料 | 斯坦福直线加速器中心国家实验室 |
| 33 | 直线加速器相干光源（LCIS） | 材料、物理、生物、医药 | 斯坦福直线加速器中心国家实验室 |
| 34 | 斯坦福同步辐射光源（SSRL） | 材料、物理、生物、医药 | 斯坦福直线加速器中心国家实验室 |

资料来源：美国能源部技术过渡设施数据库，https://www.energy.gov/technologytransitions/technology-transi-tions-facilities-database.

　　为适应产业发展需要，国家实验室在此设立了 28 个直接面向产业开发、实验和测试设施，涉及材料、新能源、未来网络、医疗与仪器、电子电器和产业标准等领域，主要由劳伦斯伯克利国家实验室、桑地亚国家实验室进行管理，从而建立起覆盖完整创新链条的重大科技基础设施体系，成为全球创新高地和科技创新中心的重要保障。（表 3-1-3）

表 3-1-3　旧金山湾区面向产业的重大科技基础设施列表

| 序 | 设施 | 领域、学科 | 管理机构 |
|---|---|---|---|
| 1 | 先进生物燃料工艺开发设施 | 能源、加工、物理 | 劳伦斯伯克利国家实验室 |
| 2 | 空调平衡量热器测试设施 | 材料、能源 | 劳伦斯伯克利国家实验室 |
| 3 | 空调湿度测试设施 | 环境、制造 | 劳伦斯伯克利国家实验室 |
| 4 | 电池实验设施 | 材料、能源 | 劳伦斯伯克利国家实验室 |
| 5 | 需求—电网实验设施 | 能源、网络 | 劳伦斯伯克利国家实验室 |
| 6 | 建筑低能耗实验设施 | 能源、建筑 | 劳伦斯伯克利国家实验室 |
| 7 | 玻璃（窗）光学设施 | 材料、建筑 | 劳伦斯伯克利国家实验室 |
| 8 | 炉灶实验设施 | 材料、物理 | 劳伦斯伯克利国家实验室 |
| 9 | 油烟机试验设施 | 家居、能源、制造 | 劳伦斯伯克利国家实验室 |
| 10 | 冰箱试验设施 | 家居、能源、制造 | 劳伦斯伯克利国家实验室 |
| 11 | 激光点火和热核燃烧设施 | 能源、材料 | 劳伦斯利弗莫尔国家实验室 |
| 12 | 先进窗户试验台 | 材料、物理 | 劳伦斯伯克利国家实验室 |
| 13 | 先进电源实验设施 | 材料、能源、制造 | 桑地亚国家实验室 |
| 14 | 燃烧研究设施 | 材料、能源、物理 | 桑地亚国家实验室 |
| 15 | 设计、评估和测试技术诊断设施 | 物理、制造 | 桑地亚国家实验室 |
| 16 | 分布式能源技术实验设施 | 能源、网络 | 桑地亚国家实验室 |
| 17 | 爆炸部件设施 | 物理、材料、武器 | 桑地亚国家实验室 |
| 18 | 爆炸技术设施 | 物理、武器 | 桑地亚国家实验室 |
| 19 | 机械试验和评估设施 | 物理、制造 | 桑地亚国家实验室 |

| 序 | 设施 | 领域、学科 | 管理机构 |
|---|---|---|---|
| 20 | 国家太阳能热试验设施 | 能源 | 桑地亚国家实验室 |
| 21 | 核能安全技术设施 | 能源、物理 | 桑地亚国家实验室 |
| 22 | 核设施资源设施 | 能源、物理 | 桑地亚国家实验室 |
| 23 | 光伏实验设施 | 能源、物理 | 桑地亚国家实验室 |
| 24 | 等离子体材料试验设施 | 材料、物理、制造 | 桑地亚国家实验室 |
| 25 | 初级标准实验设施 | 物理、制造 | 桑地亚国家实验室 |
| 26 | 辐射检测材料表征实验设施 | 材料、物理 | 桑地亚国家实验室 |
| 27 | 冲击热力学应用研究设施 | 能源、物理、武器 | 桑地亚国家实验室 |
| 28 | 武器和力量保护实验设施 | 武器、材料 | 桑地亚国家实验室 |

资料来源：美国能源部技术过渡设施数据库，https://www.energy.gov/technologytransitions/technology-transi-tions-facilities-database.

宜居宜业环境吸引众多人才定居和就业。旧金山湾区自然优美的环境吸引了大批具有高学历、高技能人才安居乐业，宜居宜业环境成为促进其经济发展的重要动力。湾区各地方政府十分重视对自然环境的保护，出台引导性规划规定温室气体减排目标，在交通、住房建设和土地开发方面促进城市发展、产业发展和环境保护协调发展。优美的环境、完善的设施、多元的文化氛围吸引了全世界优秀人才就业和居住，巩固了全球创新中心的地位。

## 三、东京湾区

### （一）地理概述

东京湾是一个位于日本关东地区的海湾，因与东京接壤而得名。东京湾，面向太平洋，分为东西两侧，东侧是千叶县的房总半岛，西侧是位于神奈川县的三浦半岛，而湾底就是东京的银座地区。东京湾区具有天然的地形优势，东京湾深入内陆近80千米，是天然的优良深水港湾，内宽外窄，紧连冲积平原区，不仅有利于港口贸易和交通运输，而且适合仓储区和工业区的建设发展。东京湾区是世界上第一个主要依靠人工规划而缔造的湾区，由东京都、神奈川县、千叶县和埼玉县等"一都三县"组成，陆地面积 13562 平方千米，占全国总面积的 3.5%，南北长 80 千米，东西宽 20—30 千米，港口仅 6000 米，常住人口近 4000 万人。这里聚集了日本 1/3 人口、1/3 经济总量、3/4 工业产值，成为日本最大的工业城市群和国际金融中心、交通中心、商贸中心和消费中心和重要的能源基地、国际贸易和物流中心。在东京湾的沿岸，横滨港、东京港、千叶港、川崎港、木更津港、横须贺港六个港口首尾相连，形成马蹄形港口群，年吞吐量超过 5 亿吨。日本年销售额在 100 亿日元以上的大企业有 50% 设于湾区，三菱、丰田、索尼等一大批世界五百强企业总部均设于此地。2021 年《财富》评选的世界 500 强企业中，有 40 家总部位于东京湾区，在三大湾区中遥遥领先。东京湾区可称为"产业湾区"。东京湾注重生态和可持续发展，营造了国际一流的海湾生态圈。这里交通等硬件配套十分优秀，建筑设计、建筑风格、建设品质和居住文化等方面都引领世界潮流。

## （二）历史变迁

东京湾区最早可追溯到 17 世纪初的江户（东京）海岸地区。19 世纪下半叶以后，东京湾发展开始加速。第二次世界大战后，东京湾逐步建成大规模物流港及人工岛屿。1951 年，日本政府颁布《港湾法》，规定由政府对整个国家港口发展的数量、规模和政策进行统一规划部署。1960 年，日本推出《东京规划 1960——东京结构改革的方案》，逐步构建并不断完善湾区法律保障体系。20 世纪 60 年代，日本开始实施"工业分散"战略，形成东京湾区分工明确、协同发展的产业布局体系。2006 年、2011 年、2014 年，日本相继推出《东京规划 1960——东京结构改革的方案》《10 年后的东京——东京将改变》《2020 年的东京——跨越大震灾，引导日本的再生》以及《创造未来——东京都长期愿景》等专项湾区规划，通过具有延续性、可调整的统一规划实现经济的深度融合。

东京湾区人工设计规划的痕迹很重。第二次世界大战后，东京湾区的发展每一步都与日本国情、国家发展战略相辅相成。20世纪60年代，日本经济迅速恢复，城市化进程加快，日本本身存在诸多天然短板，国土面积狭小、资源有限，于是，海对于日本来说就成了最为宝贵的财富。为解决用地问题，日本开始围绕东京湾填海造田，90%的海滨都被开发成了人工海岸线。CBD商务区台场、迪士尼乐园、羽田机场等都坐落在填海造田的区域上。

除了填海扩大陆地面积，日本还利用了东京湾这个优良海港规划建设港口，而这一点正是日本根据国情发展对外贸易产业的结果。1951年颁布了《港湾法》，此后，由运输省负责制定全国港口发展的长期计划，港口管理机构则负责在此范围内制订对应港口的年度预算和长期规划。1967年又出台了《东京湾港湾计划的基本构思》，将东京港、千叶港、川崎港、横滨港、横须贺港、木更津港、船桥港在内的港口有机整合，形成广域港湾，以港口群整体的能力来与世界其他港口竞争。如今，这六大港口在保持经营独立的同时，也实现了优势互补，形成了强大合力。东京港职能是输入型港口、商品进出口港、内贸港、集装箱港；横滨港定位是国际贸易港、工业品输出港、集装箱货物集散港；千叶港的角色为能源输入港和工业港；川崎港、木更津港和横须贺港分别承担着原料进口与成品输出、地方商港和旅游港、军港兼贸易的重任。（表3-1-4）

表3-1-4　东京湾六大港口

| 港口 | 港口级别 | 基础和特色 | 职能 |
| --- | --- | --- | --- |
| 东京港 | 特定重要港口 | 较新港口；依托东京，是日本最大的经济中心、金融中心、交通中心 | 输入型港口；商品进出口港；内贸港口；集装箱港 |
| 横滨港 | 特定重要港口 | 历史上的重要国际贸易港；京滨工业区的重要组成部分，以重化工业、机械为主 | 国际贸易港；工业品输出港；集装箱货物集散港 |
| 千叶港 | 特定重要港口 | 新兴港口；京叶工业区的重要组成部分，日本的重化工业基地 | 能源输入港；工业港 |

续表

| 港口 | 港口级别 | 基础和特色 | 职能 |
|---|---|---|---|
| 川崎港 | 特定重要进口 | 与东京港和横滨港首尾相连，多为企业专用码头，深水位的少 | 原料进口与成品输出 |
| 木更津港 | 地方进口，1968年改为重要港口 | 以服务境内的君津钢铁厂为主，旅游资源丰富 | 地方商造和旅游港 |
| 横须贺港 | 重要港口 | 主要为军事进口，少部分服务当地企业 | 军事港口 |

与港口一样，工业区是东京湾的另一大支柱。在东京湾开发中，逐渐形成了两大工业地带，以银座为中心，向西（川崎市和神奈川县方向）发展出京滨工业地带，向东（千叶县方向）发展出京叶工业地带。这两大工业带集中了钢铁、有色冶金、炼油、石化、机械、电子、汽车、造船、现代物流等产业，成为全球最大的工业产业地带，还包括金融、研发、文化和大型娱乐设施、大型商业设施等，成为世界有名的金融中心、研发中心、娱乐中心和消费中心。工业地带与东京的金融、总部、研发等功能紧密互动，使得日本成了世界重要的制造业大国、出口工业大国，这是东京湾区能够成为世界综合性湾区的一大成功经验。另外，错位承接、产研结合的发展道路也是东京湾区工业地带的宝贵经验。值得一提的是，东京湾区的精密规划还有着非同一般的一致性与可持续性，规划从来不会随着地方政府决策者的变更而变更。

当然，东京湾区曾经遭遇过的环保之问题也值得后来者警惕。其中之一便是发生在京滨工业区大门四日市（位于中京工业区）的四日市哮喘病事件。四日市聚集了很多化工厂，因工厂和企业不计后果的排放，使得该市二氧化硫严重超标，从1955年到1972年的近20年间，日本患四日市哮喘病的患者多达6376人。虽然后来日本以严苛的法令治理了发展中的环境问题，但环境污染曾经带来的教训还是太惨痛。如何在发展中兼顾生态环境、避免走先污染后治理的弯路，是其他发展中地区必须要思考的问题。

### （三）发展现状

从 20 世纪 60 年代就开始谋划的东京首都圈，依赖着东京湾，形成了目前世界上人口最多、城市基础建设最为完备的第一大都市圈，这个纵深 80 千米的湾区将周边城市有机融合在一起，跻身世界三大黄金湾区之列。东京湾区以制造业起家的产业特征显著；东京作为全球金融中心的地位已经下降，但金融业仍有较大规模，所以，东京湾区也以"综合型"概括更加贴切。

与美国的两大湾区相比，东京湾区对于日本而言应该算是经济核心，而美国两大湾区仅仅是全美经济的一部分。目前东京湾地区构成了鲜明的功能分工体系。集中了包括钢铁、有色冶金、炼油、石化、机械、电子、汽车、造船、现代物流等产业，是全球最大的工业产业地带；还包括金融、研发、文化和大型娱乐设施和大型商业设施等，是世界有名的金融中心、研发中心、娱乐中心和消费中心。

东京湾区目前以先进制造业、金融和化工业为主，在庞大港口群带动下，逐步形成京滨、京叶两大工业地带，钢铁、石油化工、现代物流、装备制造和高新技术等产业十分发达，形成了支撑日本 40% 人口和一半以上产值的经济体系。

东京湾区集中日本 70% 以上重大科学基础设施，政府支持的设施主要集中在物理和生物医药的基础及应用研究领域。产业界所属的设施集中在汽车制造、电子电气、材料、化学和能源等行业的大企业中，相关设施占据了全国产业类重大科学基础设施的一半左右，有效保证了日本在未来 10—20 年之内这些产业的领先优势。（表 3-1-5）

表 3-1-5　东京湾区重大科技基础设施列表

| 序 | 设施 | 领域、学科 | 管理机构 | 行政区域 |
|---|---|---|---|---|
| 1 | 仁科加速器 | 物理 | 理化学研究所 | 埼玉县 |
| 2 | 大型放射光设施（Spring=8） | 物理 | 理化学研究所 | 埼玉县 |
| 3 | 高强度质子加追器 | 物理 | 原子能开发机构 | 茨城县 |

续表

| 序 | 设施 | 领域、学科 | 管理机构 | 行政区域 |
|---|---|---|---|---|
| 4 | 蛋白质发现和功能解析系统 | 生物医学 | 东京大学 | 东京都 |
| 5 | 药物研发共用装置 | 生物医学 | 东京大学 | 东京都 |
| 6 | 实验动物 SPECT | 生物医学 | 东京医科大学 | 东京都 |
| 7 | 绿色超算 TSLBAME2.5 | 系统和信息 | 东京工业大学 | 东京都 |
| 8 | 形态分析和疾病模型设施 | 生物医学 | 庆应义鉴大学 | 东京都 |
| 9 | NMR 结构解析基础设施 | 生物医学 | 理化学研究所 | 神奈川县 |
| 10 | NMR 装置群 | 生物医学 | 横滨大学 | 神奈川县 |
| 11 | 地球模拟装置 | 地球科学 | 海洋研究开发机构 | 神奈川县 |
| 12 | 红外自由电子激光装置 | 物理 | 东京理科大学 | 千叶县 |
| 13 | 放射线发生装置群 | 物理 | 放射线医学研究所 | 千叶县 |
| 14 | 超级计算机（"京"及其后续机） | 系统和信息 | 理化学研究所 | 埼玉县 |
| 15 | 研究用反应堆 JRR −3 | 物理 | 原子能开发机构 | 群马县 |
| 16 | 放射光设施 | 物理 | 高能加速器机构 | 茨城县 |
| 17 | 多串联静电加速器系统 | 物理 | 筑波大学 | 茨城县 |
| 18 | 粒子辐照设施（TIARA） | 物理 | 原子能开发机构 | 东京都 |
| 19 | 核磁共振 NMR 平台 | 生物医学 | 理化学研究所 | 东京都 |
| 20 | 汽车设计和出厂试验平台 | 汽车制造 | 本田汽车公司 | 东京都 |
| 21 | 原子能电器场分析平台 | 电子电气 | 日立公司 | 东京都 |
| 22 | 红外自由电子研究装置 | 物理 | 东京理科大学 | 东京都 |
| 23 | 制药技术相关研究装置 | 生物医学 | 武田制药公司 | 东京都 |
| 24 | 制药技术相关研究装置 | 生物医药 | 第一三共公司 | 东京都 |
| 25 | 新型发动机研发和生产转置 | 汽车制造 | 尼桑汽车公司 | 神奈川县 |
| 26 | 电机信息技术相关研发装置 | 系统信息 | 三菱电机公司 | 神奈川县 |
| 27 | 医疗器械和传感器研发相关装置 | 生物医学、系统信息 | 佳能公司 | 神奈川县 |

续表

| 序 | 设施 | 领域、学科 | 管理机构 | 行政区域 |
|---|---|---|---|---|
| 28 | 东芝主要技术研发相关装置 | 系统信息 | 东芝公司 | 神奈川县 |
| 29 | 材料、化学、生物研发等研发装置 | 材料、化学、生物 | 富士公司 | 神奈川县 |
| 30 | 尖端材料、石油化学、能源研发装置 | 材料、化学、能源 | 住友化学公司 | 千叶县 |
| 31 | 汽车制造和发动机研发相关装置 | 汽车制造 | 斯巴鲁汽车公司 | 群马县 |

资料来源：日本科学代术报兴机构：hsps://www.jpg.jp/stincho/pagu/pfkeiwt.basd.

东京以对外贸易、金融服务、精密机械、高新技术等高端产业为主，是日本最大的金融、商业、管理、政治、文化中心，全日本 30% 以上的银行总部、50% 销售额超过 100 亿日元的大公司总部设在东京。被认为是"纽约 + 华盛顿 + 硅谷 + 底特律"型的集多种功能于一身的世界大都市。京滨、京叶是全国最大的重工业和化学工业基地，以钢铁、石油化工、现代物流、装备制造和高新技术等产业为主。

日本的油气等能源、铁矿石等工业原料、小麦和大豆等食物都是依赖海外进口的，另一方面出口汽车和电子产品等。东京湾区内港口的货物吞吐量占到了日本的四成，原油进口量占到了三成，液化天然气占到了五成，可以说是日本经济的大动脉。东京港的定位是国际集装箱战略港湾，其中国内的集装箱吞吐量占到 20%，国内运往欧美主要国家的集装箱数占到了 1/4，蔬果输入量占到了该国的 24%。川崎港的定位同样是国际集装箱战略港湾，港口背后是能源相关企业的集聚地，该港口原油的进口量占到了日本全国的 7%，液化天然气的占比达 9%。横滨港的定位是国际集装箱战略港湾，其中外贸集装箱的吞吐量为日本第二，是东日本最大的汽车吞吐点，整车的出口量占到了该国的 14%。千叶港主要是能源化工港口，是石化工业、钢铁业原材料的供给据点，原油进口量占到了该国的 13%，液化天然气占到了 15%。木更津港铁矿石的进口量占到了该国的 10%，钢材的出口量占到了 9% 。此外，横须贺港主要是汽车整车和零部件进出口，还是冷冻金枪鱼进口的据点。

东京湾区作为都市圈建设的范例，以其发达的经济建设、高密度大规模的产业群、庞大的人口和相对健康的城市环境吸引无数人才流入。纵观其发展历程，始终与日本整体的发展密不可分。无论是工业化的发展路径，还是产研结合的升级之路都深深嵌套在国家发展图景之内。

与自然形成的旧金山和纽约湾区相比，东京湾区发展过程中超前的规划设计和精密实施的痕迹更为明显。因此它在发展中遭遇的重大问题和解决方案，也对同类地形区域的发展更具借鉴意义。

国家战略与先天条件。第二次世界大战后，东京湾区的发展史是同日本依据国情制定的"经济中心"国家发展战略相辅相成的。日本国土面积狭窄，各类资源有限，依靠海湾发展运输业、实行开放战略发展经济势在必行。大力发展制造业和对外贸易，是其经济发展的重心。这一战略对于海港条件的依赖，使得三湾一海地区（东京湾、伊势湾、大阪湾和濑户内海地区）成为工业发展和对外开放的重中之重。东京湾区最重要的优势当然是自然禀赋。东京湾深入内陆逾 80 千米，是天然的优良深水港湾，内宽外窄。同时港湾紧连的冲积平原地区，以及后期填海造地带来的充分陆域，可用于仓储区和工业区的建设发展。

合理规划，实现港城和谐发展。日本政府制定和不断完善详细区域发展规划方案，先后颁布实施了《东京湾港湾计划的基本构想》《首都圈整备法》《面向 21 世纪的港湾》等，提出"建立富饶魅力滨水区"发展目标，在人工岛内部区域规划建设居住和商业空间。对旧有港口空间进行再利用，推动港城一体，增强城市居民对港口区域的亲近感，营造宜居的港湾环境。

将工业带建在港湾附近，最直观的优点就是省钱省时。对于原料燃料高度依赖进口的日本而言，这一做法既降低了要素流动成本，也有利于提高生产效率，缩短生产周期。同时，环东京湾地区从 17 世纪以来城市化不断发展，人口充盈，经济发达。工业区建立在附近，使得生产地贴近消费地，产品刚下流水线就能被摆上货架，形成了生产—消费—再生产的良性循环。重视公共交通建设，实施竖向土地开发模式。东京都市圈通过城市干线、轨道交通、高速公路等多种途径提升要素流动效率，并倡导以公共交通为主的出行模式。城市土地空间开发和交通网络建设高度协调，在交通枢纽周边开发综合商贸体，集聚工业、商业、居住和文化功能。交通网络串联居住和工作空间，人口膨胀导致的大城市病问题得以逐渐缓解，区域基础设施建设发展迅速，土地等要素利用效率极大提升。东京湾区有全世界最密集的轨道交通网，湾区内80%—90%通勤客运依赖轨道交通。东京湾地区的交通体系是各国轨道交通规划争相学习研究的对象。这套高度发达的交通布局正是缓解城市问题的最大仰仗。精密覆盖的交通网络使得人、物得到高效流通，而支撑着这套精密交通网络的，是完整而长远的规划逻辑。而这正是东京湾区，这个高度规划、统筹协作的精密作品最好的象征。

六港联合的共赢规划。在日本，港口的规划建设同国家战略紧密相连，港口间的良性互通也少不了整体规划的协助。1951年颁布的《港湾法》设立了港口管理机构这一地方政府公共团体来管理相关港口。此后，由运输省负责制定全国港口发展的长期计划，港口管理机构则负责在此范围内制定对应港口的年度预算和长期规划。1967年港湾局提出《东京湾港湾计划的基本构思》通过将东京港、千叶港、川崎港、横滨港、横须贺港、木更津港、船桥港在内的港口有机整合，形成广域港湾，以港口群整体的能力来与世界其他港口竞争。这一构想实施后的30年内，东京湾区的各大港口吞吐量长期居于世界前10名以内。如今的环东京湾地区已经实现了六大港口的有机整合——在保持经营独立的同时，各大港口通过优势互补来承担不同职能，以此来有效应对外部竞争。

产研结合，错位发展的工业地区。工业区、高校和研究所可以说是东京湾区工业发展的秘密武器。错位承接、产研结合的发展道路也是东京湾区工业带给我们的宝贵经验。错位承接方面：京滨、京叶工业带（区）的发展，最初是为了贯彻"工业分散"的战略来解决东京过分膨胀的问题。20世纪

60年代，制造业尤其是机械工业开始向京滨、京叶地区迁移，缓解了中心城区的压力。京滨、京叶地区借机进一步发展工业，逐渐形成世界领先的工业带。通过这次产业转移，东京也得以向服务业进行升级发展，最终成为日本的金融、商业、政治、文化中心，完成了一次华丽转型和双赢承接。20世纪80年代后，湾内工业地区进入知识技术密集型产业的发展阶段，京滨工业带逐渐形成了一套独有的"产学研"体系，并成为东京湾区的产业研发中心。整个东京湾区（首都圈）拥有263所大学高等教育机构，注册大学生人数超过127万。其中京滨工业地区包含了庆应大学、武藏工业大学、横滨国立大学在内的知名研究型高校。这些机构不单单在人才输出上为产业服务，在研究合作上，部分大学和研究所作为独立法人机构也拥有更大的行政权力来分配研究资源。除了高校，企业自身也高度重视研究和科技创新。丰田、索尼、NEC、佳能、三菱电机、三菱重工以及东芝等企业成立的研究所不胜枚举，也是推动"产学研"体系的关键力量。

延续的智库体系和协调机制。作为包含一都三县的大型城市圈，东京湾区的高效运转离不开精密的规划，而其中最值得借鉴的，就是建设的一致性和可持续性。首先，东京湾区的规划从来不会随着地方政府决策者的变更而变更。为东京湾区提供长期的规划及研究服务的是日本开发构想研究所等第三方独立机构，因此地方规划可以和长远发展保持一致。在各地区、城市、港口甚至机场运营的协调上，东京湾区也有自己的独特之处。港湾建设上，由东京湾港湾联协推进协议会对港口间的协作建设进行协商，同时，国土交通省关东地方整备局港湾空港部、湾内地方政府以及相关的企业都会共同参与。

环境保护与惨痛教训。从明治维新算起，东京湾区的现代经济开发已有近150年的历史，但成功的背后也有着惨痛的发展教训。东京湾区内有很大一部分工业用地是以填海造地的方式实现的，这破坏了当地的海洋生态和海岸生物的生存环境。人工岛的形成甚至会阻碍河道，极有可能造成水灾泛滥。更直接危害到人类生活的是不计代价发展工业带来的污染。20世世界环境八大公害事件中有四件发生在日本，其中之一正是发生在京滨工业区大门四日市的哮喘病事件。东京湾区的发展走了这样一条先污染后治理的道路。即使后来多部严苛的法规出台，规范改善了工业发展中的环境问题，但污染带来的问题直至今日还在影响着人们的生活和健康。如何平衡发展和环境的关系，是其他湾区建设最需要重视的问题。

## 第二节　世界三大湾区的发展经验

国际上，沿海湾区集中了发展条件最好、竞争力最强的城市群，引领全球技术变革，是带动全球经济发展的重要增长极。湾区经济是各大经济体持续发展的重要载体，以东京湾区、旧金山湾区和纽约湾区为代表的湾区，承载国家最具竞争力的产业，是其所在国的重要增长极。粤港澳大湾区经过多年合作发展，产业集聚程度不断提升，规模效应逐步显现，建成世界一流湾区的基础条件已经具备，研究国际一流湾区发展经验，可为粤港澳大湾区发展提供有益经验。

### 一、三大湾区建设发展经验

#### （一）纽约湾区建设发展经验

纽约湾区是全球历史最为悠久的湾区，依靠其优越的港口条件、产业结构调整以及跨州区域间协调规划，经过数年积累，已经发展为以第三产业和知识密集型行业为主的产业结构。纽约湾区的快速发展，得益于许多重要因素的支持。

最突出的是跨行政区域的多部门协调助力的四次区域统筹规划。纽约湾区的创新是在政府和民间的推动下共同进行的，湾区的发展伴随着近百年的复杂的区域规划的过程：利用区域规划的手段形成以纽约为枢纽的对外交通网络，高效便捷；也不断地强调自然生态环境保护和社会环境维护，与城市开发并行；不仅协调不同等级政府和部门之间的诉求和关系，还鼓励公众参与。

1921 年，罗素·塞奇基金会资助建立了纽约区域规划委员会（RBA），后发展成纽约区域规划协会（RPA）。RPA 属于非政府机构，致力于区域规划探索，研究制定突破性的长期计划，指导大纽约都市圈发展。从 1922 年成立至今，RPA 先后对纽约大都市圈提出四次规划方案，集中解决湾区当前发展面临的关键问题，积极寻找一条共享繁荣、健康和宜居、弹性和高效管治的发展道路。1929 年拿出了纽约第一个区域规划《纽约及周边区域规划》。此后，依据规划，纽约大量建设基础设施及城市建设项目。作为经济发展主要规划方的区域规划委员会，在 1968 年制定了第二次区域规划。这一次规划注重郊区与城区平衡发展，将就业集中于卫星城，恢复区域公共交通体系，从而使曼哈顿成为全美金融、商业和文化中心。进入 20 世纪 90 年代后，第三次区域规划核心在全球视野之下，凭借投资与政策来重建经济、公平和环境，通过整合经济、公平和环境推动区域发展，强调形成高效的交通网络的重要性以期重塑区域的经济和活力，从而增加区域的全球竞争力。2014 年，第四次规划出台，着眼于"区域转型"，确定了"经济机会、宜居性、可持续性、治理和财政"四方面议题。2017 年，筹备四年半之久的纽约湾区最新规划发布，为纽约都市圈未来 25 年的发展和管理提供独到的建议。

高度发达的股票市场和成熟的风投市场也起了重大作用。纽约湾区吸引集聚了大量金融人士。同时，纽约湾区具备完善的产业配套体系、高效的资源配置能力、发达的国际交往网络和宜居宜业的城市环境等，形成汇聚金融资源的核心能力。此外，纽约还形成涵盖货币市场、资本市场、信贷市场等完整且立体化的金融体系，完善优质的金融服务吸引了世界各地的金融机构和各类企业落户集聚。特别是纽约湾区拥有覆盖公司市值排名全球第一的纽约证券交易所，并且在 2008 年后，纽交所制定了一系列措施，来吸引科创公司上市。目前纽约湾区的风投市场规模，仅次于旧金山湾区。

## （二）旧金山湾区建设发展经验

旧金山湾区自 19 世纪后半期以来，已发展成为享誉全球的科技创新经济型世界湾区，汇聚了大量全球领先的高科技企业。科技创新产业是旧金山湾区屹立于世界三大湾区的最主要竞争力，这个湾区的区域协同也是依靠知识创新链条拉动的。

在旧金山湾区，资本市场作为诱导因子促成了科研成果向技术转化、再向科技产品转化、最终反向刺激研发和科创的过程。这个过程在产业链上联结了企业、中介、研究机构、政府和用户在区域范围内形成了产业集群；产业信息在科学研究、工程实施、产品开发、生产制造和市场销售之间进行反馈，从而在区域内跨城市建立起创新与生产、市场、消费者之间高效融通体系。

位于产业链上下游各个位置上的机构或企业尽职尽责地扮演着自己的角色：高等院校是知识创新的起点，企业是技术创新的载体，配套科学技术型产业的金融和管理等中介服务发挥着平台的作用，把湾区内创新所需的要素整合在一个完整的体系内，加之政府通过地方联盟、湾区层面的权力机构、各专业性的专委会组织共同在区域合作中形成催化作用。这就是旧金山湾区独树一帜的由科技创新引导以市场逻辑自发形成的区域协同模式。

大学集群是创新之源。旧金山湾区的高等院校与知识创新的渊源早在第二次世界大战就开始了。第二次世界大战期间，原斯坦福大学工学院院长在哈佛大学从事雷达信号侦测和干扰研究，战后他回到斯坦福大学复任工学院院长，他就是惠普公司创始人的老师——弗雷德里克·特曼教授。特曼教授创立了斯坦福创新工业园区后把其中一部分租给企业，并专设奖学金来扶持知识研发的产品化过程。惠普、柯达、奇异和洛克希德等公司都是从这个园区走出来的。特曼教授以先见之明鼓励学生和老师基于学校的科技研发进行创业，让知识技术化、技术产品化，在获得的反馈中完成知识的迭代更新，为旧金山湾高校引发的产业创新奠定了基石。今天，旧金山湾区已经成为聚集着斯坦福大学、加州大学伯克利分校等 20 多所知名大学以及 25 所国家级或州级科学实验室的知识创新圣地，这些大学以斯坦福为首延续了高校向企业输送人才、专利和技术的密切合作，拉动了产学研的联动链条。

企业生态与服务链。与高等院校关系密切的企业在承接了大学输送的研发成果和专业人才后迅速投入了技术化和产品化的商业征程，随着产品在市场上传播、需求的提升和扩大，又逐渐孵化并发展壮大出科技创新领域中相互关联的新公司。旧金山湾区逐渐成为技术集群和企业地理集中地，重要技术产业集群包括：圣何塞的信息通信、电子制造、航天航空装备等高技术产业群体，硅谷地区的大量全球著名的高科技企业集聚，如谷歌、雅虎、甲骨文，另一主要城市奥克兰及其周边的装备制造业群体。

旧金山湾区的科创企业能够借市场之力将高校研发成果转换而成的产品迅速投入商业运营，除了企业自己的技术团队作为基础支撑，也有赖于与科创产业关联度较强的金融、法律等中介服务机构的帮助。旧金山市主要发展科技金融业，各种类型的金融、管理等中介形成了完善的服务体系，帮助湾区的其他城市整合产业要素以提升科技的商业化效率，尤其是风险投资对旧金山湾区科创企业的腾飞起了不可或缺的作用。风投在旧金山湾区的风靡与政府的决策和高校的贡献有关，可以追溯到 20 世纪 70 年代养老金首次被允许用来风险投资，后来在法律中还提出政府对科创企业投资比例的要求；科研机构响应风投扶持湾区科技创新的趋势制定了研发成果的评估机制，筛选出有继续技术化和产品化的潜质的研发成果来帮助风投进行投资选择降低失败的风险。旧金山湾区受益者之一 Zendesk 公司就是在风投的帮助下将首创于丹麦后迁至旧金山湾的科技型公司一步一步扩张直至上市，他的创始人称旧金山湾区为"创业的乐土"。

在市场逻辑下不同类型的企业自发地进行空间排布，例如科技型企业倾向于和研究型大学在地理上保持较为紧密的联系。位于产业链不同位置的企业遵循资本追逐低成本和高效率的规律形成一个个产业集聚，在商业效率的主导和可持续发展的约束下形成了旧金山湾区内各个城市主要产业的协同关系：不同城市之间不以竞争关系为主，旧金山的金融服务业、圣何塞的科技创新业、奥克兰的港口工商业互相带动以多元化的产业类型和合理的区域产业结构促进湾区整体协作发展。

旧金山湾区不仅培育了大批优秀人才，也吸引世界各地的优秀人才汇聚于此；硅谷是旧金山湾区内科技企业最多、创新能力最强的区域，集聚了成千上万家享誉全球的高新技术企业。此外，旧金山市 2011 年出台《社区优惠法案》，吸引了众多中小科技企业集聚发展；除了集聚大量的高科技公司外，旧金山湾区也是风险投资聚集地，汇集了美国乃至全世界知名的风险投资公司。同时，20 世纪 70、80 年代的科技浪潮与相关产业政策密集出台，对硅谷产业崛起起到了关键作用。风险投资公司、高校院所、创新企业集群这三股力量融汇交织，共同打造出硅谷独有的创新生态圈。

同时，合理的区域规划和精确的产业定位也起了重大作用。旧金山湾区政府的作为可以归纳为"顺势而为"——顺应市场之势推动湾区协同发展。湾区区域协作组织（BARC）是一个联合政策委员会，帮助其 4 个会员单位更好地整合区域交通、土地使用，控制空气污染和处理好气候变化带来的海平面上升对湾区的影响，并协调湾区的区域规划。4 个会员单位包括：地方政府联盟（ABAG）、湾区空气质量管理部门（BAAQMD）、湾区保护发展委（BCDC）、大都市交通委员会（MTC）。BARC 和它的 4 个会员单位多半成立于21 世纪，相较于另外两大湾区的协同机构成立时间较晚，这些组织只对湾区各方面发展进行协调而不是政府行使权力的机构，它们的决策和作为同样顺应市场规律和有助于企业协同。

### （三）东京湾区建设发展经验

东京湾区是日本的"经济心脏"，在三大湾区中具有"制造业创新基地"的称号。在东京湾的发展演变过程中，港口之间从起初的竞争关系走向了基于工业带布局的相互协调发展关系，分工协作的港口群带动湾区工业带乃至东京湾制造业的大力发展。值得一提的是，日本政府从 19 世纪 60 年代开始构建东京都市圈到演进成为今天的东京湾，没有出现统筹规划和管理湾区开发的政府机构。东京湾从早期散落港口之间的低效竞争，走到通过工业带串联起来的港口形成合力的协同发展，离不开智库的重要作用。

在日本的区域发展过程中各个城市和县会做自己的地方规划，同时国土、产业、交通等不少相关部门都会从各自的领域来做规划，这么多规划出现在"区域"这个平台上相互碰撞时，由社会合作机制的载体——智库出面对不同层面和领域的规划进行衔接和协调。这些载体包括不同背景、不同投资渠道来源、不同专业领域侧重的智库。

首都圈湾港联席推进协议会于 1976 年设立，而后于 1996 年设立了东京湾港湾联席推进协议会（湾联协），2002 年重新改为首都圈港湾联席推进协议会（首都港联）。协议会委员是由关东地域各个港的港湾管理者：茨城县、千叶县、东京都、神奈川县、川崎市、横滨市、横须贺市，以及关东地方整备局构成。首都港联的业务和职能涉及保护航道、相邻沿岸区域的开发和与之有关的重要规划、规划调整和调查研究，与湾区土地的使用密切相关，因此在东京湾区的开发和保护中起到重要的协同作用。

日本开发构想研究所（UED）是以经济企划厅为主管机关设立的研究型智库，法人是日本财团。日本开发构想研究所在专业方面负责东京湾城市开发和高等教育调查研究与咨询，它参与了从港湾的土地整备到新城开发全领域，涉及旧工厂再开发、新产业、循环产业、物流、货物线乘客化、综合环境整备、防灾计划等工作，为东京湾的国土计划、整备开发出谋划策。这个智库在国土规划和产业政策方面同时服务于日本中央政府和东京湾的各级政府、在长期的服务过程中掌握大量从中央到地方的数据，这些数据既关系到国家标准，也涉及东京湾发展的自身诉求。所以，东京湾的相关规划极少不经它之手，日本开发构想研究所用自己的智慧去引导东京湾在实现自身发展目标的同时符合国家的整体要求，并化解区域内地方诉求之间的矛盾形成一套连贯的东京湾相关规划方案，这正是日本开发构想研究所对东京湾规划的贡献。

日本政府的决策者在不断更新换代，各个时代都有自己的背景和方向。智库作为区域发展的参与者和伴随者既在每一个当下担当东京湾不同层级和不同领域规划方案协同执行者的角色，又在上一个时代过渡到下一个时代当中扮演东京湾城市规划知识与数据传递者的角色。经过历史变迁，它们从协调者、规划者和长期跟踪研究者成长为真正的"智者"，从层层叠叠的规划方案中甚至可以引导并推动东京湾的区域发展，成为日本开发并管理东京湾的重要价值平台。

港城协调的区域一体化机制。环东京湾区的六大港口首尾相连形成马蹄形港口城市群，为东京大湾区的港城协调与区域一体化奠定了良好的自然地理条件。东京湾区主要通过制定区域规划，成立城市群协调机构，以建成互联互通的陆海空立体交通网为先导，以同城化带动区域一体化，将对内竞争转向抱团对外竞争，最终发展成为港城协调的世界级大湾区。

循序渐进的"工业分散"战略。1990年以后，东京湾区进入知识技术密集型的创新经济阶段，中心城区进一步重点布局对外贸易、金融服务、精密机械、游戏动漫和高新技术等高端产业及现代服务业，并以人口与产业为中心，从河岸港口核心城市扩散到全湾区乃至日本整个本岛。这种错位发展，既解决了东京大都市的过度膨胀问题，又促进了湾区"多心多核"的均衡发展。

集聚开放的创新生态体系。近年来全球创新指数报告显示，东京—横滨地区经常位列全球"最佳科技集群"首位。东京湾区集聚了约40家世界500强企业，为三大湾区之首。此外，东京集聚日本众多大型跨国银行、保险、证券、期货等金融机构总部。各类高端平台资源集聚东京湾区，共同构成了开放的创新生态体系，并使创新绩效外溢全日本乃至全球。东京湾区一方面是对间接融资体系进行了改良，例如建立了为中小企业提供融资支持的政策性金融机构、设立了中小企业信用担保机制；另一方面也有发达的多层次资本市场，相关配套措施完善。

## （四）三大湾区发展的新变化、新趋势

逆全球化和新冠肺炎疫情全球蔓延，给世界经济发展格局带来巨大冲击，在重塑全球经济格局的同时，深刻改变着人类生产生活方式。三大湾区

经济发展也出现了新变化、新趋势。

三大湾区纷纷转型，以最大力度打造全球科技创新中心。梳理全球湾区经济发展路径可以看到，这是一个不断脱胎升级的历程。无论是纽约湾区、旧金山湾区，还是东京湾区，都大致经历了港口经济、工业经济、服务经济、创新经济几个阶段。尤其是新冠疫情暴发以来，三大湾区集体转型，转型目标及"火力"集中点都是科技创新。三大湾区都加大了对5G等新一代信息技术、人工智能、生物医疗等高端产业的研发力度，个别领域（特别是这些产业领域的关键技术）甚至出现新的争夺战。旧金山湾区与东京湾区发展紧盯科技前沿，引领新一轮科技革命，将计算机与传统产业相结合，把智能赋予传统工业，促进传统产业的升级，力争在"工业4.0"时代的未来产业领域中把握更多的发展先机。纽约湾区积极挖掘区域发展的新动力。除了继续保持金融领域的绝对优势以外，创意产业和科技创新产业迅猛发展，是近年来纽约湾区最为亮眼的两大产业。

纽约湾区素以"金融湾区"著称。但近几年特别是疫情流行一段时间后，纽约出台减税降费等政策，积极推进新一代互联网信息技术、人工智能等新兴产业的研究和应用落地。现在，纽约的人工智能技术研发和应用，某种程度上甚至比硅谷还要发达。位于纽约曼哈顿的硅巷汇聚了大量科技创新企业，谷歌、脸书、微软等高科技巨头纷纷在此设立了研发机构和业务中心。硅巷的快速崛起，使得其与旧金山硅谷和波士顿一同构成了美国三大科技中心。不少硅谷工程师闻风而动，"飞"至东海岸落户硅巷。纽约由此成为美国东岸科技重镇、"东部硅谷"，有专家预言它将成美国"新科技首都"。

东京湾区同样在悄然向科技创新中心转型。被誉为"产业湾区"的东京湾区，如今更加重视鼓励和保护科技创新，现已跃升为全球科技创新高地。湾区内的筑波科学城，集聚大量国际知名科研机构和实验室，成为具有复合功能的科技新城、产业新城，已然是日本的科学中心、科创发动机。更重要的是，纽约、旧金山、东京三大知名湾区不再是重要的货品输出地，而是全球各项关键技术、重要技术的重要输出地。这是世界知名湾区发展的一个显著新特征。

全球供应链空间压缩，推进产业链供应链区域化本地化。受疫情影响，人流物流受限，全球许多海运、空运航线停运。三大湾区的研发机构和企业，大都全球布局，供应链遍及世界各地，因此受疫情影响极大，产业链、供应链一度阻断。产业链、供应链稳定与安全的重要性日益引起普遍重视，欧美日等发达国家纷纷鼓励制造业回归本土，从而出现制造业和供应链企业回流的情况，产业链供应链地域化、区域化趋势明显，布局更加本土化，这使得全球产业链、供应链的物理空间被大幅压缩、正在变"短"。三大湾区经济发展正从"全球稳定产业链、供应链体系"向"区域稳定产业链、供应链体系"转变。

高端产业争夺日趋激烈，关键核心技术坚持以我为主。全球主要经济体、特别是三大知名湾区，都加大了对5G等新一代信息技术、人工智能、生物医疗等高端产业的研发力度，个别领域甚至出现新的争夺战。在这些产业领域，关键的、核心的、重要的技术，各国都坚持以我为主，竞争在所难免。

## 二、湾区经济的内涵与模式

### （一）湾区经济的内涵特征

形成湾区经济必须具有强大的产业集群、有力的经济核心、广阔的经济腹地、发达的交通网络、创新的领军人才和开放的经济体系。开放型经济一般依托边境城市、沿海城市和湾区三种形式实现，湾区经济因具有沿海、湾区和城市群三种要素而成为开放经济中的最高形态。从世界版图看，全球60%的经济总量集中在入海口，75%的大城市、70%的工业资本和人口集中在距海岸100千米的海岸带地区。全球最发达的城市大都位于湾区中，排名前50名的特大城市中，港口城市占90%以上，如美国纽约、日本东京和澳大利亚悉尼等。与其他都市区相比，湾区通常拥有多个大能级的港口城市，如东京湾分布着横滨港、东京港、千叶港、川崎港、木更津港、横须贺港六个港口构成的马蹄形港口群。湾区是高新技术产业集群集中地，是城市创新的动力源，如美国的硅谷就是从西海岸旧金山湾区的圣何塞逐渐崛起形成的，集聚了诸如苹果、英特尔、惠普、思科、朗讯等高新企业，成为世界科技创新中心。由于高度开放，且具有天然滨海自然景观，环境优美，宜居宜业，湾区城市往往会吸引大量外来人口，形成不同于一般内陆地区的移民文化。兼容并蓄的移民文化进一步强化了湾区城市的开发开放和创新发展。在世界经济舞台上，湾区经济正发挥着扩大开放、引领创新、集聚辐射的功能，已成为带动区域经济发展的高级经济形态。

湾区，具有开放的经济结构、高效的资源配置能力、强大的集聚外溢功能和发达的国际交往网络等特点。这些要素使得"湾区经济"从单个城市的竞争晋升为多个城市构成的区域之间竞争，成为令人瞩目的代表性的区域发展成就。区域协同发展是湾区实力竞争的背后推手，目前世界上三大湾区——旧金山湾区、东京湾区、纽约湾区经过几十年快速发展和实践，都形成了一定的区域协同机制。

### （二）湾区经济的发展模式

"湾区经济"有三种不同的模式，比如旧金山湾区，1961年成立区域性地方政府协会（The Association of Bay Area Governmen, 简称ABAC）。这个协会是一个契约型组织，也是一个正式的综合区域规划机构，其主要任务是强化地方政府间的合作，所以具有行政区的特征。东京湾区则更多被赋予经济统计意义上的都市区，因为它迄今为止还没有成立相关的契约型组织，而是鼓励要素的自由流动，并实行"各自为政"的管理模式，分属各地方政府管辖。而在纽约湾区的形成与发展历史中，由"第三部门"主导的跨行政区域的统筹协调规划也起了重要作用。迄今为止，纽约区域规划协会组织编制了4次区域规划，在区域规划政策领域对跨政府和跨行政边界的合作进行了积极的探索和实践，突出了政府、企业和社会等三方合作机制在区域规划中的作用，特别是作为一个由第三部门的社会组织牵头编制的区域性协调规划，无论是在制定还是在实施方面，都提供了一个由第三部门组织制定和推进区域规划的成功范例。

因此，"湾区经济"概念更多的是基于地理特征和地域分工的一种经济社会活动集合，它强调（国际化与现代化）城市发展形态与（现代服务业、总部经济、高新技术、金融产业、海港工作带等）经济发展形态的结合。

### （三）湾区经济的发展效应

#### 1. 经济辐射效应

辐射中心数量与经济辐射效率。通过比较三大湾区的发展模式可以发现，其均以少数高度化发展城市为核心，带动周边城市经济增长，最终在一定范围内形成经济相互协同、产业结构相互依存的城市群体。但是三者的区域核心增长极（或可称为"辐射中心"）数量并不相同。东京湾区方面，核心增长极为东京都，其作为日本行政及经济中心，自第二次世界大战结束后周边区域人口快速向东京集聚，加之政府产业政策引导，使制造加工业快速发展。20世纪60年代，制造业尤其是机械工业由东京都这一中心区域向京滨、京叶地区迁移，以缓解中心城区压力，东京也得以向服务业进行产业转型升级，最终发展成为日本的金融、商业、政治及文化中心。而旧金山湾区方面，18世纪前后所爆发的淘金热使美国全国人口快速向旧金山附近集聚，大量的人口红利一方面为经济发展提供了充足劳动力，另一方面也为商品销售提供了市场，最终形成了以旧金山为核心的湾区城市群。对于东京湾区和旧金山湾区而言，其经济辐射非常典型，东京的加工制造业和旧金山的创新产业作为增长极的推进型产业，有效地实现了产业集群的扩散转移，并在此过程中使东京和旧金山自身实现了向以服务业为主导产业的多元经济结构升级转型。

#### 2. 区域协同效应

在发展东京湾区初期，日本政府已经事先就其首都圈各县的功能定位进行了规划，并根据发展形势的演变而不断调整。20世纪70年代，经济高速增长促使传统来料加工型制造业逐步从东京都向周边城市迁移，在此过程中，各城市发展定位愈发明确，如东京都发挥区域经济核心作用，是名副其实的金融、贸易、商业中心；横滨市定位于湾区贸易中心，横滨港成为湾区内的主要对外贸易港口；埼玉县接纳东京都区部分行政机构，进一步行使行政、居住、商务职能，在缓解东京都城市压力的同时，为其提供运行支持；千叶县重点发展空港经济及国际物流运输产业；神奈川县发展商业、科研、港口贸易；茨城县则依托高等教育结构及科研机构，重点发展信息产业，各地区职能存在差异但又有所重叠，为支持东京都的区域核心功能提供保障。

不仅如此，日本政府对东京湾内各大港口也进行了明确有效的分工。1971 年，日本港湾局提出《东京湾港湾计划的基本构思》，将东京港、千叶港、川崎港、横滨港、横须贺港、木更津港、船桥港在内的六大港口进行整合，根据各自现状及特点，确定相应分工，并联动形成广域港湾，以港口群整体的能力来与世界其他港口竞争，有效避免了港口之间产生恶性竞争的问题。

而相比之下，旧金山湾区区域分工缺乏政府主导且产业结构相对简单，最主要特征是湾区内三大城市承担不同定位以实现协同发展，旧金山主要产业为金融、旅游业及生物制药，圣何塞依托硅谷重点发展电子制造、信息通信等高新技术产业，奥克兰则重点开发制造业及临港运输业。造成这一现象的主要原因在于湾区内三大城市位置毗邻，因此区域划分并未如东京湾区一样明显，且湾区内各县经济发展水平差异明显低于东京湾区，因此可以认为旧金山湾区内部联系紧密，产业结构更趋向于整体化。换言之，旧金山湾区当前已经跨越了内部分工协同发展的阶段，城市作为区域划分的粗放型分工形式已经逐渐被更精细的区域分工形式所取代。湾区内部分企业（如谷歌等公司）的自身规模已经能在一定程度上发挥产业集群的作用，不再依赖政府规划或特定市场提供红利来源，导致分工协同效应并不明显。

### 3. 配套设施

通过观察世界各大湾区可以发现，湾区产业特征一般为"制造业＋港口贸易"的双驱动模式。如东京湾区以来料加工为主的制造业，企业利用港口优势获得成本相对低廉的原材料，进行深加工或再加工后，将制成品通过港口贸易出口至其他国家。旧金山湾区的模式类似，但受创新科研投入的生产要素驱动影响，其产业链向上延伸，实现了"研发＋制造＋贸易"的新型湾区经济模式。

为支持上述各产业部门的快速扩张，湾区在发展过程中均十分注重配套设施建设。此处所提"配套设施"，是相对宽泛的概念，不仅涵盖了交通运输、港口及基础设施等实际配套设施，还包括了科研投入、劳动力、产业及税收政策等配套资源。其中，交通物流运输及人才资源在促进湾区经济发展方面尤为突出。

### （四）湾区经济的发展趋势

虽然纽约湾区、东京湾区和旧金山湾区所处地理位置各有不同，但是在经历了漫长的发展后，其在社会、政治、经济、法律以及科学技术方面呈现出了惊人的相似。

社会建设方面。湾区的发展离不开强大先进的基础设施建设。由于湾区的商贸发达，资源的集聚和扩散效率较高，整个社会的运作离不开水运、空运和陆运的结合，而且由于其科技的发展，其运输方面还需要具有更高质保的可能性。

政治方面。国际湾的发展离不开政府的扶植，政府多年来对湾区的规划成为湾区发展的目标，而且我国出现的"一国两制"也标志着湾区城市自主权的强烈象征。例如，纽约湾政府为了促进社会政治协调发展，充分鼓励城市居民对纽约湾的建设提出个人规划建议；旧金山向着自然资源与人才集聚的目标对农田、林地进行了多次规划；东京从1959年起就开始规划其城市拥挤、交通不便以及垃圾分类的规划实践；我国粤港澳大湾区建设得到了政府的高度重视，依照其周边发达湾区城市的先进经验进行规划和模拟实践，且部分先进政策已经进行试点。

经济方面。不难看出世界三大湾区建设离不开国内生产总值的对比，先后对照得知我国的粤港澳大湾区的人均地区生产总值不高，也就说明了我国虽然资源众多，但是人口以及原有数量的快速增长，不利于消除经济泡沫的影响和进行再就业的安排。

法律方面。针对管辖权方面，世界三大湾区所呈现出的发展态势都比较迅速，向着自由贸易的顺利成交目标迈进。国际法院或者仲裁不再简单依照属人、属地、行为、结果原则，而是根据国际贸易的顺利完成进行判断。

科学技术方面。相对过去的单纯发展产量、产销地的工业目标，越来越支持国际化、创新化发展，由质量第一慢慢向着技术先进转化，各个跨国大企业中几乎都有所属科研机构、研发部门，对各个研究者也提出了学历、经验乃至发明专利的要求。同时，对环保也进行了客观的限制。

## 三、三大湾区的共同特征

三大湾区是世界上最成熟、最完善的湾区，对世界经济产生了重大影响。总体来看，三大湾区有着共同的特征，即拥有活力四射的产业集群、强劲持久的创新能力、高效便捷的交通网络、兼容并蓄的开放体系、完善的科技基础设施布局、清晰的绿色可持续发展路径、政府市场的通力协作。

### （一）拥有活力四射的产业集群

产业结构转型升级始终是湾区发展主要动力。三大湾区的发展历程包括港口经济主导、制造业发展、生产服务业壮大、创新型经济引领四个阶段，是一个产业结构演进过程。在这一过程中产业结构不发生根本变化，而是累积过程，在支撑产业发展的要素高度集聚条件下，主导产业变化引发了产业结构的转型升级，始终是支撑着湾区经济蓬勃发展的动力。

三大湾区的港口城市遵循"以港兴城、港为城用、港以城兴、港城相长"的发展规律，大力发展临港产业和外向型经济，形成了富有竞争力的产业集群。如位于美国加利福尼亚州北部的旧金山湾区，其港口城市奥克兰是世界上最早使用集装箱运输的港口，依托优良的港口条件，造船、化工、生物医药等临港产业得到快速发展。位于旧金山南部湾区的硅谷是世界最重要的高科技研发中心，是电子、软件、信息科技和互联网产业的集中区。纽约湾沿岸分布着纽约、新泽西、纽瓦克等港口城市，纽约曼哈顿 CBD 内全球银行、保险公司、交易所及跨国公司总部云集，是世界金融的核心枢纽和国际航运中心。东京湾沿岸分布着横滨港、东京港、千叶港、川崎港、木更津港、横须贺港六个港口，在港口的带动下，东京湾地区形成了京滨、京叶两大工业地带，汽车、钢铁、装备制造、石油化工等产业十分发达。

### （二）拥有强劲持久的创新能力

东京湾区和旧金山湾区是创新的热土，区内拥有众多研发能力和科技创新能力很强的企业。全球百强创新机构榜单中，三大湾区占到一半以上。研发经费投入占地区生产总值的比重在 20% 左右，进一步彰显了湾区的科技创新实力。此外，三大湾区内分布着众多世界一流综合性大学和科研机构，如旧金山湾区内有斯坦福大学、加州伯克利大学等世界级的研究型大学和航空航天局艾姆斯研究中心、斯坦福直线加速器中心等国家实验室等，纽约湾区有纽约大学、普林斯顿大学、哥伦比亚大学等 58 所世界著名大学。

### （三）拥有完善的基础设施

三大湾区的共同特征都拥有完善的基础设施，以中心城市为核心，布局放射状的立体式交通网络。通勤便利是世界级大都市圈的最重要标准之一，据统计，纽约和东京单程平均通勤时间为 40 和 69 分钟左右。特别是东京湾地区，人口十分稠密，以轨道交通为主导的公共交通网络承担了 60% 的通勤和商务出行需求，人口膨胀导致的大城市病问题得以逐渐缓解。

拥有高效便捷的交通网络。三大湾区都建成了以公路、铁路、机场和海港四位一体的综合交通网络体系，对外交往高效便捷。以东京湾为例，东京拥有世界上最为复杂的公共交通系统，车站十分密集，JR、新干线贯穿全境，城市电车和地铁交织如网。东京地铁线路长 326 千米、人均道路面积 10.3 平方米、路网密度 18.4 千米 / 平方千米。区内成田、羽田机场开通了众多国际国内航线，其中成田机场至 2015 年，累计起降次数已超过 500 万次，东京港年货物吞吐量超过 6000 万吨，构成了日本海、陆、空，多方位、全立体的交通网络，为东京湾辐射日本内陆、沟通国际市场提供重要支撑。

### （四）拥有兼容并蓄的开放体系

三大湾区外向型经济特征明显，东京湾区集中了日本 30% 以上的银行总部和日本 90% 以上的全球百强企业，销售额超过 100 亿日元的大公司总部有 50% 设在东京。纽约湾云集了全球相当数量的金融机构，外国银行、证券、保险公司等跨国金融机构集聚在曼哈顿 CBD 中心，是名副其实的国际金融中心。而且纽约制造业总部云集，许多全球制造企业都在这设立了总部机构（如洛克菲勒中心），在全球财富 500 强中就有 46 家公司总部选在纽约，是世界最大跨国公司总部集中之地。旧金山湾则集聚了苹果、谷歌等大量全球高科技企业总部。三大湾区依托其发达的海港群和空港群，积极搭建对外开放平台，如纽约港自贸区、旧金山对外贸易区，采取倒置关税吸引国际投资，已经成为美国对外贸易的重要平台和开放高地。

### （五）拥有完善的科技基础设施布局

三大湾区重大科技基础设施布局的形成主要反映了其区域科研与社会经济特点，其布局的领域也不尽相同，但存在一定的共性特点。从总体上看，三大湾区重大科技基础设施的布局与建设，都表现主要依托国家实验室作为载体、设施类型与区域产业发展密切相关、集群创新效应明显、与城市建设紧密结合等特点。

主要依托国家实验室作为载体。重大科技基础设施必须要依托特定平台或机构进行管理以及对科学目标进行规划。美国两大湾区的重大科技基础设施主要依托国家实验室进行管理，例如劳伦斯利弗莫尔国家实验室和桑地亚国家实验室。而日本东京湾区则有相当一部分设施依托大型企业财团进行建设与管理，这虽然比较有利于技术成果转化，但也限制了设施的共享共用，不利于知识外溢以及推动区域创新能力发展。

设施类型与区域产业发展密切相关。从设施类型看，纽约湾区重大科技基础设施与区域产业发展密切相关。同时，其创新能力主要体现在高校与科研机构层面，比较注重基础性研究。相比之下，旧金山湾区产业更为发达，特别是信息技术产业等。因此，旧金山湾区与产业相关的重大科技基础设施较多，其对产业的技术创新支撑尤为明显。

集群创新效应明显。随着全球科技竞争的加剧，单个重大科技基础设施所能发挥的作用愈发局限，产业与学科之间的跨界融合现象要求重大科技基础设施之间形成协同联动机制。特别是多个重大科技基础设施形成的有机联系集群效应，能够在提升区域创新能力时发挥事半功倍的作用。基于此，以东京湾区为代表的重大科技基础设施集群建设模式开始得到国际认可。

与城市建设紧密结合。从全球科学研究趋势看，重大科技基础设施建设规模以及资金投入量呈现快速增长趋势，这一方面是由于科学发现愈来愈向微观、高能级等方向发展，另一方面也与政府的创新意愿密不可分。围绕一个设施或者设施集群形成的支撑区域类似小型城市，覆盖了教育、生活、产业等领域，区域的面积也呈现逐步扩张趋势。基于此，国外不少城市功能规划与布局从旧式的围绕产业、围绕生活、围绕交通转变成围绕科学的功能转变，而重大科技基础设施则成为城市发展布局的重要一环。

### （六）拥有清晰的绿色可持续发展路径

纽约湾区于 20 世纪 60 年代启动了"再集中"战略规划，关注焦点由城市建设演变到生态环境保护和生活空间布局两个维度上，旨在通过环境、交通、居住政策来复兴湾区旧城；20 世纪 90 年代启动了"重建经济、公平与环境"战略规划，其中规划中的"绿地方略"成为该湾区可持续发展的基石；2017 年，纽约湾区再次启动了"区域转型"战略规划，"宜居""可持续性及治理"成为此次规划的两个重要议题。纽约湾区组建纽约湾区生态环境可持续发展国际咨询委员会，针对高国际化引发的环境问题制定了预警方案；推动公众、企业、智库共同参与湾区环境治理；加强水资源的综合利用，将特拉华州的水供应系统管理由宾夕法尼亚州和新泽西州统一划归纽约市，进行统筹管理；将 80% 的固体垃圾运输到其他地区（部分输出海外）进行填埋，20% 固体垃圾进行回收。

旧金山湾区制定了宜居、宜业的"优先发展区规划"（PADs）与生态环境保护的"优先保护区规划"（PCDs）；通过政策引导推进清洁技术、可再生能源及其他可持续发展项目的落地，出台针对节能减排的《可持续社区与气候保护方案》；制定了美国最严格的绿色建筑标准及节能环保的补贴政策；支持与资助加州大学伯克利分校成立了劳伦斯伯克利国家实验室（LBNL），奠定了该湾区成为全球清洁能源研究中心的地位。旧金山湾区组建了美国最大的替代燃料市政车队；建立了 0 垃圾填埋、50% 的可持续出行方式、100% 可再生能源、增加森林碳汇的监测系统；建设了新型水资源处理系统，加强地下水、雨水、回收水的综合利用；大力推行光伏发电和生物质项目投入使用；为改善湾区空气质量，实施固定源污染物排放控制技术、加强机动车污染物排放标准管理。

东京湾区从 20 世纪 60 年代开始推行产业振兴扶植政策，旨在摒弃该湾区原有资源消耗型产业，通过贷款和财税减免来扶持新兴产业和低能耗产业的快速发展；20 世纪 80 年代开始推行重化学产业政策，其化工原材料供给基本来源于进口，有效遏制了该湾区的生产污染；20 世纪 90 年代又推行了后石油危机产业政策，产业结构调整为发展能耗小、技术和知识密集型的中高级重化学工业，致使该湾区的环保质量进一步提升。东京湾区以"首都圈港湾合作推进协议会"为代表的智库组织成为主导该湾区绿色布局、提出生态补偿方案的重要力量；分区域成立公信力极强的环保自治体，推广绿色低碳经验、传授环保知识、监督区域生态环境、开展跨区域环保交流合作；在"首都圈港湾合作推进协议会"的支持下，东京湾区还成立了众多非政府组织，他们以家庭为代表开展环保活动，为公众建立环保知识库，并积极宣传低碳可持续的环保理念。

### （七）拥有政府市场的通力协作

美国纽约湾区和旧金山湾区十分注重发挥"两只手"的作用，特别是突出市场配置资源的决定性作用，如科技创新生态系统是源于微观主体追求自身发展自下而上形成的，市场很少受到管制。同时，政府又在消除行政壁垒、保护知识产权、完善法律法规、建立服务平台、推动基础研究等领域发挥了重要作用。东京湾在发展过程中非常注重政府的规划引导。如 20 世纪 50 年代以前，东京湾六大港口各自为政、无序竞争、产业同构等现象十分严重，1951 年日本政府制定了《港湾法》，规范港湾的管理，设置了港口管理机构，为港湾制定 5 年发展计划，并从 1956 年至 1999 年，先后 5 次调整东京湾区的发展规划。规划明确了六大港口的级别、职能和分工，引导港口组团发展，增强了整体合力。

# 第三节　对粤港澳大湾区的借鉴

## 一、粤港澳大湾区与世界三大湾区之比较

粤港澳大湾区指由广东省 9 座城市（广州、深圳、珠海、佛山、惠州、东莞、中山、江门和肇庆）和香港、澳门两个特别行政区组成，拥有 1 亿多人口、总面积约 5.65 万平方千米的大型城市群。从粤港澳大湾区所处的地理位置、经济发展水平、政策法规以及科技创新等领域与世界三大著名湾区相比较，可以看到它们之间有很多相似之处。（表 3-3-1）

表 3-3-1　世界四大湾区经济数量对比分析

|  | 粤港澳湾区 | 东京湾区 | 纽约湾区 | 旧金山湾区 |
|---|---|---|---|---|
| 常住人口（单位 / 万） | 6765 | 4347 | 2340 | 715 |
| 土地面积（平方千米） | 5.65 万 | 3.67 万 | 2.14 万 | 1.8 万 |
| 国内生产总值总量（美元） | 1.38 万 | 1.86 万 | 1.45 万亿 | 0.82 亿 |
| 主要产业 | 科技创新<br>金融服务业<br>制造业 | 先进制造业<br>批发零售业 | 金融服务业<br>房地产业<br>医疗保健业 | 科技创新<br>专业服务 |
| 第三产业占比 | 62% | 80% | 89.5% | 82% |
| 港口集装箱吞吐量（万 TEU） | 6520 | 766 | 465 | 227 |
| 地均国内生产总值（亿元 / 平方千米） | 1.65 | 3.44 | 4.60 | 3.09 |

注：根据网络公开数据整理。

### （一）粤港澳大湾区对标纽约湾区

与纽约湾区相比，一是粤港澳大湾区也具备较大的经济规模。粤港澳大湾区地区生产总值比东京湾区、纽约湾区小，但比旧金山湾区要高。二是在粤港澳大湾区中，在产业集聚上也极具优势，深圳、香港、澳门、东莞、惠州、佛山等沿海城市的制造业、金融业、高新技术产业均处于全国领先水平，行业之间的互补带动了粤港澳大湾区的协同效应。三是粤港澳大湾区第三产业发展很快，比重已超过60%，既囊括了金融、会展、文化创意为主的现代服务业，也包括了新能源、新材料、生物医药为主的战略性高新技术产业，而且在金融方面明显处于引导地位。现在的粤港澳大湾区已经有70多家世界排名前100位的银行，近年来深交所IPO总金额也有了很大提升，居于世界领先水平。

### （二）粤港澳大湾区对标旧金山湾区

粤港澳大湾区与旧金山湾区相比，有着众多共性。从地理位置上看，旧金山湾区与粤港澳大湾区均处于三面环山、一面临海，适宜于发展外向型经济；从地域风格上看，硅谷和深圳也都有敢于变革、善于创新的传统，最为重要的是，粤港澳大湾区是中国创新要素和资源高度聚集的重要地区之一，深圳在研发成果产业化能力和产业配套能力上都名列世界前茅，并且多元发展新兴产业，这与旧金山湾区的"创新型"特点不谋而合。粤港澳大湾区十分注重科技创新，并且在这方面成就尤为突出。广东省高新技术企业规模居全国第一，发明专利拥有量连续多年位列全国第一。企业发明专利申请和授权量占全省70%以上，还拥有华为、中兴、大疆等众多知名的创新型企业。

### （三）粤港澳大湾区对标东京湾区

粤港澳大湾区的9座城市中，深圳、香港金融体系完备，高新技术产业发达。广州、佛山、东莞制造业基础雄厚，澳门旅游业发达，珠海、惠州、江门制定了"工业立市"等各种政策。同时，粤港澳大湾区港口群规模庞大，拥有香港、深圳、广州等世界级枢纽港口及珠海、虎门、惠州、汕头等地方港口。这些主要港口的集装箱吞吐量已经达到了上亿标准箱，其中广州、深圳以及香港的港口年吞吐量合计可达 10 亿吨水平以上。区域内的轨道交通系统、高速路网以及港珠澳大桥和深中通道干线已经覆盖广东全省。湾区内拥有港珠澳大桥、深中通道、广深港高铁、虎门二桥等多项在建区域重点项目；同时拥有广州、深圳、香港等国际航空枢纽和南沙自贸区、前海自贸区、澳门机场等多条水运航线；还拥有深圳港、香港港、广州港等三个世界级集装箱港口。这些既促进了湾区沿线经济要素的流动，也带动了湾区各城市之间的资源整合。"粤港澳大湾区"的建立，不仅可以实现城市间的优势共享，还可以辐射全国，该区域集聚了大量的财富、金融、创新元素，包括产业资源。

## （四）对比结论

通过对比分析可发现，粤港澳大湾区相对世界其他湾区而言具有以下特征：一是在发展过程中成功借鉴了世界其他湾区的发展经验，利用自身后发优势，实现规划区域内城市分工，快速建成交通运输等湾区配套设施，使湾区经济综合发展水平在短期内经历了快速波动式增长，预计这一增长趋势将伴随湾区规划的逐步落实持续加速。二是不同于其他湾区以单一城市作为辐射中心，粤港澳大湾区形成了以四大增长极多元辐射、不同经济制度"求同存异"协同合作、具有中国特色的湾区发展模式。三是在部分产业领域，粤港澳大湾区发展已经超过东京湾区和旧金山湾区，处于全球领先水平。四是湾区经济在我国宏观经济增长中的地位日渐显现，目前，粤港澳大湾区经济总产值占我国国内生产总值的 12%，吸引外商直接投资占我国利用 FDI 总量的 20%，在"一带一路"国家战略的整体框架下，充分发挥了吸引外资企业走进来、引导中资企业走出去的核心枢纽作用。可以认为，作为我国重点打造的国际经贸合作平台，粤港澳大湾区已经成为我国推动形成全面开放新格局的重要窗口。

然而，对比分析也暴露粤港澳大湾区在发展过程中客观存在的部分问题及限制，一方面影响了湾区经济和生产活动的增长效率，另一方面为今后的区域治理埋下隐患。具体来看，主要包括国内和国际两个方面。

从国内的影响来看，一是区域发展不协调、资源分配过于集中，增长极和受辐射城市间的经济水平、相关产业发展差异过于明显，双效辐射效率不高；二是资本、劳动力、技术等生产要素流动受到区域政策限制，湾区内客观存在三种不同的法规制度，提升了跨境企业的生产成本，削弱了投资者进行跨区域投资的意愿；三是由于受辐射城市的功能定位较为趋同，在发展过程中同质竞争现象客观存在，区域协同效应在辐射中心和受辐射城市间较强，在受辐射城市之间则相对较弱；四是我国全面对外开放政策正在不断深入，2015年4月设立广东、天津及福建自贸区后，2017年陆续设立辽宁、浙江等6个自贸区，2018年设立海南自贸区。目前，我国共设立12个自贸区，而在各自的总体方案中并未对自贸区的经营定位做出明确规划，换言之，未来自贸区之间可能在吸引外资方面存在相互竞争，可能对粤港澳大湾区的未来发展形成掣肘。

从国际的影响来看，一是湾区内生活水平及物价的上升导致湾区内劳动力成本的同步提升，削弱了粤港澳大湾区制造业部门的主要竞争优势，迫使国际资本进一步向劳动力成本更为低廉的东南亚及非洲地区转移；二是作为粤港澳大湾区核心的香港相较于旧金山、东京等其他湾区核心而言，经济过于依赖服务业，制造业在一定程度上出现产业空心化，在"前店后厂"模式更新换代的过程中，作为重要贸易枢纽的地位被深圳和广州等港口城市所挑战，发展势头放缓，对湾区经济推动作用削弱；三是对于香港、澳门两个国际化水平较高的城市而言，其现行制度可能对湾区完善一体化建设造成一定阻碍。以澳门为例，迄今为止，其参与了50多个国际组织，与120多个国家和地区建立了稳定经贸关系，且为WTO正式成员，拥有独立关税区地位，享有与20多个国家的贸易优惠待遇，今后粤港澳大湾区若出台适用范围包括澳门的政策制度，则可能影响澳门与其经贸伙伴关系，甚至导致澳门的内外部形势发生改变。

区域协同方面进行比较，粤港澳大湾区当前的发展路径和东京湾区更为类似，除香港澳门外，区域内部其他城市基本依照政府事先规划的路径发展并拥有不同定位。尽管如此，就现状来看，经济辐射效应相对明显，而各城市的区域分工仍停留在政策层面，尚未全面落实。在粤港澳大湾区"一环两扇、两屏六轴"的整体建设规划中，三大经济增长极（香港、广州、深圳）及澳门被设定为环珠江经济带的"四极"，分工相对明确。"一环"为环珠江口经济圈；"两扇"为珠江口东西两岸城镇扇面；"两屏"即北部山体森林和南部沿海绿色生态屏障；"六轴"指六大城镇产业拓展轴。这个网络化空间结构规划将支持香港巩固国际金融、航运、贸易三大中心地位，强化全球离岸人民币业务枢纽地位和国际资产管理中心功能；支持澳门围绕建设世界旅游休闲中心和中葡商贸合作服务平台两大功能定位；支持广州打造国际航运、航空枢纽，建设综合性门户城市、国际旅游名城；支持深圳建设全国中心城市、全球性科技和产业创新中心。可见，香港、澳门两大发达区域与珠三角之间的关系，伴随着贸易自由化及投资便利化政策的持续推进，已经从"前店后厂"这种以劳动力及资本为主要生产要素、以制造业为主要产业的合作模式，逐渐演变为以创新为主要生产要素、以服务业为支柱产业的新兴经济发展模式。

尽管如此，根据当前粤港澳大湾区发展规划，其他 7 座城市的主要定位为"四极"的支持和枢纽城市，产业基本集中于制造业及高新技术产业，城市定位并无实质性差异，且与"创新产业中心"深圳重合性较高，在今后发展过程中可能因为相互竞争或者挤出效应，对粤港澳大湾区的一体化建设造成影响。需要看到的是，粤港澳大湾区的城市分工与旧金山湾区存在根本区别，主要原因在于：旧金山湾区依托其自身环境而遵循自然分工模式，而粤港澳大湾区仍依赖政府政策指引；旧金山湾区整体人均地区生产总值远高于粤港澳大湾区，经济发展水平明显处于优势地位；第三产业占地区生产总值比重方面，旧金山湾区为 82%，远高于粤港澳大湾区的 62%，产业结构更为先进；旧金山内各城市经济增长及居民生活水平的差异远低于粤港澳大湾区。因此，可以认为两者并未处于同一阶段。

目前，尽管粤港澳大湾区各地区尚未产生明显协同效应，但就现有规划来看，当地政府已经开始寻求以社会分工方式人为明确各市发展定位，意图充分发挥湾区内部协同作用促进经济发展，未来这一方面预计将成为粤港澳大湾区政府规划重心所在。具体而言，主要体现在两方面，一是复制广州、深圳、香港发展路径，支持澳门经济以休闲服务业为基础进行多元化发展，巩固其增长极地位，完善"四极"多维辐射框架；二是推进珠江两岸错位协调发展，包括东岸文化创意产业带及西岸先进装备制造产业带，强化定位分工，避免城市间竞争。

通过观察世界各大湾区可以发现，湾区产业特征一般为"制造业 + 港口贸易"的双驱动模式。如东京湾区以来料加工为主的制造业，企业利用港口优势获得成本相对低廉的原材料，进行深加工或再加工后，将制成品通过港口贸易出口至其他国家。旧金山湾区的模式类似，但受创新科研投入的生产要素驱动影响，其产业链向上延伸，实现了以"研发 + 制造 + 贸易"的新型湾区经济模式。为支持上述各产业部门的快速扩张，湾区在发展过程中均十分注重配套设施建设。此处所提"配套设施"，是相对宽泛的概念，不仅涵盖交通运输、港口及基础设施等实际配套设施，还包括科研投入、劳动力、产业及税收政策等配套资源。其中，交通物流运输及人才资源在促进湾区经济发展方面尤为突出。

交通物流运输方面，为建设世界级国际航运物流中心，粤港澳大湾区多年来持续推进"三网"建设，包括连通内陆的"多向通道网"、联系海外的"海空航线网"及大湾区"快速公交网"。从基础设施互联互通的规划上看，湾区政府充分借鉴了东京湾区及旧金山湾区的发展经验，以公路交通及铁路交通连接湾区各城市，并以航空运输配合港口运输服务湾区进出口贸易、国际物流及金融商业领域发展。而从数据上看，作为设立时间较短的湾区，粤港澳大湾区在交通物流方面体现出一定的后发优势，粤港澳大湾区的港口集装箱吞吐量远高于东京湾区及旧金山湾区；机场旅客吞吐量远高于东京湾区和旧金山湾区。可见，巨大的人口基数为粤港澳大湾区提供了极大的市场，同时为进一步完善湾区内外部交通物流网络提供了动力和基础。

在人才资源方面，粤港澳大湾区相对发展较落后。粤港澳大湾区在人才资源方面呈现三大特征：其一，香港拥有包括香港大学、香港中文大学在内的多家世界知名学府及研究机构，储备的人才资源能充分满足该地区需要，但向内地流入的比例较低，原因一方面在于香港作为国际发达都市之一，本身吸引着世界各地的人才向内集聚，另一方面在于内地与香港在薪酬和生活水平上仍存在差异。其二，作为湾区内部重点打造的科技创新中心，深圳缺乏本土知名院校，广东省内高校毕业人数众多，但尖端行业人才多依靠政策引进，导致人力成本上升，对湾区发展存在一定阻碍。其三，粤港澳大湾区作为商贸及制造业为主要推进产业的地区，在早期"前店后厂"的经济模式下，劳动力资源大多由西部或中部等内陆地区的城镇或农村引进，伴随我国改革开放的深化，国民生活水平不断提高，外出务工不再是大多数经济较落后地区居民的唯一选项，导致近年来包括粤港澳大湾区在内的沿海发达地区频频面临制造业劳动力紧缺，即"用工荒"的难题。

总体而言，在当前我国经济结构转型升级、内外部环境复杂多变的新形势下，粤港澳大湾区所面临的机遇和挑战并存。如何突破现有桎梏，持续发展湾区经济，打造我国对外开放新名片，将成为我国未来发展战略的重要内容之一。

## 二、发展机遇与问题

中共十九届五中全会提出区域协调发展战略，要加强粤港澳大湾区建设，在中央的决策部署和统一协调下，粤港澳三地在互联互通、协调机制、制度衔接等方面取得了重大突破，形成了齐头并进的大湾区共建态势。大湾区的产业体系趋于完备，数字经济、智能制造、区块链等新产业新业态初现雏形。资本市场和自由贸易市场规模进一步扩大，国际商业网络更加紧密且集中，对外开放水平持续提升。

"十四五"时期是我国迈向高收入国家的关键阶段，也是满足大湾区人民日益增长的美好生活需要、进一步提升大湾区经济社会发展质量的重要机遇期。在此背景下，大湾区产业和消费双升级具有巨大的内需潜力，支撑粤港澳产业结构转型，也必将成为促进粤港澳大湾区高质量发展的重大机遇。面对国外需求锐减、香港和澳门消费市场基本饱和的情况，广东省作为对接国际市场以及香港澳门进入内地的桥梁，通过释放内需潜力、提振消费，是解决《粤港澳大湾区发展规划纲要》中提到"产能过剩""供给与需求结构不平衡不匹配"等问题的重大举措。随着粤港澳大湾区建设加快，以及推动国内国际双循环战略的提出，粤港澳大湾区内实现资源合理分工和协同发展，正当其时。

就粤港澳大湾区内部看，目前面临的最主要问题就是区域协同存在障碍。主要包括粤港澳三地不同的管理和三个关税区域，在经济管理和法律保障方面都存在明显差异，造成资源要素存在流动障碍。要素流动受限，导致三地产业分工存在协同难点。加之不同文化背景和价值观念，都制约了三地人才交流互动。珠三角城市群内部职能分工不够明晰，城市间协同合作尚未建立，一方面广州、深圳得不到香港科技创新中心的支持，另一方面香港和澳门转变发展方式、调整产业结构的巨大压力无法释放，城市群仍没有形成强大的聚合力。

区域的协同发展是指在本国湾区内，各个内部发展应该标准一致，共同向前发展。但我国粤港澳大湾区相对于美国旧金山湾区、纽约湾区和日本东京湾区的发展，在社会体制、行政权利与权力、法规政策的自主制定权方面存在着较大"差异"，致使"两制"无法"齐头并进"，无法满足大湾区对其周围城市的经济、政治等方面做出"一带一路"的作用。这样既限制了"一带一路"的效率和灵活性，也不利于我国大湾区未来的发展方向的选择。

不同于东京湾区及旧金山湾区仅以单一城市为辐射中心，粤港澳大湾区依托于区域内三大城市（香港、广州及深圳）作为经济增长点。对粤港澳大湾区而言，城市间交通网络基本实现了铁路、公路及航空三网全面覆盖，2018年正式开通的港珠澳大桥及广深港高铁香港段实现了公路、铁路的跨区域联通，极大提升了粤港澳大湾区内部的交通物流运输水平。尽管如此，由于香港及澳门作为特别行政区，与其他城市在要素流动上存在限制。换言之，在粤港澳大湾区的一体化建设，与东京湾区和旧金山湾区存在很大差异。具体而言，包括但不限于人员出入境、公司经营法律法规不同、生活水平和工资薪酬差异及节假日文化不同，等等。

经济圈相比先进国家缺乏生命力。粤港澳大湾区的经贸链相对世界其他三大湾区的贸易链比较不稳定，缺乏竞争力，缺乏生命力，对经济贸易的挫折分别呈现出难以适应的局面。例如，湾区城市经贸发展不平衡，相对来说，澳门和广东地区的国际化和法治方面比较薄弱，金融服务业更加脆弱。甚至在广东的部分城市内大中小重工业企业的发展水平，在自主创新和产业量上都无法与我国其他湾区城市相比较。

产业结构不清晰。在我国粤港澳大湾区内，已经出现了资源、产业外溢，甚至产业结构布局不合理的现象。大湾区的部分城市已经出现了"一带一路"的过度凝聚，部分产业同质化严重，缺乏科技竞争力，不利于"一带一路"的真正实现。湾区大部分城市都致力于新兴产业，这就形成了产业同质化的现象；而且香港、广东的部分中心城市，其工业发展已经达到了很高的水平，对其他城市的工业发展呈现压制的趋势，大湾区的各城市政府没有针对此问题制定长远计划，导致经济、政治、法律、科技等发展停滞不前。

缺乏对"一带一路"的支撑点。"一带一路"是需要"带路"所在的地区具有相当的自主权的，但是由于我国"一带一路"的提出比较晚，致使粤港澳对外开放程度不一致，造成了三地湾区发展的速度不均，由此引致一系列的矛盾产生。显然在贸易、金融、运输方面香港比较活跃，而广东则略有逊色。由此带来的市场经济体制缺乏统一性。例如，广东和香港的运输政策不同，收取税制也不同，这就给很多想要借助"一带一路"发展的周边国家及产业带来了严重的误解，不便于我国大湾区的经济贸易发展，也不利于文化的迅速传播。

除此之外，大湾区的交通运输业相对世界其他三大湾区也缺乏相对科学技术的优势。我国大湾区的交通运输产业一般根据的是过往三个湾区的交通运输线路、规划进行的，缺乏对自我特点的剖析。

## 三、重要启示

借鉴国外三大湾区发展经验，结合我国湾区发展的基本情况，需要从多个方面着力，推进国际一流湾区建设，提升国际竞争力和服务"一带一路"的功能能级。建议今后粤港澳大湾区充分借鉴其他湾区、自由贸易区及相关经济发达地区的先进经验，以政策统筹协调为主导，结合市场化手段，贯彻落实中央关于全面对外开放的部署要求。具体而言，粤港澳大湾区在建设发展过程中，应特别注意以下几个方面。

### （一）加强区域互联互通，持续打造城市一体化

推进海陆空立体交通网络体系互联互通。强化海空联动，建设湾区内部海港和空港无缝连接通道，设立海陆空联运"物流走廊"，夯实湾区经济发展的交通基础，努力打造成拥有世界级机场群和海港群的国际一流湾区。以现有的高速公路、高速铁路、城际铁路、大桥、空港、通信设施为基础，促进湾区内部城市之间交通基础设施互联互通，提高湾区内城市间的运输效率。加快推进珠江口跨江通道的建设，构建高效便捷的湾区交通网络体系。进一步明确港口功能定位，优化湾区港口的布局，完善港口服务功能，提升港口竞争力，形成错位发展、功能互补的现代航运服务体系。扩充与提升机场运输功能，在湾区布局大型国际机场，建设功能完善、辐射全球的大型国际航空枢纽。

推动港城联动、产城融合发展。按照"港城融合、产城融合"的发展理念，规划先行，做好产业、城市的前瞻性规划和定位，统筹生产区、商务区、生活区等功能区规划建设，推动产业、港口、城市互动融合发展。妥善处理好港城关系，联手打造优势产业集群，城市核心区重点发展以金融、贸易、航运服务等为主的高端服务业，临港产业园区集中发展石油化工、钢铁冶炼、智能制造、节能环保、新能源汽车等产业。不断提升港口城市在贸易、居住、文化、休闲、教育等领域的功能，实现与临港产业园区的功能

互补。深入挖掘特色产业、民俗文化、滨海旅游等方面的功能，培育一批"产、城、人、文"四位一体的特色小镇，实现"三生"（生产、生活、生态）融合发展。

按照国际化、法制化要求，积极探索建立与国际高标准投资和贸易规则体系相适应的行政管理体系，将注重事先审批转为注重全流程监管，整合审批流程，压缩审批周期，建立一窗受理、综合审批和高效运作的服务模式，切实减少行政干预。同时加快政府职能由监管者向服务者的转变，推行"权力清单"简政放权，在"一国两制"的现行制度下，积极研究出台粤港澳三地交通运输、物流、进出口贸易及人员出入境等领域的便利性举措，在基础设施互通的基础上，加快各生产要素流动速度，提升湾区整体生产效率。

### （二）明确城市发展定位，强化区域分工协同

产业定位协同。发挥各自优势，城市产业差异化定位。旧金山湾区在发展的过程中，形成了中心城市及其他城市的错位协同发展。反观粤港澳大湾区，目前仍面临制造业同质化严重和国际竞争压力加剧的问题，产业错位发展和转型升级势在必行。未来城市产业角色应依托各自优势，差异化定位，如深圳的高科技产业、广州的信息技术和制造业、东莞和佛山等周边城市的先进制造业、香港的金融和高端服务业、澳门的商务服务业。

编制大湾区发展规划。加强政府对湾区发展的规划指导，做好顶层设计，在整体框架上提升湾区城市协同发展的层次。规划要明确湾区各城市的功能定位，明确城市的产业分工，实现湾区城市错位发展，最大化发挥湾区经济的集聚效应。

建立健全湾区合作体制机制。借鉴东京湾区、旧金山湾区的发展经验，建立湾区联动发展合作机制，包括湾区联动开发机制、湾区产业联动发展机制和湾区利益补偿机制等，成立湾区发展协调机构，建立健全跨政区、多层次的联席会议制度，协调解决湾区内重大发展问题。鼓励成立湾区城市行业联盟，发挥商会、行业协会等社会组织作用，制定统一的行业发展规划和行业标准，为行业发展提供咨询服务。强化港口群之间的合作，探索建立港口

合作发展机制，鼓励港口合资经营、互相持股、利益共享、风险共担，提升港口的整体实力。探索建立湾区城市之间管理协同模式，创新市场管理机制，破除行政壁垒和垄断，促进商品和要素自由流动。建设湾区社会信用合作体系，建立和完善信用信息共享机制，建立标准统一并与世界接轨的信用体系，以信为用，促进湾区经济一体化发展。

在"一环两扇、两屏六轴"框架下，根据实际现状明确并定期调整湾区内各城市职能定位，一方面积极推动四大辐射城市的产业多元化，另一方面强化湾区内受辐射城市对"四极"的支持枢纽作用。同时，加大对湾区内部除广州、香港、澳门及深圳外其他城市的扶持力度，包括完善基础设施建设、提升工资水平、优化税收政策等，降低"四极"与受辐射城市之间经济发展差距，为企业及资本向外流动创造条件，以经济辐射效应和区域协同效应助力湾区经济持续发展。

引导规避产业同质竞争。产业错位发展，合理布局城市空间，实现功能优势互补是世界主要湾区的重要发展经验。而目前粤港澳三地发展现状，珠三角地区城市群未形成明确职能分工，广州、深圳和香港在机场、港口物流、金融等多方面存在竞争关系，未来规避产业同质竞争，要进一步增强粤港澳大湾区发展规划的总体指导性。可以参照东京湾区发展经验，设置具有引导性的产业、交通和环保等发展考核指标，明确湾区内城市功能定位，逐步建立城市间良好的发展协作机制，形成区域内部错位发展、功能优势互补的产业结构。

## （三）构建陆海统筹的开发开放新格局，提升利用外资水平

推进湾区在空间布局、海岸带、海域开发、生态环境等重点领域的协同发展，以城市、港口为依托，以河流、交通线、海岸线为纽带，构建海陆产业统筹发展、基础设施统筹建设、资源要素统筹配置、生态环境统筹保护的陆海协同发展格局。积极参与和融入"一带一路"建设，搭建湾区对外开放新平台，建设陆海内外联动、经济高度开放的先导区。优化布局自由贸易区、综合保税区等海关特殊监管区，促进国际国内要素有序流动、实现全球

资源有效配置,建设国际国内市场深度融合示范引领区。赋予湾区自贸区先行先试政策,支持自贸区积极对接更高标准的国际投资贸易规则,鼓励上海、广东、天津自贸区在资本项目兑换、人民币跨境使用、外汇管理改革等方面先行先试,深入推进湾区自贸区服务贸易自由化。

依法放宽外商投资准入。积极借鉴上海自贸区等区域的投资便利化经验,探索对外资实行"准入前国民待遇+负面清单"管理模式,营造有利于投资者平等准入的市场环境,选择特定地域、特定行业申请暂停或取消投资者资质要求,以及股比、经营范围等限制,积极开展旅游会展、金融服务、文化创意、教育医疗等服务业扩大开放试点,有效吸引服务业高端要素。

围绕关键核心技术展开合作。中国凭借生产要素的比较优势,遵循"出口导向"的发展战略,逐步嵌入全球产业链体系中,制造业从小到大、从弱到强,完成了工艺升级和产品升级,成为"世界工厂"。然而,我国产业链功能升级和链条升级受到了发达国家阻击和控制。部分国家从采用单向限制性手段逐渐转向双向、多边的严格管制措施,始终掌握关键核心技术,试图建立以发达国家为主导的全球分工体系。要切实增强自主创新的紧迫感,摆脱"锁定效应",围绕关键技术进行创新。粤港澳大湾区要充分利用好已有的良好创新基础,积极吸引和对接全球创新资源,建设"广州—深圳—香港—澳门"的科技创新走廊。

金融协同。金融服务向科技服务企业倾斜,构建"科技+金融"生态圈。粤港澳大湾区本身金融实力较强,拥有香港和深圳两大金融中心,以及港交所和深交所两大证券交易所,汇聚全球众多的银行、保险、证券、风投基金等跨国金融巨头。未来,粤港澳大湾区金融服务方向应向科技企业倾斜,构建"科技+金融"生态圈,为湾区创业企业提供金融支持,打造粤港澳大湾区"创新高地"。

### (四)打造湾区创新高地,加大人才引进力度

创新体制机制和发展模式。以纽约湾区为例,政府营造宽松的创新环境、科学创新机制和风险投资机制是形成高端创新要素规模效应的重要基

础。粤港澳大湾区发展既要更好发挥政府宏观引导作用，也要充分发挥市场、社会、行业协会的积极作用。充分实行"1+2+3+4"（一国两制、三个关税区和四个核心城市）的区域制度，通过政策突破和制度创新，促进商品、资本、技术、人才和信息等要素在大湾区城市群中流动起来，实现资源的高效配置。以对标国际通行规则为指引，打破体制机制障碍，在金融、科技、人才引进、税收、生产生活服务和绿色低碳等领域探索创新发展模式。促进粤港澳三地要素的全面对接，促进产业、资金、技术等要素形成转移梯度，打造有效分工的产业协作体系。

与三大湾区比较，粤港澳大湾区规模最大，且具有世界上最大的海港群和空港群。世界三大湾区具有各自特色和国际影响力，粤港澳大湾区产业结构和旧金山湾区具有相似性，完全具备发展成为全球科技创新核心的条件。根据全球创新指数报告公布的前一百名全球创新活动群落，深圳—香港地区夺得第 2 名，圣何塞—旧金山位列第 3 名，广州排名第 63。这表明粤港澳大湾区在全球创新领域已经占据一席之地。但对比旧金山湾区专利质量，粤港澳仍有不小的差距，从近五年两大湾区专利施引数量对比来看，粤港澳大湾区平均仅为旧金山湾区的 33%。

推进湾区内国家自主创新示范区建设，集聚创新要素，建设一批高水平大学、科研中心、实验中心、工程中心。发挥对外交往便利的优势，构建开放型创新体系，创新合作机制，加强国内外自主创新示范区、高新技术园区之间的合作，抢占"智高点"产业，打造创新示范高地。建立产学研相结合的体制机制，鼓励大学和科研机构对外开放，与产业界进行更广泛深入合作，促进教学科研和企业生产实践的结合，推进科技成果转化。加快培育创新主体，培育一批技术含量高、创新能力强、成长性好的龙头企业和富有创新性、充满活力的中小企业，让企业成为新常态下新的经济增长点和产业驱动力。

充分利用粤港澳大湾区与广东自贸区的特有优势，努力打造教育资源，重点发展本土教育科研机构，加强与香港地区高校的联动，以建立分校、研究所或人才引进等方式，促使尖端行业人才向内回流，为助力湾区内部传统制造业向创新型制造业转型升级储备人力资源。同时，根据产业现状和发展路径，在香港、广州等高等教育资源较为丰富地区针对人才需求较高的专业进行合理扩招，为劳动力市场就近供应提供对口资源。加强基础设施建设，进一步完善区域内社会保障、城市交通及医疗体系，强化统筹规划协调，公租房、经济适用房等住房政策多策并举，切实提升人民生活水平，解决外来务工人员后顾之忧。

### （五）对接"一带一路"，发挥对外开放平台作用

广东一直是我国对外经贸合作的重要窗口，在"一带一路"建设中，广东率先对接国家战略规划，目前已经发展成为"21世纪海上丝绸之路"沿线国家扩展经济发展新空间必须倚重的战略支点。未来建议进一步构建全面开放格局，将"一带一路"规划与建设粤港澳大湾区工作方案进行深入对接，同时积极利用香港、澳门作为国际都会的主体优势，着力深化泛珠三角合作、与东盟合作、与欧洲和非洲重点葡语国家合作，在有效带动"一带一路"建设的基础上，巩固粤港澳大湾区作为我国对外开放重要平台地位，推进湾区经济发展。

针对粤港澳大湾区的特别行政区、经济特区的规划方案，应该与其他周边欧洲城市看齐，例如，在大湾区设立"大湾区特殊法院"，专门处理大湾区的民事、刑事、行政纠纷，对所处地的惯例进行有效保护和利用。

协同三地资源保障经济贸易顺利进行。根据国际湾区的治理特点，针对我国大湾区的环境资源、人才资源做出针对性的设计和规划。例如，在保证香港正常迅速发展的同时，应该对广东和澳门两地的城市建设做出协同规划，不再使方针政策不同。在国际双边或者多边条约里，主张与发达国家保持一致的对待，保障我国广东和澳门地区的语言资源，原先的跨国公司、企业能够在保持科技优势的前提下，降低税收，继续向前发展。

### （六）对粤港澳大湾区绿色发展的启示

粤港澳大湾区作为国家生态文明建设的示范区，不仅要集全球知名湾区

绿色治理经验于大成，还要秉承前瞻谋划、科学布局、精心设计的工作原则，体现浓厚的科学内涵、独特的国际视野和超前的战略意识。粤港澳大湾区建设要兼顾绿色经济与绿色环境的双赢局面，必须始终坚持以绿色科技做支撑、绿色人文做根基、绿色治理做手段、绿色投入做保障，通过绿色政策驱动绿色产业发展之路，为粤港澳大湾区绿色生态系统建设夯实基础。粤港澳大湾区建设要突破有形的地域概念，要从生态文明和绿色发展的角度出发，以解决区域发展不协调、不平衡、不充分等问题为目标，时刻了解地域环境与生态资源的耦合程度，在产业转型、升级、突破与发展的战略调整与布局中，做到有所为、有所不为。粤港澳大湾区要始终坚持创新、协调、开放、共享的发展理念，针对"宜商宜业""宜居宜业""宜业宜游"和"宜商宜游"的4种绿色发展模式，做好环境治理、补偿、监控和预警工作，成为新时代生态文明建设的先行者。

打造湾区优质生活圈。粤港澳大湾区应该将优质生活圈建设作为未来引领湾区发展、增强湾区竞争力的重要内容。借鉴旧金山湾区发展经验，加大对珠江水流域污染防治和大气环境治理力度，大力发展清洁能源和可再生能源。充分发挥湾区环境和人文优势，合理开发湾区海洋资源和景观资源，打造湾区生态文化产业，建设独具风貌的海湾生态观光带和和谐宜居的舒适生活圈。加大旧港口改造力度，进行空间再利用。以主要城市为核心，打造湾区放射状海陆空立体化交通网络，提升城市轨道、高铁、地铁、港口、航空和公路体系便捷程度。强化香港远洋枢纽港功能，充分发挥其国际中转枢纽作用，推动广州、深圳等亿吨大港的分工协调，打造世界级国际航运服务湾区。

# 第四章
# 新时期粤港澳大湾区建设发展思路

粤港澳大湾区是中国开放程度最高、经济活力最强的区域之一，在国家发展大局中具有重要战略地位，是习近平总书记亲自谋划、亲自部署、亲自推动的重大国家战略，是新时代推动形成全面开放新格局的新尝试，也是推动"一国两制"事业发展的新实践。

粤港澳大湾区的设立是从制度要素上将粤港澳大湾区构造成一个新经济地理带。这一区域承接了"一个国家、两种制度、三个关税区、三种货币"的发展使命，开世界未有之先例。2021年，粤港澳大湾区经济总量达到12.6万亿元人民币，向国际一流湾区和世界级城市群建设迈出坚实步伐。据国际知名金融分析机构标普全球发表的文章认为，粤港澳大湾区已成为全球核心经济都市圈，深圳等11个粤港澳大湾区城市，是中国经济乃至亚太经济快速增长的重要推动力。新时代背景下，如何进一步推进粤港澳大湾区建设，打造国际一流湾区和世界级城市群，更好地引领国家经济发展和全方位开放，使其成为高质量发展的典范，已经成为时代命题。

# 第一节　新时期粤港澳大湾区建设的
## 指导思想、总体思路

### 一、指导思想

以习近平新时代中国特色社会主义思想为指导，全面贯彻落实党的二十大和中共十九届历次全会精神，紧密围绕统筹推进"五位一体"总体布局和协调推进"四个全面"战略布局，必须坚持和加强党对粤港澳大湾区建设的领导，始终保持粤港澳大湾区建设正确方向。立足新发展阶段，完整、准确、全面贯彻新发展理念，加快构建新发展格局，全面深化改革开放；坚持以人民为中心的发展思想，让改革发展成果更多更公平惠及全体人民。

全面准确贯彻"一国两制"、依法办事。要把坚持"一国"原则和尊重"两制"差异有机结合起来，坚守"一国"之本，善用"两制"之利。把维护中央的全面管治权和保障特别行政区的高度自治权有机结合起来，尊崇法治，严格依照宪法和基本法办事。把国家所需和港澳所长有机结合起来，充分发挥市场化机制的作用，促进粤港澳优势互补，实现共同发展。

### 二、总体思路

当前，我国正处在世界之变、历史之变、时代之变三期相叠加的历史进程中，这是一个必须跨越的关口。粤港澳大湾区建设是党和国家立足全局、回应"三个之变"而作出的重大谋划，是保持香港、澳门长期繁荣稳定的重大决策部署。粤港澳大湾区建设是一个系统工程，要通盘考虑、着眼长远、突出重点、抓住关键。新时代推进粤港澳大湾区建设要突出新阶段、新理念和新格局思路，要坚定不移贯彻新发展理念，紧扣总书记提出的五大发展理念，谋划新时期粤港澳大湾区建设的总体思路。

通过发挥聚合三地优势建设世界一流湾区，引领中国打造开放型经济新体制。要抓住建设粤港澳大湾区重大机遇，在形成全面开放新格局上走在全国前列。必须坚持全方位对外开放，不断提高"引进来"的吸引力和"走出去"的竞争力。以香港国际金融、贸易、航运中心为依托，携手大湾区其他城市，打造高水平对外开放的立体式新格局。一方面充分发挥港澳作为"制度性开放前哨"的作用，将大湾区打造成为以国内经济小循环带动国际经济大循环的新引擎，在全国"一盘棋"中更好发挥粤港澳大湾区辐射带动作用，为全国发展作出贡献；另一方面带动港澳更好地融入国家发展大局，增强港澳自身造血功能。新时期粤港澳大湾区建设已经不是单纯地贯彻"一国两制"方针，而是让香港、澳门的经济和社会生活更加快速地融入内地的经济体系，与内地经济形成合力，融入国家发展大局，与国家发展大局形成"一盘棋"。使港澳地区从形式上的回归切实转变成思想观念、精神作风、思维理念上的"回归"，与国人保持高度一致。

新时期粤港澳大湾区建设应解放思想，向制度创新要效益。新时代粤港澳大湾区建设总的思路必须坚持科学立法、严格执法、公正司法、全民守法，使法治成为粤港澳大湾区发展的重要保障。大湾区是一个国家、两种制度、三个法域和三个单独关税区、流通三种货币的跨境合作。三地差异固然存在，但应通过互相学习、借鉴弥合差异、融合文化、共同提升。充分认识和利用"一国两制"制度优势、港澳独特优势和广东改革开放先行先试优势，解放思想、大胆探索，不断深化粤港澳互利合作，进一步建立互利共赢的区域合作关系，推动区域经济协同发展；要厚植历史文化底蕴，以更大格局、更宽视野、更高标准全面推进粤港澳大湾区建设，为建设富有活力和国际竞争力的一流湾区和世界级城市群提供支撑；要为打造高质量发展、高水平对外开放门户以及高标准规则衔接高地树立标杆和典范，为世界"湾区经济"的建设创建"中国范本"。

必须坚持创新是第一动力，在全球科技革命和产业变革中赢得主动权。实施创新驱动发展战略，完善区域协同创新体系，集聚国际创新资源，建设具有国际竞争力的创新发展区域。全面深化改革，推动重点领域和关键环节改革取得新突破，释放改革红利，促进各类要素在大湾区便捷流动和优化配置。

必须践行绿水青山就是金山银山的理念，实现经济社会和生态环境全面协调可持续发展。大力推进生态文明建设，树立绿色发展理念，坚持节约资源和保护环境的基本国策，实行最严格的生态环境保护制度，坚持最严格的耕地保护制度和最严格的节约用地制度，推动形成绿色低碳的生产生活方式和城市建设运营模式，为居民提供良好生态环境，促进大湾区可持续发展。

建立健全风险管理机制。越是开放越要注重安全，强化底线思维，增强风险防范意识，及时研究处置合作区改革开放过程中的各种风险。综合运用稽查、核查、调查、缉私等监管手段，严厉打击走私等违法犯罪活动。建立反洗钱、反恐怖融资、反逃税金融监测管理体系，构筑金融"防火墙"，防止出现违法违规行为。对禁限管制、高风险商品等，依法实施口岸联合查验和入市监管，严守国家安全底线。


# 第二节　新时期粤港澳大湾区发展思路

由中共中央、国务院于 2019 年 2 月印发实施的《粤港澳大湾区发展规划纲要》明确了粤港澳大湾区"充满活力的世界级城市群""具有全球影响力的国际科技创新中心""'一带一路'建设的重要支撑""内地与港澳深度合作示范区"和"宜居宜业宜游的优质生活圈"五大战略定位。新时期粤港澳大湾区发展思路应以加快落实大湾区国家战略规划为引领，推进大湾区成为具有国际影响力的创新高地、人才高地、制度供给高地、经济高质量发展高地的引领者、探索者和改革者。

## 一、充满活力的世界级城市群

深入实施《粤港澳大湾区发展规划纲要》，以规则衔接为重点推进粤港澳融合发展，推进跨境要素高效便捷流动和高标准市场规则体系加快建立，携手构建粤港澳一流营商环境，打造国际一流湾区和世界级城市群。

推进粤港澳跨境要素便捷流动。大力实施"湾区通"工程，聚焦食品安全、环保、旅游、医疗、交通、通关等重点领域，以点带面、深入推动三地规则衔接。推进粤港、粤澳口岸基础设施建设，推广实施"一地两检""合作查验、一次放行"等人员通关新模式，研究探索建立大湾区人才绿卡制度。推进与港澳国际贸易"单一窗口"交流合作，推进粤港、粤澳海关跨境快速通关对接项目，提升货物通关效率。推动放开港澳小汽车经港珠澳大桥珠海公路口岸出入内地政策，推进"澳车北上""港车北上"加快落地。支持逐步推进游艇码头对港澳籍游艇开放，推进粤港澳游艇安全便利往来和通关。支持符合条件的外资金融机构在大湾区设立发展。推进"数字湾区"建设，探索建立粤港澳三地跨境大数据中心，加快推进信息网络基础设施建设，推进数据资源汇聚、流通与共享；开展数据跨境流动安全管理试点，探索建立既便利数据流动又确保安全的机制。

携手港澳构建高标准市场规则体系。推进与港澳在市场准入、标准认定、产权保护、政务服务等方面的接轨，加快构建对标国际、开放一体的湾区大市场。进一步提升广东制造业优势与港澳现代服务业优势融合发展水平，携手构建自主可控、安全高效的产业链供应链，打造具有国际竞争力的现代产业体系。在内地与香港、澳门《关于建立更紧密经贸关系的安排》（CEPA）框架下进一步扩大对港澳服务业开放，深化教育、文化、医疗、法律、建筑等专业服务业领域合作。完善三地政府推进大湾区建设沟通协调机制，进一步推动信息互通、工作互动。持续深化"放管服"改革和营商环境建设，加快政务服务智能化、移动化和业务流程再造，进一步简化港澳投资者投资准入审批流程。推动职业资格和行业标准互认，支持扩大跨境执业的资格准入范围，推动重点领域以单边认可带动双向互认，为港澳专业人士在大湾区内地执业创造更多便利条件。积极推进标准化体制机制改革，推动粤港澳大湾区标准化研究中心建设，制定实施推广"湾区标准"。探索搭建大湾区食品标准体系和检验监测平台，推动实现食品安全监管数据共享。推广"圳品"供深食品标准模式，打造大湾区食品区域品牌，探索建立大湾区食品团体标准。推动建设粤港澳大湾区国际仲裁中心，积极发展国际仲裁和调解，探索设立面向国际的知识产权教育服务平台。建设多元旅游平台，开发更多粤港澳"一程多站"新路线，携手港澳共建世界级旅游目的地。

加快推动粤港澳重大合作平台建设。支持广州南沙打造粤港澳全面合作示范区，高水平建设南沙粤港深度合作园等平台载体。加快推进深圳前海深港现代服务业合作区开发建设，依托河套深港科技创新合作区打造高端科技创新合作高地。携手澳门积极推进横琴粤澳深度合作区建设，促进澳门经济适度多元发展。规划建设粤港澳大湾区（珠西）高端产业集聚发展区，打造珠江口西岸新的经济增长极。支持各市立足自身产业优势规划一批特色合作平台，加快广州穗港智造合作区、佛山三龙湾高端创新集聚区、顺德粤港澳协同发展合作区、江门华侨华人文化交流合作重要平台建设。引进港澳科技研发、新兴产业、现代服务业、医疗教育等方面的高端资源，推进一批高水平、高质量的合作项目落地。支持粤港澳合作办学，探索创新合作办学模式。深化实施"青年同心圆计划"，高标准建设港澳青年创新创业基地，吸引更多港澳青少年来内地学习、就业、生活，增进三地青少年交流交往。

加强粤台经贸交流合作。推动粤台在电子信息、精密机械、生物科技、新材料、新能源、新农业等方面的交流合作。落实落细惠台政策措施，鼓励台资企业参与构建以国内大循环为主体、国内国际双循环相互促进的新发展格局，参与建设粤港澳大湾区和深圳先行示范区。推动东莞创建国家级台资企业转型升级示范区。支持"海峡两岸青年就业创业基地和示范点"建设发展。

## 二、具有全球影响力的国际科技创新中心

瞄准世界科技和产业发展前沿，加强创新平台建设，大力发展新技术、新产业、新业态、新模式，加快形成以创新为主要动力和支撑的经济体系；扎实推进全面创新改革试验，充分发挥粤港澳科技研发与产业创新优势，破除影响创新要素自由流动的瓶颈和制约，进一步激发各类创新主体活力，建成全球科技创新高地和新兴产业重要策源地。

强化粤港澳科技联合创新。推动粤港澳科研机构联合组织实施一批科技创新项目，共同开展关键核心技术攻关，强化基础研究、应用研发及产业化的联动发展，完善知识产权信息公共服务。创新科技合作机制，落实好支持科技创新进口税收政策，鼓励相关科研设备进口，允许港澳科研机构因科研、测试、认证检查所需的产品和样品免于办理强制性产品认证。加强华南（广州）技术转移中心、香港科技大学科创成果内地转移转化总部基地等项目建设，积极承接香港电子工程、计算机科学、海洋科学、人工智能和智慧城市等领域创新成果转移转化，建设华南科技成果转移转化高地。

培育发展高新技术产业，打造重大科技创新平台。发展智能制造，加快建设一批智能制造平台，打造"智能制造＋智能服务"产业链。发展数字产业，加快下一代互联网国家工程中心粤港澳大湾区创新中心建设。发挥国家物联网公共标识管理服务平台作用，促进物联网、云计算等新兴产业集聚发展。加快建设南沙（粤港澳）数据服务试验区，建设国际光缆登陆站。建设好国家科技兴海产业示范基地，推动可燃冰、海洋生物资源综合开发技术研发和应用，推动海洋能发电装备、先进储能技术等能源技术产业化。布局前沿交叉研究平台，建设世界一流研究型大学和研究机构，增强原始创新能力。健全科技成果交易平台，完善科技成果公开交易体系。

促进境内外"高精尖缺"人才集聚。制定吸引和集聚国际高端人才的政策措施，大力吸引"高精尖缺"人才，对符合条件的国际高端人才给予进出合作区高度便利，为高端人才在合作区发展提供更加优质服务。

### 三、"一带一路"建设的重要支撑

更好发挥港澳在国家对外开放中的功能和作用，提高大湾区九市开放型经济发展水平，促进国际国内两个市场、两种资源有效对接，在更高层次参与国际经济合作和竞争，建设具有重要影响力的国际交通物流枢纽和国际文化交往中心。

依托大湾区产业和市场基础，携手港澳不断深化对外经贸合作。发挥外国驻穗领事馆集聚优势，深入对接"一带一路"沿线国家和地区发展需要，整合珠三角优势产能、国际经贸服务机构等"走出去"资源，加强与香港专业服务机构合作，共同构建线上线下一体化的国际投融资综合服务体系，提供信息共享、项目对接、标准兼容、检测认证、金融服务、争议解决等一站式服务。集聚发展香港专业服务业，在做好相关监管的基础上，研究进一步降低香港专业服务业在内地提供服务的准入门槛。

增强大湾区国际航运物流枢纽功能。按照功能互补、错位发展的原则，充分发挥香港国际航运中心作用及海事专业服务优势，推动粤港澳大湾区内航运服务资源跨境、跨区域整合，提升大湾区港口群总体服务能级，重点在航运物流、水水中转、铁水联运、航运金融、海事服务、邮轮游艇等领域深化合作。加快发展船舶管理、检验检测、海员培训、海事纠纷解决等海事服务，打造国际海事服务产业集聚区。

加强国际经济合作，构建国际交往新平台。支持港澳全面参与和助力"一带一路"建设，促进与"一带一路"沿线国家和地区以及全球主要自贸区、自贸港区和商会协会建立务实交流合作，探索举办"一带一路"相关主题展会，构筑粤港澳大湾区对接"一带一路"建设的国际经济合作新平台。办好国际金融论坛（IFF）全球年会等国际性主题活动，积极承办国际重要论坛、大型文体赛事等对外交流活动。全面加强和深化与日韩、东盟国家经贸合作；对标《全面与进步跨太平洋伙伴关系协定》（CPTPP）、《数字经济伙伴关系协定》（DEPA）等国际高水平自贸协定规则；加大压力测试力度。加强与欧盟和北美发达经济体的合作，推动在金融、科技创新等领域对接，进一步融入区域和世界经济，打造成为国际经济合作前沿地。

## 四、内地与港澳深度合作示范区

依托粤港澳良好合作基础，充分发挥深圳前海、广州南沙、珠海横琴等重大合作平台作用，探索协调协同发展新模式，深化珠三角九市与港澳全面务实合作，促进人员、物资、资金、信息便捷有序流动，为粤港澳发展提供新动能，为内地与港澳更紧密合作提供示范。

深入推进大众创业、万众创新，聚众智汇众力，更大激发市场活力。鼓励现有各类创业孵化基地、众创空间等开辟拓展专门面向港澳青年的创新创业空间。营造更优双创发展生态，整合创业导师团队、专业化服务机构、创业投融资机构等各类创业资源，加强创新创业政策协同，构建全链条创业服务体系和全方位多层次政策支撑体系，打造集经营办公、生活居住、文化娱乐于一体的综合性创客社区。

以协同推进青年创新创业为抓手，搭建青年人才合作交流平台。进一步优化提升粤港澳（国际）青年创新工场、"创汇谷"粤港澳青年文创社区等平台环境，拓展服务内容。提升粤港澳三地实习就业保障水平；加强青少年人文交流。引导粤港澳三地青少年积极参与重大文化遗产保护，不断增强认同感和凝聚力。

有序推进金融市场互联互通，发展现代金融产业。支持符合条件的港澳投资者依法申请设立证券公司、期货公司、基金公司等持牌金融机构。推进外汇管理改革，探索开展合格境内有限合伙人（QDLP）境外投资等政策试点，探索粤港澳三地机构合作设立人民币海外投贷基金。加强金融监管合作，提升风险监测、预警、处置能力。

鼓励社会资本按照市场化原则设立多币种创业投资基金、私募股权投资基金，吸引外资加大对合作区高新技术产业和创新创业支持力度。支持在合作区开展跨境人民币结算业务，鼓励和支持境内外投资者在跨境创业投资及相关投资贸易中使用人民币。

推进现代服务业创新发展，建立健全联通港澳、接轨国际的现代服务业发展体制机制。建立完善的现代服务业标准体系，开展标准化试点示范。联动建设国际贸易组合港，实施陆海空多式联运、枢纽联动。培育以服务实体经济为导向的金融业态，积极稳妥推进金融机构、金融市场、金融产品和金融监管创新，为消费、投资、贸易、科技创新等提供全方位、多层次的金融服务。加快绿色、智慧供应链发展，推动供应链跨界融合创新，建立与国际接轨的供应链标准。在深圳前海湾保税港区整合优化为综合保税区基础上，深化要素市场化配置改革，促进要素自主有序流动，规范发展离岸贸易。探索研究推进国际船舶登记和配套制度改革。推动现代服务业与制造业融合发展，促进"互联网+"、人工智能等服务业新技术、新业态、新模式加快发展。

## 五、宜居宜业宜游的优质生活圈

坚持以人民为中心的发展思想，把粤港澳大湾区打造成民生幸福标杆。通过构建优质均衡的公共服务体系，建成全覆盖可持续的社会保障体系，实现幼有善育、学有优教、劳有厚得、病有良医、老有颐养、住有宜居、弱有众扶。

要将粤港澳大湾区打造成充满中华文明特色的世界级文明湾区。践行社会主义核心价值观，构建高水平的公共文化服务体系和现代文化产业体系，成为新时代举旗帜、聚民心、育新人、兴文化、展形象的引领者。加强文明传承、文化延续，抓好历史文化保护传承。加强城市规划建设领域合作，建立高质量城市发展标杆。

充分利用现代信息技术，实现城市群智能管理。优先发展民生工程，提高大湾区民众生活便利水平，提升居民生活质量，为港澳居民在内地学习、就业、创业、生活提供更加便利的条件，加强多元文化交流融合，建设生态安全、环境优美、社会安定、文化繁荣的美丽湾区。稳步推进智慧城市建设。运用下一代互联网、云计算、智能传感、卫星、地理信息系统（GIS）等技术，加快大湾区智慧城市基础设施建设，实现第五代移动通信（5G）全覆盖，提高基础设施管理和服务能力。加快建设交通信息感知设施，建立统一的智能化城市综合交通管理和服务系统，全面提升智能化管理水平。

稳步推进粤港澳教育合作，便利港澳居民就医养老。深化粤港澳高等教育合作，充分发挥粤港澳高校联盟等作用，鼓励三地高校探索开展相互承认特定课程学分、实施更灵活的交换生安排等方面的合作交流。从就医、购房跨境抵押、资格互认、创业支持等方面优化就业创业配套环境，实现教育、创新、创业联动和就学就业互促，增强对港澳青年学生就学吸引力。

积极增加优质资源供给，携手港澳共建国际健康产业，加快国家健康旅游示范基地建设，支持港澳医疗卫生服务提供主体按规定以独资、合资方式设立医疗机构。加快实施《粤港澳大湾区药品医疗器械监管创新发展工作方案》，由广东省实施审批后，允许指定医疗机构使用临床急需、已在港澳上市的药品，以及临床急需、港澳公立医院已采购使用、具有临床应用先进性的医疗器械。

创新粤港澳大湾区治理模式，提升公共服务和社会管理相互衔接水平。推进以法定机构承载部分政府区域治理职能的体制机制创新，优化法定机构法人治理结构、职能设置和管理模式。推进行业协会自律自治，搭建粤港澳职业共同体交流发展平台。开展政务服务流程再造，推进服务数字化、规范化、移动化、智能化。深化"放管服"改革，探索符合条件的市场主体承接公共管理和服务职能，健全公共服务供给机制。提升应对突发公共卫生事件能力，完善公共卫生等应急物资储备体系，增强应对重大风险能力。推动企业履行社会责任，适应数字经济发展，在网络平台、共享经济等领域探索政府和企业协同治理模式。

推动粤港澳三地加强社会保障衔接，提高港澳居民社会保障措施的跨境可行性。组织制定与国际接轨的医院评审认证标准。建立健全与港澳之间食品原产地可追溯制度，建立食品安全风险交流与信息发布制度，提高大湾区食品安全监管信息化水平。加强与港澳的交通衔接，推进实现"一票式"联程和"一卡通"服务。

　　坚持尊重自然、顺应自然、保护自然的生态文明理念，强化生态环境联建联防联治。加强节能环保、清洁生产、资源综合利用、可再生能源等绿色产业发展交流合作，在合作开展珠江口海域海洋环境综合治理、区域大气污染防治等方面建立健全环保协同联动机制。坚持陆海统筹、以海定陆，协同推进陆源污染治理、海域污染治理、生态保护修复和环境风险防范。实施生态保护红线精细化管理，加强生态重要区和敏感区保护。深入推进节能降耗和资源循环利用，加强固体废物污染控制，构建低碳环保园区。打好污染防治攻坚战，全面落实河长制、湖长制，消除黑臭水体，提升河流水质。实施更严格的清洁航运政策，减少船舶污染排放。

# 第五章
# 粤港澳大湾区高质量发展的重点任务

　　坚持新发展理念是习近平新时代中国特色社会主义经济思想的核心内容，同时也是粤港澳大湾区高质量发展的战略性纲领。党的二十大报告强调"贯彻新发展理念是新时代我国发展壮大的必由之路"。提出并贯彻新发展理念，着力推进高质量发展，推动构建新发展格局。"必须完整、准确、全面贯彻新发展理念，坚持社会主义市场经济改革方向，坚持高水平对外开放，加快构建以国内大循环为主体、国内国际双循环相互促进的新发展格局"。

　　新发展理念与重点任务之间的辩证关系就是总战略总路线与具体策略具体路线的关系。"政策和策略是党的生命"，党的战略路线只有落实到了一系列具体政策和策略，党的工作就牢牢掌握了主动。在建设粤港澳大湾区的事业中，我们既要坚定不移地保持新发展理念的战略方向不偏离，又要把高质量发展的目标扎扎实实地落实到具体重点工作中。

## 第一节　打造世界级的科创—制造产业平台
## 和国际科技创新中心

　　创新发展理念是习近平总书记关于创新理论的重要论述。"创新是引领发展的第一动力"的论述对发展马克思主义生产力学说作出了重要贡献，为科技创新指明了建设世界科技强国的发展方向，为推进社会主义现代化建设提供了科学指导。要求我们坚定不移地走中国特色自主创新道路，开创创新驱动发展的新局面。

建设具有全球影响力的国际科技创新中心。瞄准世界科技和产业发展前沿，加强创新平台建设，大力发展新技术、新产业、新业态、新模式，加快形成以创新为主要动力和支撑的经济体系；扎实推进全面创新改革试验，充分发挥粤港澳科技研发与产业创新优势，破除影响创新要素自由流动的瓶颈和制约，进一步激发各类创新主体活力，建成全球科技创新高地和新兴产业重要策源地。

## 一、构建开放型区域协同创新共同体

强化粤港澳科技联合创新。联合组织实施一批科技创新项目，深化在集成电路、生物医药、人工智能、新材料等领域的技术攻关，推动华南（广州）技术转移中心、香港科技大学科创成果内地转移转化总部基地、澳门大学和澳门科技大学产学研示范基地、粤澳合作中医药科技产业园等项目建设。当前，经济区在生产要素配置与组合创新中发挥了越来越重要作用。粤港澳大湾区国际科技创新中心同北京、上海科技创新中心一样，由习近平总书记亲自谋划、部署、推动。

第一，推动香港、澳门融入国家创新体系、发挥更重要作用。更好发挥内地与香港、澳门科技合作委员会的作用。顶层设计上，加快建设大湾区国际科技创新中心，按照"1+9+N"体系建设规划，推动4个分中心和香港、澳门中心建设。建设集成电路技术创新中心、工业软件产业发展中心、生物岛技术创新中心、智能产业创新基地、粒子应用技术创新中心等一批重大技术研发和中试平台。

第二，加强创新基础能力建设。支持重大科技基础设施、重要科研机构和重大创新平台在大湾区布局建设。打造学科集中、区域集聚的世界一流重大科技基础设施群。编制出台关于加强重大科技基础设施建设的实施意见。推动散裂中子源二期、人类细胞谱系等"十四五"国家重大科技基础设施获批立项并开工建设。加快惠州强流重离子加速器、惠州加速器驱动嬗变研究装置、江门中微子实验站等重大科技基础设施建设。实施基础与应用基础研究十年"卓粤"计划。建立由省政府分管领导担任组长的领导小组,统筹协调推进量子科学中心建设的顶层设计、政策支持、重大工程落地等。完成国家应用数学中心场地建设。

第三,加强产学研深度融合。建立以企业为主体、市场为导向、产学研深度融合的技术创新体系,支持粤港澳企业、高校、科研院所共建高水平的协同创新平台。建构以企业为主体、市场为导向、产学研深度融合的技术创新体系。加大企业创新普惠性支持力度。出台《关于加快推进科技金融深度融合助力初创科技型企业创新发展的实施意见》《广东省新型研发机构管理办法》。开展高新技术企业、技术先进型服务企业、科技型中小企业认定申报和辅导备案。

推动高新技术企业树标提质。实施科技领军企业行动,遴选行业领军、创新百强、高成长千强企业。鼓励龙头企业、高校院所、各创新主体组成创新联合体申报重点领域研发计划项目。设立境外研发机构专项,推动广东企业与国外科创主体联合成立离岸研发中心。

## 二、共同打造科技创新走廊

高水平建设广深港、广珠澳科创走廊,高标准共建河套深港科技创新合作区,推进南沙、光明、横琴、松山湖、中山科学城和新田科技城建设,在珠西地区谋划建设粤港澳先进制造业科技创新成果转化基地,加快构建集技术交易、创业创新、科技金融等于一体的线上线下联动平台、联合科技成果转化平台、创新成果产业对接平台。

所谓"科技创新平台"也叫"科技创新基地",是国家创新体系的重要组成部分。它指的是科研院所与有关企业紧密合作,共同对产业关键技术进行前沿性与战略性研究，使其科技成果更容易产业化的研发基地与合作区。国家科技创新体系的构成要素是创新主体、创新基础设施、创新资源、创新环境、外界互动等。主要包括国家（重点）实验室、国家工程实验室、国家工程研究中心、国家工程技术研究中心等。

第一，打造高水平科技创新载体和平台。优化创新资源配置，建设培育一批产业技术创新平台、制造业创新中心和企业技术中心。推进"广州—深圳—香港—澳门"科技创新走廊建设。

第二，创新科研样品与数据流动的体制机制。在大湾区内限定的高校、科研机构和实验室跨境使用符合条件的科研样品。研究允许科研、医疗仪器设备及药品在港澳和大湾区内地异地购置使用政策。

第三，实施关键核心技术攻关行动。在新一代信息技术、高端装备制造、绿色低碳、生物医药、数字经济、新材料、海洋经济、现代种业与精准农业、现代工程技术等重点领域实施关键核心技术攻关。深入实施核心软件攻关工程。

第四，打造三大科技创新合作区。打造深港科技创新合作区，南沙粤港深度合作区及庆盛科技创新产业基地，珠海横琴粤澳合作中医药科技产业园。重点开展要素流动、财税政策、创业、产业监管、科技法制等创新试点。

## 三、持续优化区域创新制度环境

深化科技体制改革，构建全过程创新生态链。加大对科技协同创新的政策支持力度。针对三地联合开展的前沿关键核心技术研发、重大产业化项目应用与建设提高奖励水平，对"专精特新"重点科创企业，在主营业务收入、研发投入、融资额等方面设置灵活梯度，研究出台多重支持政策。

推动科技创新要素高效流动。联合港澳探索有利于推进新技术新产业发展的法律规则和国际经贸规则，完善财政科研项目资金跨境使用的审计规程和管理流程。联合组建高科技风险投资公司和创业投资担保机构，设立专项合作引导基金等新型科技金融产品，支持港澳相关基金参与创新型科技企业融资。支持粤港澳相关高校、科研机构在确保数据安全前提下，实现科学研究数据互联互通。

对于完善科技创新体制机制，《"十四五"规划纲要》从三个方面作出部署，深化科技管理体制改革、健全知识产权保护运用体制、积极促进科技开放合作。

首先，激发人才创新活力。贯彻尊重劳动、尊重知识、尊重人才、尊重创造方针，深化人才发展的体制机制改革。研究实施促进粤港澳大湾区出入境、工作、居住、物流等更加便利化的政策措施，鼓励科技和学术人才交往交流。突破创新体制障碍。开展外籍创新人才创办科技型企业享受国民待遇试点。

其次，促进科技成果转化。创新机制、完善环境，将粤港澳大湾区建设成为具有国际竞争力的科技成果转化基地。打造科技成果对接转化平台。推进成立名校—名企联合实验室。培育建设华南技术转移中心、国家技术转移南方中心等。支持设立粤港澳产学研界创新联盟。建设科技创新金融支持平台。鼓励符合条件的创新创业企业在银行间市场发行超短期融资券、中期票据、项目收益债等进行直接融资。支持港澳在大湾区设立创投风投机构，推动设立粤港澳大湾区科研成果转化联合母基金。依托区域股权市场，建设科技创新金融支持平台。

最后，强化知识产权保护和运用。全面加强粤港澳大湾区在知识产权保护、专业人才培养等领域的合作。建设区域专业技术平台，建设国家药品器械评审中心粤港澳分支机构、国际大数据交易中心、中医药转化医学中心、中国科学院药物创新研究院华南分院等平台。强化知识产权行政执法和司法保护，发挥广州知识产权法院、深圳知识产权法庭等机构作用，探索制定商业模式等新形态创新成果的知识产权保护办法。加强知识产权应用，研究建立粤港澳大湾区知识产权交易平台。完善知识产权评估机制、质押融资机制，探索开展知识产权融资租赁服务、知识产权投贷联动融资服务和知识产权证券化试点。

## 四、协同构建具有国际竞争力的现代产业体系

现代产业体系是现代化经济体系的产业支撑，是直接创造社会财富的生产和服务部门，构成国民经济体系的核心支柱和关键枢纽。按照《"十四五"规划纲要》部署，现代产业体系的内涵至少包括以制造业为代表的实体经济、生产生活性服务业以及为产业通畅运行所必须具备的交通、通信、能源等基础设施产业。

### 1. 加快发展先进制造业

实体经济是经济发展的根基，也是现代产业体系的核心。制造业是实体经济的基础，是国家经济命脉所系，是经济高质量发展的重中之重。振兴实体经济必须以供给侧结构性改革为主线，提高制造业的供给体系的质量。

传统产业转型升级。大力发展绿色制造，创建一批绿色工厂和绿色园区。大力发展智能制造，培育一批智能制造骨干企业和智能制造系统集成公共技术支撑平台。大力发展服务型制造，培育一批服务型制造示范企业和项目，打造先进制造业产业集群。加快建设电子信息、汽车、智能家电、机器人、绿色石化五个世界级产业集群。以新型显示、新一代通信技术、5G和移动互联网、智能网联汽车、蛋白类等生物医药、高端医学诊疗设备、基因检测、现代中药、智能机器人、3D打印、北斗卫星应用等领域为重点，培育壮大一批新兴产业集群。

培育壮大战略性新兴产业。重点支持新一代信息技术、高端装备制造、绿色低碳、生物医药、数字经济、新材料、海洋经济等战略性新兴产业发展。围绕信息消费、新型健康技术、海洋工程装备、电子专用设备、高技术服务业、高性能集成电路等重点领域及其关键环节。

### 2. 建设国际金融枢纽

有序推进金融市场互联互通。发挥香港在金融领域的引领带动作用，巩固和提升香港国际金融中心地位，打造服务"一带一路"建设的投融资平台。大力发展特色金融产业。支持香港打造大湾区绿色金融中心，建设国际

认可的绿色债券认证机构。有序推进金融市场互联互通。逐步扩大大湾区内人民币跨境使用规模和范围。

建构金融基础设施平台，推进跨境电子支票联合结算、跨境电子账单直接缴费、支付工具跨境使用等金融服务创新。推动建立大湾区金融监管信息共享机制，完善创新领域金融监管规则，建立大湾区金融监管协调沟通机制。推动出台扩大大湾区内人民币跨境使用规模和范围的具体措施。依托全省金融资产交易平台，构建服务大湾区资源要素市场化配置和流转的金融基础设施平台。

推进大湾区保险合作。探索粤港澳大湾区保险服务中心建设。支持大湾区保险机构开展跨境人民币再保险业务。推动粤港澳保险机构合作开发创新型跨境机动车保险和跨境医疗保险产品，落实港珠澳大桥机动车辆保险安排，支持粤港澳保险业协同为跨境出险的客户提供查勘、救援、理赔等后续服务。

大力发展特色金融业与特色金融产品。在广州建设绿色金融改革创新试验区，研究设立以碳排放为首个交易品种的创新型期货交易所。加快推进深圳保险创新发展试验区建设，支持在前海开展再保险产品和制度创新，研究推出巨灾债券，创新发展航运保险、物流保险、融资租赁保险、邮轮游艇保险、跨境电商保险等业务。

携手港澳建设国际金融枢纽与资本市场。支持广州建设区域性私募股权交易市场和产权、大宗商品区域交易中心，加快建设广州国际金融城。推动深圳依规发展以深圳证券交易所为核心的资本市场，推进深圳科技金融中心建设。推进澳门—珠海跨境金融深度合作，研究探索建设澳门—珠海跨境金融合作示范区。支持佛山依托广东金融高新技术服务区，打造现代金融后援服务基地。

### 3. 构建错位发展、优势互补、协作配套的现代服务业体系

聚焦服务业重点领域和发展短板，以航运物流、旅游服务、文化创意、人力资源服务、会议展览及其他专业服务等为重点。生产性服务业方面，加

快发展数字创意、智慧物流、现代供应链、人力资源等高端生产性服务业。促进商务服务、流通服务等向专业化和价值链高端延伸发展。

生活性服务业方面，2020 年大湾区内地现代服务业占比为 60% 以上。在健康服务、家庭服务方面，引进港澳发达成熟生活性服务业，促进生活性服务业向精细化和高品质转变。

数字创意产业方面，积极发展数字经济和共享经济，促进粤港澳动漫游戏、网络文化、数字文化装备、数字艺术展示、数字印刷等数字创意产业合作；智慧物流方面，推进粤港澳物流合作发展。建设国际物流枢纽。支持澳门加快建设葡语国家食品集散中心，大力发展第三方物流和冷链物流，提高供应链管理水平。

文化创意产业方面，推动粤港澳深化工业设计合作，促进工业设计成果产业化。深化粤港澳文化创意产业合作。充分发挥香港影视人才优势，推动粤港澳影视合作，加强电影投资合作和人才交流，支持香港成为电影电视博览枢纽。

咨询行业方面，有序推进市场开放。深化落实内地与香港、澳门关于建立更紧密经贸关系的安排对港澳服务业开放措施，鼓励粤港澳共建专业服务机构，促进会计审计、法律及争议解决服务、管理咨询、检验检测认证、知识产权、建筑及相关工程等专业服务发展。巩固提升香港作为国际高端会议展览及采购中心的地位，支持澳门培育一批具有国际影响力的会议展览品牌。

## 4. 大力发展海洋经济

拓展蓝色经济空间，共同建设现代海洋产业基地。打造集海工装备和海洋资源开发与应用于一体的海洋产业集群。产业方面，推动海洋电子信息、海上风电、海洋高端智能装备、海洋生物医药、天然气水合物、海洋公共服务等海洋产业发展。科研方面，加快省级海洋实验室建设，支持深圳建设全球海洋中心城市，加强海洋科技创新平台建设。

# 第二节　全面提升区域协调发展水平

区域协调发展一般包括城乡协调（发达与欠发达地区协调），产业协调（农业工业服务业的协调），城市群中协调。中心城市和城市群成为区域发展的主要支撑。在空间结构上区域发展模式由点、轴向串珠型网络化演进。在要素组织上，区域经济一体化成为区域经济发展的重要趋势。高质量的基础建设在生产要素配置中发挥了越来越重要的作用。在空间载体上，中心城市和城市群成为区域发展的主要支撑。

## 一、推进"一核一带一区"建设全面提升区域经济竞争力

区域经济政策的核心在于提高区域整体竞争力和效率，从而提高区域高质量发展，为国民经济提供高质量的空间支撑和保障。必须推动优势地区进一步聚集人口与产业，促进生产力布局优化与合理分工，形成"一核一带一区"区域发展新格局。"一核"即珠三角地区，是引领发展的核心区和主引擎，强调产业发展的"高端化"；"一带"即沿海经济带，是新时代发展的"主战场"，重点打造粤东粤西沿海产业；"一区"即北部生态发展区，是重要的生态屏障，重点关注产业绿色化。"一核一带一区"三大板块间，产业布局将更为优化合理。"一核一带一区"战略转变了固有思路，突破行政区划局限，明确指出要以功能区战略定位为引领，系统性解决区域发展不平衡问题。出台广州、深圳、珠江口西岸、汕潮揭、湛茂五大都市圈发展规划。深化新一轮省内对口帮扶，引导珠三角产业向粤东粤西粤北地区梯度转移，推动各功能区深化产业统筹、项目对接。

提升珠三角核心区主动力源功能。推动广州、深圳深化战略合作，提升广佛全域同城化、广清一体化和深汕特别合作区建设水平；提升沿海经济带东西两翼发展能级。加快汕头、湛江省域副中心城市建设，支持汕头打造临港大型工业园，支持湛江深度参与西部陆海新通道建设、积极对接海南自由

贸易港；加快北部生态发展区绿色发展步伐，加大对北部生态发展区政策支持力度。完善生态补偿机制，支持各市壮大县域、镇域经济；推动老区苏区和民族地区高质量发展，推动老区苏区重大基础设施建设，支持梅州、汕尾创建革命老区高质量发展示范区。推动连南、连山、乳源等民族地区高质量发展；实施粤东粤西粤北地区公共服务补短板工程，布局建设一批省重点实验室、新型研发机构和高水平创新研究院。加大转移支付力度，提升粤东西北地区公共服务保障能力；推进空间布局、产业发展、基础设施等县域统筹。

构建极点带动、轴带支撑网络化空间格局。发挥香港—深圳、广州—佛山、澳门—珠海强强联合的引领带动作用，深化港深、澳珠合作，加快广佛同城化建设，提升整体实力和全球影响力。构建以粤港澳大湾区为龙头，以珠江—西江经济带为腹地，带动中南、西南地区发展，辐射东南亚、南亚的重要经济支撑带。深化大湾区与中南地区和长江中游地区、西南地区的辐射带动作用。

以香港、澳门、广州、深圳四大中心城市作为区域发展的核心引擎，引领粤港澳大湾区建设。充分发挥广深港高铁重要作用，促进粤港人员往来更加高效、便捷，支持在高铁沿线和高铁站周边建设合作平台载体，为深化粤港合作提供支撑。加快珠江口东西两岸融合互动发展，推进跨珠江口通道建设，充分发挥港珠澳大桥等既有通道作用，科学谋划新的过江通道，构建区域经济发展新轴带。拓展完善珠江西岸地区交通网络，加快快速通道建设，布局建设江珠高端产业集聚发展区等一批新的重大发展平台，增强珠江西岸发展动能。

发挥大湾区在全国区域发展新格局中的引领和支撑作用。加快建设大湾区连通东西两翼沿海地区和北部生态发展区以及贯通沿海经济带的快速大通道，加强与京津冀协同发展、长江三角洲区域一体化发展、长江经济带发展、海南自由贸易试验区和自由贸易港建设的协调对接。

## 二、统筹各类基础设施布局构建现代化基础设施体系

2015 年 10 月，习近平总书记在十八届五中全会二次会议指出，缩小城乡区域发展差距，不能仅仅看作是缩小国内生产总值总量和增长速度的差距，而是缩小居民收入水平、基础设施通达水平、基本公共服务均等化水平、人民生活水平等差距。这一新目标将缩小区域发展差距，从原来的经济发展差距的单一维度拓展到经济发展公共服务、基础设施、人民生活等多个维度，丰富了区域协调发展的内涵，完善了中国特色社会主义区域经济理论体系。

基础设施建设是国民经济基础性、先导性、战略性、引领性产业。统筹各类基础设施布局，实现互联互通、共建共享、协调联动，要多轮驱动。强化基础设施发展对国土空间开发保护、生产力布局和国家重大战略的支撑，加快新型基础设施建设，提升传统基础设施水平。要适度超前，布局有利于引领产业发展和维护国家安全的基础设施。立足全生命周期，既要算经济账，又要算综合账，提高基础设施全生命周期综合效益。

### （一）构建现代化的综合交通运输体系

第一，提升珠三角港口群国际竞争力。巩固提升香港国际航运中心地位，促进粤港澳形成优势互补、互惠共赢的港口、航运、物流和配套服务体系。第二，建设世界级机场群，推进大湾区机场错位发展和良性互动。第三，畅通对外综合运输通道，完善大湾区经粤东西北至周边省区的综合运输通道。第四，构筑大湾区快速交通网络，构建以高速铁路、城际铁路和高等级公路为主体的城际快速交通网络。第五，提升客货运输服务水平，实现零距离换乘、无缝化衔接目标。

### （二）推动信息基础设施互联互通

数字技术催生了新兴科技革命及其创新应用和新型基础设施。人工智能、5G 商用网络、工业互联网、大数据等新型基础设施建设，已成为扩大内需的新动力。探索建立统一标准，开放数据端口，建设互通的公共应用平台。促进工业互联网发展，大力发展智慧交通、智慧能源、智慧市政、智慧

社区。

第一，构建新一代信息基础设施。推进骨干网、城域网、接入网、互联网数据中心和支撑系统的 IPv6 升级改造。推动珠三角无线宽带城市群建设，实现免费高速无线局域网全覆盖。第二，建设包含物联网的智慧城市。建设全面覆盖、泛在互联的智能感知网络以及智慧城市时空信息云平台、空间信息服务平台等信息基础设施。建成智慧城市群，建设珠三角国家大数据综合试验区。建设物联网与智慧城市应用示范区。第三，提升网络安全保障水平。加强通信网络、重要信息系统和数据资源保护，增强信息基础设施可靠性。第四，提升网络安全保障水平。加强通信网络、重要信息系统和数据资源保护，增强信息基础设施可靠性，提高信息安全保障水平。统筹数据中心布局，在韶关建设全国一体化算力网络国家枢纽节点。

### （三）立足资源禀赋强化能源保障

能源是现代经济社会发展的动力之源，能源绿色发展是生态文明建设的重要内容。优化能源结构，提升能源效率是经济高质量发展的应有之义。"四个革命、一个合作"是习近平总书记关于能源革命的重要论断，积极推动能源消费革命、能源供给革命、能源技术革命、能源体制革命，全方位加强能源国际合作。建构现代能源体系必须建设能源的多元绿色供给体系，形成煤油气核、新能源、可再生能源多轮驱动。

优化大湾区能源供应结构。大力推进能源供给侧结构性改革，优化粤港澳大湾区能源结构和布局，建设清洁、低碳、安全、高效的能源供给体系。光伏发电、生物质能，安全核电、煤炭清洁利用。强化能源储存运输体系，加强周边区域向大湾区送电通道等主干电网建设，完善城镇输配电网络，提高电网输电能力和抗风险能力。

### （四）完善水资源保障体系

第一，完善水利基础设施。坚持节水优先，大力推进雨洪资源利用等节约水、涵养水的工程建设。严格珠江水资源统一调度管理。第二，完善水利防灾减灾体系。加强海堤达标加固、珠江干支流河道崩岸应急治理等重点工程建设。加强珠江河口综合治理与保护，推进珠江三角洲河湖系统治理。强化城市内部排水系统和蓄水能力建设。第三，着力完善防汛防台风综合防灾减灾体系。提高防洪防潮减灾应急能力。建设水文灾害监测预警、联防联控和应急调度系统。协同建立气象防灾减灾协同机制。

## 三、提升中心城市承载能力，培育一批具有特色魅力的城镇

提升中心城市和城市群的要素配置能力，增强中心城市和城市群的经济人口承载能力，促进城乡融合发展，推动珠三角九市城乡一体化发展，建设具有岭南特色的宜居城乡。

促进城乡区域融合发展。实施乡村振兴战略，推进农业供给侧结构性改革、农村人居环境整治、精准脱贫和农业产业园区建设。加快新型城镇化建设，大力发展特色城镇，培育一批具有特色优势的魅力城镇。以都市现代农业为方向，大力发展现代高科技农业、绿色农业、休闲农业、乡村旅游等，打造一批集生态、教育、文化、休闲、观光功能于一体的现代农业公园、休闲农业、田园综合体等农业功能区，建设一批农村一、二、三产业融合发展的现代农业产业园和先导区。

第一，优化提升中心城市。以香港、澳门、广州、深圳四大中心城市作为区域发展的核心引擎，辐射带动周边区域发展。支持高标准建设南沙国际金融岛。打造广州南沙粤港澳全面合作示范区；支持深圳前海深港现代服务业合作区建设。放宽港澳投资者在深圳设立银行、证券、保险等机构准入门槛、业务开展等方面的限制。建设跨境经贸网络合作平台，深化拓展前海湾保税港区功能；支持深港科技创新合作区建设。构建深港共建共享的开放型科研体系，建设深港协同的开放创新综合配套改革试验区；支持广州知识城建设。推动建设新一代信息技术、数字经济、生物医药、新能源、新材料及智能芯片和粤港澳大湾区科技创新综合孵化园等价值创新园。

第二，建设重要节点城市。支持珠海、佛山、惠州、东莞、中山、江门、肇庆等形成特色鲜明、功能互补、具有竞争力的重要节点城市。支持珠

海西部生态新区建设；支持佛山粤港澳合作高端服务示范区建设。打造高端创新集聚区。建设"香港 + 佛山"深度合作支撑区。加快季华实验室等重大项目建设；支持惠州潼湖生态智慧区建设。建设高端电子信息产业集群。联手港澳打造绿色生态城市示范区；支持东莞滨海湾新区建设。打造具有国际水平的滨海湾创新链走廊；支持中山翠亨新区建设；支持江门大广海湾经济区建设，加快江门银湖湾滨海地区开发，推动江澳绿色经济合作；支持肇庆新区建设。

第三，培育一批具有特色优势的魅力城镇，发展特色产业，传承传统文化，形成优化区域发展格局的重要支撑。建设智慧小镇，探索未来城市发展模式。发展大西南地区企业大湾区总部经济。打造健康产业和养生旅游度假胜地。打造岭南文化、广府文化的重要展示基地。

# 第三节 大力推进生态文明建设，树立绿色发展理念

绿色发展理念是党领导人民进行生态文明建设的重大理论创新与实践结晶。它继承弘扬了中国古典生态智慧，丰富和发展了马克思主义关于人与自然关系的经典论述，凝练和升华了新中国成立 70 多年以来的理论实践探索。

坚持绿色循环低碳发展是发展观的一次革命。建设生态文明是人类文明发展到工业化高级阶段的必然要求。改善生态环境，走绿色发展之路。牢牢抓住发展和生态两条底线，把转变发展方式、调整经济结构，发展绿色经济作为未来发展的新契机。把绿色循环发展转化为新的综合国力和国际竞争优势。

## 一、加强生态保护修复，打造生态防护屏障

建立以国家公园为主体的自然保护地体系，推进山水田湖草系统保护修复。实施重要生态系统保护和修复重大工程，构建生态廊道，实施生物多样性保护重大工程，提升生态系统的稳定性。

第一，打造生态防护屏障。加快建成珠三角国家森林城市群，推进珠三角绿色生态水网建设，建设一批国家级、省级湿地公园和森林公园。强化与港澳水生态环境领域合作。建立健全海岸线动态监测机制。加强现代化海洋牧场建设。推进"蓝色海湾"整治行动。开展滨海湿地跨境联合保护活动。建立入海污染物总量控制制度。

第二，做好国土空间规划，高质量完成"三区三线"划定国家试点工作。实施"三线一单"分区管控。科学合理确定"三区"，即城镇空间、农业空间、生态空间三种类型的国土空间。"三线"分别对应在城镇空间、农业空间、生态空间划定的城镇开发边界、永久基本农田、生态保护红线三条控制线。

第三，落实河长制、湖长制，建设万里碧道。落实林长制，加强山水林田湖草系统治理。积极推动"碧道＋水上运动"发展。落实河长、林长巡查、会议、信息公开等工作。

## 二、加强环境保护和治理，扎实抓好污染防治

构建减污降碳协同增效机制，编制实施碳达峰碳中和试点示范指导意见和建设指南；做好气候投融资试点工作，支持深圳推进国家（深圳）气候投融资项目库建设。抓好中央生态环境保护督察反馈问题整改，贯彻落实第二轮中央生态环境保护督察整改方案，并向社会公开。加强国土空间生态保护修复，开展全域土地综合整治试点，出台国土空间生态修复规划，探索利用市场化方式推进矿山生态修复。

推进水环境治理攻坚，确保国考断面水质稳定达标。推动重点国考断面所在水体一级支流劣V类基本消除，持续推动未达优良和未能稳定达优良的断面达标攻坚。推进"美丽海湾"保护建设，开展珠江口邻近海域综合治理攻坚行动。构建以臭氧防控为核心的大气污染防控体系。建立完善挥发性有机物（VOCs）重点监管企业清单，探索实施VOCs排污权交易，持续推进VOCs和氮氧化物协同减排。开展空气质量会商分析，及时应对污染天气。完善区域环境保护合作和污染源管理制度。

建立大湾区环保交流合作机制与平台。统筹陆海水环境综合整治。加强固体废物和土壤污染防治。加快大湾区内地的固定污染源排放许可制全覆盖，全面落实排污单位主体责任，强化证后监管和处罚，实现"一证式"管理。

### 三、形成绿色低碳发展模式，持续提升生态环境质量

推动湾区经济绿色转型。完善主体功能区产业政策，对涉及落后产能、设备、工艺的项目一律实施禁入。开展造纸、印染、制革等高污染行业清洁化改造。推进粤港清洁生产伙伴计划，推动节能环保产业基地建设。实行生产者责任延伸制度，推动生产企业落实废弃产品回收责任。

发展绿色低碳产业方面，要加快发展节能环保、清洁生产、清洁能源等绿色产业，积极培育低碳零碳负碳新业态、新模式和新产业。加快高效节能技术产品推广应用，加大在工业、建筑、公共机构等重点领域节能新技术、产品的推广应用力度。

培养绿色生活方式，发展新能源交通运输和内河清洁航运。加快建设燃料电池汽车示范城市群。加快建设充电站、加氢站，新增建设公共充电设施。开展绿色社区、绿色学校、环境教育基地创建行动。创建一批节约型机关、绿色家庭、绿色学校、绿色社区、绿色出行、绿色商场、绿色建筑等示范单位。力争60%的城市社区参与绿色社区创建并达到创建标准。

# 第四节　建设更高水平开放型经济新体制

开放是国家繁荣发展的必由之路。建设更高水平开放型经济体制是习近平新时代中国特色社会主义经济思想关于对外开放的重要论述。习近平总书记关于对外开放的重要论述，书写了中国特色社会主义条件下对外开放的新篇章，提出了大变局中推动经济全球化的中国方案，提供了新形势下推进对外开放的行动指南。

## 一、推进制度型开放，全面参与国际经济合作

推进粤港澳大湾区建设是丰富"一国两制"的新实践，国际上没有先例。要坚持"一国两制"、依法办事，密切内地与港澳的交流合作，提升国际竞争力，汇聚全球创新要素资源，将粤港澳大湾区建设成为更具活力的经济区、宜居宜业宜游的优质生活圈和内地与港澳深度合作的示范区，打造国际一流湾区和世界级城市群，成为我国高质量发展的典范，辐射带动中部、西南地区发展。

建设"一国两制"先行示范区。"一国两制"是大湾区的制度优势，也可能由于体制机制障碍为大湾区发展带来制约。在何种程度上有效发挥优势，以及如何避免制约因素所带来的负面影响是大湾区发展不可避免的重大命题。

大湾区建设开了多项国家战略之先河，在港澳与内地"同发展、共繁荣"新理念下，获得中央前所未有的支持。这是因为大湾区建设承载着国家赋予的重大历史使命。第一，赋予"一国两制"全新内涵，循序渐进实现港澳与内地经济社会体制相融相合，从这个意义上，大湾区建设正在为"一国两制"的未来和中国特色社会主义道路探索可行的发展路径。第二，大湾区承担着国家改革开放再出发的重任，作为国家制度性开放的压力测试区，为国家探索更加先进和可持续的开放型经济新体制。第三，大湾区是世界四大湾区中唯一在两种体制框架下发展的湾区，城市群治理面临着比国内其他地区更为复杂的环境，将为世界提供超大规模城市群现代治理的新模板。

发挥香港、澳门的开放平台与示范作用，支持珠三角九市加快建立与国际高标准投资和贸易相适应的制度规则，发挥市场在资源配置中的决定性作用。把坚持"一国"原则和尊重"两制"差异有机结合起来，坚守"一国"之本，善用"两制"之利。把维护中央的全面管治权和保障特别行政区的高度自治权有机结合起来，尊崇法治，严格依照宪法和基本法办事。把国家所需和港澳所长有机结合起来，充分发挥市场化机制的作用，促进粤港澳优势互补，实现共同发展。

## 二、高标准建设广东自由贸易试验区，推动形成东西陆海内外联动新格局

提升市场一体化水平。坚持双向开放，把"引进来、走出去"更好地结合起来，拓展经济发展空间。依托粤港澳良好合作基础，充分发挥深圳前海、广州南沙、珠海横琴等重大合作平台作用，探索协调协同发展新模式，深化珠三角九市与港澳全面务实合作，促进人员、物资、资金、信息便捷有序流动，为粤港澳发展提供新动能，为内地与港澳更紧密合作提供示范。

自贸区是区域经贸合作的重要平台，成为我国新一轮全球化布局的重要路径。多措并举扩大内需，稳定外需，统筹用好国际国内两个市场、两种资源。共建"一带一路"，推动沿线各国实现经济政策协调，开展更大范围的国际经济合作。

2022 年 4 月 10 日，《中共中央 国务院关于加快建设全国统一大市场的意见》发布，明确提出要加快建立全国统一的市场制度规则，打破地方保护和市场分割，打通制约经济循环的关键堵点，加快建设高效规范、公平竞争、充分开放的全国统一大市场。具体看，高标准的市场一体化要求在基础制度规则、设施联通、要素和资源市场、商品和服务市场、市场监管等方面形成统一、规范、开放的市场体系。同时，统一大市场的统一，并非整齐划一，而是在维护全国统一大市场的前提下，结合区域重大战略和区域协调发展战略的实施，优先开展区域市场一体化建设，大湾区"一国、两制、三关税区"的体制架构是我国破解重大区域壁垒、探索区域市场一体化，更好联通国内国际市场的最佳实验场。

争取自贸试验区扩区，建设粤港澳大湾区自由贸易通道。研究向片区下放新一批省级管理权限。支持开展艺术品保税仓储及进出口交易，开展海关税款保证保险试点。推动全球报关服务系统、粤港澳自贸通。发展离岸贸易、国际分拨、中转集拼等新型贸易模式。

第一，推进投资便利化。落实内地与香港、澳门 CEPA 系列协议，推动

对港澳在金融、教育、法律及争议解决、航运、物流、铁路运输、电信、中医药、建筑及相关工程等领域实施特别开放措施。推进投资便利化。全面实施准入前国民待遇加负面清单管理制度，继续在自贸试验区进行开放试点。在CEPA框架下积极争取扩大港澳资金融机构业务范围，扩大教育、文化、医疗、法律、建筑、航运等专业服务业市场准入。推动共同编制粤港澳大湾区建筑服务技术标准规范。全面放开港澳居民个体工商户经营范围。

第二，推动贸易自由化。加快国际贸易单一窗口建设，推进口岸监管部门间信息互换、监管互认、执法互助。促进贸易自由化。推进广州、深圳、珠海、东莞跨境电商综合试验区建设。探索建立大湾区区域标准化合作机制。推广应用"单一窗口"新上线的跨境电子商务、公路及空运舱单等功能模块。支持大湾区行业组织发起成立标准联盟，支持广州南沙建设全球进出口商品质量溯源中心。加快推进现有市场采购贸易方式试点。支持香港与佛山开展离岸贸易合作，建立粤港澳离岸贸易试点。

第三，促进人员货物往来便利化。通过电子化、信息化等手段，不断提高港澳居民来往内地通行证使用便利化水平。促进货物通关便利化，深化信息互换、监管互认、执法互助大通关改革，在大湾区具备条件的口岸全面推广实施"一站式"通关，推进口岸查验单位一次性联合检查。推动口岸经营服务单位规范各环节操作时限标准。探索实施更高标准的"一线放开、二线安全高效管住"贸易监管制度。扩大大湾区内专业资格资质互认范围。探索在广东自贸试验区允许具有港澳执业资格的金融、建筑、规划、专利代理等领域专业人才，制定相关港澳专业人士执业管理办法。经相关部门或机构备案后，按规定范围为自贸试验区内企业提供专业服务，试点运行经验成熟后，在大湾区内地复制推广。

## 三、建构公平竞争发展环境，提升区域市场化、法治化、国际化水平

全力支持广州、深圳开展国家营商环境创新试点。营商环境是企业生存

和发展的土壤。企业是国民经济的基本细胞，只有持续优化营商环境，健全政府管理体系，才能推进国家治理体系和治理能力现代化。

推进营商环境法治化建设。探索开展营商环境地方立法工作。加强粤港澳司法交流与协作，建设国际法律及争议解决服务中心，推动建立多元化纠纷解决机制。推动成立服务"一带一路"建设的法律类社会组织，加快推进"一带一路"法治地图建设。支持建立粤港澳律师联合会。推动建设大湾区国际仲裁中心。

深化营商环境改革。支持广州、东莞等开展深化营商环境综合改革试点，支持深圳、广州开发区创建营商环境改革创新实验区。推广"证照分离"改革，推进"照后减证"。完善对外资实行准入前国民待遇加负面清单管理模式。建立开办企业"一网通办、并行办理"的工作机制。加快社会信用体系和市场监管体系建设。研究制定广东省社会信用条例。探索依法对大湾区内企业联动实施信用激励和失信惩戒。建成全省统一的市场监管信息平台。

深化商事制度改革。深化市场主体登记制度改革、登记注册便利化规范化改革和涉企许可制度改革，完善商事制度改革配套监管措施。加快建立以告知承诺为主的市场准入制度。纵深推进"证照分离""一照通行"，完善注销退出制度，提升企业全生命周期服务便利化水平。

强化惠企帮扶政策的创新，加强对中小微企业、个体工商户的精准帮扶。加强中小企业运行情况监测，建立健全中小企业运行分析的数据体系。完善政企常态化沟通协调机制，进一步落实好国家和省促进中小企业民营经济发展系列政策。解决减税降费、金融扶持、稳岗就业、拖欠账款等市场主体关心的痛点难点问题。

## 四、携手开拓国际市场，做好共建"一带一路"排头兵

打造"一带一路"建设的重要支撑。更好地发挥港澳在国家对外开放中的功能和作用，提高珠三角九市开放型经济发展水平，促进国际国内两个市场、两种资源有效对接，在更高层次参与国际经济合作和竞争，建设具有重

要影响力的国际交通物流枢纽和国际文化交往中心。聚焦重点领域加强规则衔接。进一步优化大湾区基础设施和公共服务，推动要素高效便捷流动。充分发挥香港市场化、法治化、国际化营商环境的示范作用，推动大湾区各城市相互借鉴、取长补短，加快建立与国际高标准投资和贸易规则相适应的规则体系。

第一，支持粤港澳加强合作，共同参与"一带一路"建设，深化与相关国家和地区基础设施互联互通、经贸合作及人文交流。以"一带一路"建设为重点，构建开放型经济新体制，打造高水平开放平台，对接高标准贸易投资规则，加快培育国际合作和竞争新优势。充分发挥港澳独特优势，创新完善各领域开放合作体制机制，深化内地与港澳互利合作。

第二，全面参与国际经济合作。依托港澳的海外商业网络和海外运营经验优势，推动大湾区企业联手走出去，在国际产能合作中发挥重要引领作用。强化对重点国别和地区的招商引资。打造中白工业园广东光电科技产业园、中国·越南深圳—海防经贸合作区、尼日利亚广东经贸合作区、肯尼亚珠江经济特区、华坚埃塞俄比亚轻工业城、中国广东—乌干达国际产能合作工业园等一批高水平国际产能合作园区。

第三，携手开拓国际市场。充分发挥港澳对外贸易联系广泛的作用，探索粤港澳共同拓展国际发展空间新模式。

# 第五节　加快建构宜居宜业宜游的优质生活圈

共享是中国特色社会主义的本质要求。党的十八大以来，全党深入贯彻以人民为中心的发展思想，在幼有所育、学有所教、劳有所得、病有所医、老有所养、住有所居、弱有所扶上持续用力，人民生活全方位改善。共享发展，改善民生。坚持以人民为中心的发展思想，让改革发展成果更多更公平惠及全体人民。提高保障和改善民生水平，加大优质公共产品和服务供给，不断促进社会公平正义，使大湾区居民获得感、幸福感、安全感更加充实、更有保障、更可持续。

坚持以人民为中心的发展思想，大力发展持续保障改善民生的社会事业，更好满足人民群众精神文化需求。积极拓展粤港澳大湾区在教育、文化、旅游、社会保障等领域的合作，共同打造公共服务优质、宜居宜业宜游的优质生活圈。充分激发文化创新创造活力，更好满足人民群众精神文化需求。持续保障改善民生，大力发展社会事业，在高质量发展中促进共同富裕。

共建宜居宜业宜游的优质生活圈。坚持以人民为中心的发展思想，践行生态文明理念，充分利用现代信息技术，实现城市群智能管理，优先发展民生工程，提高大湾区民众生活便利水平，提升居民生活质量，为港澳居民在内地学习、就业、创业、生活提供更加便利的条件，加强多元文化交流融合，建设生态安全、环境优美、社会安定、文化繁荣的美丽湾区。

## 一、打造教育和人才高地

推动大湾区高等教育合作。大学之间合作建设国际教育示范区。建设高水平民办应用型本科高校，推动高标准创建大湾区大学，创新办学机制。扩大广东高校对港澳招生规模。支持香港科技大学、香港城市大学、香港大学医学院、香港中文大学医学院、澳门科技大学落户广东。鼓励粤港澳高校开展相互承认特定课程学分、实施更灵活的交换生安排、科研成果分享转化等方面的合作交流。内地就读同等待遇，鼓励港澳青少年到内地学校就读。支持建设港澳子弟学校或设立港澳儿童班并提供寄宿服务。鼓励三地幼儿园、中小学、中等职业学校参与姊妹校园缔结计划。争取国家支持与港澳共同制定粤港澳大专副学位学历分批实施互认方案。落实港澳居民到广东考取教师资格并任教政策规定。

建设粤港澳人才合作示范区。率先实施更优人才居留政策。在大湾区内地先行先试技术移民制度，缩短外籍人才申请永久居留的审批期限。完善外籍高层次人才认定标准。建设粤港澳大湾区广东人才港。推进建设广州、深圳等国家级人力资源服务产业园。加快江门人才岛、全国博士后创新江门示范中心建设。推动解决个人所得税差额问题。对在大湾区内地工作、符合一定条件的境外及港澳台高端人才和紧缺人才，配合国家制定个人所得税税负差额补贴政策措施。

## 二、推动文旅融合发展

充分激发文化创新创造活力，更好满足人民群众精神文化需求。推进岭南文化遗产弘扬和保护合作。加强粤港澳在弘扬岭南文化独特魅力方面的合作，加快建设一批文化遗产保护项目。推进粤港澳等地海上丝绸之路重点史迹申报世界文化遗产工作。挖掘保护富有岭南特色的建筑物。推动岐澳古道与世界文化遗产澳门历史城区步行系统的连接，构建大湾区文化遗产游径系统。推动文化产业发展。探索中外合作摄制电影片相关审批绿色通道。推进大湾区内地新闻出版、广播影视及创意设计等产业发展。完善大湾区内地公共文化服务体系和文化创意产业体系。支持做强做大广州文化产业交易会。推动建设影视文化和音乐产业基地。推动文化交流。加强与港澳在广播影视生产、演艺人才交流等方面的合作。支持建立大湾区演艺联盟，便利艺术院团在大湾区内跨境演出。支持广州岭南文化中心和对外文化交流门户、江门华侨华人文化交流合作平台建设，支持中山保护好、传承好、利用好孙中山文化资源。支持广州、佛山、中山共建世界美食之都，加快推进"粤菜师傅"工程。

推进体育合作。联合港澳打造一批国际性、区域性体育品牌赛事。推进马匹运动与相关产业发展。加强粤港澳青少年交流。举办大湾区青年高峰论坛、粤港澳台暨海外华裔青少年文化交流等活动。开展粤港澳青少年研学旅游合作，举办"港澳青少年国学夏令营""青年文化之旅""岭南文化研修班""香港青少年国防体验营"等。

### 三、构筑休闲湾区

发展邮轮游艇旅游项目。推动粤港澳游艇自由行有效实施，探索在合适区域建设国际游艇旅游自由港。支持利用大湾区海岸线资源发展帆船、冲浪、海钓、潜水等滨海体育休闲项目。推动广州、深圳建设中国邮轮旅游发展实验区，进一步增加国际班轮航线，探索研究简化邮轮、游艇及旅客出入境手续。争取逐步简化及放宽大湾区内地邮轮旅客的证件安排，研究探索大湾区内地邮轮旅客以过境方式赴港参与全部邮轮航程。

发展滨海和乡村旅游。建设贯通潮州到湛江并连接港澳的滨海旅游公路，建设一批滨海旅游度假区、滨海特色风情小镇。联合开发粤港澳"一程多站"旅游精品线路。探索以旅游等服务业为主体功能的无居民海岛整岛开发方式。探索开通香港—深圳—惠州—汕尾海上旅游航线。实施产区变景区、田园变公园、劳作变体验、农房变客房的"四变工程"，拓展农业农村的休闲、康养、观赏等功能。推进大湾区世界级旅游目的地建设。深化文旅融合和全域旅游发展。开展广东省工业旅游精品线路认定，开发工业旅游创意产品，打造一批沉浸式工业文化体验产品和项目。打造红色旅游精品线路，以"红色旅游+"推动多元业态融合发展。加强历史名城名镇名村、历史文化街区、历史建筑保护修缮。强化红色资源保护。推动华南教育历史研学基地、中央红色交通线、长征等相关文物活化利用，建设长征国家文化公园（广东段）。加强岭南特色考古建设。推动广东省水下文化遗产保护中心建设，持续推进"南海Ⅰ号""南澳Ⅰ号"以及英德青塘遗址、岩山寨遗址、笔架山潮州窑遗址等项目考古发掘、保护利用及后续研究。

### 四、拓展就业创业空间

便利港澳居民就业创业。完善取消港澳居民来粤就业许可制度配套政策措施。推动在粤就业的港澳居民同等享受各类就业创业补贴政策。推进完善港澳居民报考内地公务员的操作细则。制定港澳居民中的中国公民参加大湾区内地事业单位公开招聘实施办法。鼓励港澳高校毕业生参加"三支一扶"计划。

打造港澳青年创新创业基地。编制并实施加强港澳青年创新创业基地建设实施方案。在深圳前海、广州南沙、珠海横琴建立港澳创业就业试验区。鼓励社会资本探索设立港澳青年创新创业基金。推进粤港澳大湾区广东创新创业孵化基地、深港青年创新创业基地、前海深港青年梦工场、南沙粤港澳国际青年创新工场、横琴·澳门青年创业谷、佛山港澳青年创业孵化基地、中山粤港澳青年创新创业合作平台、中国江门、增城"侨梦苑"华侨华人创新产业聚集区、东莞松山湖生态园港澳青年创新创业基地、惠州仲恺港澳青年创业基地等建设。推动建设粤港澳大湾区青年家园。

## 五、提升全民健康保障能力

密切医疗卫生合作。建立疾病预防和控制的联动机制。建立区域内重症传染病人会诊机制，完善紧急医疗救援联动机制。支持推动港澳医疗卫生服务提供主体在珠三角九市按规定以独资、合资或合作等方式设置医疗机构，便利港澳医师注册执业。放宽使用港澳药品及医疗器械限制。推动放宽港澳医疗卫生服务提供主体使用境外药品及医疗器械等有关限制，并逐步在大湾区内地所有医疗机构和医师中推广。

深化中医药领域合作。共同建立国际认可的中医药产品质量标准。支持大湾区内地科研机构联合澳门中药质量研究国家重点实验室和香港特别行政区政府中药检测中心，加强食品食用农产品安全合作。完善港澳与内地间的食品安全溯源体系，推进追溯平台对接。建立食品安全信息通报、案件查处、应急联动等机制。高水平打造惠州粤港澳绿色农产品生产供应基地、肇庆怀集绿色农副产品集散基地。

推进养老保险、医疗保险衔接。推动进一步完善在粤就业港澳人员参加社会保险有关政策，贯彻落实国家关于持有居住证的港澳居民参加城乡居民养老保险、医疗保险政策。推动港澳实施异地就医费用结算，增加在粤试点医院数量，直接结算港澳居民在试点医院的医疗费用。研究建立粤港澳跨境社会救助信息系统。支持养老机构建设和养老产业发展。全面放开养老服务市场，港澳投资者在珠三角九市按规定以独资、合资或合作等方式兴办养老等社会服务机构。推进广州、深圳、佛山、东莞、江门等地开展国家级医养结合试点工作。

# 第六节　全面提高区域治理能力和水平

完善中国特色社会主义区域经济发展规划政策体系。党的十九大报告提出创新和完善宏观调控，发挥国家发展规划的战略导向作用，健全货币政策、产业区域等经济政策的协调机制。推进国家治理体系和治理能力现代化，建设人民满意的服务型政府，加快打造市场化、法治化、国际化的营商环境，充分发挥市场的作用，推动有效市场、有为政府和有机社会的更好结合。

## 一、做好顶层设计，构建"1+N"规划制度体系

所谓"1"指的是总纲性文件，"N"则包括为执行总纲而制定的行动方案，以及其他重点领域和行业政策措施和行动。随着粤港澳大湾区等重大战略的深入实施，逐步形成了以重大战略规划纲要或指导意见为指导、若干专项规划及实施方案为支撑的目标一致、层次明确、互相衔接的区域战略规划与区域政策体系，进一步完善了中国特色社会主义区域经济发展的规划政策体系。

第一，加强组织协调。建立粤港澳三地推进大湾区建设协调机制，推动衔接落实粤港、粤澳合作框架协议。大湾区内地各市实行市委、市政府负责制，市委书记是第一责任人，参照省的模式成立推进粤港澳大湾区建设领导小组和办公室。在省领导小组的框架下，分领域成立若干专项工作小组，负责推进专门领域工作。

第二，加强政策支持。建立用地、用林、用海规模和指标统筹机制，对纳入大湾区战略部署的重大平台、重点项目用地需求予以优先保障。

第三，发挥财政政策导向作用，实施大湾区重大专项激励，统筹有关专项资金，对纳入大湾区战略部署的重大发展平台、重点项目、体制机制创新任务予以重点支持。优先任用在大湾区建设关键领域、重点岗位表现突出、实绩明显的干部。推动粤港澳合作开展法制创新。

第四，构建推进实施体系。制定大湾区建设三年行动计划和年度工作要点，建立并动态更新粤港澳大湾区建设重点项目库和创新政策库。省领导小组对各市、各部门实施《粤港澳大湾区的发展规划纲要》（以下简称《规划纲要》）情况组织综合督查或专项督查。省市县各级建立向党委报告《规划纲要》贯彻落实情况工作的制度，将贯彻落实情况列为领导干部政绩考核和党政机关绩效考核事项。强化落实属地金融风险管理责任，做好重点领域风险防范和处置，守住不发生系统性金融风险的底线。强化地方政府债务限额管理，有效规范政府举债融资。

第五，鼓励社会参与。研究编制粤港澳大湾区发展研究院建设方案，成立大湾区智库机构，为大湾区发展提供智力支持。建立行政咨询体系，邀请粤港澳专业人士为大湾区发展提供意见建议。支持粤港澳工商企业界、专业服务界、学术界等与港澳建立联系机制。加强对粤港澳大湾区的宣传引导，建立粤港澳大湾区联合海外推介机制，携手港澳"走出去"推介大湾区。

## 二、创新社会服务方式，加强社会公共服务体系建设

第一，建设服务型政府，深化政务服务，优化营商环境激发市场主体活力。构建以信用为基础的新型监管机制，推进"信用广东"平台2.0升级改造工作。制定省公共信用信息目录以及守信激励和失信惩戒措施清单。统筹推进部门联合"双随机、一公开"监管工作。深化政务服务"一网通办"。深入推进省事项管理系统与省政务服务网、政务大数据中心、统一身份认证及数字政府各项基础能力的应用连通。持续深化"粤系列"事项同源管理。探索

构建个人、法人数字空间，强化省统一身份认证平台建设、运营。

第二，深化社会治理合作。深入推进依法行政，加强大湾区廉政机制协同工作，打造优质高效廉洁政府，提升政府服务效率和群众获得感。加强粤港澳司法协助。建立社会治安治理联动机制，强化矛盾纠纷排查预警和案件应急处置合作，联合打击偷渡行为，更大力度打击跨境犯罪活动。

第三，推进社会保障合作。建立大湾区社会治安治理联动机制，加强粤港澳警务合作交流。建立粤港澳突发事件应急处置联动机制和应急协调平台。支持大湾区内地九市的区县与香港、澳门片区、堂区建立结对交流机制。在大湾区内地港澳居民比较集中的城乡社区，拓展社会综合服务功能。

## 三、推进治理体系和治理能力现代化，为超大型城市群治理提供新模板

建设充满活力的世界级城市群。依托香港、澳门作为自由开放经济体和广东作为改革开放排头兵的优势，继续深化改革、扩大开放，在构建经济高质量发展的体制机制方面走在全国前列、发挥示范引领作用，加快制度创新和先行先试，建设现代化经济体系，更好融入全球市场体系，建成世界新兴产业、先进制造业和现代服务业基地，建设世界级城市群。

以城市群、都市圈为依托构建大中小城市协调发展格局。坚持人民城市人民建、人民城市为人民，提高城市规划、建设、治理水平，加快转变超大特大城市发展方式，实施城市更新行动，加强城市基础设施建设，打造宜居、韧性、智慧城市。

# 第六章
# 推进粤港澳大湾区高质量发展的战略举措

当今世界正面临百年未有之大变局，大国竞争与博弈异常激烈。推动大湾区高质量发展，在当前特殊复杂的国内国际形势下尤为重要，而且非常迫切。在新的形势下，要按照《粤港澳大湾区发展规划纲要》的战略指引，落实《全面深化前海深港现代服务业合作区改革开放方案》和《横琴粤澳深度合作区建设总体方案》等一系列政策措施，从整合粤港澳三地存量资源和创造增量资源入手，通过向国际一流水平、港澳优于内地和内地优于港澳的规则标准对接，面向未来创造高标准规则标准，创造我国在国际竞争特别是大国博弈中的新高地。

推动大湾区高质量发展关系到能否把我国对外开放程度最高、制造业先进、人力资本和创新型企业丰富的优势转化为集成优势；关系到"一国两制"伟大构想的成败和国家长治久安，也事关日益激烈的大国竞争尤其是中美博弈的战略主动权。大湾区情况复杂，发展难度大、问题多，不能走老路，必须下定决心以创新思维来设计政策，并采取超常规的办法和方式来推动，确保各项政策真正落地。

# 第一节　坚持整体化设计，推动大湾区一体化发展

整体化推进大湾区发展，要着重从制度型开放、统一大市场建设、国家级开放平台建设等方面突破。同时，出台任何政策都要体现共同富裕的理念，协调发挥一次、二次、三次分配的作用，提高整个大湾区的公共服务均等化水平。

## 一、推动大湾区更高水平对外开放

制度型开放是大湾区推进更高水平对外开放的内在要求，也是高水平开放的主要特点。要推动大湾区制度型开放，首先要推动大湾区服务贸易创新发展新格局。进一步完善外商投资准入前国民待遇加负面清单管理制度，落实准入后国民待遇；加快服务业领域规则对接，尽快打破服务业领域的各类市场垄断与行政垄断；主动对接全球高水平经贸规则，并在部分区域强化敏感领域的压力测试；强化产权保护与知识产权保护，最大限度激发市场活力与创新活力。其次，通过加深粤港澳合作搭建国际开放平台。香港和澳门在科技、教育等方面具有一定优势，大湾区应通过搭建国际平台引进国际企业和资金。大湾区要做好营商环境和投资环境方面改善工作，进而吸引更多的科技人才和企业进驻，促进三地之间要素自由流动。最后，要深入推进开放合作，将大湾区打造成"一带一路"建设的重要支撑。积极增进三地民生的福祉，共同打造宜居宜业宜游的优质生活圈。未来将大湾区建设成为"一带一路"的国际科技创新中心、"一带一路"的国际金融中心，为"一带一路"沿线国家未来的经济发展、科技进步，提供了新资金、新思路、新方向。

## 二、在大湾区推动全国统一大市场构建和完善

在大湾区背景下，推动构建全国统一大市场，主要任务是构建大湾区统

一的市场制度规则体系，包括统一的产权制度、公平竞争制度、市场准入制度和社会信用制度。这方面大湾区的主要障碍有两个方面：一是大湾区存在三个关税区、三套货币体系、两套法律制度引起的市场制度规则衔接困难问题；二是大湾区经济发展较快，政府财政实力较好，选择性产业扶持政策较多，容易造成资源配置扭曲，影响公平竞争环境的构建。为此，要推进大湾区规则标准对接，推动大湾区市场制度规则一体化进程；提高反垄断政策地位，有力推动平台反垄断，给大湾区市场提供统一的公平竞争环境；融合知识产权管理规则，构建纠纷解决分工协调机制；同时推动人才、科技、金融等各领域互联和互认。

## 三、发挥国家级开放平台的作用

通过前海、横琴、南沙等国家级开放平台推进大湾区体制机制改革。借此发挥大湾区在国家战略层面的积极作用，体现大湾区体制机制的优越性。以前海、横琴和南沙三个平台的建设方案出台为契机，促进两种制度、三个关税区相互借鉴，将制度优势最大化，进而让制度红利辐射放大到整个大湾区。加速推进已有政策举措落地，形成若干点状分布的大湾区发展极点，发挥好三个平台的创新示范引领作用。适时推动三大平台先行先试中好的经验逐渐向整个大湾区铺开，给其他地区提供制度借鉴和发展方向。加快推进面向世界的粤港澳全面合作，推动三大平台按照各自功能定位，各展所长、相辅相成、相得益彰。强化三大平台改革联动、创新联动、产业联动和战略联动，先行探索、积累经验，"以点带面"引领带动粤港澳全面深化合作。同时着重拓展港澳发展空间，支持港澳经济社会发展，保持港澳长期繁荣稳定。

## 四、促进共同富裕，提高大湾区公共服务均等化水平

大湾区要从财富增长、财富分配、治理创新、文化发展四个方面实现共同富裕的目标。首先要实现三次分配相互协调配合的收入分配机制。中央财经委员会第十次会议强调，要"在高质量发展中促进共同富裕，正确处理效

率和公平的关系，构建初次分配、再分配、三次分配协调配套的基础性制度安排"。其次，可以借鉴国外经验，进一步强化税收的调节作用，着重强化社会保障在收入分配调节中的重要作用，提升基本公共服务供给水平，推进整个大湾区基本公共服务统一标准化及优质化，以此最大效率地发挥二次分配的调节作用。最后，着力构建"有爱社会"，加强第三次分配的作用。发挥基于道德层面的"仁爱之心"所产生的资源和财富转移机制作用。加速慈善法在大湾区落地，通过志愿服务组织等民间力量弥补和完善基本公共服务力所不及的社会公共服务供给。通过财富转移提供进一步调节收入分配差距的机制，通过志愿服务等机制进一步提高公共服务水平，满足多元化的公共服务需求。

# 第二节　把香港打造成大湾区战略高地、 人才高地和创新高地

通过更好实现开放，同时让香港更好地融入国家发展大局，将香港打造成国家复合型战略新高地，特别是推动深港协同发展，以香港为引领构建大湾区科技和人才高地，整体发挥大湾区交通网络集成优势。

## 一、以大湾区建设为切入点，加快香港融入国家发展大局

应该看到，香港澳门发展最大机遇在内地、在粤港澳大湾区内，大湾区城市各有特点、各有优势，发挥各自优势，实现资源互补基础上的合作，实现融合发展。一是应以建设好国际创新科技中心为路径，积极推动香港融入大湾区区域协同创新体系，提高大湾区经济创新力和竞争力，提升香港发展的质量。二是积极推进粤港澳大湾区规则标准衔接，更好地融入国家发展大局。应充分利用"一国两制"之利，降低制度性摩擦，提供现有其他世界顶级湾区所不具备的制度创新可能性，全力打造全球一流营商环境，力争形

成"以我为主"，全面放大制度创新红利，增强在中美大国博弈中的战略主动性。三是依托大湾区建设使香港将腹地扩大至更广阔的内地，以获得可持续发展的规模化支撑，充分发挥香港服务于国家整体的功能与作用，尤其是推动人民币国际化方面的独特作用。四是香港特区政府应积极跟进国家对香港的定位，作出路线图及规划，找出哪些是需要中央支持或配合的，哪些是需要香港自己努力的，尤其是制度方面的创新和调整。五是应继续发挥香港作为国家国际经济循环重要节点的功能，充分利用香港作为国际金融中心、拥有雄厚科研实力、熟悉国际商业规则和运作的优势，在投资、人才、机制等方面作出制度创新安排，打造有香港特色的"一带一路"功能平台，积极深化与世界各国各地区开展交流合作，在为构建新发展格局提供支撑的同时，实现香港经济的可持续发展。六是特区政府应积极让香港青年对世界格局、国家机遇期和大湾区建设的战略地位有正确认识，推动有条件的香港青年回内地发展，通过破解青年发展困境逐步解决对祖国认同和香港自身发展难题。

## 二、建议国家支持香港在大湾区框架下建设北部都会区

规划建设北部都会区是香港更好融入国家发展大局的重大举措，对推动"一国两制"事业发展新实践、保持香港长期繁荣稳定具有重大战略意义。一是建立支持香港北都都会区建设的顶层设计，建议在中央粤港澳大湾区建设领导小组指导框架下，研究成立支持香港北部都会区建设专责小组，及时协调解决北部都会区建设有关问题。二是支持香港与内地持续开展创新跨境协同发展与治理新模式合作。在"双碳"战略目标架构下，支持香港与内地绿色低碳协同发展，在香港北部都会区推进低碳试点示范；推动深圳河跨境治理，统一制定水环境治理标准；健全深港垃圾处理协同机制，以共商共建共管方式处理废弃物垃圾；支持深港大气污染、固体废物联防联控，建立科学通报预警的协调机制等。三是支持内地企业、在港中资企业或机构深度参与北部都会区建设。支持在港中资企业或机构深度参与新田科技城等项目建设，推动内地研发机构前来设立研发中心和创新中心等。支持在港中资企业

或机构参与北部都会区住房建设。四是率先引入大湾区龙头科技企业进入北部都会区发展。在粤港澳大湾区特别是深圳，企业是科技创新发展的绝对核心和引擎。建议率先引入粤港澳大湾区大型龙头科技企业作为"锚"，为这些企业提供土地、人才、服务等要素跨境高效便捷流动特殊安排等配套支持，带动上下游企业快速形成产业集群效应和产业生态圈。

## 三、建议国家支持大湾区内地九市扩大对香港的开放

"一国两制"是建设大湾区的突出优势，是其他国际湾区没有的优势。推动大湾区规则衔接，要突出一国优势，推动香港实现更好发展。在中美博弈的大背景下，香港的整体优势和战略地位更加凸显。但是，香港经济正处于转型升级和创新发展的关键时期，传统的产业优势缩窄，并面临服务业竞争加剧、科技创新基础薄弱、营商成本上升和外部干扰不断等诸多挑战。同时，香港贫富两极分化问题严重，社会逐渐老龄化，部分居民居住条件差，整体社会幸福感较低。因此，建议在贸易投资、要素流动、资质互认等方面扩大内地对香港的开放，支持珠三角九市主动衔接香港具有国际竞争优势的部分规则，推动香港产业转型升级，帮助香港提升国际竞争优势。通过扩大内地对香港的开放，推动香港成为大湾区建设的积极参与者和促成者，进一步巩固香港作为国际金融、航运、贸易中心和国际航空枢纽的地位，进一步放大香港作为中国与世界"超级联系人"的作用。通过扩大内地对香港的开放，为香港发展提供人员、信息等生产要素无障碍流通的经济腹地，促进大湾区经济深度融合，为香港中低收入阶层提供更大的发展空间，使香港的问题得到妥善解决。支持建设大湾区（肇庆）优质生活圈特别合作试验区，发挥肇庆市的生态环境、土地等比较优势，建立香港及澳门居民生活及创业就业功能疏解区，打造为香港居民"量身定制"的社区，破除居住政策制度壁垒，推动香港及澳门医疗、社保和保险等在试验区通用，推动港澳居民享有本地居民生活和就业创业的便利，使香港及澳门居民在试验区以低成本享受高质量生活并拥有更广泛的事业发展空间，进一步丰富"一国两制"。

## 四、建议加快深港协同发展并使之成为高质量发展的典范

深港两地地域相连、唇齿相依、互补优势十分突出，可以通过协同发展创造"1+1>2"合作新格局。深圳建设中国特色社会主义先行示范区需要借助香港的国际化优势，香港寻求经济发展新动力需要依托深圳突出的科技创新和产业发展优势。要加速"深港创新同城化"，支持开展创新要素跨境便利流动试点，破解人员、资金、技术和信息等要素跨境流动的各种障碍，推动深圳充分利用香港自由港的优势集聚境外科技人才，推动香港经济由金融驱动的发展模式转向"金融+创新"双轮驱动的发展模式，逐渐形成深港协同创新的新格局，成为广深港澳科技创新走廊的引领者。未来，要充分发挥华为、腾讯、大疆等科技创新领军企业的独特优势，进一步整合深圳、香港、东莞和惠州的比较优势，联合打造世界级的科创中心和新兴产业策源地。考虑到深港科技创新合作区包含香港部分区域，建议国家赋予合作区"辖内境外"特殊监管区地位，实现科技人员进出自由，打造开放层次更高、营商环境更优、辐射作用更强的科技创新高地。可借鉴新加坡、迪拜等自由港经验，结合我国的实际情况，在合作区探索实施针对境外高科技人才的"一线放开、二线管住"的管理制度。

## 五、建议国家以香港为引领构建大湾区科技创新体系

国家可以在规划设计层面构建以香港为引领的大湾区科技创新体系，突出香港金融服务的功能优势，给予政策倾斜，构建大湾区科技创新服务体系。香港对国际科技创新资源要素有内地城市不可替代的强大吸引力，是"双循环"新发展格局中畅通国际循环的重要支撑，是我国实现高水平科技自立自强过程中保持与全球科技创新体系衔接的战略通道。香港未来要助力粤港澳大湾区的建设，可参考美国旧金山湾区的成功经验，在香港建立完善的科技中介服务体系以及构建科技金融体制，致力于整合湾区的创新要素。科技中介服务体系包括金融资本、融资服务、管理信息咨询、国际人才招聘、

技术转移、财务和法律等多种服务，这些服务整合运作，将能大幅提高粤港澳大湾区的创新产出效率。未来香港可以为粤港澳大湾区打造由天使投资、风险投资、私募投资和运作上市等组成的完整的投资、融资体系，为整个粤港澳大湾区提供金融、投资服务。

重点将河套深港科技创新合作区打造成为"科技特区"，率先探索科技创新要素自由流动。首先是推进科研要素自由流动。科研人员通关方面，综合运用先进技术，实现"无感通关"；科研物资通关方面，支持深圳会同海关、市场监管等部门编制科技企业"白名单"。远期设立新型科技专用口岸，实现两个园区之间"通关自由"；科研资金方面，实行特殊监管政策；科研数据方面，从港方园区直接连接数据专线至深方园区。其次是加快科研管理制度国际对接。完善科研资源配置方式，改革科研项目立项和组织实施方式，建立稳定支持与竞争性经费相协调的科技创新投入机制。在科研项目全流程探索创新，赋予科研机构与科研人员更大的人财物支配权、减少使用比例限制。最后是探索科学研究高度开放。在合作区实行最开放的科研制度和最宽松的科技政策；允许在《中华人民共和国生物安全法》框架下开展干细胞、基因治疗等研究和应用等。

## 六、建议国家以香港为引领构建大湾区人才中心

国家可以在法律法规、政策规划层面帮助香港建成粤港澳大湾区人才中心。除了向大湾区提供科技人才之外，还须提供大量技能人才、专业技术人才。香港要进一步参与粤港澳大湾区建设，需要向大湾区内地城市提供更多的技能人才，特别是在生产、运输和服务等领域岗位一线，熟练掌握专门知识和技术，具备精湛的操作技能，并在工作实践中能够解决关键技术和工艺的操作性难题的人员，以及其他专业技术人才。未来可以进一步增强内地相关部门和组织与香港总商会、工业总会、中华厂商会和中华总商会等业界合作。香港人才在大湾区工作，要给予他们在税收、购房、子女就学就医、跨境、外汇等方面提供便利，切实有效吸引他们来内地工作定居。

## 七、发挥大湾区交通网络的集成优势

推进广州、深圳双核联动，促进香港—深圳、广州—佛山、澳门—珠海强强联合，支持形成组团式、多中心、网络化的空间格局；推进三大都市圈发展分化协同，加快推进深圳都市圈扩容、广佛同城化。在这样新的战略布局下，充分利用深中通道、港珠澳大桥、深珠通道等联通优势，促进五个国际航空港、11个港口组成道路交通网络整合，发挥大湾区整个交通网络集成优势。通过智能交通技术，构建大湾区综合立体式交通网络，力争实现大湾区一小时生活工作圈。

# 第三节 推进促进规则标准衔接，推动大湾区一体化发展

大湾区存在两种制度、两种法律体系、三个关税区、三种货币体系，不同制度规则之间的对接衔接显得尤为重要。可以从国家到大湾区各市不同层级设立规则衔接协调机制，从多层次、多角度推进大湾区规则标准衔接工作。

## 一、国家可以成立推进大湾区规则衔接的专责小组

大湾区规则衔接涉及的事权复杂，不仅包括副省级城市、计划单列市、经济特区和地级市，还包括特别行政区，不仅涉及省级事权、市级事权，还涉及中央事权，仅通过11个城市之间的双边和多边协商，很多问题无法解决。建议在粤港澳大湾区建设领导小组下设粤港澳大湾区规则衔接专责小组，负责规则衔接的统筹协调工作。中央和国家机关有关部门要加强指导协调，及时研究解决大湾区规则衔接工作推进中遇到的重大问题。重大事项按程序向中共中央、国务院请示报告，并研究设立大湾区派出机构。广东省要积极创造条件、全力做好各项指导支持工作。同时，粤港澳三地政府要联合

建立大湾区规则衔接联席会议机制，常态化推进粤港澳规则衔接工作。根据不同领域规则衔接的不同需求，建立规则衔接协调工作专班，加强粤港澳三地各行各业的沟通与对话。研究建立粤港澳三地跨部门协作相关机制，完善各方信息沟通共享和规则衔接协同推进机制。

## 二、共同设计大湾区规则衔接具体路径，全面提升三地市场一体化水平

坚持先简后繁分步推进大湾区规则衔接，共同推动国家加快出台《内地与香港关于建立更紧密经贸关系的安排》相关细则。坚持对标国际最高水平开放形态，率先实行一揽子先行先试开放政策，推动大湾区服务贸易深度合作。坚持以共建合作平台推动大湾区贸易规则加快衔接，用好自贸试验区、开放型经济新体制试点试验等先行先试平台，加强三地贸易规则衔接。坚持以信息共享推动大湾区规则衔接，统一进出口检验检疫标准体系和认证标准。共同建设大湾区数字贸易发展公共平台，形成大湾区数字贸易领域的信用、监管、支付体系，打造大湾区数字贸易生态体系，以贸易发展新优势引导形成具有中国自身优势和利益的电子商务领域全球性贸易规则框架，在大湾区打造我国参与构筑下一代贸易方式（E国际贸易）标准的主导性平台。深化"三互"大通关改革，三地逐步推行货物通关"联合查验""单边验放"，拓宽"跨境一锁"查验范围，统一三地海关进出口需要的资料格式、编码规则、数据模型，建设粤港澳标准统一、口径一致的数据库体系。建成大湾区统一的国际贸易"单一窗口"，特别是推动香港和澳门建立国际贸易"单一窗口"，并与内地的"单一窗口"对接，整合三地申报要素，推动实现"一次申报、分别处置"，打通跨境贸易及口岸管理的数据壁垒，突破时间和空间的限制，为企业提供一站式的服务。在监管制度、服务功能、交易模式等方面加强合作，形成"香港国际通道+广州（深圳、东莞）保税分拨"的合作新模式。可以依托广州白云机场综合保税区、深圳盐田综合保税区、虎门港综合保税区，在综保区试行境内关外管理模式改革，将香港的国际分拨功能延伸

到综保区。

### 三、广东省要加快进行珠三角九市与港澳规则衔接改革试点，取得经验及时在全国推广

支持珠三角九市开展要素市场化配置改革试点，进一步打破户籍、地域、身份、档案、人事关系等制约，破除阻碍要素自由流动的体制机制障碍，打破地方保护、行政性垄断，进一步提升九市的市场一体化水平，为香港优势和澳门优势放大到大湾区提供制度保障，进一步丰富"一国两制"事业发展新实践。广州和佛山两市地理位置相邻、要素互补，是大湾区三大极点之一，经过十多年的同城化探索，已经有较好的合作基础，可通过打造城市间跨区域共建平台，把两个相对分割的市场整合成为统一的大市场，助力大湾区实现规则衔接。支持广州和佛山共建广佛高质量发展融合试验区先导区，建议授权先导区实行真正意义的同城化管理，大胆开展政策创新，坚决破解推动形成市场统一、产业协同、公共服务均等化过程中的体制机制难题，发挥去行政边界化的先导作用，集中呈现同城化成果和理念，实现同城同管理、同城同待遇，打造广佛全域同城化的战略叠加区。充分发挥广佛高质量发展融合试验区先导区毗邻广佛国际空港、海港、铁路枢纽群优势，强化广州南站双向开放的枢纽功能，支持先导区建设"海外人才特区"，吸引境外高端人才集聚，探索大湾区规则衔接的有效途径。建议参照广东自贸试验区现有政策，在广佛高质量发展融合试验区先导区同步开展试点，承接国家对自贸试验区新的试点任务，在推进投资和贸易自由化便利化方面大胆创新探索，推动大湾区规则衔接，助力大湾区建成世界一流湾区。与此同时，要重视并支持江门、中山、东莞更好地发挥自身比较优势，在提升与港澳产业等方面合作水平的进程中，在规则衔接方面也要迈出新步伐。

### 四、减少内地与香港之间投资限制，推进投资规则透明化

CEPA 框架协议签署特别是服务贸易协议有效促进了内地与香港在服务业

领域的双向开放，但开放集中在与贸易相关的商贸、物流、分销、广告、人力中介等领域，金融与保险行业开放度并不是很高，准入壁垒仍然存在，而金融业正是当前香港服务业中最具竞争优势的领域，金融开放也符合当前构建高水平经济新体制的相关要求，迫切需要在大湾区内针对金融开放建立开放水平更高的投资管理办法。

要参照高标准投资规则如 CPTPP 等协定的架构要求，对负面清单涉及的行业领域投资管理要求明确化、明晰化。在准入后阶段更应确立更加清晰的政策执行指引，尤其是要明确在大湾区内部，涉及港澳投资主体在大湾区投资的准入前与准入后阶段，结合投资主体进入行业的不同，参照现有的负面清单管理制度和 CEPA 框架协议及其附属协议，制定明确清晰的条文条例来规范港澳投资的事项管理与监管的流程与程序，使企业和政府主体都能够对投资事项的整体流程具有明确清晰的判断与预期，避免各地市行政部门因政策法律规范的"宽泛"与"不够精确"，出现延迟办理或不予办理的情况。

## 五、支持珠三角九市延伸内地自贸试验区、自由贸易港政策，并与港澳自由港政策衔接

建设粤港澳大湾区是丰富"一国两制"实践内涵的重大战略，促进规则衔接是推动战略落地根本保障。香港和澳门本身就是高度开放的自由港，其部分规则值得珠三角九市学习借鉴。建议支持珠三角九市延伸港澳部分自由港政策，深圳前海、广州南沙、珠海横琴等重大平台可先行延伸，探索实施低税率、简税制，充分发挥其在粤港澳大湾区规则衔接中的试验作用，将香港和澳门的优势放大到大湾区，形成更大的开放优势和制度优势。建议支持深港科技创新合作区、东莞滨海湾新区、中山翠亨新区等特色合作平台，延伸内地自贸试验区、自由贸易港政策，同时与港澳部分自由港政策衔接，进一步深化粤港、粤澳合作，推动大湾区深度参与国际合作，提升大湾区的整体实力和全球影响力。

## 六、以粤港澳大湾区建设为切入点，加快澳门经济适度多元化

澳门经济发展较好，是大湾区所有城市中人均地区生产总值最高、社会福利最好的城市。但是，长期以来澳门经济结构单一，经济发展方式滞后，发展严重依赖博彩、旅游等少数第三产业，经济韧性不足。特别是博彩业作为经济支柱，澳门大约有一半的地区生产总值来自博彩及博彩中介行业。澳门是典型的小型开放经济体，对外部经济环境高度依赖。过去澳门"以博彩旅游业为龙头，以服务业为主体，其他行业协调发展的产业结构"的发展策略，已经逐渐不适应澳门产业发展实际和外部环境的变化，制约澳门经济稳定向好发展。根据《粤港澳大湾区发展规划纲要》和《横琴粤澳深度合作区建设总体方案》等文件精神，可以逐渐引导澳门经济适度多元化发展，对合作区进行分区分类施策管理，货物"一线"放开、"二线"管住；澳门大学横琴校区和横琴口岸澳门管辖区，由全国人大常委会授权澳门特别行政区政府管理，适用澳门有关制度和规定，与其他区域物理围网隔离；粤澳双方共商共建共管共享区域采用电子围网监管和目录清单方式，对符合条件的市场主体，实施特殊政策。

# 第四节 前瞻性布局，推动大湾区一体化联通发展

从通信网络和交通网络两个方面前瞻性布局，推动大湾区基础设施联通。发展规划体现整体性布局，以构建优质生活圈为目标，提升整个大湾区的基础设施联通性。

## 一、进一步加强和完善 5G 条件下的网络布局

《"十四五"规划纲要》提出"加快 5G 网络规模化部署，前瞻布局 6G 网络技术储备""构建基于 5G 的应用场景和产业生态，在智能交通、智慧物流、智慧能源、智慧医疗等重点领域开展试点示范。"基于这样的部署，未来需要

在 5G 方面进行大湾区范围的一体化设计，在 5G 条件下重整产业链布局，优化生活圈，规划数字基础设施布局，进而推动大湾区加快形成国际一流湾区。

一是推动构建和完善 5G 基础设施体系，大力发展"5G+"。扩展 5G 室内覆盖率，加速推广商用 VR/AR 技术应用；推动"5G+ 数字商贸"和"5G+ 大数据融合营销"，加速 5G 与商业设施结合；推动"5G+ 智能制造"，打造 5G 技术应用示范产业园区；采用"5G+ 北斗 + 传感器 + 边缘计算技术"改造港珠澳大桥桥梁检测系统，并向整个大湾区推广；开通"5G+ 政务"专网，加快政府办公信息化、数字化脚步，提高政务基础设施建设水平。

二是在 5G 条件下构建大湾区范围的物流配送体系。通过 5G 技术提高物流体系的时效性，按照 5G 技术要求构建物流基础设施。随着大湾区一体化的不断推进，物流配送时效性要求将会更为苛刻。一方面，5G 技术具有大容量、高传输速率、宽可接入性、强可靠性、低能耗等特点，5G 技术加持下的电子商务系统效率将会大幅提升，能够更快收集路况信息、实时调整配送线路；另一方面，5G 背景下呼唤物流配送效率相应提升，应构建物流配送一体化云平台体系，发挥物流网技术优势，将 5G 与北斗导航系统更好结合，物流车辆接入云平台进行实时监控，推进物流配送体系信息化、标准化、网络化。

三是利用 5G 技术更好促进大湾区内金融支持实体经济发展。发展基于 5G 网络终端的在线金融工具，发展和推广贷款的网上审核、网上授信、网上签约等服务，提高资金运行效率，拓展线上融资渠道。

四是通过 5G 技术促进社会信用平台建设。目前我国除了银行系统社会信用统合较好以外，其他领域全国统一的信用平台尚未建立起来，而且不同领域之间的社会信用信息交互机制还没有形成。我国已经建立了权威统一、可查询的市场主体信用记录平台体系，能够实现对市场主体和个人信用"黑名单"并加强惩戒。但是由于社会信用体系构建的不完善，相关平台体系还需要在 5G 技术条件下进一步推进"互联网 + 监管"模式改革。未来可以利用大数据、区块链等技术整合不同领域的信用信息，综合分析失信行为，对失信行为进行溯源追踪，实现失信行为早发现、早提醒、早处置。

五是开展 6G 前瞻性研发布局。目前我国在 5G 方面布局已经走在世界前列，大湾区则走在全国前列，6G 研发已经逐渐在全球开始，大湾区要发挥 5G 技术和应用优势，争取在 6G 技术上持续保持领先地位。目前华南理工大学在毫米波集成电路和天线方面取得一定研究成果，未来有望在通信系统中得到运用；华为已经开始推广 5.5G 网络，这是通往 6G 的必由之路。未来在 6G 技术应用较为成熟之后，大湾区要率先布局 6G 基础设施，积极发展民用 6G 服务体系，挖掘 6G 商业潜力。同时按照《"十四五"数字经济发展规划》要求，大湾区加快布局全国一体化算力网络国家枢纽节点，建设数据中心集群，结合大湾区 5G/6G 应用、高新技术产业等发展需求优化数据中心建设布局。

## 二、进一步提升高铁交通网的联通性

根据《"十四五"现代综合交通运输体系发展规划》，要构建完善以"十纵十横"综合运输大通道为骨干，以综合交通枢纽为支点，以快速网、干线网、基础网多层次网络为依托的综合交通网络。同时提出，提升粤港澳大湾区国际性枢纽集群全球互联互通水平和辐射能力，推进智慧公路、智慧港口、智能航运建设等。

一是进一步提升大湾区铁路网连通性，织密高铁网。重点增加珠江两岸的联通性和交通立体化程度。加速深中通道建设，构建东起深圳市宝安区鹤洲立交，西至中山市横门枢纽的大通道。目前深中通道计划在 2024 年通车，通车后粤西到深圳只需要 30 分钟便可直达。珠三角东西两岸将进一步拉近距离，对两岸的人文、经济、文化等领域的交流将起到重要的作用。同时，深江高铁已经于 2022 年 10 月正式开工建设。深江高铁是我国"八纵八横"高铁网沿海通道的重要组成部分，线路起自新建的深圳西丽站，向西经东莞市、广州市、中山市、江门市，接入江门至湛江铁路江门站，正线全长 116 千米，建设工期 5 年半。建成后将成为"高铁版的深中通道"。

　　未来一个阶段大湾区交通领域重要举措之一就是进一步提升两岸的联通性，织密粤港澳大湾区交通网。这是交通部门对接服务"一带一路"倡议、支持粤港澳大湾区和广东自贸区的重大交通建设举措。

　　二是提升立体式智慧交通建设水平。通过数字技术赋能交通领域，构建铁路、公路、航空等综合立体规划的智慧交通网络。铁路领域、航空领域着重布局工业无人机业务领域，与科研机构展开积极合作，拓展新的通用航空业务发展空间，推动科技技术服务城市智慧交通；市内交通领域，目前广州地铁正努力构建大湾区城际、城市轨道交通"一张网、一张票、一串城"的发展蓝图，持续推动统一交通平台的迭代研发，未来可以通过数字化技术赋能，努力推动整个大湾区的交通服务平台对接衔接，乃至构建大湾区统一化、智慧化的交通服务平台，实现大湾区铁路、公路、轻轨、地铁等综合交通网络的软联通和硬联通。

专题篇

ZHUAN TI
PIAN

# 第七章
# 加快把粤港澳大湾区打造成
# 世界级创新平台和战略高地

    世界正处于百年未有之大变局的深刻演化之中，大国竞争博弈日趋震荡，世纪疫情影响深远，俄乌冲突引发全球地缘政治格局剧烈震荡，如何在各种可以预见和难以预见的暴风骤雨中驾驭中国这艘巨轮破浪前行，从长远看，起决定性作用的是一个国家的综合竞争力、核心竞争力和战略竞争力，而其中的主战场是科技创新能力的国际战略博弈。主要国家把强化创新能力作为大国竞争博弈、塑造竞争优势的重要战略选择。为此，必须加快打造走在全国乃至全球前列的战略性创新高地，持续提升创新引领战略能力，为统筹发展与安全提供强大科技支撑。粤港澳大湾区作为我国开放程度最高、经济活力最强的区域之一，在国家发展大局中具有重要战略地位，立足新发展阶段、贯彻新发展理念、构建新发展格局，打造世界级创新平台和战略高地，是国家赋予的特殊历史使命。

## 第一节　形成战略性创新能力和优势

    16 世纪以来的 500 多年，科技创新的引领者始终被西方发达国家主导。意大利、英国、法国、德国、美国先后成为世界科学中心和创新高地，美国在第二次、第三次、第四次科技革命中，原始创新和发明创造占全球 80% 以上，成为与美元、美军三足鼎立支撑美国占据全球强国地位的战略性基础和称霸世界的霸权能力。环顾世界，今天的创新型国家都是以科技创新为经济社会发展核心驱动力、具有强大创新优势的国家，既包括综合国力大国，如七国集团（G7）国家等；也包括小而强的国家，如瑞士、以色列等。中国已经成为世界第二大经济体，第一大货物贸易体，制造业产能排在世界第一位的国家。中国正在向创新型国家发展，但与创新能力居于世界前列的国家相比，战略性、原创性、基础性创新能力薄弱，仍是中国在所有经济、科技领域中的最大短板。粤港澳大湾区已经成为中国提升创新能力的"排头兵"，粤港澳大湾区已经积淀了有效存量优势，有条件、有可能、有基础、有必要实现创新发展的新突破。对比世界上其他湾区，粤港澳大湾区"一个国家、两种制度、三个关税区、三种货币"的建设模式，开创了世界区域经济发展史上未有之先例。如果能通过标准和规则对接实现一体化发展，将是粤港澳大湾区的最大后发优势。假以时日，无论是人口规模、制造业规模、国内生产总值规模还是创新能力，粤港澳大湾区都有机会超过东京湾、纽约湾、旧金山湾等世界主要湾区。

## 一、粤港澳大湾区具有独特的打造国家创新高地的历史使命

《中华人民共和国第十四个五年规划和 2035 年远景目标纲要》提出"积极稳妥推进粤港澳大湾区建设"的明确要求，强调要以京津冀、长三角、粤港澳大湾区为重点，提升创新策源能力和全球资源配置能力，加快打造引领高质量发展的第一梯队。相比于京津冀和长三角，粤港澳大湾区人口与经济等要素高度集聚在约为 1 万平方千米的建成区，人口密度接近东京湾区，是全球人口密度最高的地区之一，且空间高度连绵，跨界地区功能高度融合，已超过东京湾成为亚洲最大城市连绵体。国家支持在大湾区建设综合性国家科学中心先行启动区，布局建设了散裂中子源、驱动嬗变装置等一系列重大科技基础设施，依托前海深港现代服务业合作区、横琴粤澳深度合作区、河套深港科技创新合作区，深圳西丽湖国际科教城、广州中新知识城等一批重

大创新合作平台，促进科技、产业、金融的良性互动和有机融合，推动广深港、广珠澳科技创新走廊不断提升能级。

　　创新是粤港澳大湾区经济高质量发展的基础条件和魅力所在，科技创新力量是粤港澳大湾区经济增长的内生动力。在国际格局深刻变化、演化和调整中，粤港澳大湾区根据《"十四五"规划纲要》，已经被赋予了建设世界第一科技走廊的光荣使命，瞄准世界科技和产业发展前沿，加强创新平台建设，大力发展新技术、新产业、新业态、新模式，加快形成以创新为主要动力和支撑的经济体系，从而创造超越美国和日本湾区发展的综合优势。粤港澳大湾区已经纳入建设具有全球影响力的国家科学中心和国际科技创新中心行列，其目标是建成全球科技创新高地和新兴产业重要策源地。中国2021年科技创新全社会研发投入达到2.79万亿元，同比增长14.2%，研发投入强度达到了2.44%，国家创新能力综合排名上升至世界第12位，成功实现"十四五"良好开局。北京、上海、粤港澳大湾区三大国际科技创新中心，跻身全球科技创新集群前10位。深圳—香港—广州创新集群连续两年居全球第二，成为粤港澳大湾区科技创新中心具有国际影响力的创新高地和人才高地的集聚区。在珠江东岸地区，依托中新广州知识城、广州科学城、深圳光明科学城、西丽湖国际科教城、东莞松山湖科学城、惠州潼湖生态智慧区等重点创新平台，广深港澳科创走廊成为大湾区产业创新的主轴。珠江西岸的广州、佛山和珠江东岸的深圳、东莞，构成了粤港澳大湾区制造业高质量创新发展重要区域。在珠江西岸地区，依托南沙粤港澳全面合作示范区、琶洲人工智能与数字经济试验区、珠海西部生态新区、佛山粤港澳合作高端服务示范区、中山翠亨新区、江门大广海湾经济区、肇庆新区等重点创新平台建设，正在打造广珠澳科技创新走廊，引领带动粤西地区创新发展。

## 二、粤港澳大湾区具有独特的教育资源和人才优势

　　从全球四大湾区比较来看，粤港澳大湾区面积最大、人口最多，人才成

长势头处于领先态势。在大湾区内，聚集了 5 所世界 100 强的大学，多于其他湾区。根据 2015 年全国 1% 人口抽样调查数据，粤港澳大湾区接受过高等教育的人达 1187.81 万，占 6797.49 万常住人口的 17.47%。按照 8% 的高等教育人口增长率，2022 年粤港澳大湾区高等教育人口将达到 1883.6 万人。对比国内主要区域中心来看，粤港澳大湾区的人才引进数量已有一定优势，大湾区陆续颁布了《广东省进一步稳定和扩大就业若干政策》《关于推动港澳青年创新创业基地高质量发展的意见》等诸多高质量人才引进政策，提升了制度供给优势。香港特别行政区是大湾区的重要学术研究中心，同时作为国际金融中心拥有和国际惯例接轨的优势。广州是华南地区的政治和科技文化中心，拥有华南理工大学、中山大学等众多大学和科研院所。深圳特区作为粤港澳大湾区的创新中心，除了深圳大学之外，还引进了清华大学研究生院、香港相关大学的研究院，创办了南方科技大学、中山大学深圳校区，并且和中科院合作筹建深圳理工大学和深圳海洋大学。

科技创新离不开人才、技术、资本、信息等创新资源，大湾区不像其他湾区的"单核"发展模式，而是以深圳、香港和广州三城为联动核心，生产要素在城市间快速流动的多层级城市群，从而实现了丰富的资源联动。其中人才的储备和供应更是联动的关键所在，大湾区一方面实施海外高层次人才精准引进计划，另一方面优化人才要素跨境跨区域政策。全面实施大湾区境外高端紧缺人才个人所得税优惠政策，珠三角九市累计发放个税补贴 23.9 亿元，引进近 9000 名境外创新人才。2021 年在穗全职院士人数 64 人，近 200 位院士、40 余位港澳科学家集聚广东开展研发，大湾区基础研究和原始创新能力显著增强。根据科学技术部发布的《中国火炬统计年鉴 2020》，粤港澳大湾区的高新技术企业共拥有年末从业人员 707.73 万人，大专以上从业人员占总人员的 42.19%，留学归国人员比率 0.367%，人才质量结构不断优化。

以深圳特区和广州市为代表，吸引了全国大批优秀人才聚集，大量留学生加速回国，相当一部分聚集在粤港澳大湾区。据《2020 年深圳人才竞争力报告》，2019 年深圳引进各类人才 28.75 万人，引进人才数量逐年稳步上升，在深圳有省创新科研团队 38 个，连续十年居于全省地级市第一；制造业的人才总量超过 104 万，占全市总量的比重超过 40%。目前深圳各类人才总量达 548 万余人，深圳科技大军人数超过 200 万人，累计认定高层次人才近 1.6 万人，全职院士超过 50 人，留学回国人员超过 14 万人。东莞人才总量达到 258.4 万人，人才总量占全市人口比重的 24.6%；高层次人才总量 18.3 万人，院士工作站、重点实验室等各类人才平台 1523 个，通过机构集聚基础研究人才近万人；广州市统计局数据显示，拥有国家级大学科技园 3 个，省级大学科技园 5 个。

## 三、粤港澳大湾区具有独特的产业链集成创新的韧性和弹性

新一轮科技革命和产业革命正在加快重塑全球经济版图，科技创新步伐不断加快，新产业、新业态层出不穷。粤港澳大湾区已经形成产业厚度和宽度，沉淀了大量的中小企业集群，增强了产业链供应链的韧性和弹性。《粤港澳大湾区发展规划纲要》中关于制造业、战略性新兴产业相互融合、互补互促的产业集群发展的布局，已经取得初步的成效。广东作为主体省份的战略性产业集群，成为粤港澳大湾区的重要战略支撑，成为积极参与世界经济分工合作与竞争博弈的重要力量。强大的制造配套能力是粤港澳大湾区相比其他三个湾区的优势之一，目前，广东已形成 7 个产值超万亿的产业集群，其中，5G 产业和数字经济规模排在全国第一位；建设 20 个战略性产业集群的政策初步落地；新一代信息技术、生物医药、无人机、机器人等新兴领域均取得了显著成绩。2021 年，在工信部确定的全国两批高规格 25 个先进制造业集群中，广东省珠三角地区占了 6 个，包括深圳市新一代信息通信集群、深圳市电池材料集群、东莞市智能移动终端集群、广佛惠超高清视频和智能家电集群、广深佛莞智能装备集群、深广高端医疗器械集群。

2021 年发布的信息显示，粤港澳大湾区的 500 家优势创新机构中，有 122 家属于各类制造业，《财富》2021 年的世界 500 强榜单中有 25 家企业上榜，第一位是中国平安，其次是华为，其中中国平安 2021 年名次上涨至榜

单第16位。从城市分布来看，今年9家上榜企业总部位于香港，数量最多；其次是深圳（8家）、广州（5家）、佛山（2家）、珠海（1家），代表了大湾区的产业创新实力。在2021年广东新开工的重点建设项目中，包括新型基础设施、重大发展平台、新一代信息技术工程、新材料产业工程等领域的建设，都巩固了粤港澳大湾区产业创新基础。粤港澳大湾区已在创新基础好的区域打造了一批核心战略平台，粤港澳大湾区高新技术产业集群发展取得了新进展。

目前，粤港澳大湾区中的珠三角九市，已经形成了从研发到制造、再到应用的产业链完善的产业体系。2021年广东工业增加值突破4.5万亿元，位居全国第一，约占全国的八分之一；工业投资同比增长19.5%，高技术制造业增加值占规模以上工业比重达29.9%；单位工业增加值能耗强度约为全国工业能耗强度的一半，能源利用效率居全国前列。广东培育主营业务收入超百亿元的企业310家；累计培育国家级制造业单项冠军85家、国家级专精特新"小巨人"企业429家。2021年，广东省20个战略性产业集群实现增加值49069.97亿元，同比增长8.3%，增加值占全省地区生产总值比重约为40%；"十大"战略性支柱产业集群实现增加值43262.03亿元，占全省地区生产总值比重34.8%。粤港澳大湾区新兴产业城市集中趋势明显，如新一代信息技术、高端装备制造、新能源、数字创意产业分别有86.5%、81.8%、87%、89.2%的企业分布在广州市和深圳市；新兴产业较多分布在广州市和深圳市。其中新一代信息技术集中在深圳市，新能源、数字创意集中在广州市，广州市、深圳市还集中了大湾区的高端装备制造企业。深圳形成了十几个战略性新兴产业基地，东莞、佛山、中山以专业镇方式推动经济发展，以特色产业为支撑，组成了多维立体的产业集群。在新一代信息技术工程上，除广州粤芯半导体项目二期将进行投产外，新开工建设的26个项目中，有18个位于粤港澳大湾区，包括电子信息、人工智能、新一代移动通信、新型显示面板等产业。

## 四、粤港澳大湾区具有独特的经济规模优势和支撑创新的经济实力

展望未来，强大的经济实力支撑粤港澳大湾区改革创新，推动世界创新高地从美国硅谷向深圳特区和粤港澳大湾区其他城市转移。2021年7月1日《深化粤港澳合作推进大湾区建设框架协议》签署，标志着粤港澳大湾区建设正式启动。2019年2月18日，《粤港澳大湾区发展规划纲要》发布，提出建设富有活力和国际竞争力的国际一流湾区和世界级城市群目标，粤港澳大湾区综合实力和集聚效应显著增强。粤港澳大湾区2021年研发费用支出约占地区生产总值的3.14%，投入超过3800亿元；发明专利有效量、PCT国际专利申请量等重要创新指标居全国首位；全省研发人员超过11万人，在粤外国人才约占全国1/5。深圳华为公司一家企业的研发经费就达到1400亿元，腾讯公司达到389.72亿元，两家公司的研发总和超过了1789.72亿元。2021年，大湾区内珠三角9个城市的研发支出预计超过3600亿元，研发投入强度预计为3.7%。

2021年粤港澳大湾区11个城市全年地区生产总值约为12.63万亿元，其中，内地珠三角9个城市地区生产总值为100585.72亿元，名义增长了7.9%，这是珠三角9市首次迈上10万亿元新台阶。若加上香港、澳门，粤港澳大湾区的地区生产总值比2017年增长约2.4万亿元。粤港澳大湾区11个城市中，有5个地区生产总值万亿元城市，其中深圳超过3万亿元，香港、广州超过2万亿元，佛山、东莞突破万亿元。2021年，深圳的规上工业总产值已达41341.32亿元，首次突破4万亿元，是粤港澳大湾区的"工业第一大市"，广州、佛山、东莞和惠州成为4个万亿元工业产值的城市。粤港澳大湾区实现了城市互补、产业协同、齐头并进的发展格局，在广州、深圳、佛山、东莞迈入地区生产总值超万亿元的城市后，中山、珠海、惠州等城市也在加速追赶，粤港澳大湾区未来还有更多城市会迈入地区生产总值万亿元城市。

## 五、粤港澳大湾区具有独特的创新基础和国家特殊政策优势

根据世界知识产权组织（WIPO）发布的《2021 年全球创新指数报告》，大湾区"广州—深圳—香港—澳门"科创走廊成为仅次于东京—横滨之后排名全球第二的科创走廊。数据显示，目前，广东已初步构建了由 10 家省实验室、30 家国家重点实验室、430 家省重点实验室、20 家粤港澳联合实验室、4 家"一带一路"联合实验室等组成的高水平多层次实验室体系，这个体系包括由省实验室、国家重点实验室、省重点实验室、粤港澳联合实验室、"一带一路"联合实验室等组成的高水平多层次实验室体系，推动广东原始创新能力持续增强。

广东区域创新综合能力实现全国"五连冠"，科技部公布的数据显示，2021 年，大湾区内珠三角 9 个城市的研发支出，预计为超过 3600 亿元人民币，研发投入强度预计为 3.7%，国家高新技术企业达到 5.7 万家，专利授权量预计为达到 78 万件，其中发明专利授权量预计为超过 10 万件。发明专利有效量、PCT 国际专利申请量等重要的创新指标位居全国首位；全省研发人员超过 110 万人；在粤外国人才约占全国的 1/5。粤港澳大湾区近五年 PCT 专利公开总量约 12.20 万件，仅次于东京湾区，是纽约湾区和旧金山湾区的 2.88 倍和 3.4 倍。粤港澳大湾区 PCT 专利年复合增长率超 15%，居四大湾区之首。从 PCT 专利影响力来看，粤港澳大湾区比值为 0.42，东京湾区比值为 0.92，旧金山湾区和纽约湾区比值分别为 1.53 和 1.34。2020 年，粤港澳大湾区发明专利公开量约 36.59 万件，为东京湾区的 2.39 倍，旧金山湾区的 5.73 倍，纽约湾区的 7.85 倍。粤港澳大湾区 2016—2020 年发明专利公开量达 149.84 万件，也远超其他三大湾区，年复合增长率达 17.23%。根据近五年粤港澳大湾区发明专利公开数据，在国内排名前 10 位的 IPC 行业分别为 G06F（电数字数据处理）、H04L（数字信息传输）、H04W（无线通信网络）、H04N（图像通信）、G06Q（专门适用于行政、商业、金融、管理、监督或预测目的的数据处理系统或方法）、G06K（数据识别；数据表示；记录载体；记录载体的处

理）、A61K（医用、牙科用或梳妆用的配制品）、H04M（电话通信）、F24F（空气调节；空气增湿；通风；空气流作为屏蔽的应用）、H01L（半导体器件）。全国一体化算力网络粤港澳大湾区国家枢纽已经启动，将聚焦"数网""数纽""数链""数脑"和"数盾"五大关键子体系，系统谋划推动算力、算法、数据、应用资源集约化和服务化创新，打造辐射华南乃至全国的实时性算力中心。到"十四五"期末，建成"绿色集约、统筹调度、数据融通、创新应用、安全可靠"的粤港澳大湾区国家枢纽总体格局。

粤港澳大湾区和北京、上海作为我国三大国际科创中心，三者各具特色，创新能力均已排名全球前 10 位。国家支持在大湾区建设综合性国家科学中心先行启动区，布局建设有散裂中子源、驱动嬗变装置等一系列重大科技基础设施，依托前海深港现代服务业合作区、横琴粤澳深度合作区、河套深港科技创新合作区、深圳西丽湖国际科教城、广州中新知识城等一批重大创新合作平台，促进科技、产业、金融的良性互动和有机融合，推动广深港、广珠澳科技创新走廊不断提升能级。国家支持建设粤港澳大湾区的国家技术创新中心、新型显示国家技术创新中心、第三代半导体国家技术创新中心以及一批新型研发机构，打造国际技术转移枢纽，引领新兴产业发展。国家支持香港和澳门科技力量成为国家创新体系和国家战略科技力量的重要组成部分，推动港澳科技力量进一步融入国家创新体系，中央财政科研经费过境支持港澳科技发展；国家重点研发计划 17 个基础前沿类专项、自然科学基金优秀青年科学基金向港澳开放；4 家香港高校在内地的分支机构成为人类遗传资源过境香港的试点单位，可独立申请内地人类遗传资源过境香港。国家支持香港建设 16 个国家重点实验室、6 个国家工程技术研究中心香港分中心、3 个国家高新技术产业化基地香港伙伴基地、2 个国家级科技企业孵化器等一批创新平台。支持澳门建设 4 个国家重点实验室，以及港澳地区"一带一路"联合实验室、澳门海岸带生态环境野外科学观测研究站等科研和国际合作平台。

# 第二节 为实现高水平科技自立自强和建设科技强国提供战略支撑

据世界知识产权组织《2021 年全球创新指数》，中国创新排名第 12 位；而同时进入创新排名和经济总量排名前 20 位的国家有 10 个，依次为瑞士、美国、英国、韩国、荷兰、德国、法国、中国、日本、加拿大。尽管我国的排位在快速提升，但距离高水平科技自立自强的科技强国还有很大的差距，粤港澳大湾区经过多年的创造积累，在国内具备领先优势，但还没有达到科技创新的高级阶段，主要的薄弱环节是：基础科学原创性成果尚没有达到世界领先水平，距离成为世界主要科学中心还有很大的差距；龙头企业高技术引领作用还不够强，大多数产业和企业国际竞争力不具有压倒性优势；还没有成为世界公认的创新高地，科技、教育和人才制度亟须进一步改革；在国际分工复杂的产业链供应链中，存在被"卡脖子"的技术、关键零部件、新材料、新工艺。2019 年颁布的《粤港澳大湾区发展规划纲要》明确了近期到 2022 年，远期展望到 2035 年。根据《规划纲要》，粤港澳大湾区将通过两个阶段的目标要求实现五大战略定位，一是充满活力的世界级城市群。二是具有全球影响力的国际科技创新中心。三是"一带一路"建设的重要支撑。四是内地与港澳深度合作示范区。五是宜居宜业宜游的优质生活圈。五大战略定位的核心是，把粤港澳大湾区作为未来中国在全球竞争当中创新的载体和平台，加快打造世界主要科学中心和创新高地，率先建成国际科技创新中心，建设成为国际创新枢纽，可以为实现高水平科技自立自强和建设科技强国提供战略支撑。要实现上述目标其主要路径是：

## 一、加快建设国家科学中心与科技创新中心

日本科学史学者汤浅光朝于 1962 年提出，如果某国能够载入史册的顶

级科学成果在某个时期超过同期全世界同级科学成果的 25%，就可认为该国在这个时段是世界科学中心。他认为过去 500 多年形成过五个世界科学中心，依次是意大利、英国、法国、德国和美国，平均持续时间约 80 年。汤浅发现，美国从 1920 年开始成为世界科学中心，预测 2000 年前后世界科学中心应该从美国转到其他国家了，他当时认为苏联应该成为下一个世界科学中心。苏联于 1991 年解体后，随着中国经济快速发展和科技创新能力不断增强，一些学者从 20 世纪 80 年代开始就预测，世界科学中心今后可能从美国转移到中国。但是，世界科学中心从一个国家转移到另外一个国家，需要一流科研团队从该国家转移到下一个国家，前沿科研团队、优势学科和大批领军人才在这个国家产生集聚优势，中国还远没有达到，需要抓紧培育可以走在全国前列的高地。《"十四五"规划纲要》中"坚持创新驱动发展，全面塑造发展新优势""优化区域经济布局，促进区域协调发展"以及"坚持一国两制，推进祖国统一"三个篇章都布局了粤港澳大湾区创新布局。大湾区被赋予重要角色——国家战略科技力量的平台、高质量发展的动力源、区域协同发展的重大战略和支持港澳融入国家发展的桥梁，成为全国绿色转型标杆、探寻供应链协调发展的领先模式、成为国家高水平对外开放的平台。粤港澳大湾区加快建设国家科学中心，应该是义不容辞的历史使命。必须围绕国家战略布局，面向世界科技前沿、面向经济主战场、面向国家重大需求、面向人民生命健康，全面落实国家规划部署。以推动大湾区高质量发展为主线，以科技创新和体制机制创新为动力，以国际科技创新中心、世界主要科学中心、国家实验室、大湾区科技创新长廊为主平台，自主创新示范区为主阵地，打好关键核心技术攻坚战，构建开放创新生态，建设全球人才高地。强化粤港澳大湾区国家战略科技力量，加强基础研究，确立粤港澳大湾区在国家整体创新战略中的创新地位，基本形成以国家实验室、国家重点实验室、综合性国家科学中心、新型研发机构、高水平高校院所以及科技领军企业为主体的战略科技力量体系化布局。

未来 15 年，粤港澳大湾区的目标是打造世界第一的科技走廊，成为在世界湾区科技竞争中的翘楚。每年地区生产总值需要增长 6% 以上，2025 年前每年增长 1 万亿元左右；2025 年后每年地区生产总值增长 8% 以上，每年地区生产总值增长 2 万亿元。其中，科技产业增加值要占据 60% 以上份额。为此，粤港澳大湾区需要在 2025 年前每年都加大研发投入力度，争取 2025 年达到 11638 万亿元研发投入，2026 年以后超越美国旧金山湾区的科技研发投入，在科技竞争中达到世界第一科技走廊的主要指标。到 2035 年，实现大湾区整体原始创新能力、集成创新能力、高水平科技自立自强能力、创新生态环境、影响力辐射力全球领先。这就需要构建和强化国家实验室、国家科研机构、高水平研究型大学、科技领军企业等各重大创新领域优势科技力量，推动科技、教育、产业、金融紧密融合，促进各类创新主体紧密合作、创新要素有序流动、创新生态持续优化，提升体系化能力和重点突破能力，支撑我国在新一轮科技革命和产业变革中抢占先机，实现产业链创新链迭代升级。

当前，全球新一轮科技革命和产业变革加速演进，科技创新进入加速创新、迭代、融合、融通的新时代，思维范式、研究范式、科技创新范式和成果转化范式加速变革，跨学科研究和交叉更加紧密、产业变革深度拓展引发的产业链供应链深度嵌套，这些都是新一轮科技革命和产业变革的机遇。

以深圳、广州、东莞为主阵地，以光明科学城、松山湖科学城、南沙科学城等为主要承载区，打造综合性国家科学中心。推动综合性国家科学中心先行启动区建设，推动光明科学城等围绕信息科学、材料科学、生命科学三大领域，建设重大科技基础设施集群，打造世界一流科学城；推动松山湖科学城聚焦新材料、新一代信息技术、高端装备制造、新能源、生命科学等领域建设世界一流生态科学城；支持广州南沙科学城聚焦信息、生命、海洋等重点前沿科学领域，开展面向未来的基础研究，聚焦新一轮科技革命和产业变革发展方向，前瞻布局基础研究、应用基础研究，搭建跨界融合技术平台，加强未来产业所依托技术和知识源头供给。充分发挥国家级新区、国家自主创新示范区、国家高新区等高端要素集聚平台作用。打造粤港澳大湾区前沿基础研究和高技术创新重要载体。提升企业技术创新能力。在半导体行业、5G、6G、人工智能、量子信息、生物技术等前沿技术领域实现全球领先水平，突破一批"卡脖子"技术。

着力推进综合性国家科学中心建设，瞄准科技前沿加强基础研究，持续提升原始创新能力，加快打造原始创新策源地。加快推进"广州—深圳—香港—澳门"科技创新走廊建设，优化大湾区国际科技创新中心建设格局，优化提升实验室体系。建设一流科研机构、高水平研究型大学和科技领军企业，强化战略科技力量布局，构筑国家重大创新动力源，加快打造原始创新技术的"策源地"。强化关键核心技术攻关能力，推动一批重大攻关成果示范应用，加强国际科技合作，发挥科研院所转制企业作用，提升共性关键技术研发服务能力，有效激发各类人才创新创造活力，更好促进高水平科技自立自强。基础研究突出原创，持续大力支持量子科学、脑科学、纳米科学、高端装备制造、新材料、人工智能、新一代通信、合成生物学、重大科学仪器设备等重点领域。全社会研发经费支出占地区生产总值比重、基础研究经费占全社会研发经费比重、顶级科技家和奖项获奖人数、在核心领域取得重要技术突破、引领性原创性研究发现等位于全国前列。

## 二、培育位于世界中高端、高端或顶端的高精尖产业

粤港澳大湾区应加速培育具有高成长、高潜力、高技术含量的未来产业，培育位于世界中高端、高端或顶端的高精尖产业，培育增加值占比处于全国前列的重大产业。紧紧跟踪新一轮科技革命和产业变革发展趋势，聚焦未来产业的培育和发展，抢占未来产业发展技术制高点，围绕人工智能、区块链、智能传感、卫星互联网、空天科技、太赫兹、信息光子、低碳零碳负碳技术（碳达峰碳中和）、天然气水合物、氢能、材料基因工程、合成生物学、干细胞与再生医学等13大领域实施研发专项，为提升粤港澳大湾区产业基础高级化、产业链现代化水平提供重要技术支撑。应按照粤港澳大湾区"十四五"规划要求，精准布局未来产业，重点聚焦类脑智能、量子计算、

6G、未来网络、无人技术、超材料和二维材料、基因与干细胞等前沿科技领域，进行产业培育与技术突破。推进先进通信网络领域丰富 5G 技术应用，强化"5G+"融合应用技术创新，开展卫星互联网芯片、核心器件和整机研制，前瞻布局第六代移动通信（6G）潜在关键技术。以先进通信网络、工业互联网、北斗导航与位置服务等应用技术为驱动，大力发展虚拟现实等融合创新技术，攻关一批底层核心技术，支撑壮大特色产业集群。在粤港澳大湾区提升北斗导航与位置服务能力，鼓励北斗与 5G、物联网、人工智能等技术融合创新，突破关键引领技术，推动"北斗 +""+ 北斗"集成应用，带动北斗产业应用发展。

以先进算力、数字化等应用平台为支撑，以人工智能领域智能芯片、开源框架等核心技术突破为切入点，开展超大规模智能模型、算力与智算平台建设，为人工智能技术开发应用提供创新支持。提供适配各种场景的区块链解决方案，推动融合技术创新，培育产业应用互联网领域突破数字孪生、边缘计算、人工智能、互联网协议第 6 版（IPv6）、标识解析、低功耗分布式传感等技术，夯实深圳、广州、东莞等地的工业互联网技术自主供给能力；研发一批行业专用工业 APP、知识图谱等，加速工业互联网系统解决方案迭代优化。研究探索虚拟现实领域的近眼显示光学系统、多元感知互动、实时位置感知融合、多维交互等关键技术攻关，推动虚拟现实联调测试验证等共性技术平台建设。特别是在人工智能、量子信息、集成电路、生命健康、脑科学、生物育种、空天科技、深地深海等前沿领域，完善科技创新体制。在新一代信息技术、生物技术、新能源、新材料、高端装备、新能源汽车、绿色环保以及航空航天、海洋装备等产业要攻克"卡脖子"技术，形成更加安全可靠的产业链。充分发挥粤港澳大湾区产业链供应链集群优势，依托香港、澳门、广州、深圳等中心城市的科研资源密集优势和一些行业高新技术产业基础，充分发挥粤港澳大湾区总体创新研发能力强、运营总部密集以及珠海、佛山、惠州、东莞、中山、江门、肇庆等地产业链齐全的优势，加强大湾区产业对接，提高协作发展水平。推动制造业从加工生产环节向研发、设计、品牌、营销、再制造等环节延伸。推动制造业智能化发展，以机器人及其关键零部件、高速高精加工装备和智能成套装备为重点，大力发展智能制造装备和产品，培育一批具有系统集成能力、智能装备开发能力和关键部件研发生产能力的智能制造骨干企业。把装备制造、汽车、石化、家用电器、电子信息等优势产业做强做精，建设以珠海、佛山为龙头建设珠江西岸先进装备制造产业带，以深圳、东莞为核心在珠江东岸打造具有全球影响力和竞争力的电子信息等世界级先进制造业产业集群，支持东莞等市推动传统产业转型升级，佛山深入开展制造业转型升级综合改革试点。

在粤港澳大湾区形成一批产业链条完善、辐射带动力强、具有国际竞争力的战略性新兴产业集群，围绕信息消费、新型健康技术、海洋工程装备、高技术服务业、高性能集成电路等重点领域及其关键环节，实施一批战略性新兴产业重大工程。加快制造业绿色改造升级，重点推进传统制造业绿色改造、开发绿色产品，打造绿色供应链。培育壮大新能源、节能环保、新能源汽车等产业，形成以节能环保技术研发和总部基地为核心的产业集聚带。

## 三、支持具有原始创新能力的头部企业做强做大

培育形成一批具有全球影响力的科技领军企业，打造一批科技领军企业或头部企业，将科技领军企业作为重构自主可控的产业链供应链的重中之重，发挥企业在科技创新中的主体作用。推动形成科技、产业、金融良性循环，加速推进科技成果转化应用。鼓励支持国有、民营企业构建科技领军企业牵头、高校院所支撑、各创新主体相互协同的创新联合体。发挥企业主体者作用，产学研合作推进重点项目协同和研发活动一体化，针对高端制造、信息产业中的薄弱环节开展联合攻关。

世界银行数据显示，全球经济总量中约有 60% 来自港口海湾地带及其直接腹地。其中，东京湾区、旧金山湾区、纽约湾区是国际公认的世界三大湾区。在 2021 年《财富》世界 500 强上榜企业中，有 40 家来自东京湾区，12

家来自旧金山湾区，22家来自纽约湾区，25家来自粤港澳大湾区，共计99家上榜企业，营业收入占世界500强公司的20%，利润占比达到35%。粤港澳大湾区上榜企业数量首次超越纽约湾区，但创造利润和原始创新能力与其他湾区企业相比还有很大差距。2017年上榜的16家企业至今悉数在榜，其中13家企业排名有所上升，1家企业排名维持不变；排名上升50位的企业有10家。

建设世界级大湾区，需要世界级头部企业。应提升粤港澳大湾区头部企业的带动力、创造力、竞争力和整合产业链供应链的能力，对进入500强企业进一步赋能，同时继续培育一大批占据产业链供应链价值链高端位置的跨国公司，强化头部企业在国际市场配置资源、获得增值价值的拓展能力。要提升制造业核心竞争力，启动一批产业基础再造工程项目，以华为、腾讯、广汽、格力等各领域"科创突围尖兵"为引领，加速形成"科研尖峰＋技术转化"的科创生态、"巨头擎引＋硬件创新"的产业生态、"平台驱动＋创业孵化"的数字生态。鼓励像华为、中兴、大疆、比亚迪、腾讯等科技领军企业积极主导或者参与国际标准、国家标准和行业标准制定。支持科技领军企业联合高校院所组建联合实验室、新型共性技术平台等，解决跨行业、跨领域关键共性技术难题。引导科技领军企业打造开放式创新平台，促进大中小企业实现融通发展。科技与产业加速融合，科研、生产、市场转化过程一体化现象明显，数字经济强势崛起。培育高精尖产业新动能，着力强化战略科技力量，提升基础研究和原始创新能力。

高科技头部企业学习华为等先进经验，构建"市场＋技术创新＋富有正向激励的分配"的现代管理制度，激发创新活力。加强风险投资发展，推进成果有效转化。充分利用粤港澳大湾区5G技术发展在全国乃至全球处于领先水平的优势，发挥华为、中兴、腾讯、小米、大疆、比亚迪等龙头企业作用，提前部署6G技术研发应用，提高大湾区工业领域数字化水平，将5G、6G技术与工业PON（无光源网络）、移动边缘计算技术相结合，拓展工业互联网应用的广度与深度。

## 四、锻造一大批"专精特新"中小企业和冠军企业

我国支持"专精特新"企业发展政策体系不断完善。2021年11月，国务院促进中小企业发展工作领导小组办公室印发《为"专精特新"中小企业办实事清单》和《提升中小企业竞争力若干措施》，从加大财税支持力度、完善信贷支持、畅通市场化融资渠道、推动产业链协同创新、提升企业创新能力等10个方面列出了支持"专精特新"企业发展的31项任务"清单"。从落实落细财税扶持政策、加大融资支持力度、提升数字化发展水平、助力开拓国内外市场、提升人才队伍素质等11个方面提出34条精准支持措施。2021年12月，中央经济工作会议提出，要提升制造业核心竞争力，启动一批产业基础再造工程项目，激发涌现一大批"专精特新"企业。2022年全国两会，"专精特新"首次写入《政府工作报告》。国家批准成立北京证券交易所，设立从资金导向上支持研发投入、技术创新、科技成果转化，为创新型中小企业发展打开新的成长空间。2022年，我国计划在原有基础上，再培育3000家左右的国家级"专精特新"中小企业，带动培育省级"专精特新"中小企业由现在的4万多家增长到5万家左右。在"十四五"期间，中央财政设立中小企业发展专项资金并安排奖补资金，分三批重点支持1000余家国家级专精特新"小巨人"企业高质量发展。目前，我国建立了多方位多层次的创新型企业梯次：一是创新型中小企业，拥有自主知识产权的核心技术、知名品牌，具有良好的创新管理和文化整体技术水平在同行业居于先进地位，在市场竞争中具有优势和持续发展能力。二是"专精特新"企业，具备专业化、精细化、特色化、新颖化优势的中小企业，拥有"独门绝技"，专注于产业链上某个环节，在产业链上具备一定的话语权。三是专精特新"小巨人"是"专精特新"企业中的领军者，专注于细分市场、创新能力强、市场占有率高、掌握关键核心技术、质量效益优的排头兵企业。四是制造业单项冠军企业，长期专注于制造业某些特定细分产品市场，生产技术或工艺国际领先，单项产品市场占有率位居全球前列。

据统计，目前全国认定的专精特新"小巨人"企业研发人员占比基本达到25%，平均研发强度超过7%，是2021年规模以上工业企业平均研发强度的近5倍。"小巨人"企业平均专利数超过50项，共设立国家级研发中心312家，院士工作站500余个，省级技术中心、工程中心、研究院近5000个，体现出较强的创新驱动发展特征。目前，广东共产生429家专精特新"小巨人"企业，总量位居全国各省份第2名，仅次于浙江的470家。广东的专精特新"小巨人"企业主要集中于粤港澳大湾区内地九市，九市共拥有408家专精特新"小巨人"企业，其中42家为上市公司。截至2020年，广东高新技术企业存量超过5.3万家，继续领跑全国，形成了强大的专精特新"小巨人"企业后备军团。截至2021年8月，广东专精特新"小巨人"企业有效发明专利达7000多件，稳居全国第1名。广东明确提出，力争未来五年推动300家"专精特新"中小企业登陆沪深交易所主板、创业板、科创板、新三板等。一大批企业从小到大，从大到优到强，华为、腾讯、大疆、格力等企业都经历了从小企业发展为各自领域的龙头企业或者头部企业的历程，区域内"专精特新"企业数量庞大，且整体质量优异。

加快在粤港澳大湾区锻造一大批"专精特新"中小企业和冠军企业，是产业链高级化的必然选择。一是要培育处于产业链塔尖上的制造业"单项冠军企业"，衔接产业链断点，增强产业链韧性、提高经济抗风险能力。支持那些长期专注于基础零部件、基础装备、关键材料等细分产品市场的企业，发挥大国工匠精神，把企业做成"百年老店"。争取在特定细分产品销售收入占全部销售收入比重超过70%，生产技术或工艺国际领先，产品质量精良，单项产品占有率位居全球前3位。二是培育专精特新"小巨人"企业，与终端产品制造商和上游原材料零部件供应商之间，形成相互支撑、相互链接、长期相对稳定的产业链上下游嵌套关系，促进粤港澳大湾区产业集群发展，提高产业链完整性、配套性与不可或缺性，有为大企业、大项目提供关键零部件、元器件和配套产品的能力。三是培育一大批"专精特新"中小企业，使大量具有"专业化、精细化、特色化、创新化"特征的中小企业，成为在核心基础零部件和元器件、先进基础工艺、关键基础材料、工业软件、产业技术基础"五基"领域"补短板""填空白"的企业。四是鼓励支持量大面广的创新型中小企业，通过这些企业持续的技术、品牌和模式等创新能力，成为粤港澳大湾区技术创新重要主体和制造业高质量发展生力军。

粤港澳大湾区产业链、供应链密集，已经形成产业链供应链集聚和产业配套能力，"专精特新"中小企业与全球比较、与中国亟须高质量发展的要求和与国家规划目标比较，还有相当大差距。必须加大培育一大批"专精特新"企业为代表的中小企业，成为发展壮大实体经济发展的主力军。发现并推广专注于产业链上某一环节的中小企业，这些企业创新能力强，市场占有率高，掌握核心关键技术等特征，把创新发展的着力点放在实体企业上，把做大做强具有创新能力的实体经济作为主攻方向。建立"专精特新"企业上市融资的绿色通道，使符合条件的企业快速对接资本，让创新型的中小企业得到快速发展，享受中小企业创新成长红利。培育"专精特新"中小企业，培育"隐形冠军"企业，就是要鼓励创新，做到专业化、精细化、特色化、新颖化，把企业打造成为掌握"独门绝技"的"单打冠军"或者"配套专家"，有望为国家解决一批制造业细分领域内的"卡脖子"难题。对于在一些领域出现的"卡脖子"问题，要优先从资本上给予支持，推动具有创新能力的"冠军企业"都进一步掌握技术上的绝对领先优势，在国际竞争当中占据主导性，形成一批具有自主知识产权，自主创新的高精尖产业集群。

## 五、形成具有国际竞争力的自主可控的产业链供应链集群

根据经济合作与发展组织（OECD）双边贸易数据测算，在全球制造业进出口中，中间品占80%左右。一个国家的贸易能力是其制造贸易品的能力，这反映了我国制造业结构的重大变化，由于我国已经成为全球制造业基地和中心，我国制造业产生的贸易已经以中间品贸易为主，即在我国已经形成了产业链，供应链集群发展的态势。"以创新链引领产业链，以产业链支撑创

新链"，是习近平总书记 2021 年 10 月 24 日在深圳经济特区成立 40 周年大会上对粤港澳大湾区提出的要求。强化广东作为制造业大省的创新引领作用，就要推动粤港澳大湾区产业链、供应链、创新链、服务链、价值链五链同步发展，特别是强化创新链作用，构建制造业的创新生态，建立与中国制造业高质量发展要求相适应的创新链。聚焦构建更高水平的现代产业体系，着力推动高新区高质量发展，推动科技金融产业深度结合，打造一流创新创业生态，加快培育若干具有全球竞争力的十大战略性支柱产业集群，发展十大战略性新兴产业集群。切实增强产业链供应链韧性和竞争力，深化跨行业跨领域跨企业专业化整合，积极打造现代产业链处于"链长"位置的龙头企业，促进上中下游、大中小企业融通创新、协同发展，培育一批国家级先进制造业产业链集群，系统推进制造业数字化转型。具体包括：重点推动新一代电子信息、绿色石化、智能家电、汽车、先进材料、现代轻工纺织、软件与信息服务、超高清视频显示、生物医药与健康、现代农业与食品等十大战略性支柱产业集群发展；重点推动半导体与集成电路、高端装备制造、智能机器人、区块链与量子信息、前沿新材料、新能源、激光与增材制造、数字创意、安全应急与环保、精密仪器设备等十大战略性新兴产业集群发展。

当前和今后一个时期，世界大变局加速演变，国际经济、科技、文化、安全、政治格局都会发生深刻变化，要素流动受到诸多限制，主要发达国家推动制造业格局更加注重安全可控，产业链趋向区域化、本土化、友岸化、智能化和数字化，新兴发展中国家也在加速布局产业链的优势环节。在这样的国际背景下，中国原有的劳动力、土地、资源等竞争优势逐渐减弱，新的产业链竞争力尚未形成，制造业产业链供应链稳定受到挑战。特别是在疫情中，为了防止疫情蔓延和扩散，各国采取的严格措施阻碍了要素流动，全球产业链供应链遭遇严重冲击，加之美国为首的一些国家采取各种手段遏制打压中国，力图重构去中国化的产业链供应链，中国产业链供应链安全面临挑战。当前我国一些制造业产业链主要集中在下游的加工组装环节和中低端制造领域，在上游的关键材料、核心零部件、核心技术设备、主要软件等方面仍受制于人的局面没有发生根本性改变，核心技术层面多个领域存在"卡脖子"风险。粤港澳大湾区头部企业如中兴、华为、大疆等的遭遇，暴露出中国在全球产业链供应链中，一些关键核心技术方面短板问题仍然突出。目前我国 80% 的研发设计软件、60% 的生产控制软件被国外品牌占领，在高端装备制造的设计软件市场超过 90% 的份额被欧美软件公司的产品占领。一旦工业软件遭到"断供"，制造业数字化转型将无从谈起，国家经济安全、国防安全也将面临重大威胁。因此，在粤港澳大湾区率先形成具有国际竞争力的自主可控的产业链供应链集群，形成整体、系统、原创、集成创新能力，是大湾区提升整体竞争力的迫切需要，也是提高中国大国竞争博弈能力的必然选择。

在粤港澳大湾区实施一系列产业链供应链提升工程，推动产业链供应链集群的高级化、现代化、网络化、协同化发展，确保产业链供应链集群形成头部企业集聚高地，创新链核心环节的战略高地。促进产业链向广度深度厚度和高度延伸，占据价值链高端，提高产业链供应链集群的整体创新能力。在制造业领域优势产业"优链、强链"，在国际分工复杂的产业链供应链链接中，形成自主可控的体系；在新兴产业"补链、固链"，抢占世界制造业的制高点，率先形成以我为主的产业链供应链；在未来产业"建链、拓链"，提前谋划并构建以创新能力为核心的产业链供应链，加快形成世界领先制造业产业链、供应链集群。同时，更深度地融入全球产业链供应链分工体系，形成畅通的国际大循环，在以畅通的国内大循环为主体的支撑下，保障供给与需求更高水平动态平衡，实现国内国际双循环相互促进，为建设制造强国、网络强国提供强大支撑。提高产业链供应链创新链协同能力，形成相互协同、彼此联动、互利共生的产业链供应链集成体系，解决产业链供应链与创新链对接不畅、创新链对产业链升级的支撑不足的问题。形成上下游企业之间更加紧密、更具黏性的链接关系。

## 六、建设具有全球比较的制度优势的人才创新高地

粤港澳大湾区应加快实施战略人才锻造工程，壮大支撑科技自立自强的重要力量。粤港澳大湾区已经积淀了创新资源的存量优势，应把重点放在着力构建战略科学家成长梯队上，放在打造一流科技领军人才和创新团队上，放在造就具有国际竞争力的青年科技人才队伍上，放在培育支撑广东制造业高质量发展的卓越工程师队伍上，以更高的起点、更新的高度构建支撑高质量发展的人才队伍脊梁。优化世界一流新型研发机构配套支持政策，建立与国际接轨的治理结构和组织体系。依托国家级创新基地、新型研发机构等创新平台，以"大科学装置＋大科学任务＋大科学领军人才＋大科学创新机制"等形式，吸引全球顶尖科研人才开展科研工作。实施"高聚工程"等人才计划，面向全球引进和使用各类人才资源，引进首席研究员（PI）、高级算法工程师和平台架构师等核心技术人才。在推动人才、技术、资本和数据等创新要素流动方面走在全国前列，每万名就业人员中研发人员数、公民具备科学素质的比例处于全国领先水平，为创新创造提供制度供给优势，尽快使大湾区成为全球创新网络重要节点。

集聚国际顶尖创新资源，吸引一流国际化人才。重视基础研究，就必须培育和发掘具有基础研究能力的人才队伍，基础研究决定了它在原创科学研究领域的发展水平，而具有科研原创能力的人才队伍，则决定了能诞生多少原始创新成果，当"原始创新"不断滚雪球般发展壮大，应用研究与成果转化才会随之形成规模效应。要鼓励原始创新，就必须突出评价科研成果的质量和原创价值，对高层次人才、急需紧缺人才和产业人才优化职称评审机制。创新科研管理制度，释放研发活力。打破传统僵化的科研管理制度，试行职务发明实行科技成果混合所有制的办法，探索实施科技创新"包干制"改革，改革滞后的科研院所人事、财务制度，科技企业实施员工持股，落实知识产权保护，释放活力。支持科研事业单位探索试行更灵活的薪酬制度，探索具有重大产业变革前景的颠覆性技术发现和培育机制。依托重大科技基

础设施、依托科技创新长廊和几大科学城，围绕物质科学、空间科学、生命科学等基础研究领域，开展国际联合研究项目，集聚国际知名科学家和团队资源，打造具有国际影响力和国际资源吸附力的创新综合体。

以提高中国总体创新能力的长远眼光，在粤港澳大湾区有意识地发现和培养更多具有战略科学家潜质的高层次复合型人才，形成国家战略科学家成长梯队中的基础性力量。坚持实践标准，在国家重大科技任务担纲领衔者中、在处于全球产业链供应链头部企业领军者中、在解决中国"卡脖子"技术与科研者中，发现和培养具有深厚科学素养、具有前瞻性储备性的战略科学家，以及视野开阔，前瞻性判断力、跨学科理解能力、大兵团作战组织领导能力强的战略科学家。培育"帅才型"战略科学家，以更大的政策力度使那些推动科技创新与高技术产业跨越发展的"领路人"脱颖而出。建立促进产学研深度融合的体制机制，探索"创新＋创业""科技＋资本""战略＋科学"等新范式，探索和完善战略科学家培养方式和实现路径。

粤港澳大湾区应充分利用好港澳创新能力和人才优势，通过相关制度衔接，推动港澳科技研发优势和内地产业化应用优势充分对接，推动三地科技资源的融合和整合，将港澳科技力量纳入国家整体科技创新体系中来。推动三地科技深入合作，要打破资金、人才、设备、样本材料、信息、技术等科研要素的跨境流动限制，推动三地科研资源的对接、匹配和整合，共同形成综合、系统、集成的科研生态和创新体系。探索建立粤港澳大湾区创新资源信息共享平台，打通大湾区科技信息互通的通道，推动科技创新资源与信息的开放共享。支持粤港澳高校、科研机构联合建立专用科研网络，实现科学研究数据跨境使用。

## 七、全力打造粤港澳大湾区"创新生态"体系

根据《广东省科技创新"十四五"规划》，到 2025 年主要创新指标达到国际先进水平，粤港澳大湾区初步建成具有全球影响力的科技和产业创新高地，成为国家重要创新动力源。

一是研发经费投入年均增长达 10%，占国内生产总值之比达 3.5% 左右；每万人研发人员全时当量达 90 人 / 年；二是在若干重要科学前沿、颠覆性技术领域形成一批重大原创性科技成果，在"卡脖子"技术、关键零部件及装备方面形成系列重要突破；三是涌现出一批世界级创新型领军企业和独角兽企业，高新技术企业、科技型中小企业数量继续保持全国前列；四是企业创新能力显著提升，规模以上工业企业研发经费支出与营业收入之比达 1.8%；五是高技术制造业增加值占规上工业增加值比重达 33% 以上，科技成果转化为现实生产力更加便捷高效，年技术合同成交额达 5000 亿元。到 2035 年，形成高效成熟的国际化区域创新体系，主要创新指标达到世界领先水平，粤港澳大湾区建成具有全球影响力的科技和产业创新高地，广东成为引领我国进入创新型国家前列的战略力量。广东省"十四五"科技创新规划部署，核心要义是形成粤港澳大湾区的创新生态。

在粤港澳大湾区构建"国家队 + 地方队 + 企业队"的创新体系。创造条件争取更多国家队在粤港澳大湾区设立分支机构，与省队、市队合作融合，形成以基础研究、尖端技术、原始创新为主导的研究基础。建设一批一流的科研院所、大学和公共技术服务平台，加大长期持续投入，集中力量在基础应用研究及关键核心技术上取得实质性突破。建立符合科技创新规律、突出质量贡献绩效导向的科技评价体系。以高质量创新、创新成果产业转化、创造原创性能力机制为导向，根据不同学科、研究领域以及创新链不同环节，分别设置合理的评价指标，构建科技创新分类评价体系。加强与在粤港澳大湾区的国家科技生态体系的"融合"，与外资企业创新链"咬合"，与本土头部企业创新能力配套"结合"，在全球产业链深度变化的基础上，加强构建跨境创新网络。

不断推进原创性改革，提供优质制度供给。以提升科研组织化、体系化能力为突破口，打破国家重点实验室依托单位行政隶属限制，鼓励围绕重点领域协同开展基础研究和应用基础研究，建设重大创新平台。支持科技领军企业在粤港澳大湾区建设国家重点实验室。加强产学研深度融合。建立以企业为主体、市场为导向、产学研深度融合的技术创新体系，支持粤港澳企业、高校、科研院所共建高水平的协同创新平台，推动科技成果转化，实现科技服务融合发展。深化"开放、流动、联合、竞争"机制建设，提升大湾区国家重点实验室原始创新能力、国际学术影响力、学科发展带动力、国家需求和社会发展支撑力，打造国家重点实验室"升级版"，实现科技资源共享。实施粤港澳科技创新合作发展计划和粤港联合创新资助计划，支持设立粤港澳产学研创新联盟。实行科研项目分类管理，加大对科研人员的绩效奖励力度，形成青年创业创新交流机制。允许科研人员依法依规适度兼职取酬。

在粤港澳大湾区应该率先推动数字经济发展，抢占未来经济发展制高点。2022 年 1 月 6 日，国务院办公厅发布《要素市场化配置综合改革试点总体方案》指出："规范培育数据交易市场主体，发展数据资产评估、登记结算、交易撮合、争议仲裁等市场运营体系，稳妥探索开展数据资产化服务。""完善公共数据开放共享机制。建立健全高效的公共数据共享协调机制，支持打造公共数据基础支撑平台，推进公共数据归集整合、有序流通和共享。探索完善公共数据共享、开放、运营服务、安全保障的管理体制。""发挥领军企业和行业组织作用，推动人工智能、区块链、车联网、物联网等领域数据采集标准化。深入推进人工智能社会实验，开展区块链创新应用试点。"大湾区应积极探索建立流通技术规则，聚焦数据采集、开放、流通、使用、开发、保护等全生命周期的制度建设，推动部分领域数据采集标准化，分级分类、分步有序推动部分领域数据流通应用，探索"原始数据不出域、数据可用不可见"的交易范式，实现数据使用"可控可计量"，推动完善数据分级分类安全保护制度，探索制定大数据分析和交易禁止清单。释放数字产业化和产业数字化新动能，提升创新链、延伸产业链、融通供应链，深度支撑具有湾区辨识度、特色性强高精尖产业体系建设。

# 第八章

# 推进粤港澳大湾区高质量发展的
# 独特视角：大湾区标准规则衔接

　　大湾区规则制度标准对接或衔接是一个制度规则融合、集成、创新、创造的过程。要坚持国家宪法和港澳特区基本法等"硬法"的基础地位，以《粤港澳大湾区发展规划纲要》为指引，坚持问题导向、实践导向、结果导向，积极创设以三地有效对接衔接与深度协作为特征的各类"软法"，加快形成体现大湾区自身特色具有协商性、柔性、便捷性的有效管用的"软法"体系。

　　大湾区"一国两制"带来了内地与港澳间"关制""币制""税制""法制"等多方面制度差异，也形成了三地间各类标准、规则、管理理念与方式方法诸多方面的衔接问题。推进三地规则标准对接衔接是推进粤港澳大湾区建设的核心环节，主要任务是在《宪法》和港澳高度自治基础上，依照《粤港澳大湾区发展规划纲要》，解决实践中普遍存在的"大门开、小门不开"问题。

　　推动规则标准对接或衔接不是简单的谁向谁靠拢的问题，而是共同向最高、最优的标准和规则靠拢。应坚持有利于解放和发展生产力、有利于发挥各自优势、有利于抢占未来国际竞争制高点标准，对于税制和税收监管等港澳具有制度优势的领域，内地九市要向港澳对接；对于内地标准领先的领域，如若干先进制造标准，要引导港澳向内地标准对接；对于贸易等领域国际新规则和更高标准，内地九市和港澳要共同向先进的国际高标准对接，以此形成大湾区商流、物流、资本流、信息流、人流等无障碍流通，为打造国际一

219

流湾区奠定自身特有的制度优势基础。

大湾区制度规则标准衔接是一个三地相向推进的持续动态发展过程。在大湾区规则衔接过程中，要推动从政府主导的"自上而下"模式向政府与大湾区各类市场主体、社会组织和三地公民在内的"自上而下"与"自下而上"双向结合模式转变。及时发现并将实践证明行之有效的三地规则衔接经验和做法，并以制度化形式确定下来。要注意形成早期收获成果，不断累积各方对内地的信任水平，以持续性的量的积累推动实现大湾区规则制度衔接不断上水平，最终实现由国家规划引导下的跨境协同发展和跨境区域协同治理。

# 第一节　粤港澳大湾区贸易规则衔接研究

粤港澳大湾区是我国开放程度最高的区域，但三地在部分贸易规则衔接上仍存在较大差异，在一定程度上制约了大湾区统一大市场的形成，应加快推动贸易规则衔接，助力大湾区成为国际一流湾区。

## 一、贸易规则衔接存在的深层次矛盾与问题

总体来看，当前粤港澳大湾区在货物贸易通关、服务贸易规则衔接、新兴贸易业态等多方面均存在诸多深层次矛盾与问题。

### （一）货物贸易通关制度不同带来合作困难

三地海关通关制度差异较大。香港实行自由贸易制度：一是对进出口贸易不设管制，除对危险药物、枪械、动植物、濒危物种、肉类及家禽实施管制外，其他不受管制（包括货物和经济主体）；二是不设关税壁垒，只对酒类、烟草、碳氢油类、甲醇等4类货物征收关税；三是通关手续极为简便，一般货物只需在进出口后的14天内向统计署申报报关单，且全部实行无纸申报；四是对国际船舶免于抵港申报，免于办理海关手续。与香港实行自由贸易政策不同，中国内地实行贸易管制政策，目前我国仍需申领44种进出口许

可证件。在税收制度上，虽然我国关税总水平从加入 WTO 前的 16.4% 下降到目前的 7.5%，但除部分国家鼓励进口的原材料和高新电子产品外，对大部分进口商品仍需征收关税。内地的管制要求高于香港，通关制度设计更加严格。如申报制度，香港海关在货物进出口环节不需申报报关单；出口舱单是自愿，不做强制要求。而内地进出口货物报关单、舱单是必须申报的资料，为满足安全、征税、贸易管制要求，申报的数据项相对也多。

法律制度不同带来的信息交换困难。香港海关将企业申报的物流、报关数据视为企业的私有信息，政府部门无权对外提供，否则视为侵犯隐私。这就制约了信息互换和查验结果参考互认方面的深度合作。

管理机制不同带来的沟通困难。港澳没有对整个口岸实施统一管理、协调的机构，不同口岸管理问题分别由相关部门牵头协调，以香港为例，其口岸查验部门包括海关、食品环境卫生署、渔农自然护理署等，导致沟通不畅。

货物通关环节多、非查验环节耗时较长。目前，进口货物平均有 9 个环节、提交 15 个单证，出口货物平均有 5 个环节、提交 14 个单证。广州海关抽样分析显示，海关作业时间约 15—16 小时，占整体大通关时间 10%。当前提升通关时效的关键是提升"整体大通关"效率。以南沙港为例，在进口环节，货物从卸船完成至报关申报、报关放行至提离耗时比例分别为 23.9%、51.2%；在出口环节，报关完成至装船完成耗时占比则高达 85% 以上，海关、检验检疫等口岸查验部门在整体大通关流程中占用时间比例不高。

货物通关收费名目繁多、标准不一。目前货物通关收费名目超过 60 项。其中，政府定价类收费往往按收费标准上限定价，收费偏高；政府指导价收费由港口经营企业直接向船公司收取，但由于船公司的垄断地位，导致部分费用向进出口贸易企业转嫁；市场调节价类包括船公司、货物堆场、船代、货代、报关行、报检行等多个收费主体，存在一定的乱收费、随意收费现象。由于收费名目繁多、标准不一，进出口企业往往将通关环节整体打包给货运代理，部分企业借此获取不正当利益，导致政府"减税降费"改革红利难以直接传导至进出口企业。

申报规则和要素不一致。目前，经横琴口岸进出澳门的货物需向内地海关、澳门海关分别进行申报，涉及多个业务申报系统和业务环节，申报程序相对较为烦琐。

"单一窗口"信息共享及功能运用还需加强。目前，"单一窗口"标准版仅实现地点和前台统一，而数据和监管后台仍独立运行，跨部门信息共享力度不足，跨境贸易全流程涵盖政府部门有限，主要是海关、海事等中央垂管部门使用，广东省内其他部门还未有效利用和对接，功能上尚不支持加工贸易类货物申报、跨境电子商务等业务。同时，与境外信息交换功能尚需加强顶层设计和规划。

## （二）服务贸易一体化程度不高

在 CEPA 框架下，内地与港澳逐步推动货物贸易全面自由化、服务贸易基本自由化，力促贸易投资便利化并加强经济技术合作。协议签订以来，虽取得了一定成效，但与社会各界的期望仍有差距，粤港澳服务贸易仍存在较多制度约束。

CEPA 服务贸易开放的广度和深度有待进一步提高。CEPA 及相关协议对于港澳服务提供者的认定门槛较高，内地对港澳专业服务开放程度有待进一步提高。如内地对港澳服务贸易市场准入有待进一步开放，虽然对"商业存在"采用负面清单，但对电信和文化服务、跨境服务领域，仍保留正面清单形式，开放幅度较小。

CEPA 门槛高、认定严格，导致能够援引使用 CEPA 开放准入的主体数量有限。随着 CEPA 签署实施和自由贸易试验区设立，服务贸易自由化的"先行先试"陆续实施，但是由于长期以来的各种行业壁垒，例如服务资格确认、牌照及经营上存在一些门槛，导致香港发达的法律、会计等专业服务业无法在深圳开展业务。目前，深圳除了前海蛇口自由贸易试验区之外，其他地区在服务业相关领域的制度创新仍缺乏有效探索，难以推动服务业的深化合作。据悉，自 2016 年 6 月 1 日起，港澳服务提供者在内地全境投资，按照《服务贸易协议》对港澳开放的服务贸易领域规定，公司设立及变更的合同、章程审批改为备案管理。截至目前，深圳市仅有 16 家香港服务提供方通过备案系统完成新设备案。

港澳投资准入后环节仍存在"准入不准营"的制度性障碍，国民待遇有待完全落实。现实中港澳资企业参照外商投资管理，未能获得完全的国民待遇。以物流业为例，香港企业通过 CEPA 获准在内地经营物流业务后，还需符合内地就经营物流企业而制定的经营管理、监督检查及法律责任等政策法规的相关规定多达 11 项，提高了外资企业在内地经营的制度成本。香港与内地在医疗机构设立审批办理时间和流程上差异比较大。

引航服务交接存在诸多制约。一直以来，深港双方就相互间引航服务的计划衔接、沟通联络等事宜始终有效配合。但近年来，香港方面因受内部法律审查等一系列原因影响，对既有良好运行多年的边界水域引航服务进行调整。一是在东部水域准备实施强制引航服务，此举将导致深圳引航员登轮后，经短时间即驶入香港水域随即香港引航员登轮并接手引航服务，直至驶离香港水域（距离仅约 10 海里，且无显著航行困难存在）后重新向深圳引航员交还服务，导致"二次引航"。二是在西部水域设置新的引航交接模式，包括引航交接区域缩小并进一步推向深圳一侧近岸、近警戒区水域，调整引航服务时间等措施，使得进出船舶在引航服务交接中出现在交通密集区的额外淌航等待，严重影响交通效率，造成风险隐患。

### （三）贸易规则尚未充分衔接

贸易规则存在差异。香港与欧盟签订了自由贸易协定和投资协定，而粤澳两地并未与欧盟签订相应协定，无法享受相应贸易优惠；又例如香港投资者可以由香港政府出面担保融资，而粤澳两地并无类似政策等。

普通商品的税收与监管规则尚未实现完全衔接。按照国际惯例，粤港澳三地的商品编码前 6 位是一致的，但后面几位有差异，且监管条件和税率差异也较大，目前尚无衔接方案。粤港澳分属三个单独的关税区，三地海关对涉及科技创新设备物资、前沿研发用药物等货物、物品的管理标准、验放尺度都不统一，科技创新资金、各类资讯、大数据等要素相互跨境流动依然存在阻梗。

粤港澳三地的监管工作整体合力不强。目前粤港澳大湾区不同监管部门之间对开展业务的程序要求、执法尺度、通关效率等方面仍旧存在一定差异，由于三地的业务管理和工作信息尚未充分共享，执法互认措施仍处在起步阶段，工作的整体合力还需进一步加强。

### （四）美国打压香港国际贸易中心地位

美国 2019 年 10 月 15 日通过的涉港法案要求，国务卿每年向国会提交报告，评估香港是否足够自治，以决定其是否继续根据《1992 年美国香港政策法》享有不同于中国内地的"特殊待遇"。2020 年 5 月 27 日，美国国务卿向国会提交的报告认为，香港已经没有足够自治。5 月 29 日，美国总统特朗普在白宫新闻发布会上表示，正在指示行政部门开始取消给予香港差别与特殊待遇的政策豁免的程序。特朗普所谓的"差别与特殊待遇"主要是指给予香港不同于中国内地的贸易关税待遇，原产于香港的产品在美国进口时给予最优惠关税，而非世界贸易组织给予发展中经济体的"特殊与差别待遇"。美国商务部官方 2020 年 6 月 29 日发表声明称，已取消对香港的特殊相关待遇，包括暂停出口许可证豁免，并正在进行差别待遇评估。当日，美国国务卿蓬佩奥称，即日起停止向香港出口受管制的国防装备，对于可军民两用的相关科技，美国将要求申请许可后才可出口到香港。《1992 年美国香港政策法》约定，无论中国是否成为特定国际条约的缔约方，美国尊重香港的单独关税区地位和关贸总协定缔约方（后为世贸组织成员）地位，继续给予香港最惠国待遇地位，承认香港的原产地证书，视其为不同于中国内地的原产地。香港特别行政区作为一个单独关税地区，不享有主权，但可以"香港"的名义参加世界贸易组织、关于国际纺织品贸易安排等有关国际组织和国际贸易协定，包括优惠贸易安排。

香港经济以服务业为主，港产商品出口比重很低，转口贸易占比极高，美国撤销对香港的"特殊待遇"，对香港的转口贸易冲击不大。从香港出口到美国的产品，如果原产于中国内地，并且是在征税清单内的产品，已经被征收了高关税；如果原产于中国内地和香港以外的地区，则不会被加征关税；这两部分都不受这次政策变化的影响。根据香港特别行政区政府统计处数据，2019 年，香港转口出口总额为 39409.35 亿港元（约合 5065 亿美元），其中出口内地 21901.92 亿港元（约合 2815 亿美元），占 55.6%，而出口美国 3003.28 亿港元（约合 386 亿美元），占 7.6%，并不高。内地是香港转口出口的第一大目的地，美国虽然位居第二，但仅为内地的七分之一。

美国对香港实施出口管制影响香港进口高技术产品。美国对香港实施出口管制，暂停对香港出口美国国防和军民两用技术，并限制香港获得机器人、AI 等高科技技术及产品。对于美国最新的制裁措施，林郑月娥 6 月 30 日在行政会议前会见记者时表示，美国每年从香港获得 300 亿美元的贸易顺差，现在只要求军用及军民两用产品出口需先申请出口许可证，不等于不允许出口，很多用这些产品的行业可能都有替代品，香港受到的影响会非常非常小。美国从软件技术到硬件设施的封锁，将对我国机器人产业造成较大的影响。在人工智能领域，涉及了神经网络和深度学习、进化和遗传计算、强化学习、计算机视觉、专家系统、语音和音频处理、自然语言处理规划、音频和视频处理技术、AI 云技术、AI 芯片组。机器人领域涉及微型无人机和微型机器人系统、集群技术、自组装机器人、分子机器人、机器人编译器、智能微尘以及目前较热的无人机。

港产商品对美出口可能下降，但规模很小。由于美国目前对中国征收了违反世界贸易组织协定义务的高关税，但对于从香港进口的产品仍然按照世界贸易组织协定，征收平均大约为 3.5% 的最惠国关税。如果美国取消给予香港不同于内地的待遇，则原产于香港并出口到美国的大部分产品有可能被额外征收 7.5% 到 25% 的高关税。香港出口包括港产品出口和转口两项，其中港产品非常少，几乎到了可以忽略不计的程度。2019 年，港产品出口额为 477.51 亿港元（约合 61.37 亿美元），占出口总额的比重仅为 1.2%，其中，对美出口 36.76 亿港元（约合 4.73 亿美元），仅占港产品出口的 7.7%。美国如果撤销香港"特殊待遇"，将增加香港对美出口商品的关税税率，可能会降低港产品对美的出口数量，但由于占比很低，影响极小。香港的统计口径比美国低很多，但是即使按照美方的统计口径，美国政策变化的影响程度依然很小。美国际贸易委员会统计，美国 2019 年从香港进口的规模约 47 亿美元，虽然这一规模十倍于香港特区政府统计的港产品出口规模，但相对于目前大约 3700 亿美元原产于中国内地的受美国关税影响的产品来说，其规模连 1% 都不到。

香港的投资和金融可能受到间接影响。香港已经连续 20 多年被评为全球最自由的经济体，是全球最具吸引力的自由港，抗冲击能力极强。美国单方面取消对港特别关税待遇最大影响可能是对投资者信心的冲击。不过，特朗普和蓬佩奥作出相关言论后，香港的股票、期货和货币市场均十分稳定，未出现大幅波动，港币汇率也十分强劲，未出现资金大规模外流。特区政府已为美国近期可能对港采取的各种经济制裁措施作出"充足应对准备"，美国如在单独关税区地位、敏感技术进口和联系汇率三方面对香港作出打击，香港都不会受到严重影响。此外，香港不仅自身外汇储备充足，而且拥有保持香港金融稳定的强大后盾。香港金融管理局数据显示，2019 年 12 月底香港的官方外汇储备资产为 4413 亿美元，超过港元基础货币的 2 倍以上。

## 二、贸易规则衔接的方案设计

广东为中国经济、人口、制造业、外贸、财税第一大省，其经济活力主要在大湾区九市，香港则是全球性国际转口贸易和离岸贸易中心。推进大湾区贸易规则衔接，要发挥广东作为外贸第一大省和香港国际贸易自由港的优势，推进广东一般贸易、加工贸易与香港转口贸易、离岸贸易结合，加快广东对外开放和转型升级。以大湾区强大制造业能力和腹地为依托，进一步巩固做强香港国际贸易物流中心地位。粤港澳三地要共同适应国际贸易规则新发展，积极参与适应并力争引领国际贸易新规则制定，三地贸易规则重点是提升物流国际化一体化水平、探索形成新一代国际贸易规则、打造具有引领性的国际贸易高地。

### （一）推进贸易规则衔接的基本思路

坚持先简后繁分步推进大湾区贸易规则衔接。粤港澳三地在新口岸建设、规划，口岸大型检查设备共享，按照"先简后繁、稳步推进"的原则，进一步协调国境卫生检疫以及便捷通关等方面的具体规则，减少各自不必要的通关手续，以便提高企业和群众的获得感。加快出台 CEPA 相关细则。

坚持以共建合作平台推动大湾区贸易规则加快衔接。用好自贸试验区、开放型经济新体制试点试验等先行先试平台，高水平建设各类产业合作发展平台，打造规则衔接的载体和平台。

坚持以项目合作推动大湾区贸易规则衔接。以一批项目合作为抓手，争取政策空间，加强三地贸易规则衔接；对标世界最高水平开放形态，率先面向港澳地区实行一揽子先行先试开放政策，推动大湾区服务贸易深度合作。

坚持以信息共享推动大湾区贸易规则衔接。针对大湾区部门之间整体监管合力未形成的问题，应建立粤港澳大湾区物流一体化智能化信息平台，统一进出口检验检疫标准体系和认证标准，将检验检疫信息、港口物流、监管部门作业信息等集成到平台，提高物流通关、管控效率，还可以加速实现粤港澳监管部门之间"信息互换、监管互认、执法互助"，实现地方政府部门对人员、货物通关更便利，贸易更加自由的需求。

### （二）积极对标国际最高贸易规则

构建开放型新体制是我国重大任务，大湾区内地九市要借助新一轮改革开放的"东风"，不断缩小与港澳和国际贸易高标准间的"落差"，积极借鉴吸收当前我国各类特殊经济功能区的创新成果，结合港澳优势进行集成化创新性应用，形成大湾区特有的制度性开放优势。

大湾区要对标国际最高贸易规则。进一步扩大高水平对外开放，聚焦贸易自由化便利化，建立与国际高水平贸易规则相适应的政策制度体系，发挥合作平台示范带动作用，加强规则相互衔接，携手打造内地与港澳深度合作示范区。中共中央、国务院 2020 年 6 月 1 日印发的《海南自由贸易港建设总体方案》提出，对标国际高水平经贸规则，解放思想、大胆创新，聚焦贸易投资自由化便利化，建立与高水平自由贸易港相适应的政策制度体系，建设具有国际竞争力和影响力的海关监管特殊区域，将海南自由贸易港打造成为引领我国新时代对外开放的鲜明旗帜和重要开放门户。上海市委常委会会议2020年7月31日审议通过的《关于以"五个重要"为统领加快临港新片区建设的行动方案（2020—2022年）》指出，要贯彻落实习近平总书记对临港新片区"五个重要"指示要求，对标国际上公认的竞争力最强的自由贸易园区，积极探索、大胆试验，加快打造更具国际市场影响力和竞争力的特殊经济功能区。

吸收借鉴"三零"（零关税、零壁垒、零补贴）规则中的合理成分。"三零"规则主要是指最大限度地消除绝大多数贸易品的关税、非关税壁垒和补贴。"三零"作为当前国际经贸规则变革的重要趋势，已经成为区域自由贸易协定谈判的重要内容，也是WTO改革的焦点问题。"零"并不表示完全取消，免除关税也并不是所有产品，仍然存在一些例外。如，《日欧经济伙伴关系》协定（简称"日欧EPA"）在关税减免条款中提出，日本将对来自欧盟占关税税号86%的产品直接实施零关税，其他产品在15年过渡期后逐步实现零关税，最终实现94%的自由化水平，其中约82%的农林水产品和100%的工业品最终实现零关税。欧盟则将对来自日本的占关税税号96%的产品直接实施零关税，其他产品通过最长15年的过渡期逐步实现零关税，最终达到99%的自由化水平。自2018年以来，美国、欧盟和日本先后就"三零"问题达成共识，其中日欧EPA已经生效。如果美欧、美日之间继续达成此类协议，那么经济总量超过全球55%、贸易总量占全球53%的三大经济体，将实现"三零"规则框架下的自由贸易一体化，由此也增加了特朗普宣称的G7自贸区成功的可能性。同时将形成对我国的"合围"之势。应密切关注这一趋势的发展，以开放的主动赢得发展的主动。实施"三零"规则，一方面，有利于营造对我国有利的外部环境，拓展国际贸易投资空间，推动形成由我国主导的全球产业链、供应链和价值链体系，推动构建更加开放、包容、普惠、平衡、共赢的世界经济体系，为现代化强国建设赢得更长的战略机遇期。另一方面，有利于深化供给侧结构性改革，为经济高质量发展创造更加公平、开放的市场竞争环境。阶段性和趋势性是"三零"的主要特征。

美欧日积极推动"三零"规则。早在 2002 年美国贸易代表罗伯特·佐利克就曾表示，要求在 2015 年左右实现 WTO 成员间的零关税。当时，美国提出分两步走：一是从 2005—2010 年通过削减和协调行动使 WTO 成员的关税在 2010 年减到 5%，二是 2010—2015 年继续同步削减关税，到 2015 年使全球贸易中超过 91% 的商品实现零关税。此外，对非关税壁垒也作出逐步取消的规定。随着"三链"（全球产业链、供应链、价值链）发展对"三零"规则产生了迫切要求，以"三零"为基础的区域自贸协定逐步增多。2018 年 7 月 25 日，美国总统特朗普与欧盟委员会主席容克会晤后宣布，非汽车类产品的贸易达致"三零"，并将服务、化学品、药物、医疗用品、大豆的贸易壁垒减少。2018 年 7 月 17 日日本与欧盟签署日欧 EPA，这两大经济体占全球经济总量的 30%、贸易总量的 40%，内容涉及取消关税、破除非关税壁垒及扩大服务贸易、开放服务市场、电子商务等多个方面。2018 年 9 月 30 日，美国—墨西哥—加拿大协定达成，主要内容涉及三国间农产品贸易实现零关税、汽车配件零关税，不对出口到对方市场的产品使用出口补贴或 WTO 特殊农业保障措施等一系列条款。此外，美国退出《跨太平洋伙伴关系协定》（TPP）之后，由日本主导的《全面进步的跨太平洋伙伴关系协定》（CPTPP）已于 2018 年 12 月 30 日生效。该协定成员国包括 11 个国家，占全球国内生产总值的 13%。该协定保留了 TPP 95% 的协议条款，其中涉及零关税、数据跨境自由流动、服务业开放、服务贸易、电子商务及市场准入、竞争性政策、国有企业、劳工、环保、知识产权保护等方面的规则标准。

"三零"规则仍在曲折中前行。尽管美欧日达成了"三零"的美好愿景，但前进的道路并不平坦。2018 年 7 月 25 日，美欧共同声明公布的协议主要涉及贸易公平互惠、加强能源合作、WTO 改革及加强标准问题对话等内容。同时，双方将增加对服务、化工、医药产品、大豆以及天然气等领域贸易量。双方表示朝着"零关税、零非关税壁垒和非汽车类工业产品零补贴"的目标共同努力，但无论是"零关税"生效时间、生效产品范围等均未明确，后续发展困难重重。2019 年 3 月 12 日，在一场美国参议院有关 WTO 未来道路的听证会上，美国贸易代表办公室代表莱特希泽坦言，在美欧"三零"自贸协定谈判问题上，由于农业问题美欧之间陷入了"彻底的僵局"，双方互不相让。2019 年 3 月 14 日，欧洲议会则在一项针对美欧"三零"谈判的关键性投票中，最终拒绝对该谈判表示支持。其次，日美货物贸易协定（TAG）谈判也举步维艰。2018 年 9 月 26 日，日本首相安倍晋三和美国总统特朗普举行会晤提出，启动两国 TAG 谈判。日本希望美国放弃建立日美 FTA 的想法，其主要原因是担心美国要求日本开放农产品及汽车市场，迫使日本更多从美国进口农产品和汽车。日本希望或者缔结日美 TAG；或者美国重回 CPTPP 中来。日美提出"尽早完成 TAG 谈判并进入服务贸易谈判"，但莱特希泽表示要把汇率条款作为谈判内容之一，而日本则主张只把汽车、农产品等货物作为降低关税的谈判内容。特别需要指出的是，美国政府虽高调推进"三零"，但自身大搞贸易保护主义和单边主义，为保证"美国利益优先"实行"双重标准"，且政策反复多变。如，美国总体关税水平低，但对某些种类的汽车仍征收 25% 的关税。对带壳花生征收关税高达 260%。美国为了保护缺少竞争力的产业，以"危害国家安全为由"对欧盟、日本的钢、铝征收高关税。又如，以"危害国家信息安全"为名对我国华为的 5G 进行封堵，禁止美国政府机构采购华为设备，同时也阻挠欧盟等盟国使用华为设备。此外，美国多年来都对农业提供巨额补贴。

实施"三零"规则的利弊及风险分析。第一，在"零关税"方面。目前我国名义平均关税水平为 7.5%，高于美国 4.2% 的水平。据 WTO 数据，2015 年我国贸易加权平均关税率为 4.4%，高于美国 2.4%、欧盟 3% 和澳大利亚 4% 的水平。分行业来看，汽车、农产品、机电产品的名义关税水平列前三位，分别为 14.2%、10.6% 和 7%。总体来看，我国是世界进口大国，2018 年进口额达 2.08 万亿美元，减让关税总体对我有利。第二，在零壁垒方面。我国在市场准入、通关便利化、知识产权保护、劳工标准、企业竞争中立、政策透明度等方面与美国和欧盟、日本等发达国家相比仍有较大差距，尤其在服务业开放、服务贸易、数字贸易方面的限制性指数过高。减少这些壁垒能够进一步改善外商投资环境，吸引更多优质外资。第三，在零补贴方面。我国长期对企业的补贴动用了大量财政资金，补贴影响了市场充分竞争，减少补贴有利于减轻财政负担和推动产业结构调整，还有利于减少贸易摩擦、倒逼国有企业改革、减少政府寻租行为等。综合来看，推动"三零"规则对我总体有利，同时对于可能产生的问题和风险也要高度重视。应本着趋利避害的原则，通过大幅度减让关税、减少非关税壁垒、改革补贴方式，进一步促进贸易自由化和便利化，推动新一轮高水平开放。同时，与美国、欧盟、日本等发达经济体相比，我国仍是最大的发展中国家，科技创新水平与发达国家相比有一定差距，产业竞争力总体较弱。工业大而不强，在全球价值链处于中低端；核心技术受制于人；农业国际竞争力较弱，产业化程度低；保险业、投行业及资本市场监管能力存在较大差距，金融业风险防范等问题突出。因此，实施"三零"规则对相关产业的冲击也要引起足够重视。此外，信息安全等国家安全隐患也必须高度重视。

以"三零"规则推动自贸区谈判进程。"三零"规则反映了美欧日发达国家的主要诉求，也是中美利益的交汇点。为此，可以"三零"规则率先推进区域全面经济伙伴关系（RCEP）、中日韩自贸区、中欧投资协定等谈判进程，深化利益交融、稳固传统贸易投资伙伴关系。与美欧日共同推动WTO改革，在争端解决机制、推动投资便利化，以及服务贸易、跨境电子商务等规则制定方面共同推进。

大幅消减服务贸易准入壁垒。进一步缩减外资准入负面清单，允许更多领域实行外商独资经营。通过外资安全审查、内外资统一监管能够防范风险的要移出负面清单管理。在按照中央已明确的金融等领域开放路线图、时间表推进同时，加快研究医疗、文化、教育、电信、互联网、大数据、云计算、研发等服务业开放步骤，营造各类投资主体平等准入、公平竞争的市场环境。在医疗、高等教育、演出机构、院线、大数据、云计算等领域允许设立外商独资企业。研究制定促进数据跨境流动、规范跨境电商经营、互联网开放等数字贸易发展的规则。

可按照先易后难、先局部后整体的原则，分领域、分阶段推进"三零"规则。在关税减让方面，可优先考虑大幅消减药品、生活消费品、化妆品、奢侈品的进口关税，分阶段降低汽车、机电产品、高技术产品的进口关税。尤其要推动自主品牌汽车的创新能力，提高市场竞争力。支持外资汽车企业独资化经营，通过完善国内产业链、供应链和价值链配套体系来降低成本。对农产品实行"三零"框架下的分类指导，完善监测体系和制定应对预案，重要农产品仍要采取关税和非关税措施，防止大幅减让关税对大豆、玉米、大米、小麦、糖、猪肉等大宗农产品的冲击，对于小麦、糖、玉米可使用进口配额限制等措施，确保"饭碗端在自己手里"。在扩大服务贸易开放的同时，对于金融、互联网、教育等涉及信息安全、金融安全、意识形态的服务业领域仍需稳妥审慎。稳步推进资本账户开放，防控金融风险。坚持风险可控的原则，在自贸试验区、自由港先行先试"三零"规则，及时总结经验，逐步深化推广。同时借鉴美国和欧盟经验，针对涉及国家安全的敏感行业和关键领域，进一步完善外资安全审查机制。统一内外资企业监管标准，通过完善监管措施、丰富监管手段，提升事中事后监管水平。完善外资企业信用监管体系，实施外商投资企业信用分级分类管理，综合工商、海关、金融、保险及其他部门信用评价，建立市场退出制度。加强信息互换、监管互认、执法互助机制建设。

### （三）支持内地九市部分延伸港澳自贸港政策

香港和澳门本身就是高度开放的自由港，其部分规则值得珠三角九市学习借鉴。建议支持珠三角九市延伸港澳部分自由港政策，深圳前海、广州南沙、珠海横琴等重大平台可先行延伸，探索实施低税率、简税制，充分发挥其在粤港澳大湾区规则衔接中的试验作用，将香港和澳门的优势放大到大湾区，形成更大的开放优势和制度优势。建议支持深港科技创新合作区、东莞滨海湾新区、中山翠亨新区等特色合作平台，延伸内地自贸试验区、自由贸易港政策，同时与港澳部分自由港政策衔接，进一步深化粤港、粤澳合作，推动大湾区深度参与国际合作，提升大湾区的整体实力和全球影响力。

　　香港是集外贸、金融、运输等多功能为一体的自由港城市，是全境意义上的自由港。香港实行自由通航、自由贸易，允许境外货物自由进出，对所有货物免征关税，税收政策极具国际竞争力。一方面，依托高效便利的通关政策和服务打造亚洲贸易枢纽。香港贸易以集装箱货物和中国内地进出口货物为主，离岸贸易发达。从贸易地区来看，是连接中国内地与世界的贸易枢纽，近 60% 的转口货物原产地为中国内地，同时超过一半的货物以大陆为目的地。从贸易形式上看，香港以集装箱货柜转口贸易为主，转口占整体出口的 90% 以上。香港是全球最繁忙的货柜港之一，离岸贸易发达，香港的离岸贸易总值约为贸易进出口总额 1.2 倍。货物进出自由、通关报关便捷、国际航运自由是国际贸易中心的重要支撑。一是货物进出自由。香港货物进出由海关监管，主要负责进出口清关、进出口报关、应课税品、牌照及许可证之申请、保障消费者权益及执行相关法律、保护知识产权工作及执行相关法律、毒品管制等事项。根据《香港海关条例》等对外贸易相关条例，实行负面清单管理，除药品、武器、动植物等少数威胁健康和生态的物品外，均可自由进出香港。除对设限国家的纺织品出口受被动配额管制外，香港没有主动的进出口配额管理。只对烟草、酒类（30 度以上）、碳氢油和甲醇等四类商品实行进出口证管理。二是通关报关便捷。香港进出口报关手续十分简便，除豁免报关的商品外，承运人只需于货物输入或输出后 14 日内向海关呈报进口或出口商品的运输资料和进（出）口报关单。企业在香港可以 24 小时进出货物，同时可以将 14 天的货物清单汇总报关，高效便捷。香港海关对进出口货物以抽选方式进行检查或检验，海关采用科学的风险管理措施，确保将各出入境管制造成的干扰减至最少。根据香港海关介绍，香港主要依托大型 X 光机器检查货物，减少对货物的开箱。查验率也非常低，低于千分之一。香港便利的通关报关政策，为企业将多地订单在香港港口整合发货、整合资源构建复杂的供应链提供了条件。三是国际航运自由。香港航运业是在高度开放和自由的市场体制中发展而来的,香港特区政府对航运业的干预程度非常低。船只进入或驶离港口时都无须向海关结关,进出或转运货物在港内装卸、转船和储存不受海关限制。没有海关、检验检疫、边防等部门对船舶和船员实施额外监察。另一方面,依托简单、低税政策打造公平、竞争力强的税赋环境。香港具有简单、低税率、公平、国际竞争力强的税赋环境。香港财政收入占地区生产总值的比重仅为20%多,约为中国内地的一半,在世界范围内都处于极低水平。一是税率低、税制简单。根据《基本法》规定,香港特别行政区实行低税率及简单税制政策。香港以地域为征收税项的基础,只对来自香港的利润及收入征税。香港特别行政区为单独的关税地区,根据《应课税品条例》,对所有非禁止类商品实施零关税,进口或出口的一般货物均无须缴付任何关税。只对酒类(30%vol以上)、烟草、碳氢油类及甲醇四类征收商品税,但也不是只针对进口商品,对香港本地生产的商品也按照同样的税率征收。

### (四)推动港澳对接内地"国际贸易单一窗口"政策

建设粤港澳统一的国际贸易"单一窗口",探索逐步整合三地申报要素,推动实现"一次申报、分别处置"。《中国国际贸易单一窗口标准版》是为了响应联合国倡导的国际贸易便利通关号召,落实国务院口岸工作部际联席会议办公室《关于国际贸易"单一窗口"建设的框架意见》,提升中国国际贸易通关水平及履行中国加入WTO组织入世承诺,按照国务院统一安排和部署,在国家口岸管理办公室的直接领导下,依托中国电子口岸平台,各口岸管理和国际贸易相关部门共同参与建设的国家"十三五"重大项目。"单一窗口"旨在打通跨境贸易及口岸管理的数据壁垒,通过一点接入、一次提交标准化单证和电子信息,让数据多奔波、企业少跑路,突破时间和空间的限制,为企业提供一站式的服务。其主要涵盖:货物申报、舱单申报、运输工具申报、企业资质办理、许可证申报、原产地证、税费支付、出口退税、查询统计等九大核心应用。"单一窗口"于2016年12月启动建设,2017年5月试点,目前已在全国范围推广上线。但是,香港和澳门还没有建立"国际贸易单一窗口"，给内地企业带来很多不便利的贸易申报服务。建议推动香港和澳门建立"国际贸易单一窗口"，实现企业一次申报（贸易经营企业只需一次向贸易管理部门提交相关信息和单证）、统一平台（通过一个设施申报，该设施拥有统一的平台或一致的计算机界面，对企业提交的信息数据进行一次处理）、标准数据元（贸易经营企业提交的信息应为标准化的数据）、满足需求（提交的内容满足所有监管单位的要求）。

### （五）推动服务贸易规则衔接

探索服务贸易尚未开放领域在前海先行开放。推动修订 CEPA《服务贸易协议》，探索尚未开放领域在前海先行开放，开展风险压力测试，推动前海深港现代服务业合作区全面深化改革开放方案获批，高标准建设深港科技创新合作区。

适度降低 CEPA 门槛。探索放宽港澳服务提供者在港澳的经营年限、业务场所等限制条件，简化审核要求，鼓励港澳资企业和个人到内地开展业务。

放宽股权投资认缴额度。以罗湖深港口岸经济带为试点，放宽现行深圳外商投资股权投资企业政策，降低境外投资者认缴出资额度（1500 万美元）和投资人资格等，放宽单笔投资额限制（100 万美元）。

### （六）积极构建数字贸易等新贸易形态的规则标准

加快推进跨境电商向数字贸易转型，共同建设大湾区数字贸易发展公共平台，形成大湾区数字贸易领域的信用、监管、支付体系，推动在大湾区数字贸易流通集约化、服务专业化、信用透明化，打造大湾区数字贸易生态体系，争取在电子商务便利化和透明度、网络消费者权益保护、促进中小微企业参与等方面率先形成中国话语权。2020 年 1 月，国务院决定在已设立的 59 个跨境电商综合试验区的基础上，再增设 46 个跨境综合电商试验区。目前，广东获批的 6 个城市中除汕头外，广州、深圳、珠海、东莞、佛山 5 个城市为大湾区城市。要充分运用跨境电商综合试验区平台，全方位对接"网上广交会"，加大对 B2B 和 B2C 平台的支持力度。

要以一流的营商环境，把大湾区拥有的粤港澳三地技术创新、高端制造、国际贸易中心优势发挥出来，大力发展与货物有关的服务贸易，形成覆盖整体大湾区的信息技术、知识产权、文化贸易、技术贸易、医疗健康服务、商务服务等知识密集型服务贸易。大湾区要以贸易发展新优势，成为我国抵制发达国家不公平贸易规则，引导形成具有中国自身优势和利益的电子商务领域全球性贸易规则框架，在大湾区打造我国参与构筑下一代贸易方式（E 国际贸易）标准的主导性平台。

**（七）促进货物通关便利化和贸易自由化**

创新货物通关查验模式。深化"三互"大通关改革，在湾区口岸全面推广实施"一站式"通关，推进跨部门一次性联合查验，探索推进监管结果互认，三地逐步推行货物通关"联合查验""单边验放"。升级改造查验场地和卡口的软硬件设备，推进"跨境一锁"在湾区内地实现全区域复制。拓宽"跨境一锁"查验范围，将"跨境一锁"模式应用推广到莲塘／香园围口岸、港珠澳大桥口岸和进出境车检场，推动"陆陆联运"模式向"水陆联运"模式扩展。推动香港电子关锁同步升级。

压缩通关时间。完善口岸通关时效评估系统功能，推进全省口岸码头全覆盖，力争在 2021 年底前在航空和陆路口岸推广应用。组织推动口岸经营服务单位规范各环节操作时限标准及口岸装卸、仓储、运输、移箱、掏箱等生产作业时限标准。结合"单一窗口"在全省建设推广，推进建设"线上海关"，简化通关纸本作业环节，加快推进完善通关作业全流程时间节点信息化系统，优化进口货物放行条件，推进海关作业系统与场所经营生产作业系统对接，实现自动放行。全面实施以"进口直通""出口直放"为核心的检验检疫通关一体化，根据货物风险高低和企业信用水平，科学降低检验检疫口岸查验比例。

降低货物通关成本。拓展集装箱进出口环节合规成本专项治理行动成果，继续推进免除查验没有问题外贸企业吊装移位仓储费用全面试点工作，争取国家支持扩大适用范围。依托广东电子口岸，推进建立外贸企业通关成本监测机制。采取有力措施，进一步降低货物港务费、港口设施保安费和引航费。积极引进服务市场竞争机制，引导企业降低消毒、卫生、熏蒸等服务费用标准。加强对已取消或停征的行政事业性收费项目的监督和检查，及时清理不合理收费项目，加大违规收费行为查处力度。严肃清理整顿借助行政权力、监管要求或者形成的垄断地位进行的服务和收费。全面开放拖轮、理货和船代市场。

完善"单一窗口"应用功能。推动"单一窗口"标准版开发，完善跨境电子商务、公路及空运舱单、加工贸易类货物报关和无纸化报检等应用功能，并争取大湾区先行试点。推动各地市尽快实现主要应用覆盖率70%的目标，力争税费支付、出口退税等应用功能在大湾区试点上线。支持自贸试验区研究推动服务贸易事项有序纳入国际贸易"单一窗口"建设，力促海关特殊监管区、跨境电商综合试验区、自由贸易港相关服务功能纳入"单一窗口"建设。建立完善大湾区统一的"单一窗口"运维保障体系，尽快出台大湾区"单一窗口"运行管理实施细则，接入已开通的"单一窗口"标准版服务热线95198。根据世界海关组织数据模型，统一三地海关进出口需要的资料格式、编码规则、数据模型，建设粤港澳标准统一、口径一致的数据库体系。探索推进三地"单一窗口"系统在信息共享、业务监管等方面的对接与合作。

### （八）建设一体化的全球性交通物流枢纽

建设一体化、高标准、陆海相连可以实现货畅其流的全球性交通物流枢纽。《粤港澳大湾区发展规划纲要》提出"建设具有重要影响力的国际交通物流枢纽"，粤港澳三地要在基础设施联通条件日益改善条件下，尽快着手打破现实中存在的诸多软联通障碍。三地要着眼于打造世界级湾区和国际贸易规则高地的定位，加快推动各方利益深度整合，形成发展联动、利益共赢共同体，在整体利益不断扩大中保障和做大各方利益。发挥香港国际自由港的优势，通过航空、水路、公路、铁路各式"无缝链接"，逐步把自由港政策延伸扩大到整个大湾区，尽快实现物流顺畅无碍、信息同步一体、通关简化高效，真正实现快进快出的大流通模式。

借鉴美国旧金山湾区委员会做法，建立大湾区港口联盟。发挥深圳港、广州港货物吞吐量和香港港高度自由开放的优势，推动各港口实行差异化错位发展，发挥多港联动效应，建设国际自由贸易组合港，携手共建辐射全球的国际航运中心。要抓紧确立各港口基本合作原则和合作机制，明确合作重点和近中远期共同发展路线图。当前重点推进大湾区各港口在仓储、装卸、通关、航线建设等方面业务合作，支持各港口通过相互参股、联合建设码头、联合开辟班轮航线、相互设置服务代理机构、码头租赁经营等方式开展合作，共同培育与大湾区发展要求相适应的物流服务形态和服务企业。粤港澳三地共同建设大湾区船舶供求信息系统和调度指挥中心，收集和发布供求预期信息，调度船舶完成定期运输任务。加密海上航线班次，形成规范兼容的大湾区运输规则。香港土地和人力成本高，深圳、广州应利用香港转口贸易、过境货物等业务的"离港"需求，承接香港部分航空货运业务转移。建立粤港澳航空联动机制，根据《粤港澳大湾区发展规划纲要》，在加快对广州、深圳、香港机场改扩建的同时，提升支线机场和通用机场密度和协同发展能力。建设大湾区世界级机场群和"一带一路""空中丝绸之路"重要支撑区，形成面向国际市场的全球性内外联动格局。当前要利用自贸区政策、口岸便捷和跨海大桥综合优势和深圳、广州机场，拓展香港机场对内地二、三线城市航空货源的辐射能力。

进一步发挥中欧班列作用。海关总署出台了支持中欧班列发展的十条措施，服务广大外贸企业利用"中欧班列"战略通道，支持"一带一路"建设，进一步促进中欧班列发展。截至 2020 年 6 月 25 日，广州中欧班列已开通经满洲里、凭祥、吉隆、霍尔果斯、阿拉山口 5 条出境线路。铁路运输在此次疫情期间显示出其特殊优势，大湾区制造业体量大货源充足，交通体系发达、集疏运便捷，要发挥中欧班列铁路成本优于空运、时间优于海运、多式联运组合方式灵活优势，加强中欧班列与内陆、内河、海运贸易通道对接，扩大海铁联运规模，推动整个大湾区实行陆海大联运，推动开辟中欧班列东欧线路，扩大中欧班列回程货物集货地域。建议进一步加大对中欧班列的政策支持，支持东莞市常平铁路货运站场开通中欧班列，充分利用常平站场成熟完善的场地、现有监管设施和优越的地理位置等优势，进一步拓展进口货源，与石龙站点出口班列为主的运营模式形成互补，并将常平货运站场开行的中欧班列纳入省中欧班列范围。经过近几年的努力，东莞市中欧班列已经初步实现了天班运作，2019 年开行国际班列 210 列，同比增长 72.1%；货物贸易额 8.1 亿美元，同比增长 59.2%。2020 年 2 月 14 日，东莞石龙开出广东春节后（疫情后）首趟中欧班列，1—4 月，石龙中欧班列共开行 33 列、发送货物 3140 标箱，同比分别增长 3.13%、3.63%。华为、OPPO 等大企业也更多选择了中欧班列运输，2020 年 1—4 月，华为通过石龙中欧班列出货 738 标箱，同比增长了近 70%。

## 三、推动贸易规则衔接的主要建议

推动大湾区贸易规则衔接必须以创新思维来设计政策，找准突破口、缩小落差、选好试点，全面提升三地市场一体化水平，确保规则衔接真正落地。

### （一）从国家层面选择若干贸易规则衔接的突破口

在"一国两制"方针和基本法框架内，将大湾区国际机场、港口码头等国境口岸视为"一线"，粤港、粤澳现有的关境口岸视为"二线"，梳理完善粤港澳三地在货物禁限管制、口岸卫生防疫、动植物检验检疫等领域执法标准要求，"一线监管"一次性履行三地共同的执法规范，"二线监管"重在实施三地其余的差异化执法要求。

用好深圳建设先行示范区之利，通过与香港的合作，撬动规则衔接，带动大湾区的共同发展。可通过对法律的调整适用等在贸易管制上做一些突破。深圳科创合作区的科创企业、科研机构，就是要吸引境外的机构进驻，需要对其设备进境给予一些宽松的政策。

建议在加工贸易政策方面给予支持，进一步稳定大湾区加工贸易产能。稳定加工贸易产能对稳定大湾区外贸基本盘具有重要意义。一是建议争取海关特殊监管区之外的保税维修业务资质审批权限下放大湾区，适当放宽加工贸易企业开展保税研发、保税维修、保税检测条件。大湾区有多家国内知名品牌手机制造商，希望开展海外手机检测维修业务。开展区外保税维修不仅降低企业维修成本，而且将有力促进制造业由生产型向生产服务型转变，促进加工贸易与服务贸易融合，完善售后服务，进一步提升企业综合竞争力。二是建议积极向上争取进一步缩减加工贸易禁止商品种类，同时取消限制类产品加工贸易台账保证金制度。2020 年 4 月 7 日，国务院常务会议明确提出"扩大鼓励外商投资产业范围，缩小加工贸易禁止类商品种类"。缩减加工贸易禁止商品种类、取消限制类产品加工贸易台账保证金制度，有利于企业利用保税政策拓展国际市场、降低生产成本。

**（二）加快缩小与港澳和国际贸易高标准间的"落差"**

一是充分复制推广上海等全国 18 个自由贸易试验区改革经验，实施企业设立全流程便利化改革，建立大湾区国际先进水平的国际贸易"单一窗口"，实现大湾区国际贸易、国际中转、国际采购、国际配送、出口加工和贸易结算通程化、便利化、集成化。二是借鉴海南自由贸易港建设政策，探索实行零关税、低税率、简税制，构建与港澳融通对接的商事便利化制度体系，减少政府补贴和干预，大力培育和扶持行业协会商会发展，推进竞争标准中立，大湾区内部政府采购实行公开、透明、非歧视原则，政府采购对港澳提供服务一视同仁。三是推动大湾区内地九市向港澳和国际贸易高标准看齐，加快从商品要素流动性开放向制度型开放推进，从贸易壁垒、市场准入的"边境措施"向规则、管理、标准等"后边境措施"拓展和延伸，大湾区内地九市要在技术标准、环境、劳工、竞争政策、监管制度、知识产权等方面与港澳逐渐衔接。探索形成与国际高标准经贸规则有机衔接、良性互动的贸易投资制度体系，对于符合我国改革开放大方向的予以充分借鉴吸收，对于美国等西方发达国家在推动新国际贸易规则中形成的一些针对我国的不合理条款（如"毒丸"条款），借助港澳形成的贸易优势，形成我国的应对措施。

**（三）从海关层面确定若干规则衔接切入点**

深化"跨境一锁"通关模式合作。"跨境一锁"虽然已覆盖湾区 9 市，但因香港进境货物无法提供头程提单，两地关锁在口岸还有施解的动作、还有查验，在应用推广上还受到制约。双方共同研究对查验结果参考互认方式、联系配合方法等实现方式进行优化完善，推动信息化交换，提升双方对查验信息的有效利用，进一步减少重复查验，让两地物流更顺畅。

共同研究探索内地国际贸易"单一窗口"与香港海关道路货物资料系统（ROCARS）数据对接的可行性。以实现跨境公路电子单证数据"一次录入、分别申报"为目标，双方开展共同研究，探讨可行性及实现路径，一次申报提升企业的便利性，内地海关也能掌握货物的真实信息。

加强小型船舶监管合作与数据交换。在双方对来往港澳小型船舶舱单数据共享合作基础上，提升香港方企业申报舱单的意愿，如在通关模式上（同船运输、巴士航班）给予便利，在通关上给予一系列差异化的监管措施，如申报舱单的货物少查验或不查验。同时，可加强两地海关对小型船舶监管的有效性。

### （四）通过贸易便利化全面提升三地市场一体化水平

以贸易自由化便利化为突破口，通过贸易规则有效衔接，不断降低三地关境障碍，提升三地市场一体化水平。集成三地海、陆、空、邮、网优势，畅通三地物流、通关、商检、保险、退税各环节，不断提升粤港澳三地贸易便利化水平。推进跨境贸易便利化，通过三个关税区规则衔接，进一步压缩整体口岸通关时间，降低通关成本。持续推进国际贸易"单一窗口"建设，实现珠三角内地九市"单一窗口"与港澳互联互通，进一步整合和规范进出口环节服务性费用。优化通关流程，运用互联网、电子监管、大数据等技术手段，探索通关"无感化"技术应用，构建大湾区跨境电子商务"虚拟海关"。推动口岸管理信息互换、监管互认、执法互助，并开展"单边查验，双边放行"试点。推进大湾区边检、海关、口岸等数据对接，加强内部数据共享，打破"信息孤岛"，形成一体化大数据平台。采取境内外"多式联运"、过境承运等方式，实现大湾区货畅其流。建立大湾区内地九市商事主体登记信息及数据共享平台，实现商事主体登记档案一网通查。实行企业统一社会信用代码三地对接，推进粤港粤澳工商文书流转信息化。

### （五）支持横琴开展延伸澳门自由港政策试点

习近平总书记强调，"当前，特别要做好珠澳合作开发横琴这篇文章，为澳门长远发展开辟广阔空间、注入新动力"。在西方威胁制裁香港、围堵中国的背景下，中央支持海南逐步探索、稳步推进中国特色自由贸易港建设。从国际经验看，国际知名自贸港大都需要几十年甚至上百年建设，海南自贸港建设也很难一蹴而就。澳门人均地区生产总值曾位居世界第二，拥有单独关税区和国际贸易自由港等优势，正积极融入国家发展大局、促进经济多元发展。横琴是国内国外两个循环的连接部，是澳门连接内地的区域结合部、制度结合部，是澳门经济多元发展的最便利、最适宜的新空间，最有条件推动规则衔接和联通贯通融通，构建新发展格局的重要支点。因而，横琴在打通国内国际双循环、服务国家"一带一路"构建全面开放新格局上的战略地位更加凸显，在打造粤港澳大湾区规则衔接示范区上优势独特。建议支持横琴全岛建设粤澳深度合作示范区，构建以"一线放开、二线管好、人货分离、分类管理"为基础的高水平开放规则体系，探索建立"澳门资源＋横琴载体＋开放人才＋先进技术＋政策支撑＋成果共享"的协同发展新模式，在政治和法律内地管控的前提下，支持横琴粤澳深度合作区在经济、商事及部分民事行为等领域借鉴国际经验，促进横琴开放程度和营商环境与港澳趋同，发挥各类政策优势，实现"政治法律内地管控，经济发展珠澳共管"，克服"两制"差异带来的困难和障碍，善用"两制之利"，获得"两制之和"的最大叠加效应，成为国际一流湾区标志性区域和演绎"一国两制"新实践的生动范例。支持横琴探索实施"零关税、低税率、简税制"税收制度改革，营造与澳门趋同的税负环境，为澳门居民提供与本地户籍人口同等待遇的公共服务，构建起体现"一国两制"优越性的新型管理体制。中央有关部门、广东省人民政府应根据横琴建设自由贸易试验区、延伸澳门自由港部分政策的需要，适时取消、下放相关审批事项，给予横琴更多的改革自主权。

### （六）进一步巩固提升香港国际贸易中心地位

推动粤港澳大湾区规则衔接，助力内地与香港形成制度性开放新优势。"一国两制"是建设粤港澳大湾区的突出优势，也是其他湾区没有的优势。应推动香港与内地积极开展规则衔接，发挥和提升制度优势，助力内地九市提升市场化、国际化和法治化水平，促进香港更多享受国家经济持续快速发展带来的好处。

推动香港产业转型升级，为经济发展注入新动力。当前，香港经济正处于转型升级和创新发展的关键时期，并面临着服务业竞争加剧、科技创新基础薄弱、营商成本上升和外部干扰不断等诸多挑战。在推动香港巩固提升金融、贸易和航运等传统支柱产业的基础上，更加注重扩大与内地的产业合作，特别是科技创新合作，推动香港经济由金融驱动的发展模式转向"金融驱动＋创新驱动"的发展模式，逐渐培育出新的增长点。

### （七）支持大湾区创建国家进口贸易促进创新示范区

根据国务院办公厅《关于扩大进口促进对外贸易平衡发展意见》的总体部署，全国将培育一批进口贸易特色明显、贸易便利化措施完善、示范带动作用突出的国家进口贸易促进创新示范区。据了解，目前全国共有上海、天津、苏州和宁波四个，商务部计划继续培育一批新的进口贸易促进创新示范区。在粤港澳大湾区的大背景下，建议支持广州、深圳、东莞创建国家进口贸易促进创新示范区，参照香港管理模式，在监管制度、服务功能、交易模式等方面先行先试，在进口资质、进口配额等方面放宽门槛，形成"香港国际通道＋广州（深圳、东莞）保税分拨"的合作新模式，为全国进口贸易促进创新示范区建设探索新的模式和经验。可以依托广州白云机场综合保税区、深圳盐田综合保税区、虎门港综合保税区，发挥香港作为国际自由贸易港的优势和广州、深圳、东莞的保税仓储分拨优势，在综保区试行境内关外管理模式改革，将香港的国际分拨功能延伸到综保区，在综保区设立的仓库视为香港仓，两地海关试行联合监管。创新两地海关、安检、民航管理合作新模式，打造"无机货站"，按照香港机场安检和管理标准运营，货物在综保区经过安检、打板、海关申报后，由船运至香港机场码头直接登机，香港机场内不再需要进行安检和通关手续，运作成熟后，再逐步由空港合作向港港合作延伸，降低企业物流和时间成本。

## 第二节　粤港澳大湾区投资规则衔接研究

### 一、CEPA 框架及附属协议长期以来是确定港澳投资主体在内地投资的基本规则

关于粤港澳大湾区投资规则衔接，长期以来，在 CEPA 框架下签署一系列补充协议，丰富和完善了 CEPA 协议内容，CEPA 框架有效促进了内地与港澳经贸合作关系的发展。特别是在服务贸易双向开放领域，CEPA 促进了内地与香港服务贸易自由化水平，大幅提升了香港服务贸易开放度。2017 年 6 月，内地与港澳签署《关于建立更紧密经贸关系的安排投资协议》（简称 "CEPA 投资协议"），完善了内地与港澳投资合作的体系框架，完成了 2015 年内地与香港签署的《服务贸易协议》后，在非服务业领域投资准入的相关安排，其中有相当多的内容可以看作是内地推进高水平开放型经济新体制的先行曲，在 "一国两制" 框架下，给予港澳更甚于外商投资的待遇条件。该协议自 2018 年 1 月 1 日起实施，包括序言等二十九个条款以及三个附件，从投资定义、实体义务、国民待遇、投资准入、争端解决、损失补偿等多方面确定了内地与港澳投资主体的权利义务关系及相关的制度安排。有舆论认为，CEPA 投资协议可以看作是测试中国内地进一步放宽投资准入和促进双向投资合作，签署高水平投资协定的风向标。从 CEPA 投资协议的框架体系与实践内容来看，在促进内地与港澳尤其是粤港澳三地双向投资方面，该协议确实起到了先行先试的功能作用。

CEPA 投资协议是内地首次以准入前国民待遇加负面清单形式放开制造业

领域外商投资的协议，是在"一国两制"框架下中央政府与香港特区政府签署的政府间协议。从附件二所列出的负面清单领域来看，内地对香港投资主体放开的领域是比较广泛的。附件二包括了26项具体措施，基本上除去石油和天然气开采、矿产开采和冶炼、烟草制品类政府授权专营行业、放射性矿产资源开发加工冶炼、外汇及货币市场工具、金融衍生品、传统工艺美术之外，所有的制造业领域对香港投资者放开（仅在涉及交通工具制造的地面、水面效应飞机制造及无人机、浮空器制造领域要求由内地方控股）。

## 二、港澳主体赴内地投资管理制度所存在的问题

CEPA 投资协议与《外商投资法》负面清单所采用的国民经济行业分类是有差异的，在实际操作中也是有实际困难的。《外商投资法》负面清单与CEPA 投资协议的行业分类协调应着力推进。行业准入方面，从数量上来看，CEPA 服务贸易协议、投资协议的可进入行业领域更广，例如港澳律师在大湾区执业，但一些制造业领域的准入，相对《外商投资法》负面清单来讲是有一些限制的。

关于 CEPA 投资协议与外商投资法的法律关系问题，CEPA 投资协议属于在一个主权国家内，中央政府与特区政府签署的政府间协议，是在"一国两制"框架下建立的。关于 CEPA 投资协议的法律地位，尚未有明确的法律定义，在实际执行中，CEPA 投资协议也缺乏配套措施，在执行协议内容时，内地行政机关在处理港澳投资主体的一系列问题时，缺乏明确的政策执行指引，实际中形成"玻璃门"或者"小门不开"的状况。目前，经由我国政府批准设立的负面清单投资管理制度包括市场准入清单、外商投资全国版负面清单和适用于自贸区的外资自贸区负面清单，在粤港澳大湾区内，市场准入清单之外的投资领域实行内外资一致原则，外商对负面清单限制领域进行投资须遵循外商投资全国版负面清单，但港澳投资主体还可适用 CEPA 服务贸易协议及投资协议；同样在大湾区内的自贸区，港澳投资主体对负面清单限制领域进行投资既可以适用外资自贸区投资清单，也可适用 CEPA 协议框架。

从法律关系来讲，目前关于港澳投资主体在大湾区投资具体的法律适用，我国法律并未给予清晰表述，在实践中可能出现政策困难。2020 年 6 月 23 日，国家发展改革委与商务部联合发布的《外商投资准入特别管理措施（负面清单）2020 年版》，在说明的第八条明确指出，CEPA 及其后续协议等对境外投资者准入待遇有更优惠规定的，可以按照相关规定执行。在自贸区等特殊经济区域对符合条件的投资者实施更优惠开放措施的，按照相关规定执行。从文件表述的政策语言来看，对于粤港澳大湾区内港澳投资主体在 CEPA 框架下开放的投资领域，若具备更优惠开放措施，可以按照相关规定执行。这就赋予了广东省行政机构较大的投资管理裁量权，建议在具体政策操作中，由广东省人民政府制定详细的政策实施条例，给予行政部门政策指引。

关于投资者保护问题，CEPA 投资协议对投资者保护方面的规定遵循了通行的关于投资保护的合法性原则、善意原则、公正原则等，对程序、原则都有着明确的规定。但在实施层面，三地仍存在着对于法律原则、法条适用性的不同理解。这是由于三地在经济社会与法律文化方面均有着较大差异，在同一案例的法律定义与法律适用方面，会出现不一致乃至相互冲突的理解和做法。对于此类问题，必须通过三地司法与执法机关的常态化机制性交流，从而建立关于法律规定具体适用方面的一致性理解，才能够将投资协议关于保护投资者的规定落到实处，给予投资者长远可预期的投资信心。

在市场准入方面，CEPA 服务贸易协议、投资协议中内地所作承诺，开放力度非常大。例如在 2017 年修订的 CEPA 服务协议中，明确提出在自贸区前海片区取消香港注册税务师合伙人数不得高于税务师事务所合伙人数 35% 的限制，取消税务师（注册税务师）在合伙制税务师事务所成立后每年应当至少有 180 天在税务师事务所执业的限制。2017 年的 CEPA 服务贸易协议大幅提升了内地服务贸易对香港的开放水平，香港企业和专业人士进入内地市场的门槛大幅降低。在金融、法律、建筑及工程、检测认证、电影电视等领域，既允许香港企业与机构在内地设立机构发展业务，也允许专业服务人员在内地获得执业资格。在设立机构方面，股权比例、出资要求、业务范围等均做了较大程度的放开。但在具体的投资事项中，仍有与当前粤港澳三地合作需求不一致的地方需要进一步加以管理优化。例如在调研中，佛山市反映关于与港澳共同推动影视投资项目合作的准入障碍问题，目前在大湾区范围内，香港、澳门投资主体以独资或合资方式成立影视制作企业仍存限制，内地与港澳合拍影片、电视剧仍有限制。

目前来看，在 CEPA 框架及附属协议、外商投资负面清单、自贸试验区外商投资负面清单三个宏观指引性投资管理法规内，关于港澳投资主体赴内地投资，原则上是在涉及具体投资事项上，按照最优惠投资管理规定办理。港澳投资主体在法律身份上比照外资，在实际操作中具有特别国民待遇。在实际运作中存在的主要问题是，地方政府行政部门在办理涉港澳投资事项时，缺乏更为具体、明晰的地方性实施条例来明确相关的投资管理办法。从推进构建更高水平开放型经济新体制，进一步以投资促进粤港澳三地经济社会融合的角度来看，在大湾区内部，应率先针对港澳投资主体，共同探索建立较当前外商投资管理体制水平更高的投资协议，作为我国进一步参与国际经贸合作，提升经贸规则制定主导权的"试验田"和"先行区"。

2019 年，国务院发布《关于进一步做好利用外资工作的意见》，对于投资促进，专门从优化外商投资企业科技创新服务（外资申请高新技术企业）、提升自由贸易试验区建设水平、提升开放平台引资质量、支持地方加大对外资的招商引资力度四个方面强化投资促进政策。2018 年，国务院《关于印发进一步深化中国（广东）自由贸易试验区改革开放方案的通知》明确指出要"对标国际先进规则，建设开放型经济新体制先行区"，提出"对于符合条件的外资创业投资企业和股权投资企业开展境内投资项目，探索实施管理新模式"。2018 年 8 月，广东省印发《广东省进一步扩大对外开放积极利用外资若干政策措施（修订版）》，明确通过加大利用外资财政奖励力度，加强用地保障，支持研发创新，加大金融支持力度、人才支持力度以及加强知识产权保护等方面的措施，提升利用外资水平，促进重点项目投资。整体来看，广东省各地市在利用外资方面的政策举措实际效果较好，省内大湾区城市如东莞、惠州、江门，利用外资中港资占比均在 70% 以上，两年来，利用外资水平特别是利用港资水平一直在上升。广东省出台《进一步做好稳外资工作若干举措的通知》，提出要创新投资促进工作方式，强化重大外资项目支持保障，支持外资总部型企业发展，强化平台引资作用等具体举措。这些政策举措都取得较好效果，在投资促进方面，广东省创新设计了由省市主要领导牵头的利用外资工作协调机制和主要领导联系跨国公司直通车机制，在落实兑现对外商投资政策承诺，健全外商企业投诉机制处理等方面，走在了全国前列。目前，涉及投资促进的主要问题，仍是进一步优化营商环境，特别是在商事登记制度方面，涉及法律确认、市场主体的退出渠道与机制建设的问题，此外，在工程监管管理机制办法，外商人员往来电子信息三地互认衔接、电子支付系统互联互通、征信体系衔接方面，仍存在现实的政策性障碍。

## 三、促进粤港澳三地投资规则衔接的相关建议

从具体政策实践的指向和目标来看，在自贸试验区内实施的外商投资负面清单已参照了中美 BIT 谈判关于负面清单设置的要价要求，在目前是代表我国参与国际经贸规则制定所能做出的可承受的出价。但相比当前国际形势变化的新要求，以及粤港澳大湾区内促进港澳投资、外商投资的新需求，无论是 CEPA 服务贸易协议、投资协议还是自贸区外商投资负面清单，与国际高水平投资规则相比仍有距离。这些差距不仅表现在负面清单的限制范围大小，更多表现在确立负面清单、执行负面清单的政策透明度、规范化方面。

一是要进一步减少投资限制。从欧美通行的负面清单看，欧美国家禁止或者限制外资进入的行业领域较少，例如英国、法国无禁止性行业，德国对原子能与核电核废料处理实施禁止准入等。在限制行业领域，德国无限制行业，英国对能源、国防、交通运输有一定限制，相较而言，美国限制行业更多一些，包括了金融、农业。2020 年版自贸试验区负面清单较 2019 年版进一步扩大了开放领域，比如在中药饮片、渔业捕捞和出版物印刷等领域取消了

限制，一些限制类行业的控股要求进一步放宽，职业教育、文化表演两大领域进一步提升了开放度，允许外商独资设立职业教育机构等。在服务业领域取消了证券、期货、寿险等限制措施，这与中美第一阶段经贸协议中方承诺相一致。在公共航空与通用航空、商用车领域也提升了开放度。这些开放举措进一步说明中国开放的大门只会越开越大，开放的领域将会越来越多。从现有的负面清单领域来看，开放度最高的自贸试验区外商投资准入负面清单与发达国家相比仍有一定距离。国务院印发的《关于深化北京市新一轮服务业扩大开放综合试点建设国家服务业扩大开放综合示范区工作方案的批复》，进一步放开了金融服务领域的市场准入，对合格境外有限合伙人试点、公开市场投资范围限制进一步提出开放要求，此外，在股权投资、资产管理、金融衍生品交易、互联网虚拟专用网业务等方面，新的开放举措也纷至沓来。此类举措较 CEPA 附属协议的开放力度更大，与 2020 年 5 月颁布的《关于金融支持粤港澳大湾区建设的意见》（以下简称《意见》）所涵盖的开放领域更广，开放举措也更加清晰①，这些应是下一步粤港澳大湾区市场准入与投资管理应着重关注的行业领域。现有的研究表明，CEPA 框架协议签署特别是服务

---

① 《意见》中在银行业、证券业、保险业开放方面也有先行支持的相关开放举措，例如《意见》明确支持商业银行在粤港澳大湾区内地发起设立不设外资持股比例上限的金融资产投资公司和理财公司。鼓励外资在粤港澳大湾区内地投资入股信托公司等金融机构。在广东省制定的《关于贯彻落实金融支持粤港澳大湾区建设意见的实施方案》中，也进一步作了政策细化，提出"支持境外金融机构参与设立、投资入股商业银行理财子公司。探索符合条件的商业银行理财子公司，按照商业自愿原则在粤港澳大湾区内地设立专业子公司。探索符合条件的金融资产投资公司在粤港澳大湾区内地设立专业投资子公司。鼓励外资在粤港澳大湾区内地投资入股信托公司等金融机构"。其中，《意见》关于外资发起设立金融资产投资公司和理财公司一条在《实施方案》中明确为"参与设立、投资入股商业银行理财子公司""探索符合条件的金融资产投资公司在粤港澳大湾区内地设立专业投资者子公司"。关于外资入股信托公司等金融机构，未作明确说明。在实际操作中，应要遵循银保监会《信托公司行政许可事项实施办法（征求意见稿）》中第九条关于"境外金融机构作为信托公司出资人"的 11 个条件及其他条款要求。同时，还要遵循银保监会《信托公司股权管理暂行办法》等部门文件要求，两个"办法"对境外金融机构作为信托公司股东或者出资人分别作出了前置条件要求，虽然前置条件在近年来不断缩减，但总体来看，目前的条件设置中仍有一些可进一步扩大开放并优化投资管理的空间，尤其是要将行政许可事项中表述不够具体的部分进一步清晰化，给予可预期的操作指引。

贸易协议有效促进了内地与香港在服务业领域的双向开放，但开放集中在与贸易相关的商贸、物流、分销、广告、人力中介等领域，金融与保险行业开放度并不是很高，准入壁垒仍然存在，而金融业正是当前香港服务业中最具竞争优势的领域，金融开放也符合当前构建高水平经济新体制的相关要求，迫切需要在大湾区内针对金融开放建立开放水平更高的投资管理办法。

二是要参照高标准投资规则如美国 BIT 协定的架构要求，对负面清单涉及的行业领域投资管理要求明确化、明晰化。负面清单投资管理模式应涵盖准入前与准入后，现在来看，在准入后阶段更应确立更加清晰的政策执行指引，尤其是要明确在大湾区内部，涉及港澳投资主体在大湾区投资的准入前与准入后阶段，结合投资主体进入行业的不同，参照现有的负面清单管理制度和 CEPA 框架协议及其附属协议，制定明确清晰的条文条例来规范港澳投资的事项管理和监管的流程与程序，使企业和政府主体都能够对投资事项的整体流程具有明确清晰的判断与预期，避免各地市行政部门因政策法律规范的"宽泛"与"不够精确"，出现延迟办理或不予办理的情况。《外商投资法》明确规定县级以上地方人民政府可以根据法律、行政法规、地方性法规的规定，在法定权限内制定外商投资促进和便利化措施，这就为大湾区制定明确统一的港澳乃至外商投资管理实施条例留足了法律空间。

三是与地方制定明确、透明、清晰的地方性外商投资管理实施条例条文相关，目前在大湾区内部制定此类条例条文，前提是明确负面清单及 CEPA 协议等投资管理制度中涉及特别管理措施的法律法规来源。我国负面清单管理制度目前所参照的中美 BIT 谈判范本，借鉴了美国 BIT 协定规则的相关架构及理念，美国 BIT 范本是将散见于国内法律及规章中关于国民待遇、最惠国待遇、履行要求、管理人员及董事会人员条款不符措施集中在负面清单之中，相关的措施与要求均具有明确的法律依据，这是当前我国负面清单制度在出台时缺少的部分。在 2020 年颁布的新的外商投资准入特别管理措施（负面清单）和自贸试验区外商投资准入特别管理措施（负面清单）中，相较此前颁布的版本已经进一步缩减了禁止类和限制类投资领域，但在目前实施的特别管理措施中，仍存在对特别管理措施不明确法律来源的问题，在实践中就会出现措施的"宽泛"，可操作性不强的问题。例如参照美韩 FTA，在涉及金融开放方面，明确列出采取特别管理措施的法律依据是来自《银行法》《金融控股公司法》等具体法律规章的详细条款或附件，对特别管理措施中涉及的行业领域业务，已进一步明确了具体业务的管理办法和操作流程。外商投资负面清单管理的可操作性和透明度取决于管理措施及办法的公开性和可预期性，而措施管理的具体办法的公开性和可预期性，来自行业法律及部门规章操作的指引清晰度。要避免法律规章等文件表述的模糊性，对存在于行业行政许可事项中前置的审批条件要进一步清晰化。因此，在大湾区实验给予港澳投资主体更加开放的投资管理政策，需要依据《外商投资法》及 CEPA 附属协议，确定给予港澳投资主体在大湾区投资的更加详细的行业范围和管理措施，同时，也需要处理上位法和行业法律、部门规章之间冲突和不一致的具体内容，面向更高水平开放建立具有法律来源、操作指引清晰、可预期和公开的特别实施条例。

四是要统筹投资管理政策架构。除了在国家层面存在的外商投资法、负面清单制度及 CEPA 框架与附属协议外，还需要进一步整理清理在粤港、粤澳之间历史上形成的各类政策性文件，以及在大湾区省市两个层面存在的各类行业管理地方性条例。要在涉及投资管理的政策架构中，明确《外商投资法》负面清单、自贸区负面清单、CEPA 框架协议及其附属协议的法律地位和法律关系，必要时可制定涵盖三个基础性法律文件精神的统一的大湾区投资管理实施条例，在备案管理和负面清单管理基础上，进一步明确港澳投资主体赴大湾区投资的具体管理办法，在涉及市场准入、行业行政许可前置要求等方面进一步体现面向港澳先行开放的政策要求，具体化、清晰化表述行政部门审批要求。同时，要集中整理当前粤港澳三地之间、大湾区内地城市与港澳之间形成的各种政策合作框架协议，对于其中涉及投资管理的事项统一纳入大湾区投资管理实施条例，对其中不符合当前开放要求或与现行法律规章不一致甚至冲突的表述要进行修改或清理。

五是要进一步优化营商环境。粤港澳大湾区营商环境要瞄准国际一流，当前急需学习借鉴港澳营商环境建设先进经验，在商事制度改革方面先行一步，推动在特定行业实施"无条件准入、登记式备案、免审批准营"，在市场主体退出机制建设方面，要率先出台关于市场主体退出的法律流程与审判机制，降低退出成本、简化流程程序，推动提升市场主体通过法律程序实施退出的意愿水平，地方法院商事审判机制建设要进一步加强，可率先出台关于大湾区市场主体退出机制的商事审判司法意见或办法，优化市场主体退出审理模式，可探索设立专门化破产审判庭，待条件成熟可成立专门的破产法院。要继续推进"简政放权"，以"放管服"改革推动深化审批制度改革，简化外资在大湾区内地城市投资事项程序流程，针对世界银行营商环境评价指标体系，通过法治化、规范化行政审批制度改革，将外商投资业务流程办理时限压缩至最短，强化部门联合审批和一网审批，实现投资服务的一门化、窗口化，打通部门数据流通障碍，提升政务服务便捷化水平。

## 第三节　粤港澳大湾区法律法规衔接研究

习近平总书记 2018 年在广东考察时指出，要把粤港澳大湾区建设作为广东改革开放的大机遇、大文章，打造高水平对外开放枢纽。粤港澳三地"一国两制三个法域"，这是粤港澳大湾区（以下简称"大湾区"）不同于旧金山、纽约、东京湾等国际湾区的主要不同之处，也是建设大湾区必须面对的现实情况。

《粤港澳大湾区发展规划纲要》（以下简称《规划纲要》）提出，"要合理运用特区立法权，加快构建适应开放型经济发展的法律体系，加强深港司法合作交流。加快法律服务业发展，鼓励支持法律服务机构为'一带一路'建设和内地企业走出去提供服务，深化粤港澳合作联营律师所试点，研究港澳律师在珠三角九市执业资质和业务范围问题，构建多元化争议解决机制，联动香港打造国际法律服务中心和国际商事争议解决中心。实行严格的知识产权保护，强化知识产权行政保护，更好发挥知识产权法庭作用。"《规划纲要》在有关法律事务服务中提出，"深化落实内地与香港、澳门关于建立更紧密经贸关系的安排（CEPA）对港澳服务业开放措施，鼓励粤港澳共建专业服务机构，促进会计审计、法律及争议解决服务、管理咨询、检验检测认证、知识产权、建筑及相关工程等专业服务发展"。

推动大湾区法律法规制度衔接有着特别重要的地位，法律法规制度衔接在整体大湾区规则和制度衔接中具有方向性、基础性、引领性作用。推进大湾区法律法规充分有效衔接，有利于打破现有的阻碍三地人员、物资、资金、技术、信息等要素流动的各类障碍，不断形成三地共有共通的法治体系，切实降低整个大湾区经济社会发展成本，营造国际化、法治化营商环境，为大湾区早日建成国际一流湾区奠定制度基础。

## 一、大湾区法律法规衔接的属性界定及主要难点

粤港澳大湾区建设发展的关键在于多元融合，多元融合的进展与效果决定了大湾区建设的实际成效。同世界著名的纽约湾、旧金山湾、东京湾三大湾区相比，粤港澳大湾区在法律体系上有其特殊性。世界三大湾区都是在一个国家、一种法律制度、一个关税区、一种货币体系下发展起来的，粤港澳大湾区要在一个国家、两种制度、三个关税区、三种货币、三种法律制度的基础上建设和发展，这在国际上是没有先例的，考验着中国政府和粤港澳三地的政治智慧、协调水平和创新能力，三地政治制度不同，法律体系、法律理念、法律文化也存在较大差别，在实践中出现了许多复杂的法律法规衔接问题，给推进大湾区建设带来了特殊困难、增加了复杂性。

### （一）大湾区法律法规衔接的基本属性

粤港澳三地有着相同社会文化，由于历史原因内地与香港、澳门的法律体系和制度存在较大差异。内地与香港、澳门是三个不同的法域。香港和澳门曾为殖民地，法制与其殖民国同宗，但又各不相同。香港法制同宗英国

法，属于英美法系，以适用判例法为主；澳门同宗葡萄牙法，属于大陆法系；内地与澳门在法律体系上比较接近，属成文法系，法律传统比较相似。

港澳同属中国领土不可分割的一部分，粤港澳三地同为我国省级行政区域。作为中国中央人民政府下的特别行政区，国家很多立法不直接适用于香港和澳门，实践中通常将香港和澳门比照"涉外"法律关系处理，无论在制度层面还是技术层面都与内地差异较大。三个法域、三类法制下，各自在立法、司法、执法上均自成一体相互封闭，形成了粤港澳大湾区深度合作的法制壁垒。

不同在于港澳回归后保留资本主义制度，内地则实行中国特色社会主义制度，粤港澳三地有着相同的国家利益，建设大湾区符合各方利益。推进大湾区规则对接三地不存在根本性利益冲突，三地法律法规冲突是历史形成的三大法域在立法、司法上各自自成一体后不同法制体系间的壁垒问题。目前关于大湾区法律法规衔接的属性有很多讨论。总体上来说，粤港澳大湾区法律法规衔接性质上属于区际法律冲突调适问题。区际法律冲突调适遵从"区际法律冲突调适——区际法律融合——区际法治一体化"路径。

### （二）三地"9+2"间基本法律关系

大湾区法律法规衔接其实质是建立不同主体间的合作关系。具体上说是广东、香港、澳门三地行政主体在某些领域和一定空间范围的合作。从法律关系来说，可以分为三类、三级。

一是从权力类型看，第一类是广东作为内地一个省份，享有宪法和其他有关法律规定的省级地方机构包括地方立法权在内的各项权力。第二类是香港和澳门作为中华人民共和国的特别行政区，根据"一国两制""港人治港""澳人治澳"方针，享有宪法和基本法规定的高度自治的各项权力。如《香港特区基本法》赋予香港特别行政区独立的立法及司法权，规定"全国性法律除列于本法附件三者外，不在香港特别行政区实施"。第三类是深圳、珠海作为全国改革开放经济特区，享有一般地方和经济特区的双重立法权。

二是从权力层级看，第一层级是广东省和香港、澳门两个特别行政区的层级，但广东的立法权与港澳的高度自治权差别很大；第二层级是广州市和深圳市两个副省级城市层级；第三层级是珠海、佛山、惠州、东莞、中山、江门、肇庆等七个地级市的层级。各主体立法权权限不同，所制定的法律法规（特区法律法规）的法律效力有位阶区别。

三是从所涉及的法律关系看，第一种是广东省级层面与港澳间的横向主体法律关系。突出表现为三地不同法律传统、法治文化、法治观念、法治模式。第二种是广东省内部省级与地市、各地市之间是纵横向法律关系，都属于内地统一法律体系下的法律关系，但立法权限不同。此外，从更广泛的国际层面来看，三地分属不同的关税区，事实上还存在着中国与国际法主体、粤港澳与国际法主体，国际法与中国国内法、国际条约与特别行政区法律的关系，在此方面则更加复杂。

### （三）法律法规衔接的主要难点

粤港澳法律体系差异是殖民地时代留下的，多样化的法律和制度体系决定法律法规衔接有其特殊困难。

第一，粤港澳三地法律体系不同。我国内地实行中国特色社会主义法律制度，倾向于大陆法系；香港因历史原因类属于英美法系，具有普通法传统；澳门回归前长期为葡萄牙占据，秉承葡萄牙法律传统，属大陆法系。在法的渊源上，内地（广东）和澳门分为公法和私法，香港以普通法和衡平法来划分。在司法程序上，澳门注意法官职能，法官对程序的推进占据主导作用；在香港法官通常只是原告、被告及其辩护人和代理人推动司法程序的重要环节，法官只担任"裁判员"，一般不参与辩论，与此并存的是陪审团制度。此外，在法典的编纂上，内地（广东）和澳门强调法典编纂的严谨性、完整性，香港则不强调完整的法典编纂。

第二，三地法治文化存在较大差异。我国内地的法治理念、香港的英美法治理念、澳门的西欧法治理念，形成不同政治、经济、社会利益冲突、交叉和重叠，推进重点在于逐步形成共同的法治认同，三地文化同根同源不等于自然能建立起共同的法治认同，形成共同的"公正性与合理性"。三地间背后的东西方法治差异是客观事实，建立法治认同内部实现程度需要各方共同努力。以普通人会遇到的房产交易为例，内地有房产证，房产证之前手续一般不用审核，香港适用普通法，没有成文法中的不动产物权登记法律和制度，房产交易前通常需要买方律师审核卖方获得转让资格的整个链条全部文件，如果手续不完全可信，则需要继续前溯。内地房产交易通常不需要律师，香港房产交易双方必须有律师参与。

第三，三地法律环境差别较大。改革开放以来中国坚持推进依法治国，持续加强普法教育，特别是近年大力推进法治化营商环境建设，内地法律文化和法律环境建设取得了长足进步，但总体上与港澳比仍存在相当的差距。律师的执业水平在很大程度上可以体现一个地区的社会法律服务水平，大湾区内地律师执业环境、执业水平、管理体制等与港澳地区律师相比存在明显差距。特别是国际化水平方面，香港和澳门地区的律师从事国际化业务远早于内地，国际业务经验丰富，律师行业管理更为自由。在国际化法律人才培养上，香港大学法学院排名靠前（2017年全球300所顶尖法学院排名第18位），香港城市大学法学院和香港中文大学法学院进入前100名，中山大学法学院入选该名单。

第四，中央统一领导与地方自主自治的矛盾。我国是单一制国家，中央集中统一管制与中央权力下放或者地方分权自治的矛盾依然存在。广东省和大湾区内地九市依据宪法、立法法等规定，享有相对立法职权。香港、澳门两个特别行政区享有高度自治下更为广泛的权力。香港、澳门根据各自基本法授权，享有独立的司法权和终审权，香港作为特别行政区本地设立终审法院、高等法院、区域法院、裁判署法庭和专门法庭，澳门作为特别行政区设立初级法院、中级法院和终审法院。广东省大湾区九市实行内地统一司法制度，不享有独立的终审权。香港、澳门和内地九市的司法程序、裁判文书并不产生天然的互相认可与执行效力。香港、澳门可以与大湾区九市司法机关开展协商，通常以最高人民法院司法解释的形式实现司法方面的联系和协助。

实践中从国家立场和国家整体利益出发，国家层面更多突出和考量的是整体性、统一性和完整性，从大湾区发展角度看，则需要大湾区具有一定的自主性、自治性和灵活性。例如现有《行政许可法》《企业名称登记管理实施办法》，国家工商行政管理总局、商务部、海关总署、国家外汇管理局共同下发的《关于外商投资的公司审批登记管理法律适用若干问题的执行意见》及《关于外资登记注册中提交境外自然人身份证明有关问题的通知》等法律法规规章对于登记注册条件、名称申报要求、申请材料等均有明确规定。

第五，大湾区统一建设与多元主体的矛盾。香港、澳门与内地九市主体合作结构上没有对等性和平衡性，实践中存在很多合作困难。特别是大湾区中除广州、深圳、珠海外的其他六市，在调研中普遍反映与港澳在政府间衔接与合作存在着明显的不对等问题，在港澳很多问题的联络都是依靠当地侨团等民间渠道来实现的。

## 二、法律法规衔接的基本思路、主要原则与可行方式

### （一）基本思路

法律法规衔接是推进实现未来大湾区整体性治理的关键。近年国家层面推进不同法律体系衔接方面工作稳定推进，最高人民法院就内地与港澳法院"认可和执行民商事案件判决""仲裁程序相互协助保全"等都做出安排。2020年6月30日，"港区国安法"正式通过，不仅为香港长治久安提供坚实的法律保证，也为推进大湾区法律法规衔接提供了有利条件。粤港澳三地法律法规衔接，要坚持"一国"之本，尊重"两制"差异，进一步破除法制阻隔，主动调适区际法律冲突，推动法律实践向趋同发展，探索实施"一元多样混合，软硬兼施并济"的大湾区法律治理模式，推进"一国、两制、三法域"下不同法律规范体系的拓展和兼容，形成大湾区法律和经济社会共同圈。

推进大湾区法律法规衔接的基本思路是，在民商法领域充分借鉴吸收港澳法律体系特别是香港英美法系，发挥规划纲要、合作协议、专项规划等"软法"在大湾区的特殊作用，形成一批具有协同性的"软法"体系框架，形

成以"硬法托底、软硬兼备"的大湾区特有法律体系。大湾区涉及一国主权下特别行政区、经济特区、先行示范区、自由贸易试验区、单独关税区等多重制度形式，法律法规衔接上的困境也正是新制度的生长地和创新的源泉。要走出"立法是解决大湾区衔接问题唯一路径"的认识误区，加大"软法"领域探索实践，及时弥补"硬法"存在的滞后性和刚性问题，为"硬法"完善进一步清晰界定问题、积累经验，不断丰富和夯实跨域合作的法治基础，推进形成从静态的法律法规体系衔接，向面向实际治理成效的三地法律法规动态柔性匹配。

推动规则标准对接或衔接不是简单的谁向谁靠拢的问题，而是共同向最高、最优的标准和规则靠拢。应坚持有利于解放和发展生产力、有利于发挥各自优势、有利于抢占未来国际竞争制高点标准，对于税制和税收监管等港澳具有制度优势的领域，内地九市要向港澳对接；对于内地标准领先的领域，如若干先进制造标准，要引导港澳向内地标准对接；对于贸易等领域国际新规则和更高标准，内地九市和港澳要共同向先进的国际高标准对接，以此形成大湾区商流、物流、资本流、信息流、人流等无障碍流通，为打造国际一流湾区奠定自身特有的制度优势基础。

建设粤港澳大湾区要坚持"一国"之本，善用"两制"之利，从法律法规角度来说，港澳地区作为全球营商环境领先城市，在立法、司法、执法方面有很多有益经验，在社会管理、公共服务方面有很多成功做法，这些都值得内地学习和借鉴。港澳法律队伍和人才是我国法律队伍和人才的重要组成部分。香港律师通晓英美法系，澳门律师通晓葡语法域的大陆法系，是我国数量众多、具有丰富涉外法律经验、可以发挥特殊作用的高端法律人才。三地法律法规衔接也要合理利用港澳法治发展成果，借此提高整个大湾区法治建设水平的探索。

推进法律法规衔接要坚持以需求为指引，以创新的思路、机制、方法解决问题。从法理学角度来说，"无论现在或是其他任何时候，法律发展的重心都不在立法、法律科学，也不在司法判决，而在于社会本身"。大湾区通过多样化的法律法规衔接，形成了良好的协同机制，回应了大湾区发展建设需求，形成了稳定的、以机制或惯例为外在表现的秩序，就是推进大湾区法律衔接的根本目标。大湾区法律衔接突出平等思维（有研究表明，港澳居民在广东省起诉政府机关，胜率要高于内地居民，法院在审理过程中也会做大量的协调工作）、共识思维、弹性思维、协作思维，注意从现实经验、制度、程序性方案中不断找到切实可行的法律建构模式，并适时适度修正经验逻辑。坚持经验理性与逻辑建构相结合，从经验理性出发在不断丰富的经验理性中找出内在逻辑构建模式，最后从经验理性中去解决。大湾区法律法规制度衔接，既要有中央高屋建瓴拓顶层设计，又要发挥市场推进作用，特别是用好地方丰富的法律实践，不断探索先行先试的各方面制度安排，切实避免偏执己利、各自为战、自说自话的局面。

**（二）主要原则**

第一，坚持以中央协调为主、地方协调为辅。大湾区建设要把坚持"一国"原则和尊重"两制"差异结合起来，坚守"一国"之本，善用"两制"之利，把维护中央的全面管治权和保障特别行政区的高度自治权有机结合起来，严格依照宪法和基本法办事。香港、澳门特别行政区的独特法律地位，决定了港澳法律事务的协调，应当以国家层面协调为主。国家成立粤港澳大湾区建设领导小组以及国家发展改革委与粤港澳签订行政协议都表明，中央在协调粤港澳大湾区法律冲突方面所起的作用，是粤港澳三方自行协调所无法替代的。但地方协调作用也不可低估，中央协调为地方协调提供指导，地方协调在落实和推进中央协调中不断创造新的需要，为完善中央协调创造条件。

第二，坚持分步骤渐进式推进路线。大湾区目前的"一国两制、三法域、三关税区"表明，三地法制差异长期存在是基本事实。推进三地法制完全融合不符合"一国两制"国策，也不应是大湾区建设的目标。通过中央政府和三地积极努力，逐步缓解三地区际法律冲突，推进法律功能上调适，服务和满足于大湾区发展建设对法律的需要。大湾区法治建设是一个长期渐进的过程，三地法律法规衔接应与大湾区创新发展的阶段性任务相对应，在基于不同时期、不同重点任务，确定不同阶段的法律衔接目标和工作重点。大湾区法律衔接要分时间段、分法律领域、分法律类型、分区域进行。当前特别是推进以经济发展、创新能力建设为主导的三地法律制度协调和衔接。重点是便利三地人员、资金、物资、信息的流动，降低大湾区经济社会发展成本，创造国际领先的法治化营商环境。

第三，坚持"硬法"和"软法"结合。大湾区规则制度标准对接或衔接是一个制度规则融合、集成、创新、创造的过程。要坚持国家宪法和港澳特区基本法等"硬法"的基础地位，以《粤港澳大湾区发展规划纲要》为指引，坚持问题导向、实践导向、结果导向，积极创设以三地有效对接衔接与深度协作为特征的各类"软法"，加快形成体现大湾区自身特色具有协商性、柔性、便捷性的有效管用的"软法"体系。推进"软法"与"硬法"优势互补和衔接适用，"硬法"立足于顶层设计和布局谋篇，要以"软法"来增强"硬法"规范的针对性和操作性，落实"硬法"应有的效能。

第四，重视法律冲突中的政治与行政解决。粤港澳三地法律规则对接中实际问题多于理论问题，经济差异大于政治差异，认同原因大于制度原因，因此技术与政策方法要优于法律与体制方法。粤港澳大湾区法律冲突有着特殊的历史背景，其背后体现的是社会主义与资本主义政治制度差异。粤港澳三地法律冲突不单纯是通过法律专业层面协调解决的问题，很多问题要通过政治层面来解决，最后是通过法律的方式或形式来体现和确定协调解决的成果。特别强调的是，法律衔接不是试图去消弭法系个性特点，而是要在相互融合过程中，充分尊重各自差异，根据不同法律的具体情况，着重减缓利益冲突，为三地创造更多互惠提供法律条件。三地法律法规衔接不可能一蹴而就，在一些领域需要行政先行，在条件和时机成熟时，推进行政向立法过渡。

第五，尊重和发挥首创精神。粤港澳三地"一国两制三个法域"，三地法律法规衔接可以说是个新课题，没有先例可循，没有现成模式可套。大湾区法律法规衔接要处理"硬法"和"软法"衔接的关系、顶层设计和先试先行的关系、政府主导和多元主体协同的关系、借鉴吸收与自身创新发展的关系。特别是，在某些"硬法"暂时"缺位"的情况下，要发挥区域合作协议、社会自治章程、行业协会商会规章等各类"软法"的作用，及时缓解三地由于法域差异导致的制度冲突。

第六，推进法律与社会的有效互动。大湾区是一个政府推进为主、社会演进为辅的紧密型区域立法合作机制。政府推进作用在于突出规划性和执行力，社会演进在于充分反映大湾区发展中各界立法需求，发挥民主立法作用。坚持自下而上、上下并行、紧密互动、有机联系的推进方法。经过协商、论证与合意形成的"软法"能够更好地回应多元利益诉求，其实施并不依赖于国家强制力保证，主要是动用自律机制、与传统的命令强制及被迫服从的单向统治模式不同，体现的是平等协商、互信互利、自愿遵从的双向互动的治理模式转变。在地方和民间层面推进中，形成新的立法或司法需求，推进上级解决，为基层创新进一步衔接空间。着力推进规则和标准对接，推进公共服务协同起步，推进人流、物流、信息流、资金流等各类要素充分流动，引导推进法制协同。粤港澳三地法律法规制度对接可以从多层面展开，包括地方层面、区域层面、国家层面甚至是国际层面。推进法律法规与大湾区经济发展基本同步，尽可以使法律法规衔接不成为大湾区经济发展掣肘，要注意阶段性特征和阶段性需求，遵从大湾区法治发展的一般规律，服务于大湾区法制建设的终极目的。

## （三）可行方式

第一，尽快消除法律空白做到"有法可依"。立法本身具有滞后性，且立法工作本身是一项重大工程，非一朝一夕之功。大湾区建设快速推进，避免可能出现的无序和混乱，当前首要问题是做到有所遵循，可以政策、规划、协议、法律法规等形式，实现大湾区发展有规则、有依据、有制度、有法律，并赋予这些政策和规定以规范性、明确性、公开性、强制性及其法律效力。大湾区法制建设面临争端的管辖权、法律的查明和适应、判决的执行等三重挑战。港澳地区应参与大湾区法制建设。

第二，积极推动各方面立法。一是全国人大及其常委会采取框架立法、原则立法的方式，把大湾区建设的大政方针和重大问题法律化，从宏观上和总体上引领和指导大湾区建设。二是根据立法法的规定，全国人大及其常委会采取授权立法的方式，授权粤港澳大湾区的立法机关联合或者分别就大湾区建设所急需的法律，进行授权立法。目前中央政府可以就大湾区事宜有条件地采取清单式授权，授权三地就有关具体问题加强协调形成合意合作模式。三是国务院依照其职权，采取制定行政法规的方式，对大湾区建设中的某些事项进行专项立法，实行重点突破和推进。地方立法方面，三地可采用合作立法或分别立法模式，在条件具备、确有必要、形成共识、获得中央授权和三方同意基础上，可采取粤港澳三地，或者粤港、粤澳、港澳两地合作立法的方式，解决一些共同性的法律问题。

第三，创立务实管用的纠纷解决方式。要发挥区域协同机制在区域法律衔接中的能动性，区域行政执法对于区域经济社会发展的积极回应是推进区域法律衔接的重要途径。不能以静止的、文本的视角来研究解决区际法律冲突，不以追求形式合法性来裁剪现实需求，而是坚持走动态性、融合性、强实践性的法律法规衔接发展路径。

如对于涉港澳的刑事和行政案件，目前有关法律制度和实施机制相对成熟行之有效，可根据新形势适当做出调整后继续沿用。对于涉港澳的经济、民事、知识产权等纠纷，要尽可能发挥民间调解、行政调解和联合调解功能，尽可能强化法律文书公证、民商事仲裁机制等非诉讼渠道。

第四，着力推进体制机制创新。大湾区制度规则标准衔接是一个三地相向推进的持续动态发展过程。在大湾区规则衔接过程中，要推动从政府主导的"自上而下"模式向政府与大湾区各类市场主体、社会组织和三地公民在内的"自上而下"与"自下而上"双向结合模式转变。及时发现并将实践证明行之有效的三地规则衔接经验和做法，并以制度化形式确定下来。要注意形成早期实践成果，不断累积各方特别是香港方面对内地的信任水平，以持续性的量的积累推动实现大湾区规则制度衔接不断上水平，最终实现由国家规划引导下的跨境协同发展和跨境区域协同治理。

第五，发挥深圳前海等的先行示范作用。2010 年，国务院正式批复在深圳前海设立我国第一个社会主义法治示范区"前海深港现代服务业合作区"，前海处内地和香港司法合作的前沿，承担着法治创新、先导、引领、示范的使命。前海拥有最高人民法院第一巡回法庭、第一国际商事法庭、中院金融法庭、知识产权法庭，司法机构聚集、层级完备，国家知识产权保护中心、深圳国际仲裁院、粤港澳联营律师事务所，以及全国第一家域外法律查明中心等落户前海，前海形成的大湾区纠纷处理方式，对于大湾区法律衔接有重要的探索价值和判例指导意义。

## 三、法律法规衔接方面存在的主要问题

自港澳回归祖国以来，国家积极推进"一国两制"框架下与港澳的法律法规衔接，取得了积极进展。广东省及大湾区九市在自身权限中从实际工作需要出发，在与港澳执法衔接中也逐渐探索形成了一些有益的做法。司法部、广东省司法厅和广东省律师协会等协调港澳地区，出台了《香港特别行政区和澳门特别行政区律师事务所与内地律师事务所联营管理办法》《香港、澳门特别行政区律师事务所驻内地代表机构管理办法》《取得内地法律职业资格的香港特别行政区和澳门特别行政区居民在内地从事律师职业管理办法》《推进粤港澳深度融合律师服务业框架协议》等一系列对律师等法律执业资格准入和管理方面的衔接规定，同时在粤港澳律师联席会议机制建立、合伙联营律师事务所试点、业务准入、变更审批服务方面推进制度创新。

"一国两制"带来了内地与港澳间"关制""币制""税制""法制"等多方面制度差异，不同法域领域下的法律衔接非一日之功。法律法规衔接是推进粤港澳大湾区建设的关键环节，当前在立法、司法、执法以及社会性法律领域有很多亟待破解的问题。

### （一）立法及法律制度安排方面

立法方面主要存在有关法律空白、冲突情形下的法律适用等问题。

粤港澳深度合作的法律基础尚存在一定的障碍。广东省与港澳两地立法

权存在差异，对于一些事项依现行《立法法》，广东省不具有或者无明确的法律授权。实践中存在着港澳地区采取绕过广东省，通过与中央政府直接对话的形式表达和寻求自身利益诉求，广东有时存在着"被动接招"的情形。

法律适用差别较大。内地与港澳分属不同法域，特别是内地与香港法律适用上差别明显。香港沿用英国的普通法系以适用判例法为主，无论在法律制度层面还是技术层面都与内地有较大的差异。以粤港澳三地金融业合作为例，香港金融业实行混业经营，银行资金进出证券市场不受限制，内地实行分业经营，银行、证券、保险分开，银行资金不允许进行证券交易，也不能涉及保险。又如，香港对外汇管理持开放政策，限制性措施很少，而内地实行结售汇制，两地金融管理法律制度存在较大冲突。在内地和香港开展金融活动时，商事主体对纠纷发生后的司法裁判预期上有较大差异，不利于提升跨境商事活动形成明确的合法性预期。

内地与港澳在实体法、程序法、证据法等领域存在诸多差异。内地与香港民事诉讼时效不同，容易导致在内地已过诉讼时效的案件在香港起诉并得到支持，最终香港判决能否得到内地的承认与执行存在一定法律障碍等。

## （二）司法合作方面

司法协助进程滞后于大湾区发展需求。随着粤港澳大湾区建设的全面推进，大湾区城市间经贸往来、人员流动、资金流通将更为便捷，互涉矛盾纠纷也将日益增多，区际法律冲突将不可避免。目前《关于内地与香港特别行政区法院相互认可和执行民商事案件判决的安排》（以下简称《两地民商事判决安排》）的签署，粤港两地民商事领域司法协助已经基本全面覆盖，但仍然难以适应两地经贸繁荣的需求，一定程度上影响了大湾区的规则衔接和融合发展。

一些重要领域司法协助安排仍处空白地带。如在大湾区发生跨境商事纠纷后，适用哪个地方的法律、应当在哪里起诉、文书如何送达、调查取证和判决是否被其他地区法院认可，执行是否顺畅等问题，都会困扰纠纷双方。如内地和香港在信托、保险等业务的差异较大，在纠纷产生时容易导致出现

"挑选法院"问题，这背离了"判决结果一致性"目标，损害了大湾区商事秩序的稳定性、安全性。

现有司法协助安排实际运作效果有待提升。《关于内地与香港特别行政区法院相互委托送达民商事司法文书的安排》实施中，由于委托送达环节多、耗时长、送达方式受限，缺乏查询沟通机制等因素影响，存在送达成功率偏低、送达效率不高等问题。目前境外文书转递费用较高，这也成为司法衔接方面的现实障碍。

民事领域中继承、赡养、非夫妻之间的抚养、同居关系析产等部分婚姻家事判决尚未纳入《关于内地与香港特别行政区法院相互认可和执行婚姻家庭民事案件判决的安排》范围，有待进一步完善。

《两地民商事判决安排》案件类型未实现全覆盖，如破产清算案件没有纳入其中，对于被请求方法院是否可以认可执行部分判项，还需要最高法院出台司法解释予以明确。

两地司法协助水平低于各自国际司法协助水平。两地各自的国际司法协助水平明显高于两地之间司法协助水平，尤其在承认外国民商事判决方面，内地与部分国家合作相较香港更加顺畅，香港法院对部分国家民事判决的承认范围、审查标准相较内地判决更宽松。

民商事领域的司法合作安排不够全面。内地与港澳的司法合作仍存在民商事案件管辖权冲突的协调不充分等问题。如根据民事诉讼法规定，香港律师只能以非律师身份（公民身份）担任代理人，其中公民代理只能限于近亲属或者单位员工，而香港律师成为当事人的近亲属或者单位员工的可能性很小，因此香港律师在内地的执业范围受到较多限制。

司法合作交流方面内地与香港、澳门的司法合作机制不够健全。目前与港澳地区的司法交流与合作，由内地法院根据具体情况，逐层报最高法院审批后成行，实行一事一报制度。内地法官赴港澳交流审批程序环节多、时间长、管控严格，缺乏深层次、常态化的司法交流渠道，不利于进一步深化司法交流和合作。

## （三）法律专业服务方面

包括法律职业资格互认、联合法律服务机构设立以及一些非诉法律事务方面的衔接与合作。

三地法律职业资格、律师、公证执业缺乏充分衔接，三地调解结果缺乏有效互认机制，部分法律服务领域的合作只停留在个案协助层面。

律师事务所联营所方面有进展但还需要进一步提升。目前香港方面驻派律师能以联营所名义在内地办理香港法律事务，内地律师却不能以联营所名义在香港办理内地法律事务，造成内地派驻律师直接从香港获取客户的渠道没有打开，联营律师事务所属跨文化跨法域合作，需要面对定位、出资、派遣律师、经营计划、管理架构、利益分配等诸多问题。

仲裁裁决标准不统一。《关于内地与香港特别行政区相互执行仲裁裁决的安排》缺乏"认可"仲裁裁决的规定，该《安排》对可予执行的仲裁裁决的标准不统一，内地仲裁机构在香港作出的裁决也面临确定归属地的问题。

## （四）警务及执法合作

目前，内地与港澳三个不同法域尚未签署全面的司法合作协议，内地与港澳执法与警务合作权限属公安部，2017年9月印发的《广东省公安机关与港澳纪律部队交流合作工作规范》明确规定，未经公安部港澳事务办公室批准，各省（广东省）公安机关任何单位不得擅自与港澳纪律部队签订协议。

内地与港澳警方合作仅停留在框架合作层面。2000年公安部与香港特别行政区保安局签署《内地公安机关与香港警方建立相互通报机制安排》，在此基础上2017年12月签署了《内地与香港特别行政区关于就采取刑事强制措施或刑事检控等情况相互通报机制的安排》，与澳门特别行政区保安司签署《内地与澳门特别行政区保安司关于建立相互通报的安排》。除此以外，目前内地公安机关与港澳警方之间再无有关警务合作的相关文件，已有安排总体上仍属框架性共识，缺乏可操作性。

缺乏顺畅合作框架模式。在"一国两制"制度和现行警务合作框架下，内地与港澳警务合作的主体是中央及有关部委和省级人民政府，与省级以下的地方政府没有明确的警务合作范围、方式、程序等法律规定，也未授权地市一级公安机关与港澳开展司法和警务合作。目前大湾区九市与港澳警务合作总体上属于临时性、应急性个案协作，建议加强三地刑事司法机关的合作机制。目前刑事司法合作还只是个案临时合作，缺乏稳定的制度性安排，原则上一事一批。

粤港澳三地在犯罪认定、犯罪证据调查取证、嫌疑人员缉捕等方面都存在明显差异。如在犯罪认定上，地下钱庄跨境洗钱在内地可入罪，单纯的跨境汇兑在港澳不构成犯罪，但在香港能以"洗黑钱"追究地下钱庄刑事责任。在跨境追逃追赃上，犯罪嫌疑人逃到港澳后，只能通过个案的方式开展跨境追逃，并以"劝投"为主，对于转移出境的赃款也没有返还机制和途径。

协助开展跨境调查取证存在困难。按现行规定内地省级以下地方公安机关在侦办跨境案件过程中，在核查涉案资金和犯罪嫌疑人身份背景、电话资料及通话信息等方面，港澳相关部门、组织以及企业往往不配合，不及时提供协助，导致案件侦查难度相当大，影响对跨境犯罪打击效能。

## 四、现阶段推进法律法规对接的主要措施

### （一）立法领域

加强大湾区立法方面的研究和指导。中央层面由粤港澳大湾区建设领导小组办公室牵头，有关部委参与协调，加强对大湾区包括法律法规衔接在内的全面规划指导。建议组织有关方面开展大湾区区际冲突法研究。粤港澳三地之间无相互管辖权，建议全国人大制定区际冲突法来解决。

加快内地有关法律的立法进程。目前大湾区建设常面临无法可依的情况，大湾区内地应吸收借鉴港澳法律（尤其是民商法）以及发达国家先进的立法经验，加快完善立法，从立法层面推进大湾区三地法律法规对接。

给予广东在专门领域和专门问题一定的立法授权。广东在推进法律衔接权限较小，立法和司法协助作为主权国家事项。《香港基本法》第95条和《澳

门基本法》第 93 条规定，"特别行政区可与全国其他地区的司法机关通过协商依法进行司法方面的联系和相互提供协助"，该规定为港澳与内地开展司法协助提供了法律依据，港澳开展司法协助的权限较大，广东开展区域性司法协助的权限较小。广东省每年可通过广东省、内地九市人大代表、政协委员以及有关地市政府征集年度立法清单，注意区分中央事权范围和地方事权范围，根据领域类型、调整对象、各地方意见等确定轻重缓急，高效推进立法工作。

推进大湾区建设重要规划立法先行。三地积极协商实施重点领域立法先行，当前可优先推进大湾区国际化法治化一体化营商环境建设、大湾区生态环境保护、知识产权保护等领域共同立法。

加快建立地方立法研究中心。确保制定和修订的法律遵循地方立法理论研究与立法实践相结合、人大立法制度建设与法学教学实践相结合的原则，提升地方立法理论研究的质量。

深圳、珠海两个特区要用足用好立法变通权。充分发挥先行先试、立法探索的职能，建议深圳首先要全面梳理现行有效的法规政策，对标粤港澳大湾区及先行示范区建设，修订一批需要变通的制约性法规，如涉及港澳的限制人货通关、跨境资金流动、司法协同等法规，并率先取得突破。

进一步抓好前海试点打造为我国法治建设成就的重要窗口。《粤港澳大湾区发展规划纲要》明确提出前海要"联动香港打造国际法律服务中心和国际商事争议解决中心"。"两个中心"建设是一项重大的系统性工程，意义重大。前海作为国家唯一的法治建设示范区，具有适合香港、面向世界又具有中国特色的法治环境，有条件和基础以推进深港法治规则的对接与融合为突破口，为深圳建设中国特色社会主义先行示范区和创建社会主义现代化强国的城市范例提供前海精彩样本，深圳需要将前海打造成为展示我国法治建设成就的重要窗口和国际社会观察我国法治建设的重要窗口。应充分发挥特区立法优势，建立完善的民商事司法政策体系。

## （二）司法领域

内地与港澳在司法合作安排上，近年取得很大进展。内地与香港先后签署了相互委托送达民商事司法文书、相互执行仲裁裁决、相互认可和执行当事人协议管辖的民商事案件判决、民商事案件相互委托提供证据、相互认可和执行婚姻家庭民事案件判决、相互认可和执行民商事案件判决等协议安排。

探索构建三地司法调解协同机制。确定跨境破产司法协作机制。确定跨境破产管辖原则，积极寻求跨境破产法律适用规则共识，完善破产管理人的相互承认机制，建立跨境破产的协调机制并展开合作，就有关破产管理人（或清算人）诉讼能力、执业资格相互承认的问题达成协议，尽可能减少跨境破产的法律冲突。

磋商解决两地管辖权冲突的安排。三方优先就解决管辖权冲突问题形成安排，确立"不方便法院原则"的法律地位，就"不方便法院原则"达成共识，助推管辖权冲突的解决。

增强粤港澳司法互助合作的顺畅性。建议先行探索香港律师在广东前海、横琴和南沙三个自贸片区法院出庭，待条件成熟后再进一步在内地九市推开。

扩展完善区际司法协助机制。完善民商事司法文书委托送达，扩大内地商事仲裁的适用范围。

建立多层次、常态化司法交流机制。定期举行会谈和会晤，互相通报两地安排执行情况，积极主动查找问题，消除执行中的障碍。

建议在粤港澳之间建立区际司法合作平台。在没有统一签署全面合作协议情况下，统筹协调行政、执法、司法等方面的问题，建立粤港澳三地司法信息共享交流机制，实现司法案例、法律法规等信息的互联互通。定期发布大湾区审判情况通报，做好涉大湾区优秀案例、优秀裁判文书的专项推送，不断协调统一各地法院裁判尺度，增强法律的公信力和影响力。

### （三）法律社会服务领域

完善港澳籍陪审员制度。在大湾区内地法院建立港澳陪审员制度，借鉴香港立法、司法、执法等先进经验，引入香港具有专业技术背景的陪审员参与涉外、涉港澳案件审理，完善以庭审为中心的诉讼制度，探索建立庭审式行政公开裁决机制，推广涉港商事案件适用香港法律进行司法裁判。

推动三地调解衔接。推进内地九市港澳特邀调解员资源共享和调解互认，形成大湾区在调解工作格局。借鉴香港调解评审委员会模式，成立由粤港澳三地政府支持、三地现有重要调解机构参与、能基本代表三地调解机构、能开放性接纳其他调解组织的调解评审管理机构，建立三地均适用的高水准调解工作规程，逐步推进调解机构和调解员的准入标准和调解标准的一致性。目前调解结果在三地无法互认，建议参考法院判决、仲裁结果等司法协议认可制度，内地可就程序方面充分考虑港澳特点，研究推行大湾区统一的调解程序和调解员资格制度，调解结果一地作出，即在另外两地法律上生效。

建议及时修订、完善公证法律制度，加强三地线上服务，尽快制定出台内地电子公证书制作及使用的相关制度。

探索选任港澳籍人士担任仲裁员，在签订有关涉港、涉澳民商事协议时，引导当事各方在纠纷解决条款中选择通过仲裁方式处理。在仲裁案件调处中，通过适用港澳地区交易习惯开展案件调解工作，实行"一裁终局"。鼓励内地条件成熟的事业体制公证机构，向合作制或设立登记事业单位等性质转变。

推进大湾区律师事务所国际化，培育具有跨法域服务能力，既能为中国客户提供跨境法律服务，又能为其他国家或地区的机构提供国际性法律服务的律师事务所。

### （四）法律机构制度化联系领域

建立两地法官的交流学习渠道。拓展法官交流渠道，建立健全沟通联系和磋商机制，通过人员互访、座谈研讨、会商协调乃至培训见习、信息咨询等多种形式，促进两地在司法制度方面相互理解和理念认同。建立信息共享平台。

推进警务执行合作。鉴于当前立法工作复杂性、系统性的特点，着重考虑并优先安排具有司法性质的警务执法合作协议，对三地警务执法合作的范围、程序、方式、权限等予以明确和规范。

建立法律资源共享库。共享包括两地的法律法规文本、政府政策等法律资料以及案件、裁判文书等司法信息，以及大湾区内三地法院、仲裁机构、调解机构、律师等行业的司法数据，推动内地与香港司法数据和信息共享、融通。

继续推进港澳法律专业大学生到内地法院实习计划。鼓励更多香港法律生到大湾区各地法院开展实习，建立以法官为导师的实习工作机制，增进港澳法律生对内地司法制度的了解，充分理解两地法治文化、司法制度等差异，为大湾区发展培养和储备法律人才。

搭建"环大湾区司法服务圈"。以广州南沙法院、深圳前海法院、珠海横琴法院为龙头，联系大湾区内地市级法院，围绕跨域立案、跨域调解、跨域庭审等开展协作。支持内地律师事务所聘请港澳律师担任法律顾问，支持境外律师事务所来大湾区九市设立代表机构。

推动粤港澳调解员、仲裁员三地联合培训和资格互认。建立三地公证互认制度，推进三地公证机构与律师事务所、会计师事务所等法律及会计机构实行信息共享，在国内提供粤港澳一站式公证服务，并逐步开放一站式公证服务清单。

完善内地和香港两地送达安排。适当扩大送达主体，探索由当事人直接送达法律文书，推行委托中国法律服务（香港）有限公司送达以及委托具有一定资格的香港律师送达等。完善送达方式，探索内地与香港司法专递邮寄送达机制，建立委托送达跟踪查询机制，有条件允许香港法院在内地公告送达。

逐步开展大湾区内地主要涉外法院建设英文、葡文多语种网站。

## 五、法治化营商环境和知识产权领域法律衔接问题

根据《粤港澳大湾区发展规划纲要》，大湾区建设中营商环境建设、知识产权领域的法律法规衔接，是大湾区法律法规衔接的两个重要领域。

### （一）法治化营商环境建设

香港的法治化营商环境位于全球前列，内地近年在推进营商环境方面连续取得新进展。2020 年 8 月深圳市人大常委会通过的《深圳经济特区前海深港现代服务业合作条例》《深圳经济特区个人破产条例》等率先进行探索。

#### 1. 存在的主要问题

法治是大湾区发展的保障，推进大湾区建设的核心在于协调各种利益关系，形成统一的市场、统一的标准、统一的运行机制，让政府、市场、社会实现合作共赢。有效协调利益关系、促进多元主体积极参与合作，必须发挥法治的功用。只有坚持法治先行，实现法律法规制度的充分有效衔接，才能厘清多元主体的权利义务关系，激发各类主体创新实践活力，提升多元主体的协同创新能力。

大湾区人才、资本、信息、技术等要素便捷有效流动，需要有统一的市场规则的构造和良好运行。优化区域创新环境，建设国际科技创新中心，建立完善的知识产权制度，需要建立稳定、公平、透明、可预期的法治化营商环境。大湾区建设带来日益增长的民商事司法需求。近年来粤港澳三地民商事纠纷数量日益增多、类型更加多元，由于三地司法体系不同，司法合作不完善，导致在处理纠纷时，面临着平行诉讼、判决承认和执行难、港澳籍律师无法在内地出庭等，影响了纠纷的快速高效解决。

三地商事登记法律制度不同。粤港澳三地商事登记法律制度目前差异较大。香港、澳门的注册登记非常便利，开办企业的名称、行业限制非常少，企业开办的自由度很高。相比而言，内地登记注册虽门槛已经有很大降低，但对于经营范围（许可项目很多）限制仍然较多。

港澳企业与内地企业商事登记制度仍存在差别。按照目前的商事主体登

记制度，内地创业者开办公司，工商注册手续均在网上办理，全程只跑一次，最快 5—7 个工作日完成。港澳创业者开办公司，需按照内地港资公司注册流程（前海自贸区范围外），要在经贸委网站进行外资备案审批，拿到回执后向市场监督管理局网上预约商事主体注册和面签，全程需跑两次，时间最快 1 个月；如果后续需要进行经营范围和职能变更，还要到经贸委进行变更登记备案（内地经营者只需网上变更备案）。

设立机构流程仍较为烦琐。港澳人士在内地（包括在自贸区内）创业注册企业的登记手续仍然繁复且费用较高。有港资企业反映，内地手续仍较为烦琐，出具证明材料的费用较高。如港澳医生在内地开办医疗机构，除必须本人要取得行医资格外，所办的医疗机构还需取得《医疗机构执业许可证》，港资企业在内地开办医院或门诊部，从申请设立到验收需要经过多个部门审核，包括工商、经贸、环保、消防、卫生等部门，开办门诊部或诊所一般需要 3—9 个月的审批时间。而在香港设立诊所只需要一个步骤，申请《商业登记证》（Business Registration），相当于内地的营业执照，如果材料齐全即一次性审核通过，一天或数天就可以拿证。以举办独资医院为例，商务部的负面清单已经放开，但港澳服务提供者在申请时，行业主管部门又设定其他条件（如场地面积大小、科室数量设置等要求）。

电子签名法律制度不同。异地交易双方能够可靠确认对方的身份，这是实现电子商务安全交易的信用保证基础，由于三地电子签名、数字证书等互通互认规则有待衔接，从而形成一定的障碍。目前深圳市 95% 以上设立业务可以通过全流程网上办理，申请人凭银行 U 盾或数字证书即可签名，实现足不出户办理营业执照。但由于香港法律制度与内地不一致，在电子签名法律效力上仍存在很大的争议，目前外资企业设立无法实现网上全流程办理，只能预约至窗口办理。

自然人资本金监管不同。在资本金监管规则方面，外籍自然人创办企业和科研机构时，必然涉及其个人资金（包括借贷资金）与所创办企业资本金的转换，内地资本金监管规则与港澳不同，实践中出现很多问题。

内地商事领域规定受上位法限制。现行《行政许可法》《企业名称登记管理实施办法》以及国家工商行政管理总局、商务部、海关总署、国家外汇管理局共同下发的《关于外商投资的公司审批登记管理法律适用若干问题的执行意见》及《关于外资登记注册中提交境外自然人身份证明有关问题的通知》等法律法规规章,对于登记注册条件、名称申报要求、申请材料等均有明确规定,深化改革需要突破相关法律规定或需要有关部委授权同意。

商事主体跨境数据共享存在的障碍。商事主体信息查询及征信制度不同,商事主体查册制度方面,香港商事主体查册是政府收费即可查询,而内地是免费公开。在征信管理法律方面,内地《征信业管理条例》规定在中国境内获取的征信数据必须在中国境内使用,对于如何将数据在境外共享,尚未有明确规定。另外,放开信用信息服务第三方征信和评级机构市场存在限制,《征信业管理条例》对内资有要求,且对征信服务业的界定没有明确,对商业信息服务如何放开没有明确。内地对香港企业及股东的工商查册及信用信息、抵质押登记信息、异常经营行为、涉诉及被执行信息等难以查询,银行实地贷前调查较为困难。

深港两地银行业、保险业适用法律不同。在开展金融合作、跨境购买服务时常遇到法律适用障碍,导致部分业务无法开展,或加大法律审查难度,增加业务成本。内地本外币跨境收支的监管法律法规支撑体系不同、监测系统分离、账户管理存在差异、监管流程迥异,跨境部门在监管方面面临政策对涉外企业约束力不足、缺乏全方位数据统计路径以及宏观审慎监管不全面等问题。

### 2. 衔接建议

推进大湾区法治化营商环境建设。进一步深化商事登记制度改革,推广简化版香港公证文书,商务、税务、海关、银行等用证部门认可的法律文件。

尊重大湾区商事主体协议选择法院的权利。构建大湾区开放型法院管辖体系,大湾区要打造全球具有竞争力的营商环境,就要最大限度地尊重当事人的意思自治，保障当事主体协议选择法院的意思自治，在涉港涉澳案件中探索适用"最低联系原则"，主动研究与港澳法院间涉大湾区案件转移管辖机制。探索允许非涉港澳案件当事人协议选择适用港澳法处理大湾区内商事纠纷机制。

建立粤港澳大湾区国际法律服务和商事纠纷解决中心。密切关注全球金融创新、知识产权、跨境贸易与投资、破产等领域法律动态，探索在裁判说理中引用国际先进裁判规则，准确理解和适用有关国际条约、国际惯例、域外法、司法裁判等在内的国际规则，不断拓展大湾区司法领域的国际视野。

建立专门的粤港澳大湾区商事纠纷管理法院，逐步扩散到涉及香港、澳门的民事方面。支持深圳国际仲裁院与香港国际仲裁中心联手建立"深圳＋香港"国际仲裁中心，打造"深圳＋香港＋第三方国家（或地区）"国际仲裁联盟，服务于新时代全方位对外开放战略。

吸引更多的港澳律师事务所在广东设立代表处或建立联营所，使大湾区有更多的能够参与国际反倾销反补贴调查、涉外知识产权争议、境外投融资等法律事务的专业人才。

建立健全国际商事案件专家委员会。充分发挥广东省、广州市、深圳市、珠海市等政策优势，广泛吸引域内各领域专家学者，在广东省高院、各市中院及自贸区法院组建成国际商事案件专家委员会，在涉港涉澳商事案件中，当事人可以依据意思自治原则选择专家进行调解，提高解决纠纷的效率和公信力。也可根据法院委托，就案件审理涉及的法律问题提供咨询意见。

增强多元化调解机制的统一性。进一步完善粤港澳大湾区商事纠纷化解平台，充分发挥国际商事诉调对接中心等平台的功能，加强与港澳地区司法机构、仲裁机构及调解组织的交流合作，推动建立统一的调解员资质认证制度，构建统一的调解员职业水平评价体系，推动形成统一协调的调解机制。

建立大湾区"一站式"跨境商事纠纷解决网络平台，并使其成为大湾区共同基础设施建设的重要组成部分。

## （二）知识产权领域法律衔接

### 1. 存在的主要问题

粤港澳三地知识产权制度的不一致，阻碍了知识产权等创新要素的自由流动，增加了创新主体的成本。

知识产权法律体系不同。粤港澳三地分属不同法域，香港属英美法系，知识产权法律制度体系较完备，规定更为细化、针对性更强，对于侵权行为的惩处更加严格，对新业态、新领域的知识产权制度修订更为迅捷。澳门属大陆法系，以成文法为主，建立了与国际接轨、较为完备的知识产权保护与服务体系。内地属于大陆法系，建立了国家《商标法》《专利法》《著作权法》等，加入了十多项知识产权保护国际公约，深圳还出台《深圳经济特区知识产权保护条例》。

知识产权管理体系不同。粤港澳三地知识产权权属未实现互认，香港设有注册专利、原授专利制度，澳门有延伸专利制度。在国家知识产权局获得授权的专利，必须经过港澳特区政府的再批准才能分别在港澳两个地区取得授权，即粤港澳三地取得的知识产权只能由知识产权权属地给予相应保护。

知识产权保护体制不一致。港澳对专利、商标、版权实行集中统一管理，内地实行三个不同部门分散管理。香港、澳门知识产权保护实行单轨制即司法保护，权利人可以通过法院提起民事诉讼，也可请求香港海关对侵权行为进行刑事执法并由法院进行审判。而内地实行双轨制，即行政执法与司法保护并行。知识产权局负责商标专利权行政执法，版权则由版权局负责行政执法，涉嫌犯罪的由公安机关执行侦查。内地对知识产权保护存在不足，港澳创业者一些关于产品设计经营模式创意易被抄袭。

### 2. 衔接建议

建立粤港澳大湾区知识产权衔接机制，提升相关法规对新兴领域的保护合力。

建立粤港澳知识产权互认机制。即在三地任何一地取得某项知识产权后，同时取得其他两地对该项知识产权的承认与保护，不必再到其他两地重复申请。目前内地专利权在澳门可以获得延伸性保护，下一步可以将此种模式扩展到商标权领域，并进一步推进粤港之间专利权、商标权互认，最终形成三地知识产权互认，解决由于缺乏互认机制造成的多方申请、程序烦琐、费用过高问题，方便知识产权人获得认证，促进大湾区内知识产权的流通、转让和许可使用。

探索与港澳知识产权保护规则对接。运用经济特区立法权和自贸区先行先试的政策优势，在经济特区和自由贸易区内先行先试，推行与港澳一致的知识产权保护标准和规制，总结经验后在整个大湾区内地推广。

完善三地互认的知识产权保护衔接机制。在推动深港知识产权保护规则衔接的基础上，进一步推动打通大湾区内地九市现有知识产权保护快速通道，建立粤港澳大湾区知识产权权属互认、数据互认、证据互认和处理结果互认的保护规则衔接机制。

建立粤港澳统一的知识产权保护制度。制定粤港澳大湾区知识产权保护相关法规，推动在司法、行政、仲裁等层面形成更大的知识产权保护合力。

加强对新兴领域知识产权保护。加强对自贸区平行进口车、转运过境、定牌加工等新兴领域的保护，加强与知识产权司法鉴定所的合作，选任具有专业知识的技术调查官，提升知识产权审判的专业性。

内地九市要切实加大知识产权保护力度。积极摸排涉港涉澳知识产权侵权线索，规范专利、商标代理行为，强化代理监管力度，强化知识产权案件线索移交工作。

自《粤港澳大湾区发展规划纲要》出台以来，内地与港澳法律衔接进程明显加快。为落实《发展规划纲要》及 2019 年修订的《〈内地与香港关于建立更紧密经贸关系的安排〉服务贸易协议》《〈内地与澳门关于建立更紧密经贸关系的安排〉服务贸易协议》，促进大湾区建设，发挥香港法律执业者和澳门执业律师的专业作用，2020 年 8 月 11 日，十三届全国人大常委会第二十一次会议通过《全国人民代表大会常务委员会关于授权国务院在粤港澳大湾区内地九市开展香港法律执业者和澳门执业律师取得内地执业资质和从事律师职业试点工作的决定》，授权国务院在大湾区内地九市开展试点工作，符合条件的香港法律执业者和澳门执业律师通过粤港澳大湾区律师执业考试，取得内地执业资质的，可以从事一定范围内的内地法律事务，试点期限为三年。

粤港澳三地长期经济联系密切，内地与香港、澳门建立更紧密经贸关系安排（CEPA）以及补充协议，加大了三地经贸发展。《粤港澳大湾区发展规划纲要》的出台，从国家战略层面勾画了整个区域发展的未来，对三地发展的战略性、协同性、创新性要求进一步提高。推进粤港澳三地规则对接，真正建成国际一流湾区还有很多的路要走。

从未来发展趋势看，在面临百年未有之大变局、中美大国竞争加剧、国际关系深度调整情况下，推进粤港澳大湾区建设对于推动形成我国以国内大循环为主体，国内国际双循环新发展格局有着特别的意义。研究设立"粤港澳大湾法治特别试验合作区"是一个值得探索的方向，即在一个国家原则和法制统一原则基础上，根据中央同意和宪制安排，粤港澳三地让渡出部分立法、执法、司法等权力，共同组成粤港澳大湾区法治特别合作试验区，制定共同的法律规则和制度政策，涉及国家主权、国防、外交等中央事权除外，就大湾区建设所涉及的经济发展、金融、科技创新、人才、知识产权、环境保护等地方性事务或事项，实施法治引领、规范、促进和保障。目前粤港澳三地要着力推进人员、货物、资金、服务等要素自由流通，从建设世界级湾区城市群这一长远目标来看，在未来条件成熟时候，建立覆盖粤港澳大湾区"9+2"整体在内的制度完善的大湾区全域自由贸易区，是个可行的设想和探索选项。

## 第四节　粤港澳大湾区行业标准和认证认可体系衔接研究

标准化是经济社会生活中的一个重要的技术依据，对国计民生发挥着非常重要的基础性作用。当前标准化在国家治理体系、治理能力现代化的建设中有着基础性、引领性和战略性作用。标准化和认证认可是传递信任、服务发展的重要工具，是质量管理"体检证"、市场经济"信用证"和国际贸易"通行证"。推动粤港澳三地标准化和认证认可体系衔接，这是实现大湾区制度规则等"软联通"的重要领域，也是落实粤港澳大湾区国家战略，建设"一国两制"下发展共同体的必然要求。

## 一、当前大湾区行业标准和认证认可体系衔接中存在的问题

行业标准和认证认可体系方面的交流合作一直以来都是粤港澳交流合作的基本内容。随着粤港澳大湾区国家战略规划的颁布实施，粤港澳合作在高度、广度和深度上发生深刻变化，粤港澳大湾区成为"一国两制"下的发展共同体，这给大湾区行业标准和认证认可体系建设提出了新的要求，即需要建立行业标准和认证认可体系联通、融通、贯通、衔接新机制。但目前由于管理制度本身差异、执行不到位以及改革自主权和事权范围受限等多维度原因存在诸多障碍。主要体现在：

### （一）标准管理体制和行业标准差异不同导致的衔接困难

标准化是构筑国际竞争优势、推进高水平对外开放的有力支撑，是经济贸易和产业合作的重要技术基础。自《粤港澳大湾区发展规划纲要》颁布实施以来，大湾区标准化工作取得了重大进展。一是湾区标准工作领导和技术支撑正在不断加强。《广东省标准化条例（草案修改稿征求意见稿）》已完成向社会各界征求意见，拟新设湾区标准专责小组，筹建湾区标准化研究中心。二是搭建大湾区标准公共服务平台。初步搭建了集三地标准和技术法规数据库、粤港澳三地标准化咨询发布、标准业务、专家智库等功能于一体的公共服务平台。三是推动湾区重要消费品指标对比分析与研究。建立玩具、婴幼儿用品、医疗器械类产品、纺织、家具及鞋类、食品及中药材等8大类重要消费品安全标准与技术法规动态对比数据库。四是湾区标准体系正在加快建设。广东省市场监督管理局会同广东省商务厅组织制定了粤港澳大湾区冷链标准体系，会同广东省交通运输厅指导港珠澳大桥管理局起草了港珠澳

大桥智能运维数据标准体系,"南粤家政""粤菜师傅""广东技工"等均在加快建立湾区标准联盟,此外,统一的食品安全标准也在探索建立之中。

粤港澳标准化合作虽然取得了一些积极成果,但存在的制度性制约因素和障碍仍比较突出。

一是粤港澳三地标准化管理体制不同。根据 2018 年新修订实施的《中华人民共和国标准化法》,我国标准化工作实行"统一管理、分工负责"的管理体制。通过标准化改革,我国构建了政府主导制定的标准和市场自主制定的标准协同发展、协调配套的新型标准体系。该体系由五个层级的标准构成,分别是国家标准、行业标准、地方标准、团体标准和企业标准。国家标准、行业标准和地方标准属于政府主导制定的标准,团体标准和企业标准属于市场自主制定的标准。强制性国家标准由国务院批准发布或者授权批准发布。强制性国家标准是对保障人身健康和生命财产安全、国家安全、生态环境安全以及满足经济社会管理基本需要的技术要求,主要发挥保底线的作用。推荐性国家标准由国务院标准化行政主管部门制定。行业标准由国务院有关行政主管部门制定,报国务院标准化行政主管部门备案。地方标准由省级人民政府标准化行政主管部门制定,或设区的市级人民政府标准化行政主管部门经批准后可以制定。团体标准由依照《社会团体登记管理条例》的社会团体制定。企业标准由企业根据生产和经营的需要自行制定。国家实行团体标准、企业标准自我声明公开和监督制度。我国现行 42 个国务院行政主管部门制定有 67 个行业标准。

香港和澳门作为一个完全对外开放的经济体系,大都使用国际标准或主流的海外标准,并没有专门设立负责制定和颁布本地标准的管理机构。在标准化活动方面,香港创新科技署辖下的产品标准资料组参与了有关标准与遵行事宜的主要国际与区域标准组织。澳门主要由市政署对包括在公共卫生、食品安全、动植物监管、坟场管理等方面的适用规范提供意见。至于对企业采用国际标准方面的管理,要根据各规管机构或部门有否基于公众卫生、安全或环保等原因,于相关的法例法规订明须采用国际标准或主流的海外标准，就是以技术法规的形式保障强制性。

二是行业标准差异明显。香港和澳门大都使用国际标准或主流的海外标准，在适当的情况下调整本地标准，以便与国际标准接轨。在执行标准方面，一般都按需要采用国际通行标准，各规管机构尽量避免因制定标准而主导市场的发展或成为保护若干行业的手段。香港各业界采用的标准，一般取决于市场的需求，以及检测认证机构个别客户的要求，属自愿遵守性质。因此，港澳与珠三角九市在行业标准领域差异明显，即便在粤港澳深度合作示范区的横琴新区行业标准差异导致的衔接难题也比较突出，这主要体现在：在建筑质量、施工规范、绿色建筑认证等领域，港澳执行英联邦、欧盟等西方标准规范体系，珠三角九市实行内地标准规范体系，认证标准差异明显；在交通领域规则方面，两地驾照不能互认，澳门单牌车进入横琴仍采用配额制管理（目前配额为 2500 台），澳门旅游大巴等营运车辆不能便利入出横琴。文化行业标准方面，港澳投资者不能在横琴投资内地广播电视节目制作经营及电影制作公司、发行公司、院线公司以及电影引进业务。港澳企业不能在横琴举办国际性广播影视活动。横琴的旅游酒店尚不能经审查后收看境外电视频道。在医疗卫生行业标准方面，港澳生产的药品、港澳获准上市的医疗器械在内地销售、使用仅限于指定医疗机构和临床急需。港澳医生惯用的药品、疫苗、设备，很多在内地未获批准使用，同时三地药品名录也不统一。港澳尚不能独资在横琴开办社会福利机构等。在教育行业方面，内地与港澳专科层次学历无法互认，港澳居民不能以境外学历申请高等学校教师资格。在科技行业标准方面，科研设备共享、科研设备、材料、标本跨境流动不畅，科研经费跨境拨付不便利等。

三是食品安全标准衔接和监管协作有待进一步深化。目前，深圳建立全球首个食品安全标准与技术法规动态比对数据库，实现了 22 个国际组织、国家及地区之间食品安全指标限值一键比对与关联查询等多项功能。已制定发布覆盖 15 大类食品和基地要求共 200 项供深食品团体标准，2021 年年底前将再发布 100 项标准；已经对其中 30 个重点产品构建了全链条标准体系，这是粤港澳大湾区统一食品标准体系的重大尝试。但是粤港澳三地食品安全法规体系各不相同，食品安全标准与技术法规指标及内容等方面存在不少差异，三地食品安全标准与技术法规的制定及监管执行等也存在明显的架构不同，三地在食品流通上具有各自方式和渠道，食品安全信息交流经验相对较少，这为大湾区食品标准衔接工作带来跨区域、部门的协调难题，需进一步加快共同标准体系建设，形成结合粤港澳三地实际、面向国际的、统一的食品标准体系。

四是行业分类问题。目前内地行业分类标准没有和国际接轨，包括港资澳资在内的外资企业经营范围各部门认可不规范，需要加快三地行业分类标准统一工作进度，推进内地行业标准分类与国际通行规则接轨，形成符合大湾区产业发展需要的行业分类标准。

### （二）专业领域的执业资格互认障碍重重

粤港澳大湾区拥有国际一流的市场条件和创新基因，通过规则衔接实现大湾区融合发展，完全有条件、有能力成为比肩世界三大湾区的区域经济增长极。但大湾区在建设过程特别是专业服务业的执业资格互认仍然面临重重障碍。

一是执业资格不互认。这突出表现在三个方面：第一，专业人士执业不互认。现阶段注册会计师、律师、建筑师、教师、医师等港澳执业证明在内地不被认可，医师允许 3 年短期执业。在金融、会计、规划、设计、建筑、教育、律师、医生、护士等行业，港澳执业人士在内地执业仍需参加内地执业考试并取得相关执业证书，外籍专业人士内地执业亦然。深圳（前海）虽有所突破，但由于专业资格管理事权大部分在国家部委，争取政策创新与突破的难度较大。第二，社工资质不互认。一是香港社会工作者总工会反对"资质互认"，认为深港两地存在专业发展和制度环境差异，没有互认的必要及条件。深港两地社工资格目前只有"单认"，香港社会工作者注册局一直未与内地院校或机构建立资格互认制度。二是资格互认缺乏专业基础，香港社会工作者注册局认为内地社工课程与香港存在学术、专业、社工价值的差距；香港社工与内地社工对"社会公益"的理解存在较大差异；香港社会工作者总工会担心"资质互认"会影响香港社工供求关系。三是深港两地社工行业发展存在差距。内地服务领域"不精"，与香港社工行业的纵深、精细化发展差距大；深圳社工的薪酬水平远低于香港；深圳对社工的职业认知度不"广"。第三，企业资质不互认。与内地和港澳专业人士执业资格互认相比，企业资质互认尚未开展。同时，港澳地区实行个人执业制度，企业本身无资质资格。

二是职业资格管理存在差异。首先，职业资格管理事权限制。按照我国现行职业资格管理体制，职业资格的设置、管理由人力资源和社会保障部、国务院各主管部委负责，各省、自治区、直辖市的人力资源和社会保障部门、行业主管部门是辖区内的组织实施部门。广东省在职业资格管理中事权受限。其次，职业资格法律体系差异及所涉及的法律修订难度大。内地与港澳分属三个法域，法律制度及法律文化差别较大。职业（专业）资格设立需要遵循不同的法律要求，特别是准入类职业资格需以三地各自的法律法规作为设立依据，决定了职业资格的框架准则存在较大差异，必然需要对其所依据的法律做出调整。如司法领域的律师职业资格，内地是大陆法系，香港是英美法系，法律体系（制度）完全不同，法学教育和执业体系要求悬殊，衔接的难度很大，法律修订难度也很大。最后，职业资格管理模式差异大。内地职业资格主要由政府主导管理，人力资源社会保障部门统筹指导，国家行业主管部门组织实施，有关行业协会、社会组织在职业资格需要通过政府授权才能有所作为。香港特区政府没有职业资格的统筹或主管职能部门，由相关法定机构依法管理，实施行业自律。

三是执业政策不到位、限制多。港澳专业人士在深执业存在"大门开了、小门不开"的问题。比如，取得内地法律执业资格的港澳居民只能在一个内地律师事务所执业，且只能从事非诉讼法律事务、涉港民事诉讼代理业务。虽然政策允许港澳籍律师在珠海、深圳、广州等地开办联营律所，但港澳籍律师不能处理非涉港澳的内地经济诉讼事务，港澳建筑师不能以个人名义承接内地项目，须挂靠有资质的内地事务所；建筑师等部分专业领域的香港人才，必须依托具有相应资质规模的机构才可执业或参与项目竞标；港澳会计专业人士担任内地会计师事务所合伙人，须取得中国注册会计师资格证书，还要求"在内地有固定住所，每年在内地居留不少于 6 个月"，这都导致难以在内地执业或成为合伙人；律师行业的香港人士在内地只能从事非诉讼类法律事务；香港医师获得内地短期行医许可只允许注册一个专业，许可时间只有三年。目前，香港和外籍医生在内地只能注册 1 家医院或门诊部，每年需要重新注册 1 次；而且不支持多点执业，香港和外籍医生如果想在另一家医疗机构出门诊，需重新办理执业许可，即使是在同一医疗集团下的分公司也需要再进行 1 次注册。其中的特殊岗位医疗技术人员还需办理"上岗证"方可执业；此外，国家尚不支持除符合条件香港永久性居民以外的 8 类医疗技术人员来内地短期行医；国外医师来华短期行医许可只有 1 年；港澳人士在内地报考公务员缺乏配套政策。国家层面未禁止港澳人士报考内地公务员，实践中仅部分地区明确港澳人士可参加部分公职的考录等等。

**（三）检验检测认证体系差异造成的制度壁垒尚待打破**

检验检测认证的融合贯通是粤港澳大湾区规则衔接和粤港澳大湾区建设的基本内容。《粤港澳大湾区发展规划纲要》提出促进检验检测认证等专业服务发展，支持大湾区企业使用香港的检验检测认证等服务，带动大湾区检验检测认证和管理服务走出去。根据《〈内地与香港关于建立更紧密经贸关系的安排〉服务贸易协议》（2015 年协议新增开放措施）安排，在中国（广东）自由贸易试验区内试行粤港澳认证及相关检测认证业务互认制度，实行"一次认证、一次检测、三地通行"。在国家认监委的大力支持下，检测认证工作在《内地与港澳关于建立更紧密经贸关系的安排》（CEPA）基础上通过补充协议的形式，合作领域不断扩大，构建起覆盖强制性产品认证及自愿性认证全部类型、覆盖内地及港澳全部区域的认证检测合作机制，港澳在内地设立的机构获得与内地机构同等待遇，港澳认证人员进入内地开展业务便利化不断增强。同时，深圳通过积极参加香港科技创新署举办的"世界计量日、世界认可日及世界标准日 2019 研讨会"、组织深港计量比对工作、定期召开港深检测认证联席会议等加强检测认证活动，为大湾区检验检测认证交流合作奠定了良好基础。根据 2014 年签署的《内地与香港关于建立更紧密经贸关系的安排》补充协议要求"推动粤港第三方检测和认证服务的检测认证结果互认。"但目前大湾区产品检测与认证仍需要多次认证、检测，距离"一次认证、一次检测、两地通行"仍有较大差距，深层次矛盾和原因主要体现在：

一是香港和澳门与内地的检测认证制度和管理体制差异造成的制度"壁垒"。我国实行"统一管理、共同实施"的认证认可管理制度，制度安排事权集中国家认监委，地方认证监管部门只是执法监督主体，没有制度安排的权力。推动三地检测认证互认需要国家市场监管总局的支持，也需要港澳两地政府的支持和认可，广东省作为地方政府在推动粤港澳认证检测结果互认方面权限不够，迫切需要由总局在国家层面或国家给予广东综合授权与香港、澳门政府进行沟通，推动粤港澳认证及相关检测认证业务互认。

二是政府对检验检测认证机构"走出去"重视不足。相较于制造业，检验检测认证行业受重视程度仍显不够，中国产业输出"重硬轻软"。在中国制造行销全球的同时，推动检验检测认证服务等"软实力"跟随"出海"的步伐严重滞后。

## 二、大湾区行业标准和认证认可体系衔接方案

在目前的新形势下，加快通过体制机制突破创新，制度规则的贯通衔接推动粤港澳大湾区国家战略实施推进显得尤为重要和迫切。推动粤港澳三地标准化和认证认可体系衔接是粤港澳大湾区规则衔接的重要领域，行业标准和认证认可体系衔接可以说量大面广，既具有很强的实操性，又深受三地不同制度体系的制约和影响。因此，加快大湾区行业标准和认证认可体系衔接的战略思路是：坚守"一国"之本，善用"两制"之利。应坚持在香港和澳门实行"一国两制"大的体制框架下，充分发挥港澳特别是香港专业服务业发达、专业化人才素质高、行业标准和认证认可体系国际化程度高的独特优

势，充分发挥广东先进制造业优势、科技创新优势与庞大的产品标准和专业服务市场规模优势，进一步解放思想，大胆试、大胆闯、自主改，破解和消除大湾区行业标准和认证认可体系衔接过程中的体制、机制和功能性障碍，推动粤港澳三地全面深入开展标准和认证认可体系合作和改革创新，按照港澳优于内地、向港澳规则标准提升，内地优于港澳、向内地规则标准看齐的原则，促进三地标准、认证、检验检测技术等资源充分利用和共享，实现三地行业标准和认证认可的融合、融通，专业领域的联通、贯通，专业执业资格互认和专业人士的自由流动，共同打造不同标准和认证认可体系与监管模式下相互融合、优势互补、互联互通、衔接的行业标准和认证认可体系发展共同体，共同创造可推广、可复制的大湾区标准，共同开展"一带一路"区域标准化工作，共同搭建迈向最优、最开放、最高的国际一流水平的标准和认证认可体系，逐渐提升我国参与国际标准和认证认可体系制定能力，为落实和推进粤港澳大湾区国家战略提供有力支撑。

**（一）坚持高标准原则，以点为突破口，分领域分步骤共同打造可推广可复制的大湾区认证认可标准**

1. 根据标准和认证认可衔接的高标准原则，共同打造可推广、可复制的大湾区认证认可标准

由于香港和澳门大都使用的是国际标准、主流的海外标准，或根据国际标准适度调整形成本地标准。因此，应根据标准和认证认可衔接的高标准原则，共同打造大湾区认证认可标准。在粤港澳三地标准衔接中，珠三角九市认证认可标准低于港澳标准的领域，可逐步参照港澳标准执行，实行内地对港澳标准单边认可，对于三地认可认证标准水平相当，只是目前不够统一的领域，按国际公认标准执行，最终形成大湾区共同的认证认可标准。如在经贸领域基于《内地与港澳关于建立更紧密经贸关系的安排》（CEPA）框架内，依托 WTO 和《濒危野生动植物种国际公约》《国际卫生条例》等国际公约所提供的共同法律基础，三地海关建立区域性治理共同体。对于建筑质量、施工规范、绿色建筑等认证，允许境外投资企业在内地或港澳标准中进行选

择。推进内地与港澳在农产品检验检疫、溯源标准衔接。大湾区内食品、药品、环境监管标准、空气质量向更严格、更高标准的港澳监管标准看齐，联通形成大湾区标准。对于先进制造业和重要消费品领域，选择几个珠三角九市拥有比较优势、港澳市民普遍认同的产品，将国内标准推广至港澳地区，贯通后上升为大湾区标准。对于家政、粤菜、养老等方面，粤港澳三地可在现有基础上联合几个有影响力的团体标准推广复制到整个湾区，直接融通上升湾区标准。

**2. 以标准基础设施建设为切入点，开展大湾区标准共建**

目前，集三地标准和技术法规数据库、粤港澳三地标准化咨询发布、标准业务、专家智库等功能于一体的公共服务平台已进行内部测试，并针对玩具、婴幼儿用品、医疗器械类产品、纺织、家具及鞋类、食品及中药材等8大类重要消费品，开展了湾区三地技术法规、标准及市场准入制度的差异分析及对比，建立了重要消费品安全标准与技术法规动态对比数据库。应以此为突破口，由点及面加快建设三地标准对比数据库，分门别类，优先考虑民生关注热点，分领域分行业逐渐对粤港澳三地标准的技术指标水平高低进行全面摸底，与美、日、欧盟标准开展对比分析研究，逐渐形成一个可供全社会查询的数据库。同时，以此为切入点，广泛建立粤港澳三地认证认可标准交流平台，加强粤港澳三地沟通与对话，实现信息互通互联，并结合三地标准监管执行机制特点分析，研究建立三地跨部门协作等相关机制，为湾区认证认可标准化建设提供基础的技术支撑。

**3. 以重点行业和领域为突破口，打造粤港澳三地共同认可的湾区标准，打造并逐步推广、复制湾区标准标志**

目前，在食品标准、工程建设等方面认证认可标准的衔接已经取得了一些突破性进展。应以此为突破口，通过以供深食品标准为试点和引领，为共同研制具有重大影响力的大湾区标准积累丰富的实践经验，为探索可推广、可复制湾区标准标志提供路径。深圳供深食品标准制定及标准体系建设工作是全国范围内的先行先试，同时也是为建立粤港澳大湾区背景下的统一食品标准体系做出的尝试。应继续稳步推进供深食品团体标准制定工作，结合深圳实际，对标更多的先进标准，逐步研制包含产品、管理、方法、工作等领域的配套标准，不断完善供深食品标准体系。在"供深食品"逐步占有市场后，推动供深食品团体标准转化为大湾区标准，以供深食品标准体系为基础，融合三地实际需求，打造大湾区食品标准体系。此外，在工程建设领域，粤港澳地区工程建设标准体系对比研究已经开展，广东省住房和城乡建设厅与港台科研机构联合编制了《广东省建设项目全过程造价管理规范》地方标准，应支持粤港澳三地行业协会和企业在建筑材料、防风抗灾、绿色建筑、装配式建筑、BIM 技术等三地共有的工程建设共性领域开展标准协同研究，探索联合编制团体标准和企业标准，继续推进大湾区抗风标准协同研究，加强工程建设标准国际对标，探索在重点区域和政府、国有投资重点工程中试点引用湾区标准，提升工程建设标准国际化水平和中国标准"走出去"步伐。

**（二）推进粤港澳三地社会管理领域基础标准优先衔接**

一是扩大粤港澳三地专业资格互认范围。探索扩大"一试三证"范围，推动港澳法律、医疗、建筑及工程等领域人士经备案后，放宽或取消附加的执业条件，允许在大湾区特定区域（如前海、南沙、横琴、落马洲河套等）从业。对于现行法律不允许在内地执业的，积极争取国家授权广东省组织相关职业资格考试和审查。同时建议以前海深港现代服务业合作区、深港科技创新合作区、横琴粤港澳深度合作示范区等作为试点，建立"国际执业资格互认先行区"，率先推行执业资格互认，互认专业可由深港双方协商确定，运行成熟之后逐步推广至粤港澳大湾区。

二是深化管理制度衔接，破解粤港澳专业资格互认的制度壁垒。深化粤港澳人才标准对接，推动粤港澳执业资格互认试点，探索对港澳人才实施职业资格目录清单管理，清单之外一律不得设置许可和职业资格认定。同时，向中央部委争取授权支持，授权广东省有关执业资格管理权限，制定港澳专业人才执业管理办法。根据实际情况允许具有港澳执业资格的金融、建筑、规划、专利代理等服务领域专业人才经备案后为珠三角企业和居民直接提供专业服务。制定海外医疗人才来粤办医行医政策措施，推动港澳医师、药剂师、护士和其他港澳医疗专业技术人员在深多点执业、自由执业。

三是完善各领域相关配套措施，为港澳专业人才在粤执业提供真正的便利。深入研究港澳律师在珠三角九市执业资质和业务范围问题，深化粤港澳合伙联营律师事务所试点，允许在先行试点区内港澳与内地合伙联营律师事务所及取得内地法律职业资格的港澳律师扩大执业范围。同时争取放宽港澳会计专业人士担任合伙人"每年居留不少于 6 个月"的限制，允许试点简化港澳注册会计师内地执业资质认定考试，便利港澳会计专业人士来内地执业。扩大香港工程建设模式试点范围，建立香港专业人士和香港专业机构备案机制，为香港工程建设领域专业人士拓展市场空间。社工方面，借鉴律师、心理咨询师等职业资格认证制度，完善认证机制，明确资格认证主题、标准与流程，规划"准社工"在通过社工考试后的一定期限内，完成相应的专业实践学时方可获得从业资格；鼓励社工机构协助参与资格认证，开展实务辅导和专业实践平台，丰富社工实务经验。

## （三）创建行业标准和认证认可体系衔接新机制，创造引领未来发展的高标准认证认可体系

广东内地九市正在成为全球领先的制造业基地、香港有国际一流的高端服务业、深圳有全球影响的科技创新能力，要进一步完善标准和认证认可衔接新机制，共同在建设引领未来的高标准和认证认可体系、培育更多的国际标准上发力。

### 1. 完善标准和认证认可衔接新机制，共同打造湾区标准

根据《中华人民共和国标准化法》《团体标准管理规定》规定，国家支持在重要行业、战略性新兴产业等领域利用自主创新技术制定团体标准。鼓励社会团体之间开展团体标准化合作，共同研制或发布标准。应在粤港澳三地标准化协会日常交流机制基础上，聚集珠三角地区标准化优势力量，携手共建更高标准的标准化平台——"粤港澳大湾区标准创新联盟"。在此框架

下，进一步完善粤港澳标准化经验交流和对外合作机制，集成内地产业化优势和港澳国际化优势，支持内地和港澳社会团体开展团体标准化合作，共同研制和发布标准，并逐渐上升为大湾区标准。加大粤港澳三地检验检测领域衔接力度，对认证认可标准基本接近的领域，经协商建立双边或三边互认协议，减少重复认证认可降低成本。探索建立粤港澳计量检测认证联盟，鼓励广州、深圳、珠海选择部分产品实现粤港、粤澳检测与认证互认，探索实行"一次认证、一次检测、三地通行"，解决长期以来中国产业输出"重硬轻软"问题，推动中国检验检测服务随中国制造走出去。此外，对于因行业分类导致的外资企业经营范围各部门认可不规范，建议由工商部门牵头，协调发展改革、市场监管、商务、统计、外管、海关、税务等部门，形成统一的大湾区企业经营范围登记规则。加强资质互认，制定大湾区与国际接轨的服务业标准化体系。

**2. 发挥三地集成优势加快培育国际标准，提升大湾区标准质量和国际影响力**

充分发挥深圳创新优势、广州先进制造业优势及东莞、惠州、肇庆等地丰富的企业资源优势，充分发挥港澳专业服务和国际化优势，创造集成优势提高粤港澳大湾区标准的质量和影响力、进一步接轨国际标准。支持华为等在信息通信领域已具强大的国际竞争力的企业加快推进"智慧城市产业生态圈"技术联盟建设，充分整合智库、高校、标准技术机构、企业等力量，促进"智慧城市产业生态圈"技术联盟成为广泛认可的国际标准组织，并以此为突破，形成领军企业主持下的一批国际标准，全面提升大湾区乃至我国参与国际标准制定能力和国际竞争力。同时，依托大湾区开展"一带一路"区域标准工作，支持华大基因主导成立"一带一路"生命科技促进联盟，与东南亚、中亚、中东等"一带一路"区域国家企业和技术机构共同推进形成一批国际认可的事实标准，吸引全球组织机构参与到"一带一路"联盟标准制定，逐步培养我国主导的国际标准化组织。此外，建议积极借鉴国外国际性组织机构集聚区的有关法律法规体系，探索制定国际产业联盟管理办法，中立、公平开展纠纷仲裁。

## 三、几点建议

标准和认证认可体系衔接是粤港澳大湾区规则衔接的重要内容，直接关系到粤港澳大湾区国家战略的落实和推进。突破和创新现有体制机制，联通、贯通和融通粤港澳三地标准和认证认可体系的制度规则，打造大湾区标准和认证认可体系共同体需要有国家支持、地方创新、行业组织和企业共同发力。

### （一）国家依法给予广东省大湾区规则衔接综合改革授权

由于粤港澳三地的标准和认证认可体系不同、管理制度存在差异，深圳、珠海横琴等地在试点和推进标准和认证认可体系衔接中存在诸多受制于地方管理权限，需要中央给予先行先试的权限，建议国家依法给予广东省关于大湾区规则衔接综合授权，在此授权范围内加快推进标准和认证认可体系联通、贯通和融通。比如我国关于行业标准分类、企业资质互认、行业标准管理和认证认可管理等权限集中于国家市场监督管理总局，需要国家市场监督管理总局牵头，协调发展改革、商务、统计、外管、海关、税务等部门，形成统一的大湾区企业经营范围登记规则、行业标准和认证认可管理体系。对于广东深圳等地试点有关注册登记管理国际性产业和标准组织等需要国家民政部门授权简化程序，允许在全球范围吸纳会员，解决有关仲裁纠纷等；关于执业资格互认等管理权限集中于人力资源和社会保障部，需要中央授权广东省职业资格管理权限，制定有关专业人员执业管理办法，组织相关职业资格考试和审查。关于推动医疗机构、医疗服务标准衔接以及港澳医师、药剂师、护士和其他港澳医疗专业技术人员在深多点执业、自由执业等方面需要国家卫生健康委的授权。

### （二）加强大湾区标准和认证认可体系机制化建设

机制化建设是标准和认证认可体系规则衔接，建立高质量大湾区标准和认证认可体系的必然要求。由于香港并没有专门主导或提倡标准化的政府管理机构、行业组织或协会，有关标准的制定、沟通和交流分散在香港创新科技署产品、海关以及专业领域机构如电讯管理局参与国际交流合作等，当前香港与内地有关行业标准和认证认可方面的交流合作更多是香港个别业界相关的行业组织与深圳及其他大湾区城市的自愿性、非常态交流与合作。因此，一是建议加快推进统筹协调机制建设，加快组建大湾区标准专责小组和大湾区标准化研究中心，使之成为大湾区各地标准和认证认可体系沟通的官方合作交流组织机构与平台；二是加快推进大湾区标准公共服务平台和标准对比数据库建设，为粤港澳三地标准和认证认可体系衔接提供政策指引、信息发布、项目检索等专题，为各地技术、市场、人才、项目对接等提供在线支持。三是推进对接港澳机制，完善港澳特区政府和社会团体沟通联系机制，为三地团体标准上升为大湾区标准提供便利。四是推进标准推广机制，随着三地团体标准上升为大湾区标准以及湾区共同认可标准的增加，探索以认证认可方式推广湾区标准标志，为全国范围内标准和认证认可体系建设提供更多可借鉴、可推广、可复制的经验。

### （三）充分发挥粤港澳大湾区合作发展平台的试验田作用

加快推进深圳前海、广州南沙、珠海横琴等重大平台开发建设，充分发挥其在进一步深化改革、促进合作、加快规则的联通、贯通、融通中的试验示范作用，通过点对点、点面结合以及重点区域的突破逐渐实现大湾区在标准和认证认可体系方面的对接和融合发展。建议应进一步深化前海深港现代服务业合作区改革开放和先行先试示范作用，以制度创新为核心，多举措推动深港两地执业资质互认，充分调动深港两地行业组织和专业人士的积极性，为香港专业人士尤其是青年专业人才提供发展空间，促进深港人才的交流合作。建议把深港协同发展作为粤港澳标准认证认可体系规则衔接的重要突破口，加快深港科技创新合作区建设，加快"智慧城市产业生态圈"技术联盟建设，共同打造信息产业国际标准，共同探索制定国际产业联盟管理办法。建议支持横琴全岛建设粤澳深度合作示范区，加快推进"一次认证、一次检测、两地通行"认证认可规则体系，探索建立"澳门资源＋横琴载体＋

开放人才+先进技术+政策支撑+成果共享"的协同发展新模式。同时，支持打造广州南沙粤港澳全面合作示范区、深港科技创新合作区、东莞滨海湾新区、中山翠亨新区、落马洲河套港深创新及科技园和毗邻的深方科创园区等特色合作平台建设，深化珠三角九市与港澳在标准和认证认可体系方面全面务实合作，为打造国际一流湾区，为中国经济增长提供新动能。

### （四）充分发挥专业协会等行业组织作用

加强粤港澳三地行业标准和认证认可体系规则衔接，除了加强政府合作外，还需要建立健全专业界民间沟通协作机制，发挥民间层面上三地专业协会和行业组织等沟通与交流。专业协会是行业联合组织，不同于政府部门，也不同于企业，是介于政府与企业之间的组织，因此它可以成为政府与企业沟通的最好桥梁。在推动港澳与广东行业标准和认证认可体系合作和规则衔接中，专业协会可以发挥政府与企业无法取代的特殊作用，包括共同制定团体、企业标准，代表本地专业行业与其他地区乃至国际组织同行业进行协商、协调等。目前港澳专业协会协作、自律监管组织架构较为健全，国际化程度较高，而广东现有的专业协会如律师协会、注册会计师协会、资产评估协会、保险行业协会、证券业协会、广告协会、会展业协会等成立时间较短，有的组织架构还不健全。因此，需要充分发挥三地专业协会的沟通、交流和合作，不定期举办各种研讨会、信息交流会、建立信息网络，配合政府推动专业服务合作，共同打造大湾区团体标准和大湾区统一的标准和认证认可体系，提升我国在标准和认证认可体系方面的国际竞争力。

## 第五节　粤港澳大湾区科技规则衔接研究

当前，世界主要大国科技竞争日趋激烈，大湾区作为我国科技创新资源集聚的高地，应在提升我国科技创新综合实力、承担国家重大科技战略、破解西方国家对我国技术封锁等方面发挥关键作用。粤港澳三地科技资源优势互补,港澳在基础科学、前沿技术、科技服务等领域较为领先,内地九市在科技成果产业化应用方面具有优势,通过粤港澳科技规则衔接,将有助于形成综合优势,助力大湾区形成具有全球影响力的国际科技创新中心。

## 一、粤港澳科技规则衔接中出现的问题

经过粤港澳三地多年来的不断摸索和实践,三地在科技规则衔接方面已经取得一些突出进展:财政性科研资金初步做到了跨境申请和使用,少数行业初步实现了职业资格互认,三地企业、高校和科研机构正在合作开展大量科研工作,一批港澳科研工作者以高端和紧缺人才身份扎根内地,港澳青年参加内地创新创业的热情不断提高,三地合作共建一些科技园区、实验室、科学装置等,推动了一批重要的科技研发项目。但总的来看,由于粤港澳三地在科研管理、创新制度、科技政策、开放条件等方面差异较大,三地科技规则衔接总体仍处于起步阶段,仍面临一些突出矛盾和问题。

### (一)科研资金跨境使用仍面临制约

科研资金主要分为财政资金和非财政资金两大部分。财政资金方面,目前广东省已通过制度建设,初步实现了财政科研经费跨境拨付使用,但申请和使用对象主要为港澳高校或内地机构与港澳高校共同申请,内地机构如单独申请财政科研资金并在港澳使用仍面临困难。非财政资金方面,受外汇管制影响,非国家财政拨款的民间机构科研资金仍然难以跨境拨付。

### (二)科研设备、材料、样品、药品等出入境仍有限制

一是从港澳地区进入内地的很多科研设备仍需缴纳关税和增值税,港澳尚未纳入国家科研设施与仪器网络管理平台,难以共享重大科研基础设施和大型科研仪器。二是科学实验所需要的动植物及其产品、微生物、生物制品、人体组织、血液制品等科研样品、实验试剂属于海关出入境管制物品,出入境流程较烦琐,过关需进行严格的检验检疫手续,审批查验涉及海关、卫生检疫、市场监管局等多个部门,审批流程较长。三是根据我国现行法律法规规定,港澳地区的药物和常用的医疗仪器属于境外进口,进口药品必须

在境内取得药品注册或进口备案后方可在境内使用，进口医疗器械须经由国家药品监督管理局办理备案或审查后才能在境内使用，行政手续审批时间较长。香港一些经过实验较为成熟的医疗技术，在内地使用时也要按照流程审批，不利于先进前沿医疗科技的引进和临床应用。

### （三）科研人员出境审批限制

内地在编科研人员赴港澳开展学术研究和交流工作，要按照因公赴港流程进行行政审批，需申请港澳通行证和报批备案，审批流程烦琐，申请办理时间较长，未能实现一签多行。一些单位还存在将赴港列入出国指标管理、限制科研单位每年赴港人数或次数的现象。科研人员赴港出差经费纳入"三公"经费管理，经费使用不便。

### （四）三地职业资格互认难度大

粤港澳三地立足各地实情，分别建立了不同的职业管理制度，在执业模式、执业范围、执业便利、执业标准及行业管理等方面，各有不同规定，推进职业资格互认难度较大，特别是医师、律师、教师、会计师、建筑师等重要领域尚未实现互认。

在推进职业资格互认方面，面临的主要困难有：一是粤港澳三地法律体系存在较大差异，内地与港澳分属三个法域，法律制度及法律文化差别较大，而职业资格特别是准入类职业资格均以三地各自的法律法规作为设立依据，这决定了职业资格互认框架准则存在较大差异，互认或单方认可会涉及法律修订，工作难度大。

二是粤港澳三地职业资格管理机制存在较大差异，内地职业资格是由政府主导管理，人社部统筹指导、行业主管部门具体组织实施，香港职业资格并不由特区政府主导，而是主要由行业协会或法定机构依法管理，实施行业自律，澳门职业资格虽由特区政府主导，但因其就业市场较小，很多行业尚未形成独立门类。

三是内地职业资格管理事权在国家不在省，按国家现行职业管理体制，职业资格的设置、管理由国家人社部和国务院各主管部委负责，省级人社部门和行业主管部门是辖区内组织实施部门，目前国家 58 项专业技术人员职业资格涉及 30 多个国家部委、10 多个全国性行业协会，广东省在推进与港澳职业资格互认方面事权有限。

四是由于内地在职称评定方面与港澳处于不同体系，难以对接，内地一般有比较系统的职称体系，待遇标准、主持项目等都与职称挂钩，而港澳没有对应的职级制度。虽然港澳工作者可以通过参加内地的职称定级考试进行认定，但是职级考试的模式、内容都与港澳体系不同，港澳人员通过率极低。

五是港澳一些机构和人士因担忧内地劳动力影响其就业市场，对推进职业资格互认积极性不高。

### （五）科研人员获取境外科研信息难度大

由于我国尚未实现互联网开放，在境内无法登录国外相关科研网站，无法通过谷歌等国际通用搜索引擎搜索信息，限制了科研人员获取必要的前沿科技信息。特别是港澳科研人员，主要依靠国际科技信息资源开展工作，十分依赖国际科研网站、数据库和搜索引擎，在境内开展科研工作十分不适应。

### （六）科研管理制度不对接

目前国家和省、市现有的科研政策体系并不能完全覆盖对港澳及国际的科技合作项目，且国内的科研管理制度与港澳及国际通行规则并不一致，导致港澳及国际高端科研项目落地难。

如香港的科研项目管理依托教资会等第三方机构进行，科研项目的评审主要采用同行评议机制，而内地则主要实行以政府主导的评价体系；港澳科研成果评价以应用为导向，科研管理也强调最终成果管理，对项目经费使用过程管理较少，内地科研项目管理强调过程导向，强调对科研经费的预算制管理和过程管理，如研究中出现技术路线变化，预算调整较为困难；港澳研究经费中十分注重研究人员的个人价值，个人奖励或个人绩效等"人头费"较高，内地研究经费中人员经费占比较低；港澳知识产权保护实行单轨制即司法保护，权利人可以通过法院提起民事诉讼，也可请求执法机构对侵权行为进行刑事执法并由法院进行审判，而内地实行双轨制，即行政执法与司法保护并行，但总体知识产权保护力度弱于港澳；港澳科研成果归属个人，即便是财政经费支持的研究，所产生的专利、知识产权、成果转化收益也归个人所有，内地强调成果长期归属国家所有或研究单位所有，尽管近些年通过改革有所突破，但成果所有权和使用权问题仍然没有根本解决，这极大影响了科研成果的市场转化能力。

### （七）香港科技研发与内地产业化结合度不高

港澳制造业等产业基础薄弱，没有理论研究与应用研究相结合的场景，因此港澳高校、科研院所大多侧重基础科学研究，不注重应用技术特别是高端应用科技研究，研究成果也以发表论文为导向，成果的市场转化能力不强。内地产业优势突出，但长期以来在基础研究、前沿科技领域投入较少，理论研究基础较为薄弱，制约产业向高端前沿攀升。港澳与内地在前沿科技信息、技术成果等方面交流不畅，也缺乏熟悉两地科技发展情况，并能够提供科技转移咨询的专业服务机构，使港澳的基础科学研究能力与内地的产业化能力未能有机结合。

### （八）在合作办学方面内地尚存限制

在合作办学方面，港澳视同外资，根据现行的《中外合作办学条例》，港澳高校不能直接在内地开设分校，必须与内地高校合作，且对投资股比、校长任命等都有相关要求，但港澳方面更倾向采取独立、独资的办学模式。目前国内对合作高校的管理政策，还是将大学如同行政事业机关对待，涉及工程招标、大型仪器采购、重大项目立项等，存在政府包办所有重要流程、审批层次复杂、周期过长等问题，港澳方难以适应。由于粤港澳三地高校在学制、课程设置、学分互认制度、学分互认标准等方面存在差异，在推进学分互认方面仍存在一定困难，目前在学分互认方面主要是通过两校之间签订相关协议进行合作，缺乏三地互认的学分转换系统。

### （九）三地科研学术交流程度不够

粤港澳大湾区要建设具有国际竞争力的一流湾区和世界级城市群，必须要有国际化的人才作为支撑，畅通人才流动至关重要。港澳地区国际化程度高，人才资源丰富，而内地正处于快速发展阶段，人才需求大，就业创业机会多。但由于人员车辆跨境往来不便、职业资格职称互认不畅、公共服务对接不足、语言方面存在一定障碍等问题，严重制约三地人才自由流动。三地在交流机制方面还存在一些不足或短板，比如在地方政府层面，省级政府部门与港澳相关部门有一些科技交流机制，但地市级政府与港澳科技交流渠道有限。比如在高校层面，香港目前不接受本科以下学历的内地学生赴港交流、培训、实践实习，使内地与香港的人才交流主要局限于教师层面。受香港局势不稳定和疫情影响，科技合作、人员往来受到影响，进一步削弱了三地科研学术交流。

### （十）大湾区一些城市引才留才吸引力较弱

港澳科研人员来内地工作，对工资待遇标准要求较高，除深圳、广州在吸引港澳人才方面尚有一定竞争力外，其他城市由于平均工资水平较低、产业结构偏中低端化、城市在港澳知名度不高、配套服务和设施条件有限等原因，吸引港澳人才创业就业能力相对较弱。即便通过优惠政策将港澳乃至国际化人才引进来，往往也很难长期留住。

## 二、推进粤港澳科技规则衔接的总体思路

大湾区应充分利用好港澳创新能力和人才优势，通过相关制度衔接，推动港澳科技研发优势和内地产业化应用优势充分对接，推动三地科技资源的融合和整合，将港澳科技力量纳入国家整体科技创新体系中来。推动大湾区科技规则衔接，要着重从生产关系和生产力两个方面来做工作。

在生产关系层面，要充分认识到内地在科研管理方面与港澳乃至发达国家的差距，内地现有科研管理体制不能满足建设创新型国家和世界科技强国的需要，生产关系调整的滞后影响到了生产力提升的速度和效率。在科技相关制度构建方面，要推动内地科研管理体制向港澳对接，在科研预算、资金使用、成果评价、结题验收等方面借鉴港澳先进管理经验。应推动内地科研管理体制改革，科研管理应强调研究结果导向而非研究过程导向。内地要借

鉴港澳依靠法治保护知识产权的方式，加强知识产权管理，推动内地知识产权由行政化管理向法治化管理转变，建立粤港澳三地知识产权互认、自由交易、司法互助、协同保护机制。要放开内地理工类高等教育的市场准入限制、股比限制和管理权限制，允许港澳大学在内地设立分校，鼓励内地高校与港澳高校合作办学，加强高端人才联合培养。要推进人才资格互认，特别是医师、建筑师、会计师、律师、教师等高端人才的职业资格互认，研究针对港澳高端人才的职称评定办法。要探索在前海、南沙、横琴、落马洲河套等重要平台建立国际人才港，深入推进科研体制改革，全方位配套人才引进政策，为港澳和外籍人才提供签证和停居留便利。重点引进港澳高科技、生命科学、医学、金融、管理等方面的高端人才，试点技术移民制度。

在生产力层面，推动三地科技深入合作，要打破资金、人才、设备、样本材料、信息、技术等科研要素的跨境流动限制，推动三地科研资源的对接、匹配和整合，共同形成综合、系统、集成的科研生态和创新体系。要推动科研资金跨境使用，推动粤港澳三地科研人员单独申请或共同申请三地财政支持的科研项目，打通科研资金跨境拨付限制。要优化内地科研人员赴港澳签证管理，对港澳高端人才增设"人才"签注，给往来三地的高端科研人员开辟绿色通道。要积极吸引港澳科技人才来内地创业就业，在个税优惠、医保社保、子女上学、出境入境、创业扶持等方面给予政策倾斜和支持。要推动科研材料、设备、仪器、样品等通关便利化，扩大科研免税进口范围，对于生物材料和样本等特殊科研物资管理，要建立海关特殊监管区，实施差异化、便利化监管。要建立专用科研网络，为科研人员获取国际科技信息创造便利。要扩大内地技术准入特别是港澳生物医疗技术的准入，允许港澳先进诊疗、药物、医疗器械等技术在内地开发、试验和应用。

## 三、粤港澳科技规则的具体衔接方式

### （一）推动科研要素跨境自由便捷流动

重点解决粤港澳三地科研人员、资金、设备材料、信息、技术等相关科研要素不能便利化出入境问题，推动科研要素跨境自由便捷流动，优化科研资源配置。

科研人员便利出入境。要优化内地科研人员赴港澳商务签注政策和因公赴港澳管理政策，简化因公赴港澳签注审批手续，降低赴港澳商务签注申请条件，取消配额限制。扩大商务签注签发人员范围，除机关单位外，企事业单位、社会团体等各类组织机构都可在公安机关备案。延长商务签证有效期，最长可至五年，每次停留时间可由 7 天提高到 15 天，推行 3 年多次或 5 年多次的商务签注。给予港澳地区及海外科研人员通关便利，为高端科研人员开辟绿色通道。可在现有个人旅游、团队旅游、商务、探亲、逗留及其他六类签注基础上，面向港澳及外籍高端科研人员增设"人才"类签注。对符合认定标准的港澳及外籍高层次人才及配偶、未成年子女，可给予其在内地永久居留资格，在内地港澳及外籍高层次人才在内地工作满三年后，也可允许其申请永久在内地居留资格。探索"教育自由行""科技自由行"等通关制度，允许三地高校教师、科研人员凭有效身份证件便捷化入境通关，并自由出入大湾区各个城市。在技术移民等方面先行先试，试点港澳及外籍人员临时身份证制度，开展港澳及外籍人才创办科技型企业享受国民待遇试点。

科研资金便利出入境。进一步完善财政性科研资金跨境支付，鼓励港澳科研人员单独申请或与内地科研人员合作申请内地财政资金支持的科研项目，内地财政科研资金可以直接拨付至港澳地区的科研院所。港澳地区可以根据自己的法律法规制定相应经费管理办法来监督规范内地科研资金使用，方便专项资金流通。支持内地科研人员单独申请或与港澳科研人员共同申请港澳特区政府资助科研项目，建立完善相关制度安排。对于企业层面的合作研发资金，要研究建立有效监管条件下适度突破外汇管制要求的具体办法，鼓励前海、南沙、横琴、落马洲河套等重要平台载体先行探索。

科研设备材料等便捷通关。研究并出台允许科研、医疗仪器设备在三地异地购置使用政策，简化研发设备、样本样品进出口手续，减免港澳科研设备进出口关税。支持建立科研设施与仪器管理和开放共享的网络信息和服务平台，实现重大科研基础设施和大型科研仪器开放共享。对于生物材料和样本等特殊科研物资管理，借鉴推广华南生物材料出入境服务平台模式，建立海关特殊监管区，设立用于存放国际药品、医疗器械、科研生物样本等科研物资的特殊监管仓，实施差异化、便利化监管。争取国家允许粤港澳科研合作项目需要的医疗设备、药品和血液等生物样品在限定的高校、科研机构和实验室跨境使用。科研物资过关免予强制性产品认证证书有效时间从 3 个月延长到一年，允许使用贸易手册替代合同办理免予强制认证的手续，进一步优化科研单位科研物资跨境使用流程及手续。

科研信息跨境流通。探索建立粤港澳创新资源信息共享平台，打通大湾区科技信息互通渠道，推动科技创新资源与信息的开放共享。支持粤港澳高校、科研机构联合建立专用科研网络，实现科学研究数据跨境使用。在风险可控的前提下，建立白名单制度，授权高等院校、科研机构、企业研发部门访问国外学术期刊网站、数据库、学术搜索引擎等，在实践经验成熟的基础上，逐步扩大白名单范围。

扩大港澳技术准入特别是生物医药技术准入。目前我国对一些重要技术特别是生物医药等技术仍采取市场准入限制措施，一些已在港澳应用较为成熟的医疗技术、医疗设备除非经过较为复杂的审批流程，否则不能在内地使用，应探索对港澳相关技术放松市场准入。探索适度开放港澳企业在一定条件下投资基因、细胞等领域诊断和治疗技术的开发和应用，允许开展临床特殊检验项目应用试点，针对未在国内批准、但国外已经应用的临床检验项目，允许在指定企业或园区试点应用。推动将部分医疗审批权限下放至广东省或大湾区各地市，争取授权建立特许医疗技术临床应用和临床研究的审批和备案制度，将目前由国家审批或备案的医疗技术如人体器官移植、干细胞临床研究等下放给广东省或各地市。

### （二）对接港澳科研管理制度

要充分认识到内地现有科研管理体制方面仍然存在一些突出问题和短板，要对接港澳乃至全球先进公认的科研管理制度，建立符合基础科学研究规律、过程管理、验收结题、绩效评价、人才评价等制度，用制度创新激发科研活力。

成果评审制度。内地科研管理侧重过程管理，强调对科研过程中技术路线、经费使用等方面的管控，对研究成果的质量、实用性等重视程度不够，港澳科研管理侧重结果管理，技术路线、经费使用等问题完全由研究项目负责人决定。从实践经验看，港澳科研管理制度更具优势，赋予科研人员更大的研究自主权，要推动内地科研管理向港澳对接，特别要建立结果导向的成果评审制度。要完善项目立项评审机制，突出源头创新和应用导向，探索建立主要由市场决定的项目管理、评价机制，破除制约创新活力的繁文缛节，减少各类检查、评估、审计。探索建立长周期评价机制，借鉴香港经验建立国际同行评价机制，突出质量、贡献、绩效导向的分类评价，建立以前瞻性基础研究成果产出和产业关键核心技术突破为重要导向的评价导向制度。探索建立对重大原创性、颠覆性、交叉学科创新项目的非常规评审机制。

科研经费使用。充分借鉴港澳科技项目经费的灵活使用方式，积极稳妥推进内地九市科技经费使用制度改革。改革完善科研项目招投标制度，健全竞争性经费和稳定支持经费相协调的投入机制，提高科研项目立项、评审、验收科学化水平。进一步改革科研经费管理制度，探索实行充分体现人才创新价值和特点的经费使用管理办法。尊重个人兴趣，倡导学术自由，赋予科研领军人才更大的人财物支配权和技术路线决定权，充分赋予科研人员对科研经费中留余资金的使用自主权。支持扩大科研经费使用自主权，下放科研项目经费预算调整审批权，推行有利于创新的经费审计方式。探索建立科技经费管理"负面目录"，放宽科技经费使用门槛。提高智力密集型项目间接经费比例，并向创新绩效突出的团队和个人倾斜。加快科技人员薪酬制度改革，扩大高校和科研院所工资分配自主权，健全绩效工资分配机制。

完善科技成果使用和转化制度。借鉴港澳科技人员对科研成果的所有权和使用权管理方式，开展探索赋予科研人员对科技成果享有所有权或长期使用权的制度安排。健全技术创新的市场导向机制和政府引导机制，加强产学研协同创新，促进企业和科研人员成为技术创新决策、研发投入、科研组织和成果转化的主体，使创新转化为产业活动。完善科技成果使用、处置和收益管理制度，加大对科研人员转化科研成果的激励力度，探索对科研人员实施股权、期权和分红激励，通过成果应用体现创新价值，通过成果转化创造财富。

改革职称评审制度。港澳地区职称评审制度、评审条件和标准不同于内地，为便于港澳科研人员在内地更便利开展研究工作，需探索推进职称评审制度改革。要构建全面开放的粤港澳大湾区职称评价体系，推进职称评价专业领域全覆盖，畅通港澳专业人才职称评价渠道，完善港澳专业人士职称申报评审机制，建立港澳专业人才职称评审绿色通道。发挥政府、市场、专业组织、用人单位等多元评价主体作用，加快建立科学化、社会化、市场化的人才评价制度。基础研究人才以同行学术评价为主，应用研究和技术开发人才突出市场评价，哲学社会科学人才强调社会评价。应用型人才评价应根据职业特点突出能力和业绩导向。突出用人主体在职称评审中的主导作用，合理界定和下放职称评审权限，推动高校、科研院所和国有企业自主评审。注重引入国际国内同行评价，建立评价责任和信誉制度。

## （三）合力加强知识产权保护

学习借鉴港澳在知识产权保护和管理方面的先进经验，加强内地与港澳在知识产权互认、行政管理、司法执法、仲裁调解等方面的制度衔接、协同联动，内地与港澳共同开展知识产权服务市场建设，推进知识产权证券化，共同打造粤港澳大湾区高标准的知识产权保护和利用体系。

推动内地与港澳知识产权司法保护制度对接。应着重加大内地知识产权法律保护力度，发挥好广州知识产权法院、深圳知识产权法庭等重要作用，完善知识产权审判"三合一"制度，推动知识产权审判领域改革创新。完善知识产权纠纷多元化解机制，建立线上线下调解平台，成立若干知识产权调解中心，推动三地在司法、行政、仲裁等层面形成更大的知识产权保护合力。实行严格的知识产权保护标准，加快构建包括司法审判、行政执法、仲裁调解、快速维权、行业自律、社会监督的知识产权保护体系。加强科技成果转化、电子商务、进出口等重点领域和环节的知识产权执法。

推动三地知识产权管理协作。探索建立粤港澳大湾区知识产权权属互认、数据互认、证据互认和处理结果互认的规则衔接机制。加强三地在知识产权创造、运用、保护和贸易方面的国际合作。建立完善知识产权案件跨境协作机制，建立三地协同的知识产权案件信息通报制度、线索移送制度、协同办案制度。三地共建的知识产权信息公示系统，将三地企业违反知识产权的有关情况纳入该系统，该系统可与全国企业信用信息公示系统对接。

合力提升知识产权服务水平。在内地着重引进港澳先进知识产权服务机构，大力培育知识产权服务的各类业态，构建知识产权代理、咨询、商用、交易、融资、法律和培训等全链条知识产权服务业体系。发展与壮大知识产权服务主体，培育一批市场化、专业化、品牌化、国际化的知识产权服务提供商。完善知识产权运营服务平台，优化挂牌竞价、交易、结算、信息检索、政策咨询、价值评估等功能。鼓励知识产权服务机构在技术研发、货物贸易、服务外包、海外投资、品牌输出等活动中提供专业化服务。加强知识产权协会、中介机构与知识产权密集型企业之间的对接。建立大湾区知识产权信息交换机制和信息共享平台，建设知识产权公共服务网络，开展粤港澳大湾区跨境知识产权信息服务协作。

推进知识产权交易和金融服务。建设知识产权交易市场，开展知识产权交易，促进知识产权的合理有效流通。开展知识产权证券化试点，探索开展知识产权资本化业务。培育知识产权金融服务市场，开展专利、商标、版权等知识产权投融资项目，鼓励知识产权服务机构、金融机构、保险机构与知识产权创新主体联合开展知识产权金融模式创新。按照风险可控、商业可持续的原则，开展知识产权质押融资。推动专利保险试点工作。建设知识产权银行，引导培育多元化知识产权金融服务市场。

## （四）开展教育合作

港澳科研和教育资源丰富，但由于发展空间有限、产业配套不足，科技成果在港澳本地转化水平不高。通过粤港澳三地教育资源对接，推动三地合作办校、欢迎港澳高校在内地设立分校、开展职业教育合作，共同培养高端人才和高技术人才，有助于为三地科技研发提供人才支撑。

探索内地与港澳合办大学。放宽内地教育领域对港澳大学的准入和股比限制，欢迎港澳大学来内地建立分校或与内地高校合建大学。在面向港澳开放合作办学或单独办学、放宽教育准入基础上，进一步面向全球著名大学开展教育合作，特别是要与国际著名的理工科大学在内地九市合作建设大学，或吸引其单独在内地九市设立分校、学院。在专业设置上着重考虑先进制造、集成电路、人工智能、物联网、大数据、前沿新材料、下一代通信、生命科学、生物医药、绿色能源等可能引领下一轮科技和产业变革方向的重点专业。

联合培养高端人才。尽快制定粤港澳大湾区高等教育合作条例及实施办法，通过联合授课、学生交换、学术交流和教师互派等项目来推进三地高校之间的交流和合作。逐步放开高等教育学历互认，建立相互承认等质等效高等教育学历的机制。建立大湾区各高校之间的学分互认机制，允许联合培养的学生能取得广东地区高校和港澳高校的双文凭，且联合培养硕、博士不占教育部批准的名额。推动建立粤港澳高校联盟，鼓励三地高校在教师学生交换、学历学分互认、课程内容衔接、科研成果转化等方面加强合作。三地联合设立博士后工作站，支持内地九市博士后科研工作站与港澳高校、科研机构联合招收、合作培养博士后人才。

开展职业教育合作。要推动内地大专院校、职业技校与港澳职业教育机构合作，学习借鉴港澳在职业教育领域的有益经验，研究引入港澳职业技术培训标准和规范。加强三地职业教育机构的技能联合培训，推动培训成果互认。与港澳相关机构合作共建若干职业教育学校、职业辅导中心、职业培训基地。三地合作推广"双元制"职业教育模式，推动三地职业教育机构与内地大型企业合作，使职业教育和培训学员在走出校门之前，就能经历生产和工作岗位的一线锻炼。

### （五）加大对港澳和全球高端人才的引进力度

内地九市应通过创造更具吸引力的人才引进环境、提供更加便利优惠的人才引进政策，积极吸引港澳及全球高端和紧缺人才，将人才引进作为推动大湾区科技创新能力提升的重要抓手。

着重吸引高端人才和紧缺人才。内地要加大力度吸引港澳及全球高层次人才，实行更加积极、更加开放、更加有效的人才政策。内地九市要结合地区情况，因地制宜制定高端和紧缺人才名单，定期发布人才需求。要拓宽国际人才招揽渠道，加强与国际化猎头机构合作，定向精准引进一批站在世界科技前沿、处在创新创业高峰期的国际创新领军人才和高层次创新团队。依托重大研究课题或应用研究项目，组建具有国际影响力、创新成果突出的创新团队。完善国际人才评价机制，健全与国际接轨的人才考核评价机制和收益分配机制，探索具有大湾区特色的奖励机制和荣誉制度。要允许符合条件的高层次港澳管理人才担任内地法定机构、事业单位、国有企业的法定代表人。对于高校、医院、科研机构等事业单位聘用高层次、紧缺的港澳及全球人才，不受岗位最高等级和结构比例限制。探索建立工作许可负面清单，清单以外岗位全部允许港澳及外籍人才工作。放宽港澳外籍专业技术技能人员停居留政策，建立健全海外科技人才进入港澳的绿色通道及绿卡制度。采取政策引才、以才引才、团队引才、项目引才等多样化方式，鼓励科研人员跨地区、跨学科参与学术交流与研发合作。

实行优惠的个人所得税政策。内地九市应积极贯彻落实国家和广东省粤港澳大湾区个人所得税优惠政策，结合各地高端和紧缺人才名录，制定高端和紧缺人才个税补贴办法。对港澳高端人才和紧缺人才，超过其按 15% 计算的应纳个人所得税总额部分，近期通过"先缴再补""以奖代补"方式予以财政返还，未来研究所得予以免征。对在内地九市注册的企业所聘用的港澳籍员工、其他外籍员工、拥有境外永久居民身份的员工、归国留学人员等，个人所得税可参照港澳税法征收。研究解决内地和港澳高端和紧缺人才差别化个税政策问题，力争将个税优惠政策覆盖到内地高端和紧缺人才。

推进三地职业资格互认。目前粤港澳三地已在注册建筑师、监理工程师、房地产估价师、造价工程师、注册城市规划师、结构工程师和医师（临床、口腔、中医）等领域资格互认取得一定突破，在港澳人员参加内地机电、化工、环保、水利、测绘、林业、电力等工程领域的中、初级职称评审方面也取得了一些进展，但在更多领域职业资格还并未实现互认。当前应从国家层面加快顶层设计，由各行业主管部委牵头，加强与港澳在职业标准开发、评价等方面的合作，完善港澳专业人才在内地执业的制度设计，允许港澳专业人士通过资质认可、项目试点、执业备案等特殊机制跨境提供服务。扩大粤港澳专业技术人员职业资格互认范围，拓展"一试多证"项目，深化职称制度改革，从根本上破解制约三地人才自由流动的政策障碍。允许具有港澳及外籍职业资格的金融、建筑、规划、设计、医疗等领域符合条件的专业人才经备案后，在内地提供服务，其在境外的从业经历可视同国内从业经历。探索将部分职业资格认定权、部分领域职称评审权下放给广东省或大湾区内地九市。

完善人才引进服务。建立健全人才服务管理制度，实现工作许可、签证与居留信息共享和联审联检，提高高端和紧缺人才认定效率，简化认定程序和材料。推进建立人才服务中心，配备专业人才管家，提供工作就业、教育生活、专业咨询、高效代办等全方位精准服务。深化人才公共服务机构改革，大力发展专业性、行业性人才市场，鼓励发展高端人才猎头等专业化服务机构，放宽人才服务业准入限制。积极培育各类专业社会组织和人才中介服务机构，有序承接政府转移的人才培养、评价、流动、激励等职能。引进一批国内外一流的人力资源服务机构，鼓励发展人力资源服务外包、薪酬管理、人力资源管理咨询等新兴业态，打造最佳体验、最高效率、最优服务的人才工作地标和人才服务枢纽。充分运用云计算和大数据等技术，为用人主体和人才提供高效便捷服务。打造人才服务驿站，建设一站式人才服务大厅，建立人才数字档案，形成高层次人才信息库，建立人才数据追踪系统，实现人才业务在线服务，按照人才需求即时收集分析最新动态，实现人才供需的合理高效匹配。支持大湾区建立国家级人力资源服务产业园，探索建立人才岛、人才港等多种形式的人才平台。

提升面向港澳及国际人才的公共服务能力。研究通过规则衔接、制度创新的方式，解决港澳及国际高端人才高度关注的住房、子女入学、就医社保等公共服务问题。要畅通港澳及国际高端人才在内地购房的制度安排，面向港澳高端人才适度放松购房限制，使港澳人士持港澳居民身份证或往来内地通行证即可在内地购房，简化纳税、社保、工作、学习、居留等相关材料提供手续。推动港澳高端人才享受财政补贴和社保待遇，推动持有居住证的港澳高端人才在粤参加城乡居民养老保险、医疗保险，享受与内地居民同等的财政补贴和社保待遇，尽快明确在内地就业的港澳高端人才参加企业职工养老保险的待遇领取地和继续缴费地，积极提供面向港澳高端人才的商业医疗保险服务。保障港澳人才子女与内地居民子女享受同等的受教育权利，港澳人才子女可按当地制定的随迁子女入学政策入读义务教育学校，也可自主选择国际学校。

## （六）打造合作创新的平台和载体

在国家支持下，在粤港澳大湾区建设一批重大科技项目、科技基础设施、国家级实验室，推动三地在共享科技资源，形成一批重大科技攻关成果。同时，积极打造各类创新创业平台、配套服务平台、投融资平台，为大湾区科技创新提供基础支撑。

推动国家重大科技项目向粤港澳布局。重大科技项目是加强科技创新和技术攻关的重要载体和有力抓手，是高技术产业的孵化器和摇篮，大湾区区位优势明显、经济实力雄厚、国际化水平领先、科研力量较强，国家应加大力度在大湾区布局重大科研项目、重要科研机构，充分利用好粤港澳三地的科研和人才资源。推动位于大湾区的散裂中子源、南方先进光源、中微子实验站、强流重离子加速器等重大科技基础设施纳入国家科技"十四五"规划。在大湾区先行布局前沿领域、交叉学科的国家级技术创新中心、工程技术中心、大科学装置及国家重点实验室。完善重大科技基础设施和大型科学仪器设备共享共用机制，向港澳有序开放国家在广东建设布局的重大科研基础设施和大型科研仪器。支持粤港澳有关机构积极参与国家科技计划、专项等。

建设面向三地的双创孵化机构。在内地九市积极打造各种类型的创业平台和孵化机构，如双创基地、众创空间、创业孵化器和加速器、青年梦工厂等，并给予优惠政策和配套服务支持，形成"平台＋人才＋项目＋资本"模式，集聚港澳乃至全球人才到大湾区创新创业。通过平台，给予港澳来内地创新创业青年见习训练补贴、创业培训补贴、小额创业贷款贴息、场地租金补贴等补贴支持，提供职业培训、实习就业、学习交流、生活融入、政策咨询、产品展示等全方位服务。

打造科技成果对接转化平台。内地科研机构联合港澳大学、科研机构共同打造一批联合实验室、科研成果转化示范区、技术转移中心，将港澳及内地科技成果与产业化相结合。支持设立粤港澳产学研创新联盟，将上游的科技研发、中游的成果转化、下游的成果应用与市场开发紧密结合起来。以促进科技成果转化和加强创新服务为重点，着力实现"众创空间—孵化器—加速器—科技园"的全链条创新创业模式，大力发展研发设计、中试孵化、检验检测、成果转化等科技服务机构，建设科技文献服务平台、科学数据共享平台、技术转移服务平台等公共服务平台。建立一批低成本、便利化、开放式虚拟创新社区，大力发展科技中介服务与科技金融服务，创新服务模式，形成社会化、网络化的科技中介服务体系，打造若干国际一流科技服务中心。

集聚高端研发机构。支持内地科研机构，围绕国家战略需求，与港澳及全球顶尖高校和科研机构共建联合研究院，积极承担重大基础和前沿科研任务，超前布局基础研究，加强重大基础前沿和战略高技术研究，加强跨学科、跨领域科学研究，关注颠覆性技术，推进前瞻性变革性技术研发，加快聚集国际化高端创新资源。鼓励行业领军企业构建高水平研发机构，引导领军企业和科研单位系统布局创新链。围绕世界科技前沿和区域发展需求，采取三地合作、央地共建、军民共建等模式加大重大科技基础设施和研发能力布局建设力度。推动产业上下游企业合作开展网络化、开放式协同创新，推动国家级产业创新中心在大湾区落地。强化企业在创新活动中的主体地位，鼓励跨国企业建设区域性研发总部、研发中心。

打造科创投融资平台。加大财政投入力度，持续稳定支持高水平的基础和应用基础研究，允许香港、澳门符合条件的高校、科研机构申请内地科技项目，并按规定在内地及港澳使用相关资金。支持粤港澳设立联合创新专项资金，就重大科研项目开展合作，允许相关资金在大湾区跨境使用。充分发挥香港、澳门、深圳、广州等资本市场和金融服务功能，合作构建多元化、国际化、跨区域的科技创新投融资体系。大力拓展直接融资渠道，依托区域性股权交易市场，建设科技创新金融支持平台。强化资本市场对科技创新支持，支持香港私募基金参与大湾区创新型科技企业融资，允许符合条件的创新型科技企业进入香港上市集资平台，将香港发展成为大湾区高新技术产业融资中心。鼓励符合条件的战略性新兴产业发行债券，探索为企业创新活动提供股权和债权相结合的融资方式。鼓励港澳及国际天使投资、创业投资等风险投资机构在大湾区内开展业务。

# 第六节 粤港澳大湾区社会治理和社会保障体系衔接研究

## 一、大湾区社会治理和社会保障规则衔接面临的矛盾与问题

总体而言，当前大湾区社会治理仍然面临较大困难，顶层设计与底层治理有一定脱节；体系化社会治理模式仍然没有建立起来；三地人员跨境流动的难点、痛点、堵点仍然较多。社会保障对接衔接仍然面临许多制度性障碍，局部仍存在现有政策落实不到位的情况。更为重要的是，在社会治理和社会保障体系对接衔接问题上，"上冷下热""内热外冷"问题严重，广东逐

渐成为大湾区规则对接的主要推手，其他地区在配合广东的同时显得顾虑较多，很多工作推进起来较为困难。

具体而言，三地由于社会经济基础不同，社会保障制度差异巨大，医疗和养老保险制度对接存在较大困难，主要体现在跨境使用困难、转移和互认面临体制障碍等问题。人员流动方面，目前仍然以单向通行为主，港澳特别是香港政府出于多方面考虑，对放开人员车辆等流动存在诸多顾虑。

## （一）大湾区社会治理和社会保障体系缺乏顶层设计

三地社会治理规则标准对接或衔接面临顶层设计与底层治理脱节，需建立多层次的治理体系。社会治理是国家治理的重要基础，也是一段时间内影响经济社会协调发展的重大挑战。特别是随着社会主要矛盾深刻变化、社会流动日益增强和利益诉求急剧增长等新情况的不断涌现，一系列问题从深层次上对传统的社会治理思路提出严峻挑战。基于此，党的十九大提出"打造共建共治共享的社会治理格局"，着力从优化顶层设计的角度促进社会治理效能提升。由于大湾区的特殊情况，两种制度、两套法律体系，给在大湾区推进社会治理顶层设计提出了新挑战。实践证明，对于这个新命题，不仅需要从理论层面解析，还需要从实践层面做出积极探索；不仅需要抓住顶层设计，还需要与底层治理紧密结合，互相呼应。目前大湾区内各地区、各部门之间社会治理政策仍然缺乏协调，相关的顶层设计与底层治理脱节严重，打造大湾区体系化社会治理模式是社会治理规则对接的重要突破口。大湾区亟须在社会治理方面健全全面协调的顶层设计与尊重国情的底层治理相互结合的体制机制。应加快构建大湾区共建共治共享社会治理新格局，通过深入推动社会治理创新工作，围绕群防共治、基层组织建设等方面，着力挖掘和培育一批特色项目，不断推动大湾区社会治理模式创新。

总体协调三地规则标准的常态化工作机制尚未建立。三地缺乏对等沟通机制，除了深圳和广州，广东九市中其他城市无法与港澳平等"对话"，现有的沟通机制存在不对等的问题，很多时候港澳不能够积极予以回应；有些地区借助历史文化上的纽带关系，与港澳存在一些非正式的沟通渠道，但是从效果上看，目前只能起到信息交换的作用，没有对实际工作的推动形成助力。这主要是由于大部分社会治理和社会保障方面工作的事权在中央政府，港澳与广东九市一样，想要推动相关政策实施，都要争取中央支持才行。整体而言，三地缺乏总体协调规则标准对接衔接的常态化工作机制。

社会治理体系缺乏现代化理念和创新，社会力量参与治理不足。近30年来随着社会网络的日益扩张和分化，社会管理事务的冗繁性和复杂性开始突破各国政府的架构藩篱，使得各国政府在日益纷繁复杂的管理实践中感觉力不从心，目前的组织架构和管理方式开始面临巨大的改革压力。协同治理理念因此普遍受到关注。党的十九大明确将打造共建共治共享的社会治理格局作为保障和改善民生的重要内容。但是目前大湾区社会治理仍然缺乏体系化、现代化的理念引领，以需求为导向不断满足日益增长的公共服务需求的体系仍然没有建立起来，公共服务总量、分布结构等方面配置效率仍然较低，大湾区亟须在多元共治体系方面进行探索。在大湾区特殊的情况下，发挥"一国两制"制度优势的同时，也给大湾区实现协同治理提出了挑战。

在新的国内国际形势下，大湾区在经济社会等多个方面面临转型升级，不同社会群体利益诉求存在差异，需求趋向于多元化、复杂化，政府原有的治理框架越来越难以满足日益增长的人民需求，大湾区进行多元共治的社会治理探索非常必要。在现有治理体系下，民众的不同需求并没有被充分激活，参与社会治理的意愿并不强烈，政府在争取社会力量参与社会治理方面没有发挥应有的引导作用，因地制宜地推进大湾区社会治理体系建设的机制并没有完全建立起来。这方面香港已经建立了比较成熟的"多元合作"社会治理模式，近年来深圳在社会治理体系创新方面也做出了积极探索，这些经验对大湾区社会治理体系的建构具有借鉴意义。

社会保障对接方面"上冷下热""内热外冷"问题严重。目前在实际工作中，不管是社会保障制度对接还是互认都明显存在"上冷下热"和"内热外冷"两个严重问题。首先，社会保障制度对接衔接方面很多工作涉及国家事权，在具体推进过程中，往往是广东省有具体想法且比较积极，但是中央政府各部门从整体制度框架设计方面考虑，要平衡各方面利益，在开放程度方面与地方存在较大的"温度差"，往往造成"上冷下热"的局面。其次，三地由于文化传统、社会沿革、经济制度等方面的不同，社会保障体系差异较大，在社保体系双向对接方面，一般广东较为热心，港澳较为冷淡和被动，很多政策是广东省从大湾区发展的整体考虑出发进行推动，港澳往往出于自身利益考量顾虑较多，消极配合，最终往往都以单向开放形式落地，造成"内热外冷"的局面。相较于港澳，内地的社保制度具有一定优越性和普及性，理论上从大湾区整体而言，港澳社会保障体系向内地对接是较为合理的制度安排。但是，香港政府担心制度对接会对自身的产业和社会稳定产生一定冲击，在推进这方面工作的过程中不是非常积极，其基本诉求是让港人在内地能享受一些特殊优惠待遇，而对内地人赴港则较为戒惧，担心内地个人和机构进入香港之后抢占其市场，进而影响其社会稳定。

具体而言，三地养老和医疗保障制度差异较大，互相较难兼容，目前仍是遵循内地单向开放为主的模式。内地养老保险采用部分积累制，实际上是完全积累制与现收现付制相结合的一种统筹模式，支付水平跟社会经济发展水平挂钩；而香港没有建立全民退休保障体制，"强积金"采取完全积累制，类似于一种理财产品，个人和企业缴费累积成为固定"盘子"，没有政府投入，退休之后发完即止。澳门养老福利虽然较好，但是依靠澳门政府强大的财政支持，其模式不可复制。医疗保险方面，香港政府没有成体系的医保系统，有经济能力的居民主要依靠商业保险，家庭困难人群在公立医院就诊的费用可以得到减免，政府用这种方式做到保底线。问题是一半以上的门诊量还是要通过私立医院解决，公立医院主要负责住院和大病，而且排队人较多，效率不高。澳门政府财政较为宽裕，医疗保障较好，对10岁以下、中小学生和65岁以上的澳门居民实行免费医疗，常年病、重症和特殊疾病患者能获得免费诊治，除此之外的一般市民在政府设立的卫生中心可以得到免费就诊，在医院有30%的费用减免，也可申请医疗援助。但是这些福利基于澳门政府较为宽裕的财政收入状况，内地和香港由于各种原因无法复制。内地采取全民医保政策，推广之初的原则是"低水平、广覆盖"，近年来逐渐向高质量、精细化方向迈进，目前保障水平介于港澳两地之间。由于三地社保体系存在这样的显著差异，无法直接对接，目前内地提出的解决办法相当于单向对港澳人士开放内地社保体系。

**（二）具体民生领域便利化仍然受到制约**

三地养老保险尚未衔接到位。养老保险跨境使用仍然受到制约。虽然中央部委已经出台政策，对此前横琴的试点经验进行推广，允许港澳工作和未工作的人士都可以参加内地的养老保险，但是目前大部分港澳人士在广东工作都不满10年，即使在香港和内地都缴纳社保，很多人因为无法达到15年的规定缴费年限，不能享受到相关待遇。另外，现在为止整个大湾区除了横琴之外，只有广州、珠海、汕尾、茂名、云浮五个地市出台了具体实施细则和操作指引，其他城市相关政策还有待进一步推进。

三地医疗保险对接仍然存在较大困难。港澳医疗服务提供者在内地设立医疗机构受到国家设立的相关标准的限制，一定程度上制约了其在内地提供诊疗服务，同时药品目录和医生职业资格等方面对接仍然存在一定困难。中央部委出台文件做出了一定改进，目前港澳医师在内地可以申请短期执业，内地医保药品目录越来越灵活，更新较为频繁，努力吸收更多新药好药进入内地。

尽管如此，三地药品目录和医生开药习惯差异较大，目前的医保目录较难满足港澳人士在内地的需求。深圳港大医院的试点非常成功，香港居民来此就医可以享受与香港医院同等或相似的医疗服务和福利待遇，特别是港籍老人可以在此使用香港的长者医疗券，大大方便了常住大湾区的港人就医。但是，内地有意跟香港进一步合作，扩大类似定点医院的数量，但是这方面主动权在香港政府，广东省单方面推动较为困难。医师执业问题较大，根据现有规定，港澳医师获得内地短期行医许可只允许注册一个专业，许可时间只有三年。目前，港澳和外籍医生在内地只能注册1家医院或门诊部，每年需要重新注册1次，而且不支持多点执业，如果想在另一家医疗机构出门诊，需重新办理执业许可，即使是在同一医疗集团下的分公司也需要再办理1次注册。其中的特殊岗位医疗技术人员还需办理"上岗证"方可执业。如果想要长期在内地行医，则需要通过参加内地统一考试取得行医资格，这样门槛较高，距离真正的职业资格互认仍有较大差距。

三地人员跨境流动仍存在诸多体制机制障碍。人员跨境流动方面仍然存在许多亟待解决的现实问题，三地人员跨境流动的难点、痛点、堵点仍然较多，身份认证、流动权限限制、流动技术性以及交通工具跨境流动受阻等问题依然非常严重，未来推动单向通行向双向互通转变、为三地人员流动切实创造便利仍然任重道远。目前内地人员赴港澳面临内地审批管理制度约束，次数、时间、团队人员数量均有严格限制，制约了内地人员赴港澳开展相关工作，与当前大湾区建设加强内地与港澳机构交流的现状需求有落差。与此同时，疫情期间三地人员往来虽然没有停滞，但是受到一定影响。

## 二、推动大湾区社会治理和社会保障规则衔接的路径选择

大湾区的社会治理和社会保障体系建构应充分善用"两制"之利，将香港、澳门既有的制度优势和先行经验转化为促进区内相应制度建设和治理模式创新的实践依据和制度支撑。在满足人民日益增长的美好生活需要方面，不断增加公共服务供给；在促进社会公平正义，形成有效的社会治理、良好的社会秩序方面，不断推进社会治理创新，走出了一条切实有效的创新之路。

要坚持"小切口带动大变局"的理念，抓住影响和制约大湾区社会治理和社会保障规则对接的战略性、关键性问题。努力做到从大处着眼小处入手。粤港澳三地在共同建设国际一流湾区的大方向上取得了共识，但是在具体对接的路线图、时间表等问题上存有较多顾虑。一方面是由于广东与港澳人口、社会、经济等情况差距较大，港澳对涉及人员流动、产业等方面的双向对等开放顾虑较多，而且难以短期内消除。另一方面，由于制度惯性，三地在社会治理和社会保障体系建设方面，存在理念和制度框架等多方面差异，给对接造成一定障碍。这些障碍虽然在一定程度上能通过技术层面的操

作予以克服或缓解，但是需要很大的沟通和时间成本。在这样的背景下，从大湾区整体发展的大局上，要做好三地多元化政策沟通交流工作，建立体制化的长效沟通机制，与港澳建立多层次、多渠道且较为固定的协调机制，努力凝聚共识，共同推进政策出台和落地。在大湾区引入"多元共治"的社会治理新模式，引入社会力量参与大湾区社会治理和公共服务，结合三地沟通机制的作用，在了解大湾区居民真正需求的基础上，不断创新社会治理的方式方法。具体而言，要抓住医疗保障、养老保险、人员流动等关键问题，以横琴等开放平台为主要抓手，推动制度突破和创新，努力将试点成果在更广阔的范围内进行试验和推广，使各项举措易启动、传得开、落得实，争取行得通、办得到、得人心。

### （一）借鉴东京湾区经验在大湾区形成统筹协调机制

针对三地缺乏有效的对等沟通渠道问题，可以借鉴东京湾区经验，在大湾区范围内建立统筹各方面事务的协调机制，为规则对接衔接提供平台和基础。

1956年，日本政府制定了《首都圈整备法》，通过立法的形式确保了区域规划建设的延续性，使得区域协调有据可循，经过多次规划逐步形成了以东京为核心，以神奈川、埼玉、千叶、群马、栃木、茨城、山梨周边七县为腹地的湾区都市圈。之后日本政府又陆续出台了建设规划，而建设规划的制定需要经由特定的委员会审议通过，委员由区域内各地行政长官以及企事业单位按照一定比例分配名额构成。具体到实施和协调层面，则采取协商讨论的方式，建立"首都圈广域地方计划协议会""九都县市首脑会议"等协商机制，"协议会"成员包括日本中央政府的地方机关、地方政府、指定城市等行政首长以及经济团体负责人，并设有任期2年的会长以及干事会、秘书处等内部机构。这种机制化、体系化的制度建设有效推动了不同层级（都、县和市）之间的沟通交流，为协调行动、解决问题提供了机制保障。

东京湾区的"九都县市首脑会议"机制将都县市不同层级的政府整合到同一个协调机制，互相尊重平等协商；大湾区有香港和澳门两个特别行政区，还有深圳和广州两个副省级城市，以及其他城市，建立类似"九都县市首脑会议"这样的平等协商平台非常必要。同时，东京湾区将中央政府的分支机构、经济团体等纳入平台，形成多元化的协商治理体系，建立固定的秘书机构和任期制度，将非正式的协调机制体系化和制度化；如果大湾区能够建立类似机制，取代很多城市原有基于同乡关系的非正式机制，能够让协调机制更加高效。

具体而言，第一步，可以在大湾区范围建立跨区域、跨行政层级的一体化、制度化协商平台，逐渐增设议题，建立多元化的大湾区统筹协调机制。第二步，在协商平台的统筹下，联合多种社会力量，逐渐根据不同议题建立相应的专业委员会，商讨对接衔接具体办法。

### （二）推动"多元共治"的社会治理新模式

针对大湾区社会治理中社会力量参与不足的问题，可以考虑在大湾区推进香港已经非常成熟的"多元共治"社会治理模式。香港社会在多元共治方面积累了丰富经验，在不同领域推出不同的多元共治模式，让政府、产业界和需求方结合，充分利用社会力量推动共生共荣的社会治理实践。具体而言，政府方面负责制定制度政策，激励产业界力量参与社会治理方面的各项工作，鼓励民众利用和参与公共服务；同时在不同社会群体之间架起桥梁，沟通不同需求，弥合不同社会群体之前的鸿沟。与此同时，通过政府引导，让产业界深度介入社会治理实践。企业作为技术创新主体，政府可以通过竞争机制激励企业创新服务方式，不断开发各种与社会需求紧密联系的应用性产品和服务，同时积累实践经验。民众作为需求方，一方面是政府和企业提供服务的接受者或者购买者，另一方面在多元共治的理念下，通过三方沟通协调机制，可以给政府和企业提出诉求，甚至参与制度设计，与产业界共同参与多元主体共生共荣的治理实践。

与此同时，在条件成熟的时候系统性地引入社会治理网格化、信息化建设体系，努力实现服务化、精细化、人性化。从社区自治的角度，建立起社会治理大数据。这方面，深圳尝试社区基金会发展模式，依靠社区本地资源，探索本地解决方案。基金会为本地居民服务，积极动员社会力量参与，形成社会共管、多元共治的局面，为社区提供了广泛参与的平台，在社会治理模式方面做出了有益探索。

### （三）推进内地与港澳协同治理进一步深入

大湾区城市间差异较大，从地区生产总值几万亿元规模的港广深到几千亿元规模的肇庆中山江门等地区，发展不平衡、两极化问题严重。与此同时，很多关于大湾区重大问题和决策性议题往往上升到中央及省的层面，相应政策工具的缺失使大湾区各市的协同参与不足。严重的地区差异一方面致使湾区城市间协同融合难以深入，行政壁垒和地方保护主义难以消解，另一方面容易造成城市间沟通效率低下，引起产业同构、基础设施重复建设等资源过度浪费现象。跨区域治理问题由于涉及面较广，治理主体多元，导致政策制定及执行相较于一般的公共管理更为复杂。另外，在技术层面由于大湾区内未建立统一的信息共享机制或是跨区域公共问题协同治理网络系统，导致大湾区内各城市间形成"信息孤岛"，碎片化的信息传递阻碍了城市间合作的进行。

解决这方面的问题，横琴已经给出了合理有效的答案。作为"一国两制"下探索粤港澳合作新模式的示范区，横琴具有典型的异质区域特征。异质区域的社会治理有着独特的复杂性，不同制度、文化以及人群的汇集和交融所产生的社会整合与社会治理问题，需要珠澳两地的跨境协同治理。同时，横琴岛作为一个相对封闭的区域，具有实行"一线放开、二线管住"的天然条件，在与澳门协同治理的前提下，可以不断创新治理模式，提高治理效率和人民生活的便利性。近年来横琴开放的步伐越来越大，进行了多种尝试，取得了良好效果，未来要在落实原有试点政策的基础上，开辟新的领域进行试点试验，并将经验逐渐推广。将来可以分两步走，将粤港澳协同治理进一步推向深入。

第一步，将横琴经验进一步推广复制，寻找与横琴自然条件类似、有利于粤港澳协同治理的地区，开辟新的合作模式示范区，创新合作模式，进一步提高合作水平和深度。目前最大的课题是如何将横琴经验推广复制到更大范围。横琴率先开展常住横琴的澳门居民参加珠海基本医疗保险试点，自2020年1月1日起港澳台居民在内地参加社保政策已经在大湾区九市落地，标志着横琴试点经验得到了成功推广。横琴由于其独特的区位和政策优势能够进行较为大胆的先行先试，但是由于其他平台没有横琴这样优越的自然地理条件，想要进行类似试验可能有一定困难，其试点成果如何在大湾区内进行复制是重大课题。未来探索试点经验在更大范围内推广的路径和机制是工作的重点。

按照现有政策，以横琴经验为基础，探索在大湾区内积极推进港澳养老制度与内地衔接，同时扩大港澳居民参加内地养老保险规模的举措是较好的路径。此前在横琴试点的支持在横琴居住、工作的符合条件的港澳居民参加社会保险，享受与内地居民同等财政补助、社保待遇，落实相关补缴办法等政策已经在大湾区范围内全面实行。这方面，横琴还有很多较好的经验尚未在大湾区内全面推广。例如2019年11月广东省人力资源和社会保障厅出台《关于支持珠海市横琴新区人社事业创新发展的意见》中，试行内地赴澳务工人员在澳工作经历视同在大湾区工作经历，允许其选择在横琴新区以灵活就业人员身份参加当地职工基本养老保险。类似政策对便利化三地社保制度对接和人员便利化往来具有较大积极意义，应尽早探讨相关政策在大湾区全面施行的措施和路径。

第二步，在大湾区一大批以横琴为代表的三地协同治理平台建成之后，进一步打通大湾区各开放平台，打造高效服务型的协同治理区域带，同时建立统一、开放的大湾区协同治理公共服务网络，通过平台网络向湾区内提供便捷化的政务、信息、商业服务，为大湾区协同治理各项机制的建立提供有力的开放政策、数据和智慧支持。通过平台网络建设，一定程度上打破行政区划条块分割的藩篱，跨越行政区划导致的行政边界利益格局，抵减地区本位主义的影响，着力构建区域政府间协同治理伙伴关系，重视市场机制在资源配置中发挥的重要作用，最终形成大湾区整体协调一致的开放新格局。

### （四）通过多层次医疗保障体系实现三地无缝衔接

依照我国现行的《社会保险法》以及内地推行的医保政策，现行的医保体系主要保障基本医疗服务，原则是在广覆盖的基础上，逐渐实现高质量和精细化。在这样的立法精神和政策初衷指导下，我国现行医保政策很难支持内地人士赴港澳就医使用内地医保，实现三地医保体系对接较为合理的路径是建立由基本医保、商业保险等不同机制组成的多层次医疗保障体系。通过扩大港澳人士加入内地医保体系的规模来保证基本医疗服务，同时通过商业保险进一步弥补基本医疗保险在大病、跨境医疗等方面的不足，建立三地之间多层次无缝衔接的医疗保障体系。

### （五）逐步推动大湾区人员流动便利化

未来大湾区要共同构建"大湾区人"新地域身份，形成一体化高效、便捷的人员跨境流动格局。人员跨境流动是大湾区建设的基础性工作，也是粤港澳三地居民具有切身体会和感受的领域。推进人员跨境顺畅流动，对增强各方对大湾区建设和发展的信心具有特别重要意义。人员跨境流动涉及粤港澳三地商旅和职住分离、学住分离带来的日常往来通关需要，也涉及大湾区三地跨境就业、公务、旅游方面的自然人流动。目前三地人员流动所涉及各类交通工具跨境通行限制较多，急需取得突破。分阶段逐步推动大湾区人员流动的便利化是解决问题的主要路径。

第一阶段，加速推动列入计划的工作内容尽快落地。一是增设人才签注，为人才往来粤港两地提供便利，延长相关人员在港逗留时间。加快推动人才认定标准细则的出台，将工作向具体深入不断推进。二是便利外籍人才获取签证。加速广东省人才便利签证政策的推进和落地工作，鼓励外籍人才到广东投资兴业和学习工作。三是加速推进福田保税区一号通道作为深港科创口岸的建设，让科研人员备案、通关等便利化服务政策尽快落地。

第二阶段，进一步推动相关工作向前推进，尽快将一些好的措施形成政策。一是加速推进游艇自由行方案尽快落地实施。2017年，国家移民局等相关部门已经批准了广东省的游艇自由行方案，下一步建议口岸办、海事局等部门加速推进实施细则的制定工作，促进游艇自由行政策尽快落地。二是利用数字化新技术进行统一标准的数据交换，建立大湾区一体化的身份认证体系，努力推进粤港澳"1小时生活圈"。

第三阶段，着眼未来进一步研究探讨一系列具有前瞻性的政策措施。一是探讨将深圳一签多行政策扩大到整个湾区。这方面香港有较多顾虑，之前香港内部对深港之间的通行政策已经颇多争议，未来能否扩大到整个大湾区有待进一步研究。二是在制度和技术等多个层面探讨无证化刷脸通关的可能性。随着科技发展，以及三地沟通交流基础上不断凝聚共识，不断研究探讨无证化通关的可能性。三是利用三地多元化沟通机制，从制度上消除人员、交通工具等方面跨境限制。目前内地人员和交通工具赴港难度较大，以港珠澳大桥为例，香港出于社会治理方面的考虑，既限制内地车辆赴港，又限制港方车辆来内地，解决这方面问题需要进一步与香港相关部门进行长期有效的沟通，消除疑虑，争取共识，确立双方合作的最大公约数。

## 三、推动大湾区社会治理和社会保障规则对接或者衔接的政策建议

政策建议方面，从顶层设计上，可以通过建立大湾区统一的政策协调机制推动三地政策趋向一致。通过不同层级的政府、公共机构和市场主体组成的多元化沟通协调机制，形成跨区域跨领域的问题解决平台，破除三地社会治理和社会保障规则衔接方面的体制机制障碍。从治理模式上，建议参考香港"多元共治"理念，引入社会力量参与社会治理，形成社会化参与社会治理的体系化、制度化机制，逐渐将横琴、深圳等地的先行经验向大湾区九市推广。在具体措施上要注意几方面问题，一是要在规则对接方面大胆创新。由于大湾区的特殊情况，从社会治理模式到具体领域的对接办法，需要从体制机制到治理手段全方位的调整和创新。二是要努力扩大试点范围，将试点示范的成功经验向更大范围推广。一方面是在横琴之外探索建立其他与港澳协同治理平台的可能性，另一方面是将成熟的试点经验面向整个大湾区推广

实施。三是通过沟通协调，实现三地身份信息交互，取消人员、交通工具等方面的流动限制，实现三地之间跨境流动同权。四是利用新技术实现联通提高效率。充分利用大数据、"互联网+"等新技术，建立大湾区身份认证、保险费用跨境结算等平台，便利应用的同时，实现在原有技术条件下难以实现的互联互通高度和水平。

## （一）打造与大湾区规则对接工作实际相适应的治理模式

打造九市统一的协调机制，实现与港澳的长效沟通，实施基于共同规则标准、有利于更高层面协调发展的顶层设计。应允许深圳带头设立类似东京湾区九都县首脑会议的"粤港澳大湾区9+2协调机制"。这种柔性、非正式的协调机制虽然不具有法定的管理职能和权限，但是在处理、解决一些具体的区域性问题方面往往能够起到实质性协调作用。可将秘书处设在深圳，参照东京湾区的经验，每年举行一次领导会议，由各成员轮流举办。协调机制可下设专业委员会，如社会治理、社会保障、公共安全、宏观经济运行、交通、生态环境、垃圾处理、防灾减灾、传染病防治等专业委员会。专业委员会根据需要，就社区治理、港澳人士在大湾区集中居住规则、三地养老和医疗保险关系转入转出等一些特定问题进行协商，提出解决方案，涉及政策法规等方面的问题，可以把协商的结果向领导会议汇报，由领导会议研究解决；涉及整体布局的问题，可组织专家团队进行调研，提出方案，编入区域发展计划，予以实施和落实。

破除社会治理规则衔接的体制障碍，推进三地开展更深层次的交流合作，形成更大的发展合力。目前内地在引进多元主体参与社会治理方面与港澳存在发展阶段差异，相关的制度规则对接或衔接仍然存在问题，社区治理和服务水平仍然有待提高。因此，在充分善用"两制"的同时，可将港澳既有的制度优势和先行经验转化为促进区内相应制度和治理模式创新，为建立共同的规则标准提供实践依据和制度基础。大湾区可以借鉴港澳比较成熟的"多元合作"社会治理模式，构建政府、非营利组织、私营部门共同参与的社会治理格局，在政府主导之下，使公共部门、私营部门、非营利组织、行业协会等可以跨界别自由组合，发挥各自优势，提供不同的公共服务。例如，横琴新区引进了澳门街坊会联合总会，招聘澳门社工来横琴新区服务，定期开展开放日、社工联合继续教育培训等活动，为社区多元共治做出了成功探索。

另外，三地在安全、数据共享、环境保护等方面标准不同，影响相关方面应急协调和联合响应机制的建立和完善。应在立足于大湾区实际情况的前提下，努力对标国际高标准规则，将大湾区社会治理方面的标准统一在较高水平上。通过"9+2协调机制"下的专业委员会开展专项研究，商讨共同规则，推进大湾区在安全、数据共享、环境保护等方面的标准统一，进而使联动机制有效运行。建议制定"大湾区治安管理条例"，以内地刑法为主，结合香港实际情况特别是经验教训，协商研究推出。可考虑建立"大湾区特别刑事法庭"，由最高法院直接派驻。

创新社会治理方式，推动三地在社会治理方面尽快形成统一步伐。一是利用大数据、人工智能等新技术加快建设和完善大湾区社会风险治理预警平台。逐步建立社会治理风险预警、决策风险研判、网络空间风险治理、商业环境风险评估等方面大数据库，创新大湾区建设中对政策风险、网络舆情风险、商业环境风险等环节把控与治理的模式。二是加快内地与港澳居民身份证件数据共享与互认，统一大湾区九市以及各部门境外居民身份证件数据信息采集标准，加快推进数字身份证在大湾区的应用。以数字身份证为载体，利用大数据、区块链等新技术，可以实现在互联网使用等方面"对特殊人群采用特殊办法"，解决一直以来监管与开放两难的问题。三是制定权责分明的数据安全责任体系。完善行业数据出境分级分类的指导目录、等级保护条例和管理细则，明确监管部门、行业主管部门和企业等的责任和义务，构建涵盖数据生产者、使用者等主体权责分明的安全责任体系，在便利数据流通的同时提高数据安全和隐私保护水平。四是根据信息平台的大数据做出人口结构的动态预测，并以此确定大湾区公共服务需求和供给。五是通过"互联网＋"的运用实现区域医疗机构联动以及远程医疗配合，解决医疗资源配置瓶颈问题。

## （二）加速推进大湾区社会保障规则标准衔接

社会保障方面的事权基本在中央层面，大湾区内地九市甚至广东省在与港澳社保制度衔接方面都处于被动地位，基本上只能提出需求，等待中央审核批准。同时，目前国家出台的《香港澳门台湾居民在内地（大陆）参加社会保险暂行办法》《关于香港澳门台湾居民在内地（大陆）就业有关事项的通知》等文件，基本属于单向开放，缺乏港澳的积极参与。在这样的情况下，推动大湾区社会保障规则对接，一是要通过顶层设计打通三地跨区域政策、服务衔接限制，二是要在先行先试的基础上，扩大试点范围和领域，开拓思路，大胆创新。

通过顶层设计打通三地跨区域政策、服务对接限制。大湾区内地九市中除了广州和深圳之外，其他地区与港澳级别不对等，虽然目前已经存在若干沟通机制，但是无法取得很好效果。医疗方面的衔接，因为涉及从业人员执业资格互认、药品目录统一、社保跨境使用等问题，比养老方面衔接存在更大的制度障碍。这些因素造成香港大学深圳医院虽然有较好的试点经验，但是经验推广较为困难。

建议国家加强对大湾区社会保障衔接的立法工作，将现有文件和各种规定进行梳理和归并，理顺全国范围规定、大湾区规定以及九市各自规定之间的从属关系。特别是深圳要利用好综合授权改革试点和经济特区立法权等优势，深化医疗、养老等民生服务领域市场化改革和对内对外开放，鼓励社会力量发展高水平的医疗机构和养老机构。同时，由于很多文件并没有得到很好落实，例如，《关于香港澳门台湾居民在内地（大陆）就业有关事项的通知》关于港澳台人员不再需要办理"台港澳人员就业证"的规定，以及《香港澳门台湾居民在内地（大陆）参加社会保险暂行办法》关于有居住证但未就业的港澳台居民可在居住地参加养老和医疗保险等规定各地执行情况不一，应建立严格的执行督促机制。要注意发挥"大湾区9+2协调机制"作用，协调不同地区的相关工作，交流经验弥补漏洞。

推动内地与香港医疗保障制度规则有效衔接。由于内地与香港采取了差异较大的医疗保障制度，目前最大的问题是制度不能有效衔接。为此，建议国家在大湾区逐渐推进基本医保与商业保险有序衔接的多种医疗保障体系建设，初步可以考虑放开内地居民赴港澳就医发生的急诊抢救和住院费用使用内地商业保险。同时，扩大接受港澳医疗保险的内地医院数量，建立便利医疗保险费用跨境结算的体制机制。要扩大香港长者医疗券使用范围，目前医疗券仍然无法在港大深圳医院以外的地方使用，可增加长者医疗券使用试点医院，未来可考虑与香港协商扩大至九市所有医疗机构。建议在一定范围内允许境外人士使用国外认证药品，同时采取类似海南自贸港的政策，缩短新药审批流程，可在横琴先行试点，并逐步扩大到九市范围。加强大湾区商业保险服务体系建设，推进国家关于保险业对外开放的各种措施尽快在大湾区落地，特别是推进保险服务中心营业范围等具体细则的制定出台和落地。进一步为港澳人士在内地医院使用港澳商业医疗保险提供便利，缩短药品审批流程，加速药品目录更新，便利港澳医疗保险结算体系，加速推动港澳医疗保险跨境结算衔接相关政策出台。另外，三地医疗转诊方面仍然存在困难，应增加转诊服务定点医院，尽快推进三地救护车"一车直达医院"机制建设。

加速推进港澳与内地养老保险制度衔接互认。在企业职工基本养老保险方面，应加快建立内地与港澳的养老保险关系转移通道，可先推动港人在内地工作积累年限和缴纳的养老金计入香港养老金账户的体制建设，未来可考虑两地工作年限和缴纳养老金的统筹和互认，通过三地协商制定年限和金额互认的具体办法，按照最终退休地区的规定计算领取和补缴等方面的具体数额。目前，虽然在大湾区就业的港澳人员参保并无法律障碍，但在大湾区工作的大多数港澳人员于法定退休年龄前在广东省缴费年限均不足10年，按现行规定需要补缴至15年，相关人员由于许多原因无法享受退休待遇；而香港的强积金制度与内地的养老保险无法衔接。

开拓思路，大胆创新，进一步扩大横琴经验的应用范围和领域。为加快推动粤港澳大湾区一体化发展，较好地为常住横琴的澳门居民提供就医便利和权益保障，在广东省医保部门、珠海市政府和澳门有关部门共同努力下，2019 年 7 月 1 日，珠海市正式实施"常住横琴的澳门居民参加珠海基本医疗保险"试点工作，为澳门居民到横琴学习、就业、创业、生活提供便利和保障。横琴作为内地向港澳的延伸，在制度上做出了与澳门共管的重大探索，为大湾区制度创新提供了优秀示范，特别是在社保制度衔接方面，做出了大胆创新，成为社保制度衔接的重要突破口。未来可以开拓思路，将横琴试点经验向前海、南沙、福田保税区等平台推广，在三地共管、制度创新上做出更多更新的探索。

### （三）完善人员跨境流动与管理规则对接

超越三地身份认证上现在存在分歧，运用现代信息技术建立大湾区一体化身份认证系统。建立大湾区跨境实名认证平台"粤港澳 E 证通"，实行一部手机集成身份证、回乡证、微信通行证（电子港澳通行证）功能，实现大湾区内用户身份的线上互相认证，可采取人脸识别等高科技手段，大湾区三地间居民出入境扫码通关。解决港澳人员在内地出行购买火车票以及办理信用卡、绑定使用支付宝等问题，持有内地居民证的港澳台居民可以进行小汽车摇号更新、自助办理登机牌等服务。

要推进解决粤港澳"1 小时生活圈"硬件上做得到、软件走不通的问题。对于跨境车辆按照"维护总量控制，放开车辆限制"的原则，共同开发手机预约 APP，形成大湾区陆路口岸通关预约系统，实行符合资格用户通过手机提前预约通关。根据各口岸日通行处理能力，确定预约处理上限，实行按时段排队通关，解决可能出现的拥堵和等候时间过长问题。

解决人员流动的权限限制，逐步实现三地之间、不同身份人员间跨境流动同权。目前粤港澳三地人员流动权限上，港澳人员来内地容易，内地九市人员访港难，人员流动在身份上也存在一定限制。要进一步扩大内地人员到访港澳权限，便利粤港澳大湾区间居民往来，推广深圳现行的"一签多行"扩大到整个大湾区内地九市，增加大湾区内地居民往来港澳签注次数，适当延长每次留港留澳时间，特别是优先考虑满足高层次、商务型、国际化人员跨境流动需要。建立高科技人才"一卡通"，让高端人才跨地域流动无障碍。应用大数据、人工智能、生物识别等新一代信息技术，探索建立"一检通"信息化平台。扩展香港"八达通"在内地的使用，从深圳开始逐步推行香港"八达通"在大湾区内地九市通用。

逐步消除现在车辆、公务机、游艇等各类交通工具跨境往来限制，向实现自由流动目标发力。实行与港澳运输署数据共享，取消港澳车辆入境审批制度，推动入境车辆进出直接互认。推动粤港澳三地驾驶人资格互认，持有中国驾驶证的广东省居民，可以免试申领港澳驾驶证，港澳居民可以免试申领内地驾驶证。建立大湾区城际轨道网络，制定更加便利粤港澳车辆通行政策和配套交通管理措施，解决港澳驾驶人进入大湾区换准驾车型问题。允许持港澳驾驶证人员经备案后在大湾区驾驶机动车，缩短港澳籍人员考取内地驾驶证时间。

建设国际性公务机营运中心，要依托香港国际公务机保障服务能力和港珠澳大桥联通优势，共同打造服务粤港澳、连接欧美澳的国际公务机运营中心，为高端商务旅客提供往返全球各地的私人定制式出行解决方案。推进粤港澳游艇"自由行"，尽快协商研究划定游艇自由行水域，使游艇能够快捷出入境。


## 第七节　粤港澳大湾区金融规则衔接研究

金融是大湾区最具全球竞争力的核心领域之一。然而，从目前发展阶段看，粤港澳三地在金融制度、监管制度、法律体系、规则标准等方面存在较大差异，这也成为能否真正建设全球一流湾区的"短板"。按照《粤港澳大湾区发展规划纲要》对大湾区的总体金融定位，其目标是将大湾区打造成为高水平的市场化、国际化、法治化的全球金融枢纽。在这样的大背景下，亟待加快粤港澳三地金融资源整合，破解体制机制瓶颈以及金融规则难以有效衔接的障碍，对标全球一流金融规则与监管标准，在大湾区规划金融改革示范区（金融特区）、跨境金融监管合作区等战略设计。

## 一、大湾区金融发展与金融合作现状

粤港澳大湾区是继旧金山湾区、纽约湾区和东京湾区之后的全球又一大湾区，拥有高度市场活力、开放和国际化的特质。粤港澳大湾区拥有 6900 万人口，超过纽约（2000 万）和东京（4400 万）两大湾区的人口总和，但其地区生产总值仅有 1.5 万亿美元，低于纽约湾区（1.7 万亿美元）和东京湾区（1.9 万亿美元）。2019 年，粤港澳大湾区地区生产总值达人民币 11 万亿元，同比增长 7%，略高于 6.8% 的全国增长水平，占经济总量的 13%。因此，粤港澳大湾区蕴含着巨大的增长和发展潜力，特别是在金融合作领域具有其他国内地区不可比拟的优势。

### （一）与世界三大著名湾区金融实力对比

#### 1. 纽约湾区

纽约湾区定义为金融湾区，也是美国经济与文化的中心。纽约以其完善的产业配套体系、高效资源配置能力、强大资本聚集能力等成为世界金融的核心中枢。纽约形成了完整、立体化的金融体系，包括金融市场体系——货币市场、资本市场、信贷市场，投融资——交易前、交易中、交易后各个环节；金融机构——证券、商业银行、保险、资产管理；辅助机构金融咨询公司、律师、会计师、评级机构等。坐落于纽约湾区的华尔街拥有纽约证券交易所和纳斯达克证券交易所。美国 7 家大银行中的 6 家，2900 多家世界金融、证券、期货及保险和外贸机构均设于此，金融保险产业占地区生产总值的比重达 16%，在四大湾区中稳居第一。

#### 2. 旧金山湾区

旧金山湾区是美国西海岸、加利福尼亚州北部的一个大都会区，被称为科技湾区。近年来，除硅谷外，湾区中心城市旧金山的高新技术产业也发展迅猛，Twitter、Uber、Airbnb 三家互联网新兴巨头的总部都设在那里。风险资本集聚、创业服务链发达：公开数据显示，近年来，湾区每年的风险投资总额超过 200 亿美元，占美国风投总额的 33.5% 以上。美国 40% 以上的风投基金普通合伙人（GP）在湾区，在湾区创业企业与风险资本形成良性互动。众多创业成功人士成为风险投资人，扶持其他创业企业成长，让湾区涌现出更多的企业。风险资本还催生了孵化器、加速器等创业服务机构。公开数据显示，2000 年至 2018 年，旧金山湾区 AI 融资规模达 110.1 亿美元。投资频次达到 1597 次，近五年间获得 91.4 亿美元融资，投资频次为 1279 次。2018 年，在美国范围内，旧金山湾区人工智能融资规模占比达 76%，为 2000 年以来最高，投资频次占比达 46.19%，为 2000 年以来第二高。数据显示，旧金山湾区地区人工智能企业数只比中国少 400 家左右，但融资规模却是中国的 3.89 倍。

### 3. 东京湾区

"产业湾区"是东京湾区最大的特点，以产业金融为特色，聚集了日本 1/3 的人口，2/3 的经济总量，3/4 的工业产值，沿岸有 6 个港口首尾相连，吞吐量超 5 亿吨。东京湾区服务业发达、工业基础雄厚，金融业与湾区产业始终存在密切的依存关系。在东京湾区的产业结构中，服务业占 20.6%，制造业和建筑业占 16%，金融保险业占 6.9%，并集聚了三菱日联银行、三井住友银行和瑞穗银行三大金融集团，以"日本制造"闻名的日资世界 500 强和本地龙头制造业公司总部均聚集在此，是拥有银行类金融机构数量最多的湾区。

### 4. 粤港澳大湾区

总体比较而言：（1）在金融实力方面，粤港澳大湾区拥有广州、深圳和香港三大金融重镇，正在形成以香港为龙头，以广州、深圳、澳门、珠海为依托，以南沙、前海和横琴为节点的大湾区金融核心圈。大湾区三大金融中心中，香港在全球金融中心中仅次于纽约和伦敦，为全球第三大金融中心。《2019 粤港澳大湾区经济发展蓝皮书综述》显示，全球前 100 家大银行中有七成均在香港设立分支机构；深圳为国内重要的金融中心，也是风险投资最活跃的地方；广州主要为区域性的金融中心，产业金融实力强劲。从大湾区金融业发展情况来看，金融业总体规模已达世界级水平。

（2）在发展特点方面，粤港澳大湾区的金融业发展较为综合，显示出金融＋科技＋产业的特色。香港是国际金融中心，对湾区发展发挥重要的支撑作用。中国 12 家大型股份制银行中，招商银行、平安银行及广发银行均将总部设在大湾区内。从三大湾区的证券交易所总市值来看，粤港澳大湾区以6.22 万亿美元市值超过东京湾区的 5.30 万亿美元排在第二名，纽约湾区以30.44 万亿美元的市值排在第一（旧金山湾区无证券交易所）。金融科技发展呈现快速发展势头，香港有超过200家的金融科技创业企业，深圳是继上海、北京之后中国三大金融科技中心之一，大湾区有望成为最具活力的全球金融科技中心。四大湾区核心城市金融科技指数见表 8-7-1。

表 8-7-1 全球四大湾区核心城市金融科技指数情况

| | 粤港澳 | | | 旧金山 | 纽约 | 东京 |
|---|---|---|---|---|---|---|
| CFCI 得分 | 香港 744 | 深圳 689 | 广州 668 | 668 | 756 | 725 |
| CFCI 排名 | 香港 3 | 深圳 20 | 广州 32 | 16 | 2 | 5 |
| 金融机构/类型 | 深交所/港交所/全球最大人民币离岸市场/第四大外汇交易市场 | | | 科技金融/风险投资 | 纽交所/纳斯达克交易所 | 东京证券交易所 |

注：CFCI——中国金融中心指数。

数据来源：德勤报告。

（3）在法律制度方面，香港法律制度"内外兼修"。普通法系利于取得欧美资本的信任。受历史因素影响，香港法律属于普通法系（也称"英美法系""海洋法系"）。美国、英国以及英联邦多个国家的法律体系，都属于英美法系，因此，英、美等发达市场的资本以及"一带一路"倡议涉及的普通法系的新兴市场资本，对香港的司法体系的认同度相对更高一些。根据 2020年 3 月发布的全球金融中心指数（GFCI）[①]（表 8-7-2），前十大全球金融中心中，六个属于英美法系。

---

① 全球金融中心指数（Global Financial Centers Index，GFCI）由英国智库 Z/Yen 和中国（深圳）综合开发研究院共同编制。

表 8-7-2　GFCI 全球金融中心指数排名前二十城市

| 排名 | 城市 | 所属法系 | 排名 | 城市 | 所属法系 |
|---|---|---|---|---|---|
| 1 | 纽约 | 普通法系 | 11 | 中国深圳 | 大陆法系 |
| 2 | 伦敦 | 普通法系 | 12 | 迪拜 | 伊斯兰法系 |
| 3 | 东京 | 大陆法系 | 13 | 法兰克福 | 大陆法系 |
| 4 | 中国上海 | 大陆法系 | 14 | 苏黎世 | 大陆法系 |
| 5 | 新加坡 | 普通法系 | 15 | 巴黎 | 大陆法系 |
| 6 | 中国香港 | 普通法系 | 16 | 芝加哥 | 普通法系 |
| 7 | 中国北京 | 大陆法系 | 17 | 爱丁堡 | 混合法系 |
| 8 | 旧金山 | 普通法系 | 18 | 卢森堡 | 大陆法系 |
| 9 | 日内瓦 | 大陆法系 | 19 | 中国广州 | 大陆法系 |
| 10 | 洛杉矶 | 普通法系 | 20 | 悉尼 | 普通法系 |

资料来源：全球金融中心指数（GFCI）。

## （二）大湾区金融合作发展的挑战与契机

### 1. 大湾区金融合作发展面临新契机

（1）政策助力大湾区互联互通与跨境金融合作。2020 年 5 月 15 日，中国人民银行、中国银行保险监督管理委员会、中国证券监督管理委员会、国家外汇管理局发布《关于金融支持粤港澳大湾区建设的意见》（简称《意见》），该《意见》主要亮点是促进贸易投资便利化、加大金融对外开放、新增诸多试点创新政策。从主要内容来看，《意见》是对 2019 年 2 月中共中央、国务院出台的《粤港澳大湾区发展规划纲要》中关于金融部分的进一步细化，有三大亮点：一是针对大湾区建设进程中存在的金融制度差异，配套各项跨境贸易和投融资便利化措施；二是在我国金融对外开放整体框架下，在粤港澳大湾区支持银行业、证券业及保险业的进一步开放和实质落地；三是新增诸多试点创新政策，包括开展私募股权投资基金跨境投资试点、试点证券期货经营机构跨境业务、研究设立广州期货交易所、支持非投资性企业开展股权投资试点、扩大跨境资产转让业务试点、探索设立理财通机制等。

目前，国家已在香港和内地间实施"沪港通""深港通"和"债券通"。事实上，近年来香港市场不断推进改革，吸引优秀内地企业赴港上市。截至2019年，已有1241家内地企业在香港上市，占所有上市公司数量50.7%，占港股总市值的73.2%，占港股市场总成交金额的57.5%。美国时间2020年5月20日，美国参议院一致通过了《外国公司问责法案》（"HFCA法案"）。若PCAOB连续三年无法对公司在美国境外的审计机构进行审查，SEC应当禁止该公司证券在美国的交易所或在美国境内以其他形式（比如通过场外OTC市场）进行交易。美国HFCA法案矛头直指在美国上市的中概股公司，有望推动中概股回归港股浪潮。

粤港澳大湾区建设领导小组会议推出16条惠港措施，多处涉及金融；证监会也明确将全面推开H股"全流通"改革。以香港居民开立内地个人银行结算账户为例，未来将在风险可控前提下，稳步试点支持香港居民在内地个人账户的建立和使用。内地银行可通过其香港分支机构或同一法人集团的控股银行，采用异地见证方式，为香港居民开立内地银行第Ⅱ、Ⅲ类个人银行结算账户。同时，澳门与横琴的特色金融服务业合作发展也在中央政策推动下有不少突破，如2017年1月成立的澳门大西洋银行横琴分行是第一家进驻内地的澳资分行；资本项目收入支付便利化改革试点在横琴自贸片区落地；银行不良资产跨境转让试点业务落地等。大湾区金融规则衔接挑战与《意见》政策归类见表8-7-3。

表8-7-3　大湾区金融规则衔接挑战与《意见》政策归类

| 大湾区金融规则衔接主要挑战 | 《意见》中的政策及主要内容 |
| --- | --- |
| 流通壁垒 | 1.探索建立跨境理财通机制。支持粤港澳大湾区内地居民通过港澳银行购买港澳银行销售的理财产品，以及港澳居民通过粤港澳大湾区内地银行购买内地银行销售的理财产品 |

| 大湾区金融规则衔接主要挑战 | 《意见》中的政策及主要内容 |
| --- | --- |
| 流通壁垒 | 2. 支持银行开展跨境贷款业务。支持粤港澳大湾区内地银行在宏观审慎框架下，向港澳地区的机构或项目发放跨境贷款。支持港澳银行在内地的分支机构为粤港澳大湾区建设提供贷款服务 |
| | 3. 支持内地非银行金融机构与港澳地区开展跨境业务。支持粤港澳大湾区内地金融租赁公司、汽车金融公司、证券公司、基金管理公司、期货公司、保险公司等机构按规定在开展跨境融资、跨境担保、跨境资产转让等业务时使用人民币进行计价结算。支持粤港澳大湾区内地符合条件的财务公司、证券经营机构等非银行金融机构有序开展结售汇业务，为客户办理即期结售汇业务和人民币与外汇衍生品业务 |
| | 4. 支持规范设立粤港澳大湾区相关基金。在依法合规前提下，支持粤港澳三地机构共同设立粤港澳大湾区相关基金，支持保险资金、银行理财资金按规定参与相关基金。吸引内地、港澳地区及海外各类社会资本，为粤港澳大湾区基础设施建设、现代产业发展和重大项目建设提供资金支持 |
| | 5. 支持非投资性企业开展股权投资试点。允许粤港澳大湾区内地非投资性企业资本项目收入或结汇所得人民币资金用于符合生产经营目标的境内股权投资。试点企业在真实、合规前提下，可以按照实际投资规模将资金直接划入被投资企业 |
| | 6. 有序推进粤港澳金融市场和金融基础设施互联互通。逐步开放港澳人民币清算行参与内地银行间拆借市场。优化完善"沪港通""深港通"和"债券通"等金融市场互联互通安排（包括适时研究扩展至"南向通"）。支持符合条件的港澳金融机构和非金融企业在内地发行金融债券、公司债券和债务融资工具，逐步拓宽发行主体范围、境内发行工具类型和币种等。推动跨境征信合作，支持粤港澳三地征信机构开展跨境合作，探索推进征信产品互认，为粤港澳大湾区提供征信服务 |
| | 7. 稳步扩大跨境资产转让业务试点。探索扩大跨境转让的资产品种，并纳入全口径跨境融资宏观审慎管理。支持粤港澳大湾区内地金融机构按照商业可持续原则，在满足风险管理要求的基础上，规范开展贸易融资资产跨境转让等业务 |
| | 8. 开展私募股权投资基金跨境投资试点。允许港澳机构投资者通过合格境外有限合伙人（QFLP）参与投资粤港澳大湾区内地私募股权投资基金和创业投资企业（基金）。有序推进合格境内有限合伙人（QDLP）和合格境内投资企业（QDIE）试点，支持内地私募股权投资基金境外投资。对上述 QFLP、QDLP/QDIE 试点实施宏观审慎管理，由内地监督管理机构建立健全联合评审制度，加强事中事后监管。根据收支形势适时逆周期调节，防范跨境资金流动风险 |

续表

| 大湾区金融规则衔接主要挑战 | 《意见》中的政策及主要内容 |
|---|---|
| 货币壁垒 | 1. 探索实施更高水平的贸易投资便利化试点。支持粤港澳大湾区内地审慎经营、合规展业的银行，在为符合条件的企业办理贸易收支业务时适用更为便利的措施，进一步简化跨境人民币业务办理流程，促进贸易投资便利化，优化营商环境 |
| | 2. 完善贸易新业态外汇管理。支持从事市场采购贸易、跨境电子商务等贸易新业态的粤港澳大湾区内地居民在取得对外贸易经营权、进行工商登记或办理其他执业手续后，在粤港澳大湾区内地银行开立个人外汇结算账户，并凭相关单证办理结购汇 |
| | 3. 推进资本项目便利化改革。在粤港澳大湾区内地统一实施资本项目收入支付便利化试点，简化结汇和支付管理方式，完善操作流程，加强事中事后监管。允许粤港澳大湾区内地符合条件的非银行债务人直接在银行办理外债注销登记，取消粤港澳大湾区内地企业办理外债注销登记时间限制。支持粤港澳大湾区内地银行为粤港澳大湾区内地企业办理直接投资、外债和境外上市等资本项目跨境人民币资金境内支付使用时，在"了解客户、了解业务、尽职审查"三原则基础上，凭企业提交的收付款指令直接办理 |
| | 4. 开展本外币合一的跨境资金池业务试点。在粤港澳大湾区内地开展本外币合一的跨境资金池业务试点，进一步便利跨国企业集团在境内外成员之间进行本外币资金余缺调剂和归集，在资金池内实现本外币按需兑换，对跨境资金池业务实行宏观审慎管理 |
| | 5. 支持设立人民币海外投贷基金。支持粤港澳三地机构合作设立人民币海外投贷基金，纳入人民币海外基金业务统计，募集内地、港澳地区及海外机构和个人的人民币资金，为我国企业"走出去"开展投资、并购提供投融资服务，助力"一带一路"建设 |
| | 6. 推动离岸人民币市场发展。支持港澳发展离岸人民币业务，强化香港全球离岸人民币业务枢纽地位，支持香港开发更多离岸人民币、大宗商品及其他风险管理工具。逐步扩大粤港澳大湾区内人民币跨境使用规模和范围，推动人民币在粤港澳大湾区跨境便利流通和兑换 |
| | 7. 探索建立与粤港澳大湾区发展相适应的账户管理体系。研究建立与粤港澳大湾区发展相适应的本外币合一银行账户体系，促进跨境贸易、投融资结算便利化。开展港澳居民代理见证开立个人Ⅱ、Ⅲ类银行结算账户试点，优化银行账户开户服务 |

续表

| 大湾区金融规则衔接主要挑战 | 《意见》中的政策及主要内容 |
|---|---|
| 监管壁垒 | 1. 完善保险业务跨境收支管理和服务。对符合银行保险监督管理机构规定和现行外汇管理政策的保险业务，进一步便利粤港澳大湾区内地银行为已购买港澳地区保险产品的内地居民提供理赔、续保、退保等跨境资金汇兑服务。鼓励港澳地区人民币保险资金回流。支持港澳保险公司依法取得人民币合格境外机构投资者（RQFII）和合格境外机构投资者（QFII）资格，为粤港澳大湾区建设提供融资支持 |
| | 2. 加强粤港澳金融监管合作。建立粤港澳大湾区金融监管协调沟通机制，加强三地金融监管交流，协调解决跨境金融发展和监管问题。推动完善创新领域金融监管规则，研究建立跨境金融创新的"监管沙盒"。强化内地属地金融风险管理责任，协同开展跨境金融风险防范和处置。推动粤港澳三地金融人才培养与交流合作 |
| | 3. 建立和完善金融风险预警、防范和化解体系。加强金融风险研判和重点领域风险防控，完善区域金融业综合统计体系、经济金融调查统计体系和分析监测及风险预警体系，及时提示金融风险，早识别、早预警、早处置，健全金融安全防线和风险应急处置机制。加强粤港澳反洗钱、反恐怖融资和反逃税监管合作和信息交流机制建设。加强跨境金融机构监管和资金流动监测分析合作，督促金融机构加大对跨境资金异常流动的监测力度，提升打击跨境洗钱等非法金融活动的有效性 |
| | 4. 加强粤港澳金融消费权益保护。督促金融机构完善客户权益保护机制，切实负起保护消费者权益的主体责任。健全粤港澳大湾区金融消费权益保护工作体系。加强粤港澳三地金融管理、行业组织等单位协作，探索构建与国际接轨的多层次金融纠纷解决机制。加强投资者教育，引导市场主体树立风险意识 |
| 制度壁垒 | 1. 推动粤港澳大湾区绿色金融合作。依托广州绿色金融改革创新试验区，建立完善粤港澳大湾区绿色金融合作工作机制。充分发挥广州碳排放交易所的平台功能，搭建粤港澳大湾区环境权益交易与金融服务平台。开展碳排放交易外汇试点，允许通过粤港澳大湾区内地碳排放权交易中心有限公司资格审查的境外投资者（境外机构及个人），以外汇或人民币参与粤港澳大湾区内地碳排放权交易。研究设立广州期货交易所。探索在粤港澳大湾区构建统一的绿色金融相关标准。鼓励更多粤港澳大湾区企业利用港澳平台为绿色项目融资及认证，支持广东地方法人金融机构在香港、澳门发行绿色金融债券及其他绿色金融产品，募集资金用于支持粤港澳大湾区绿色企业、项目。支持香港打造粤港澳大湾区绿色金融中心，建设国际认可的绿色债券认证机构 |

| 大湾区金融规则衔接主要挑战 | 《意见》中的政策及主要内容 |
|---|---|
| 制度壁垒 | 2. 支持港澳发展特色金融产业。发挥香港在金融领域的引领带动作用，强化国际资产管理中心及风险管理中心功能，打造服务"一带一路"建设的投融资平台，为内地企业走出去提供投融资和咨询等服务。支持澳门打造中国—葡语国家金融服务平台，建立出口信用保险制度，建设成为葡语国家人民币清算中心，承接中国与葡语国家金融合作服务，支持澳门发展租赁等特色金融业务，推动建设澳门—珠海跨境金融合作示范区。支持澳门在符合条件的情况下加入亚洲基础设施投资银行，支持丝路基金及相关金融机构在香港、澳门设立分支机构 |
| | 3. 加强科技创新金融服务。支持粤港澳大湾区内地银行在依法合规、风险可控的前提下，加强与外部创投机构合作，积极探索多样化的金融支持科技发展业务模式，构建多元化、国际化、跨区域的科技创新投融资体系，建设科技创新金融支持平台，促进科技成果转化。支持创投基金的跨境资本流动，便利科技创新行业收入的跨境汇兑。在符合三地法律法规的前提下，研究推进金融对接科技产业的服务模式创新，建立和完善粤港澳大湾区的大数据基础设施，重点聚焦金融、医疗、交通、社区、校园等城市服务领域 |
| | 4. 大力发展金融科技。深化粤港澳大湾区金融科技合作，加强金融科技载体建设。在依法合规、商业自愿的前提下，建设区块链贸易融资信息服务平台，参与银行能以安全可靠的方式分享和交换相关数字化跨境贸易信息。支持粤港澳大湾区内地研究区块链、大数据、人工智能等创新技术及其成熟应用在客户营销、风险防范和金融监管等方面的推广。便利港澳居民在内地使用移动电子支付工具进行人民币支付，推动移动支付工具在粤港澳大湾区互通使用。支持内地非银行支付机构在港澳扩展业务 |
| | 5. 扩大银行业开放。积极支持港澳银行等金融机构拓展在粤港澳大湾区内地的发展空间。支持各类符合条件的银行通过新设法人机构、分支机构、专营机构等方式在粤港澳大湾区拓展业务。支持境外银行在粤港澳大湾区内地同时设立分行和子行。支持商业银行在粤港澳大湾区内地发起设立不设外资持股比例上限的金融资产投资公司和理财公司。鼓励外资在粤港澳大湾区内地投资入股信托公司等金融机构。研究探索在广东自贸试验区内设立粤港澳大湾区国际商业银行 |
| | 6. 扩大证券业开放。支持在粤港澳大湾区内地依法有序设立外资控股的证券公司、基金管理公司、期货公司。依法扩大合资券商业务范围。外汇管理部门会同证券监督管理机构试点证券期货经营机构跨境业务。支持港澳私募基金参与粤港澳大湾区创新型企业融资，鼓励符合条件的创新型企业赴港澳融资、上市 |

| 大湾区金融规则<br>衔接主要挑战 | 《意见》中的政策及主要内容 |
|---|---|
| 制度壁垒 | 7. 扩大保险业开放。支持在粤港澳大湾区内地设立外资控股的人身险公司。支持在粤港澳大湾区内地设立外资保险集团、再保险机构、保险代理和保险公估公司。支持符合条件的港澳保险机构在深圳前海、广州南沙、珠海横琴设立经营机构。鼓励更多社会资本在粤港澳大湾区内地设立保险法人机构，支持保险公司在粤港澳大湾区建立资产管理、营运、研发、后援服务、数据信息等总部。支持粤港澳保险机构合作开发跨境医疗保险等更多创新产品，为客户提供便利化承保、查勘、理赔服务。完善跨境机动车辆保险制度，对经港珠澳大桥进入广东行驶的港澳机动车辆，实施"等效先认"政策，将跨境机动车向港澳保险公司投保责任范围扩大到内地的第三者责任保险保单，视同投保内地机动车交通事故责任强制保险。研究在内地与香港、澳门关于建立更紧密经贸关系的安排（CEPA）协议框架下支持香港、澳门保险业在粤港澳大湾区内地设立保险售后服务中心。支持粤港澳大湾区内地与香港、澳门保险机构开展跨境人民币再保险业务 |

资料来源：根据中国人民银行、银保监会、证监会、外汇局发布《关于金融支持粤港澳大湾区建设的意见》整理。

（2）大湾区是承担人民币国际化使命的最前沿地带。2008 年国际金融危机之后，人民币国际化问题在政策层面上转变为优先事项。2016 年 10 月，人民币正式进入国际货币基金组织（IMF）特别提款权（SDR）货币篮，目前全球已有 70 个国家的央行或货币当局将人民币纳入外汇储备。根据 SWIFT 最新报告，截至 2020 年一季度，人民币国际支付份额已达到 1.85%，全球排名第五位，较 2009 年有显著提高。大湾区具有境内境外两个金融市场的优势，可以开展多形式的人民币国际化探索。

香港一直以来都是领先的离岸人民币业务枢纽。香港在推动人民币国际化上具有多重优势：一是香港金融市场的开放体系、法治环境，与国际接轨的监管制度是短时间内内地金融市场无法具备的"软实力"，这使得中外投资者可以在共同接受的规则体系和制度安排下，在香港市场开展人民币的投融资活动；二是香港是最大的离岸人民币市场，截至 2020 年 4 月，香港人民币存款金额达到 6543.3 亿元，全球排名第一。截至 2020 年一季度，全球 75.3% 的人民币交易通过香港进行；三是香港金融市场更加灵活，可以推出各种人民币计价的投资产品，也可以推出各种风险管理产品；四是香港作为"一带一路"的"超级联系人"有独特优势。一方面，作为"一带一路"建设的重要平台和节点，香港正利用其国际金融、贸易、专业服务等优势，推动香港与内地和"一带一路"相关国家及地区伙伴的协作，开拓经济新增长点。香港一直以来都是引进"资金"到内地的最大来源地和跳板。近年来，香港占外商直接投资内地的比重维持在 70% 左右。香港还是中国内地资金"走出去"的枢纽和跳板。2010 年以来，中国开始增大对外直接投资（ODI），2016 年更是高达 1961 亿美元，其中近 60% 投资到香港或经香港投资其他地区。《意见》的出台将强化香港作为人民币离岸中心的独特优势。

**2. 数字技术助力大湾区金融创新发展**

数字技术不仅仅助力有关制度设计高效落地实施，更大大提升三地跨境金融合作密度。按照中央决策部署方向，金融科技与智慧金融、跨境金融等是粤港澳三地金融协同创新发展的重要内容。以琴澳金融合作为例，依托网络与电子商务的金融创新业务将是重要突破口，同时，香港目前已推出虚拟银行牌照。再以移动支付为例，蚂蚁金服分别于 2007 年、2015 年进入港澳地区，并陆续开展港澳版本土钱包等线上线下业务，推动港澳进入移动电子支付时代，并由此打通三地之间移动支付互联互通，以及推动大湾区整体与全球融通。目前，支付宝香港钱包已有用户 200 万人，平均每 3 个香港人就有 1 个在使用，香港线下商家接入数超 5 万。2019 年 3 月起，AlipayHK 拓展至粤港澳大湾区内地城市，数十万大湾区内地商铺接受用户使用 AlipayHK 支付；2019 年 7 月开始，AlipayHK 进一步获准将于全内地地区通用。另外，韩国游客已可用韩版支付宝在澳门线下扫码支付；支付宝香港钱包也打通与菲律宾版支付宝链接，并实现全球首笔电子钱包间的区块链跨境汇款。

**（三）中美战略博弈对大湾区金融合作的挑战**

当前，大湾区金融合作正受到来自美方的压力与挑战，特别是随着中美紧张局势升温以及美国对华战略打压升级，美方开始频繁使用金融制裁手段，特别是随着 7 月 14 日特朗普签署《香港自治法案》成为法律，香港成为中美战略竞争博弈的主战场。

### 1.《香港自治法案》相关金融制裁主要内容

《香港自治法案》第五、六、七节为针对个人或机构的金融制裁，尤其是第七节对金融机构制裁，确定了初步制裁和扩大制裁——对于初步制裁，总统在外国金融机构被纳入后的 1 年内实施不少于以下制裁中的 5 项；扩大制裁则是在 2 年内实施以下全部 10 项制裁。针对外国金融机构的制裁有：

（1）美国金融机构贷款：美国政府可禁止任何美国金融机构向外国金融机构发放贷款或提供信贷。

（2）禁止指定为一级交易商：联邦储备委员会和纽约联邦储备银行均不得向该外国金融机构提供或享有作为美国政府债务工具的一级交易商。

（3）禁止作为政府资金储存库服务：外国金融机构不得作为美国政府的代理人或美国政府资金的储备库。

（4）外汇：总统可根据规定，禁止受美国管辖并涉及外国金融机构的任何外汇交易。

（5）银行交易：总统可根据规定，禁止金融机构之间或通过任何金融机构转移信贷或付款，此类转移或支付受美国管辖并涉及外国金融机构。

（6）财产交易：总统可根据规定，禁止任何人有任何形式的财产交易和往来等。

（7）出口、再出口和转让的限制：总统与商务部长协商后，可限制或禁止直接或间接向外国金融机构出口、再出口和转让（在国内）受美国管辖的商品、软件和技术（更严的出口管制）。

（8）禁止投资股权或债务：总统可根据规定，禁止任何美国人投资或购买外国金融机构的大量股权或债务工具。

（9）拒绝公司高管入境美国：总统可指示国务卿在与财政部长和国土安全部长协商后，拒绝任何被确定为该外国金融机构的公司高管或负责人或拥有该外国金融机构控股权的股东的外国人入境美国，但监管例外情况除外。

（10）对主要执行官的制裁：总统可对该外国金融机构的一名或多名主要执行官，或对履行类似职能和拥有类似权力的个人，实施上述（1）到（8）所提的制裁。

美国财政部海外资产控制办公室（OFAC）实施的金融制裁清单有哪些？实施金融制裁的机构为美国财政部下属的外国资产管理办公室OFAC，国务院的经济制裁政策与实施办公室（SPI）负责对外经济制裁的政策制定和实施问题，为OFAC提供咨询。在OFAC制裁清单中，SDN影响力最大。纳入SDN的理由多种多样，OFAC将其称为"项目"。OFAC实施过71个与SDN相关的制裁项目，有涉及敏感国家或地区的，有针对具体行为，等等。（表8-7-4）

表8-7-4　OFAC制裁清单及其主要内容

| 序号 | 项目名称 |
| --- | --- |
| 1 | 特别指定国民清单（SDN清单） |
| 2 | 外国制裁规避者清单（FSE清单） |
| 3 | 行业制裁识别清单（SSI清单） |
| 4 | 巴勒斯坦立法委员会清单（PLC清单） |
| 5 | 非SDN涉伊朗制裁法案清单（NS-ISA清单） |
| 6 | 代理行和通汇账户制裁清单（CAPTA清单） |

数据来源：根据H.R.7440整理。

### 2. 美出台相关金融制裁对我的中长期影响

渠道一：以美元计价的贸易和投资往来恐被迫中断。香港于1980年接入SWIFT系统，目前在香港的主要银行均为SWIFT、会员行，此外还有大量非银行机构会员，其中包括香港证券交易所、香港货币局、香港特区政府外汇基金、香港中央结算有限公司等，可以说，无论是公共部门还是私营机构，香港的美元结算业务几乎完全依赖于SWIFT系统。截至2020年4月，香港所持有外汇资产中，美元资产占比为 72%，日元为 6.1%，欧元为 5.4%，英镑为 2.1%。一旦香港的机构无法获得美元，将严重打击香港以美元计价的贸易和投资业务。

渠道二：联系汇率制度受攻击，冲击香港国际金融中心地位。香港自 1983 年实行港币与美元的联系汇率制度，港币与美元的官价为 7.8∶1，市场汇率在预定官价的上下 2% 浮动。汇丰银行、渣打银行和中国银行（香港）作为代发港币机构，每发行 7.8 元港币需事先向特区政府外汇基金缴纳 1 美元。美元实际上成为港币发行储备，而联系汇率制度能够维持的根本前提是香港作为国际金融中心，在世界范围内有大量不间断的以美元结算的业务往来。一旦香港的银行无法获取美元，港币发行基础的联系汇率制度将受到较大冲击。限制措施或将进一步影响香港国际金融中心地位，通过港元贬值预期导致港币资产受挫。

渠道三：中长期影响人民币国际化进程。香港作为国际金融中心对内地一直发挥着重要的门户作用：一是作为内地转口贸易的枢纽。二是作为外商直接投资和对外直接投资的中转站。一旦香港无法进行美元结算，对内地外贸和国际投资均会造成拖累。仅发生在内地和香港之间的贸易和投资尚可以用人民币作为替代结算货币，但将香港作为转口或枢纽的贸易与投资则难以用其他货币替代，切断 SWIFT 对这部分经济往来的冲击较大。三是美国通过各种手段堵塞我国获取美元流动性的主要渠道，造成短期美元流动性短缺，降低我国使用美元储备的灵活性，压缩我国外汇储备操作空间。四是一旦美国欲切断 SWIFT 系统将会对人民币跨境支付以及人民币海外资金回流产生重大影响，进而影响人民币国际化进程。

## 二、大湾区金融规则衔接面临的主要问题

### （一）大湾区内金融发展严重失衡制约金融规则有效衔接

一是大湾区内部金融发展不平衡。总体来看，香港金融业非常发达，但粤澳的金融却稍显落后，尤其粤虽然是金融资源大省，但不是金融资源配置

强省。在内地，珠三角与粤东西北区域发展不平衡问题也是突出问题，特别是在金融领域存在"一九现象"，即 90% 的金融资源、金融机构都位于珠三角。"一九现象"在大湾区内部同样存在，即珠江东岸的广州到香港一线占据了区域全部金融资源的 90%。2018 年末，珠江东岸地区存款为 26.2 万亿元，而西岸仅为 4.5 万亿元。这种不平衡与长期以来珠江东西两岸落后的基础设施建设有关，由于基础设施无法互联互通，人员、经济和资金往来受到很大影响。

二是金融辐射能力不强。广东是金融资源大省，但不是金融资源配置的强省。除深交所外，缺乏全国性的金融市场；除平安集团和招商银行外，缺乏金融龙头企业。据广东税务局数据统计，从资金往来空间范围看，香港对大湾区的金融辐射范围只有 130 千米左右，广州和深圳只有 90 多千米，连佛山尚不能覆盖。

三是金融服务实体经济能力不足。近年来珠三角出现了金融过度房地产化的倾向，70% 的金融资源一度投向房地产，制造业占地区生产总值的比重下行，目前已经到达 30% 的临界点。同时，在中美贸易摩擦背景下，华为、中兴、大疆等大湾区制造业龙头企业面临美国金融制裁的威胁，如何为大湾区企业在全球范围内配置供应链、价值链和创新体系提供安全可靠的金融服务，是大湾区金融界的现实问题。

四是对科技创新中心建设的金融支撑不足。粤港澳大湾区科技创新活跃，2018 年 PCT 专利申请量达 2.7 万件，占全国的一半，国际上仅次于东京湾区，且广东国家级高新技术企业数量已达 4.5 万家。但与之配套的科技金融服务滞后：广东尚且没有商业银行被纳入"投贷联动"试点；具备上市条件的高新技术企业仅占企业数量的 1%；每年发生在广东的创投融资额约为北京的一半，且创投退出渠道狭窄。

## （二）金融制度和监管政策差异影响金融资源顺畅流通

大湾区金融监管合作涉及粤港澳三地金融监管机构的权力划分与协调，这实质上是各地方政府权力的再分配。在"一国两制"的政策下，香港和澳门地区实行高度自治，而其他地方的自治程度和政府权力的自主性不如港澳地区。湾区内政府权力关系的不平衡，加上大湾区内部城市主体的特殊性以及行政机构的复杂性，增加了金融监管与合作困难。

### 1. 三地在法律及财政税收制度上存在较大差别

粤港澳三套行政制度及三个地区税制的差异，给大湾区内人流、物流和资金流的自由流通带来障碍。粤港澳大湾区与国际上其他三大湾区相比，面临着"在岸"九城和"离岸"两区不同的政治制度、法律与金融监管体系。其与其他国际湾区最大的不同之处在于：区内面临着制度融合的矛盾，内地与中国香港（澳门）的金融往来视同跨境交易，区内金融要素交易仍将面临外汇管制，即湾区内的金融基础设施仍处于分割状态，互联互通并未能真正打通。

### 2. 三地金融监管体制和法律体系存在差异

主要体现在：一是香港金融业实行混业经营、分业监管，银行资金进出证券市场不受限制，但内地金融业实行分业经营和分业监管，银行、证券、保险分开，银行资金不允许进入证券市场，也不能涉及保险。二是香港对资本进出几乎没有任何管制，而内地实行结售汇制度，对资本管控严格。三是香港实行联系汇率制，内地实行有管理的浮动汇率制。四是香港澳门金融业自律性组织较为完善，其金融监管市场化程度较高。

三地不同的金融监管体系至少在以下四方面影响各自的金融市场制度：（1）三地互设金融机构并展业仍存障碍，金融机构设立和市场准入标准不统一。尽管内地在法律法规、CEPA补充协议及金融先行先试政策方面对港澳地区金融机构给予了一定倾斜，但总体上还是作为外资金融机构进行管理，当下的一些政策突破也有待落地。（2）监管要求、监管指标、监管法规解读等不一致。具体表现为，同一业务在三地监管要求不同，如分支机构所在地的合规业务，可能在母行所在地被认为不合规；三地可能对同一法规政策解读尺度不一致；监管指标或业务风险系数设置不一致。（3）创新型金融机构认定不同步。（4）三地金融创新步伐不同，香港作为一个全球金融中心，其认可的创新型金融机构，可能在其他地方不被认可或有效衔接。金融业务资格认定不一致。三地在金融从业资格和金融牌照互认方面有待推进。

### 3. 三地会计监管模式存在明显差别

总体看，珠三角地区会计监管呈现多头管理模式。总体上实行"以政府监管为主导，以行业自律为辅助"的模式。财政部门负责会计行业的监督管理工作；注册会计师协会作为行业自律组织，主要负责监督会员执业情况和职业继续教育；证监会负责对提供证券服务的会计师事务所进行监督管理；证券交易所管理企业上市和信息披露。

而港澳会计监管架构相对统一。以香港会计师公会（HKICPA）这一行业自律组织为主要的规则制定者和监管者，以民间监管为主。自 2019 年 10 月起，财务汇报局将成为香港上市企业审计的监管机构，但香港会计师公会仍是会计监管主体。澳门核数师暨会计师注册委员会是澳门特别行政区核数、会计专业的法定监管机构，隶属于澳门特别行政区财政局。因此，两种会计监管制度制约了金融规则的有效衔接。

此外，在会计服务水平上也存在较大差异。珠三角地区会计服务发展较快但与香港差距明显。近年来，珠三角地区会计师事务所的会计服务重心从传统的审计、税务服务，逐步向管理咨询、债务重组、金融科技等方面延伸，在经济金融发展中起到重要作用。但珠三角地区会计服务业植根于我国商业环境和法律体制，执业质量参差不齐，从业经验与国际通行规则尚有差距，对开展跨国或跨境会计服务形成制约。

而香港会计服务居全球先进水平。与香港作为国际金融中心相匹配，香港会计专业服务发达，与国际商业运作规则一致，会计师事务所服务范围除传统的审计、会计和税务，还包括管理咨询、交易支援及公司秘书服务。香港会计师精通国际通用的会计规则，熟悉国际金融业务和监管规则，在全球主要资本市场受到广泛认可。对于跨国企业或跨境域上市企业，香港会计服务具有独特的优势。因此，三地在金融发展水平与发展阶段处于严重不平衡，制约了规则有效衔接与深度融合。

## （三）金融服务标准不一、金融基础设施不完善导致市场未能互联互通

目前，粤港澳三地金融市场有相当一部分产品标准和服务方式不一致，三地之间的金融市场联通还有待时日。主要表现在：一是香港的股票市场认可"同股不同权"，而目前国内的股票市场则实行同股同权，粤港澳三地在资本市场的这些差异使金融基础设施的融合运行面临困境。二是内地采用的是大、小额支付清算系统分开清算机制，而香港则不分大小额支付清算机制，直接分为四币种清算所自动转账系统CHATS（港币、美元、欧元、人民币）以及债务工具中央结算系统CMU，四种货币机制运行时间与各币种主要国家运行时间相同。三是流动性监控、拆借便利、回购便利、支付规则、多头撮合等清算机制管理流动性的手段也存在差异。四是内地支付清算系统由央行负责监管，由中央结算公司负责运营，均是官方背景；香港支付清算系统则由金融管理局负责监管，由香港银行公会负责运营，而香港银行公会则是社团组织，属于非官方背景，其运营的市场化程度较高。五是粤港澳三地支付结算规则、网络制式等差异较大，广东的互联网支付、移动支付等非常发达，而港澳则相对落后，进而限制了三地金融基础设施的融合。六是香港2016年就启动了金融科技"监管沙盒"试点，而广东的广州和深圳则刚开始启动金融科技的"监管沙盒"试点，香港的监管已取得成熟经验，而广东则刚刚开始。七是广东拥有金融科技应用的丰富场景，金融科技发展较为迅猛，而港澳虽然拥有较丰富的应用场景，但监管及规则完善程度不同，对金融科技的发展和监管较为谨慎，三地在金融科技方面的金融基础设施融合面临较大挑战。

## （四）金融支付系统与账户管理体系导致金融规则衔接不畅

目前，三地实行不同的货币系统、利率制度和汇率制度，根据"不可能三角"理论，一个国家或地区不可能同时实现资本流动自由、货币政策的独立性和汇率的稳定性，只能同时拥有两项。珠三角九市保证了货币政策的独立性和汇率的稳定性，但资本暂无法自由流动；香港和澳门选择了资本自由流

动和汇率的稳定性，但牺牲了货币政策的独立性。因此港澳之间实现了资本的自由流动，但珠三角九市与港澳地区之间的资金跨境流动特别是资本项目跨境资金流动仍存在一定障碍。金融要素跨境流动的障碍，造成三地机构和居民跨境投资不便，居民无法便捷地在大湾区内进行跨境理财配置。同时，由于渠道、范围及外债额度管理的限制，离岸人民币回流境内受阻。与此同时，作为金融要素流动的配套制度，账户管理体系也有待完善。内地企业和居民在港澳地区开立账户门槛较高，港澳地区企业在内地开立账户的功能和便利度不够，港澳居民代理见证开户试点需要进一步推广。

## （五）大湾区跨境金融服务与金融创新存在较大障碍

大湾区内的跨境金融服务不局限于内地 9 个城市与港澳的往来合作，辐射范围可以扩展到"一带一路"沿线国家和地区，范围之广预示着有更多不可预测的潜在风险。随着粤港澳大湾区的建设推进，诸多企业跨境贸易往来增加，湾区内基建设施陆续建成，对跨境融资、跨境人民币兑换、跨境保险等金融产品与业务的需求会不断提升。然而，跨境金融服务在三地面临不同的市场准入和业务标准，在纠纷解决过程中对法律的适用存在争议。另外，湾区内金融创新层出不穷，未形成成熟而协调有序的制度架构，跨境金融服务和金融创新给粤港澳大湾区金融合作的制度构建带来重大挑战。

## （六）金融数据信息流动不畅严重阻碍三地金融合作进程

大湾区金融合作与金融规则衔接需要数据信息互通予以配合，但现阶段并不存在数据信息共享平台，影响了金融合作的效率与金融规则衔接。一是三地各类实体企业信息、金融机构信息、公民信息等仍然高度割裂，信息的共享存在诸多障碍。二是在工商登记、不动产抵质押登记情况、税务情况等公共服务信息查询方面也存在诸多不便，制约了大湾区征信系统融合。三是三地跨境金融执法困难且成本高。目前，三地金融监管机构未能实现信息共享，"信息孤岛"的状况使跨境联合执法行动缺乏合作基础，且难以识别和处理跨境金融服务中的风险，无法共同制定适当的监管政策，也不利于打击跨境金融犯罪活动，进而严重阻碍金融监管合作进程。

## 三、大湾区金融规则衔接的总体方向与实施建议

总体方向和思路应突破常规，可通过赋予大湾区金融立法权的方式，通过修改完善相关法律法规，促进三地在金融领域更好地实施规则衔接与互联互通监管合作，完善跨境执法。对标国际一流金融规则与监管标准，在大湾区规划金融改革示范区、跨境金融监管合作区等战略设计，真正打造市场化、国际化、法治化的金融合作框架，发挥市场在资源配置中的决定性作用。

### （一）大湾区金融规则衔接的总体方向

第一，要将大湾区打造成为国际国内金融双循环最重要的战略通道。《规划纲要》已经明确提出要将大湾区建设成为国际金融中枢。香港作为人民币国际化以及资金循环中枢的发展方向已经逐步清晰。香港境内人民币主要有两个流向，其一是境外人民币通过香港金融市场在非居民之间流动，形成"境外—境外"的资金循环；其二是沟通境外与境内的人民币流动，形成"境内—境外"的资金循环。在中国资金流动尚未完全放开的情况下，资金池业务可以促进香港人民币离岸金融市场的两种模式的资金双循环，推动人民币投资载体职能的完善，将大湾区真正打造成为"国内大循环为主体，国内国际双循环相互促进的重要通道与平台"。

第二，推动大湾区深度融合发展，加快探索建立"金融特区"。加快大湾区金融规则衔接，促进金融互联互通与深度融合发展，一个重要方向与路径就是可探索建立粤港澳"金融特区"。从世界上最著名的三大湾区（即旧金山湾区、东京湾区和纽约湾区）的实践经验看，实现金融要素的自由流动是促进区域内经济融合发展的重要条件。但正如上文分析指出，大湾区涉及三个税区，港澳与内地在社会制度和货币等方面不同，经济运行的特点存在差异，对金融要素的自由流动形成了诸多障碍。因此，研究设立大湾区"金融特区"，统筹实现一揽子制度创新与顶层设计，分阶段、分目标、先行先试、重点突破，对标国际高标准金融规则、法律法规与规章制度，从单项开放向双向互认，加速各项开放政策尽早在大湾区落地，打通大湾区的金融血脉，

促进金融要素自由流动，加快形成大湾区金融统一大市场。

第三，将汇率、税制、法律作为规则衔接的重要突破口。一是货币、利率和汇率制度的互联互通。粤港澳大湾区存在人民币、港币和澳门元三种官方货币，给资金融通带来较高的外汇结算成本。根据澳门金融管理局和香港金融管理局的相关统计数据计算，截至 2019 年 10 月，澳门元占 M2 的比重大约为 30.8%，港币大约为 50.8%，且澳门元汇率与港币挂钩。港币是自由兑换货币，汇率挂钩美元，而人民币尚未实现可自由兑换。人民币和港币、澳门元的利率形成机制应不断趋同。二是粤港澳三地的税制融合。粤港澳三地企业的税种以及税率都有很大不同。在跨境税种方面，内地与香港已签订协议，对相关税种进行规范，为税制融合的改革做铺垫。三是粤港澳三地金融法律体系接轨。通过在大湾区内设立"金融特区"，有利于扩大跨境金融活动的法律适用范围，缩小由于金融法律制度和发展理念差异产生的障碍。

**（二）大湾区金融规则衔接的实施建议**

### 1. 以探索综合授权立法来破解金融权力分配难题

当前，粤港澳金融规则衔接难题归根到底是三地政府的权力来源于中央的授予，可以借鉴内地的协调监管体制，构建中央—地方多层次协作体制。首先，在中央统筹领导下，设立粤港澳金融事务委员会，对金融监管合作的制度规划和建设征求粤港澳三地政府的意见，并整合有益的建议形成顶层设计，打破大湾区内的行政壁垒，保障三地金融监管合作中的效率和公平，调整三地政府之间权力关系的不平衡。其次，粤港澳三地金融监管机构在具体工作中落实中央顶层设计。根据各自金融市场情况和法治化水平，细化中央的顶层设计于日常工作中，使其具有可操作性和灵活性。地方的协同配合有利于中央的金融监管制度落到实处、产生实效。再次，粤港澳大湾区金融事务委员会，应在中央主导下设立，汇集粤港澳金融界与法律界的专家、粤港澳金融监管机构中的领导、粤港澳金融领域各行业协会的代表等，应该定期召开会议，讨论与研究在金融监管中遇到的复杂疑难的法律问题，并商讨出相应的解决措施；应该构建粤港澳共同认可的纠纷解决机制，合理分配三地金融监管机构的权力，确立统一的监管合作标准；最后，研究出台《粤港澳大湾区法》，使粤港澳之间金融合作的法律效力得到确认，制定合适的金融监管政策，有效落实"监管沙盒"制度。

### 2. 研究部署"大湾区金融特区"的战略规划与方案

大胆创新，突破条块分割的区域管理制度，深入探索"飞地＋自贸区"合作模式，打造特色金融特区。在法律层面上，可采用'一次授权、分阶段适用法律管辖'的做法，主打特色金融合作的"金融飞地"。从管理方式上，可借鉴阿布扎比国际金融中心的做法，在金融特区内设立管理委员会，采用中央授权、地方批准的方式，移植英美普通法系成熟的金融监管制度，在监管体系和法律制度上对接港澳较为先进的规则制度，实施有效衔接。

### 3. 创新搭建港澳离岸市场与内地在岸市场合作框架

大湾区离岸在岸市场对接是个重要课题，建议粤港澳三地政府共同搭建"香港—深圳""澳门—珠海"离岸市场和在岸市场的合作框架，并通过设置粤港澳大湾区离岸在岸特殊账号，推进资本项目可兑换。国际上有四种离岸在岸市场对接模式，分别是：内外混合型——伦敦、香港；内外分离型——IBFs、JOM；渗透型——新加坡等；避税港型——开曼、百慕大等。2016年6月，《中国（广东）自由贸易试验区建设实施方案》中明确指出："推动广东金融资产交易中心升级为国际金融资产交易中心，积极探索开展跨境金融资产交易中心"。目前我国建设自贸区的功能之一就是连接在岸市场和离岸市场，作为离岸市场的香港、澳门有着与内地不同的金融监管体制、金融市场体系。港澳有条件主动打造成为离岸市场和在岸自贸区金融联系的集聚地和联系纽带。政府可以鼓励内地自贸区的企业到港澳发行债券，并考虑允许内地自贸区的企业通过适当的途径来投资这些债券。同时，应该积极探索信贷资产跨境流动、拓宽境内信贷资产周转渠道。

### 4. 统筹打造覆盖市场、资金、技术、产品多维"通道"

（1）加快深港两地资本市场互联互通与监管制度衔接。加快推动深港两地证券交易所建立技术连接，尽快实现两地在资本、业务、机构、人才等方面的互联互通。以粤港澳大湾区建设为契机，创新深、港两个交易所之间的合作机制，推动深港金融市场合作创新，提升两个交易所在全球金融市场的竞争力。

（2）大幅降低港澳金融机构行业市场准入门槛。放宽对港澳金融机构在企业注册、股比限制、经营范围和资质认证方面的限制，实现港澳金融机构与内地金融机构的平等经营、拓宽粤港澳大湾区资本形成渠道。

（3）通过"账户标识"提升大湾区资金跨境流动效率。依托具体的实体经济项目，运用金融科技手段，对大湾区金融企业和居民账户进行"标识"，标识后的账户资金可以更自由地跨境收付。配套建设 FT、"NRA+"账户体系，拓展 OSA 账户功能，增加试点银行，开办人民币业务，并纳入宏观审慎管理。允许中资离岸持牌银行授权其大湾区内一级分行直接办理离岸银行业务。

（4）为大湾区建设引入中长期建设资金。可考虑设立"粤港澳大湾区发展基金"。积极支持扩流入，适当放宽外债额度的限制，统一本外币外债资金用途，扩大本外币资本项目收入的资金使用范围。用好"跨境资金池"和人民币投贷基金，降低广东自贸区跨境人民币双向资金池业务的准入门槛。借鉴上海设立"赛领基金"的经验，鼓励更多地区设立相关投贷基金或子基金，参与"一带一路"建设。

（5）积极探索跨境资产管理联动合作机制。积极促进大湾区内金融机构在人民币计价的海外发债、股票、基金等方面的合作。探索商业银行业务配套资产管理，如不良资产处置和资产证券化业务等，争取在粤港澳大湾区率先进行 QDII2 试点。

（6）允许港澳居民使用闭环账户购买人民币理财产品。借鉴现行的境内外股票、债券、基金等市场互联互通安排，在粤港澳大湾区建立"理财通"机制，遵循粤港澳地方银行理财产品现行市场运作和监管规则，实行理财产品投资标的管理、额度控制和资金封闭运行，探索形成操作便利、风险可控、稳妥有序的跨境理财产品投资新模式。

### 5. 以发展绿色金融为重点加快大湾区金融标准融合

推动粤港澳大湾区绿色金融发展是《规划纲要》的重要方向。建议应明确粤港澳大湾区三地的定位，形成合作联动、分工负责、突出特色的协同惯性。根据湾区内各地区的产业资源禀赋与区位特征，以香港、澳门、深圳、广州四个城市为主轴，形成金融核心圈：以香港全球绿色金融交易中心、广州国家级绿色金融改革创新试验区为双核心，培育整个大湾区的绿色金融合作平台。同时，在此金融发展定位的基础上，不断推动大湾区内绿色债券、绿色基金等产品的跨境交易，增加绿色金融的产品类别和投资渠道。一方面，从企业跨境融资的角度来看，积极推动大湾区内内地的环保类企业、金融机构在境外发行绿色债券，助力绿色企业提高海外投融资的效率；另一方面，逐步推进境内绿色金融市场对外开放的进程，通畅海外、香港及内地居民和金融机构进行跨境绿色投资的渠道，吸引国际投资者投资中国绿色债券市场，以深交所和香港交易所为平台，充分利用港澳作为对外窗口的优势，加强与各离岸市场、国际交易所、金融机构间的合作，建议鼓励离岸发行以人民币计价或外币和人民币双重计价的绿色债券，伴随人民币国际化进程共同推进低碳节能环保产业的海外投融资。

### 6. 加快布局重大金融基础设施互联互通

（1）联通大湾区支付转账基础设施。利用区块链、云计算、人工智能等数字技术，打造创新跨境支付平台；推动电子支付标准的统一，优化票据清算安排；依托云闪付、微信、支付宝等推进便民支付。为了满足大湾区内港澳居民移动支付的需求，建议扩大"见证开户"试点范围，方便银行为港澳居民开立内地银行个人Ⅱ、Ⅲ类账户。可以考虑适当放开见证开户限制，考虑推广"双向见证开户"业务，并统一账户管理，实现境内外资产合并展示，通过手机银行 APP 等实现境内外资金转账。同时，建议制定大湾区专属区域政策，在符合反洗钱要求和风险可控的前提下，简化流程，降低门槛，便于两岸居民更好、更便捷地在多场合进行消费。

（2）加快推进央行贸易金融区块链平台建设，全面推动数字货币在多元法定货币共存的粤港澳大湾区在多场景的应用。

（3）在大湾区内抓紧推进完善人民币跨境支付系统（CIPS）建设，加快推动 CIPS 与俄罗斯金融信息传输系统（SPFS）和欧洲的贸易往来支持工具（INSTEX）合作，建立国际支付结算的替代通道，绕开美国对港金融制裁。

# 第八节　粤港澳大湾区数据规则衔接研究

数据是重要的生产要素。随着全球进入数字经济时代，以数据为特点的新经济、新业态不断涌现，数据与传统产业深度融合，对数据跨境流动自由化便利化提出了较高的要求。当前世界主要大国围绕数字经济技术、数字治理规则激烈博弈。粤港澳是我国经济最为发达的地区之一，也是数字经济发展高地，应在摸索中国的数字治理方案方面先行先试。粤港澳三地在数据跨境流动、个人隐私保护、数字安全制度等方面存在较大差异，影响了数据在三地间流动的频度和效率，应对标国际高水平数字治理方式，积极推动三地数据规则衔接，为形成全球数字治理的"中式模板"开展探索和示范。

## 一、粤港澳数据规则衔接中出现的问题

### （一）尚不能实现数据便利化跨境流通

目前粤港澳三地数据跨境流通面临"一国两制三个法律体系"的问题，数据安全和隐私保护水平与标准并不一致，我国《网络安全法》中关于跨境数据流动的要求较为严苛，且操作路径不明，对我国数据跨境流动带来复杂挑战。

中央网信办根据"因业务需要向境外提供数据应当按照规定进行安全评估"的要求，制定了《个人信息和重要数据出境安全评估办法》，评估办法明确规定"网络运营者应在数据出境前，自行组织对数据出境进行安全评估，并对评估结果负责。个人信息和涉及国家、社会安全的重要数据向境外提供

的，需要报请行业主管或监管部门组织安全评估。具体的数据出境安全评估工作，由网信部门负责统筹协调，各个行业主管或监管部门具体组织开展本行业内的数据出境安全评估"。但由于我国目前并没有形成完善的数据分级分类制度，对数字安全没有清晰明确的标准，数据的实际跨境流通仍面临操作层面的障碍，内地数据向港澳流动存在限制。

同时，由于内地在个人隐私保护制度等方面仍不完善，随着技术发展和数据使用方式的不断变化，个人数据的非法收集、滥用、泄露、非法买卖频发，港澳担心其数据如流通到内地后，存在个人隐私数据泄露风险。

### （二）港澳人士对内地互联网尚不能完全开放感到不便

互联网管理方面，国际常用网站亟待率先适度开放。港澳和内地的互联网管理规则存在较大差异，给在内地工作的港澳及外籍人才上网带来不便。港澳人士与内地人士的网络使用习惯不同，如港澳人士习惯于通过 gmail 收发邮件、通过 Google 获取资讯、使用 Facebook、Twitter、Youtube、Whatsapp、LINE 等社交工具沟通交流等，但在内地无法登录使用上述国外网站和社交软件。一些港澳人士不能适应内地的网络环境。

同时，新建专门的国际通信信道难度也较大。根据《中华人民共和国计算机信息网络国际联网管理暂行规定》，计算机信息网络直接进行国际联网，必须使用国家公用电信网提供的国际出入口信道。任何单位和个人不得自行建立或者使用其他信道进行国际联网。已经建立的互联网络，根据国务院有关规定调整后，分别由工信、教育等部门管理。新建互联网络，必须报经国务院批准。由于行政审批手续复杂，内地九市很多单位不能新建专门的国际通信信道，给港澳人士在内地的工作、学习和生活造成一些不便。

对于国际互联网访问条件，我国实行较为严格的信息安全保护标准。国家政策虽明确用户可以向依法设置有国际通信信道出入口的电信业务经营者租用国际通信传输信道专线，但该专线只能在规定的业务范围内用于点对点的通信，无法对拥有庞大资源的境外学术、技术网站进行有广度、有深度的使用。该事项需要国家网信办和工信部的审批，所开放的端口由通管部门和通信运营商负责落地实施，原则上不同意非点对点开放有关端口。

### （三）境外有害信息入境难以管理

港澳和内地在互联网信息管理方面制度差异较大，港澳提倡所谓"言论自由"，对互联网信息基本不予管理，内地强调对互联网信息的合理管控，互联网也并非法外之地。因为网络"防火墙"的存在，港澳与内地在互联网信息互通方面存在限制条件，境内外使用的社交平台和互联网通信工具也有所差别。尽管如此，港澳及境外一些"有害"信息入境仍难以完全阻隔，网信部门监管压力较大，一些"有害"信息随人员、"翻墙"软件而流入至境内。比如港澳籍同胞回乡来到内地，很容易通过携带的手机、电脑等电子设备带入境外有害信息，甚至通过微博、微信等网络平台在境内传播，但由于没能及时发现有害信息样本，相关信息可能在境内传播了一段时间或一定范围后才被检测到，存在很大的网络意识形态风险隐患。

在网络监管方面，粤港澳三地也没有协同机制。一方面，缺乏统一的法律、制度框架。目前国家出台的互联网管理方面的法律法规适用范围并未涵盖港澳特别行政区，内地与港澳在网络监管方面适用不同的法律和制度。另一方面，缺乏协调联动机制，从管理机制上看，互联网本身存在着网络传播的无界限和网络管理的属地性之间的矛盾，网络传播没有地域界限，而内地与港澳在网络监管方面均遵循属地管理原则，且未建立有效的协调联动机制，特别是在数据安全、数据出境管理等方面，管理机制还没有完全对接。

### （四）没有建立三地重要领域的数据共享机制

由于行政制度不衔接、信息未实现互认等原因，粤港澳三地未实现一些重要领域的信息数据共享，这为行政管理、市场服务和经济活动造成不便。三地在工商、税务、海关、司法、交通、海洋等公共数据信息方面尚未实现共享。比如，此前内地交通运输局已与公安局实现网上并联审核机制，但香港户籍驾驶员的相关记录信息暂时无法通过网络并联审核，导致香港户籍驾驶员在申请出租车驾驶员证时出现申请不顺畅等问题。再比如，因"一国两制"和粤港澳三地区域政策的不同，目前在海洋预警监测数据共享方面存在困难，国内部分海洋水文数据属保密范畴，三地无海洋预警监测数据共享先例可依。

在市场领域，三地数据也未实现完全联通，突出表现在金融领域。内地金融数据向港澳流动方面，国家相关部门暂未制定具体办法，数据跨境缺乏可操作的安全评估与执行措施，《证券期货经营机构信息技术管理办法》对证券公司信息系统部署进行了规范，如第二十六条规定"证券基金经营机构重要信息系统部署以及所承载数据的管理，应当遵循法律法规等规定"，但在实际操作中，金融数据跨境问题如何管理还需进一步明确。港澳金融数据向内地流动方面，由于金融数据涉及个人身份、个人财产等隐私信息，三地个人隐私保护标准没有衔接，港澳金融机构不愿让有关数据流通至内地。三地金融数据的不联通影响征信、评级等相关金融服务的开展。

此外，在行政信息共享方面，即便是大湾区内地九市之间，也未完全实现共享。在很多领域，内地九市之间没有统一的信息共享交换平台，行政管理方面还存在"九龙治水"现象，市场信息不对称，难以发挥互通有无、同频共振的功效。

### （五）跨境通信不便利、费用也较高

通信方面，粤港澳三地通信较不便利，港澳居民在内地使用港澳通信公司的手机号，漫游费较高，港澳居民可以在境内使用港澳通信公司的移动网络，能够利用手机移动端登录境外网站，使用 Twitter、Facebook 等社交软件，但流量费较高。同样，内地人士在港澳使用内地手机号，也要缴纳较高的漫游费和流量费，给三地民众跨境交流造成不便。

### （六）内地数据管理仍然存在权责不清等问题

当前公共数据收集、共享、应用、开放等方面存在诸多问题的一个重要原因，是公共管理和服务机构享有的数据权利和承担的数据责任不清晰，缺少权威、明确的法律规范。以公共数据收集为例，仍然存在各业务系统、各部门分条线收集、数据标准不统一的问题，导致各类信息系统林立、重复收集增加工作量、群众体验差、隐私泄露风险增加等问题。2020 年初以来的

新冠肺炎疫情期间，各地市、各部门及各种公共管理服务机构重复开发防疫信息系统，造成公共资源浪费、个人数据随意收集和泄露等问题就是典型表现。内地如不能理顺自身的数据管理体制机制，形成完善的数字治理框架和体系，和港澳数据规则衔接实现难度较大。

### （七）三地没有形成统一高效的数字要素市场

近年来，随着数字经济的发展，数据在推动经济效率提高、催生新型产品和服务供给、带动经济增长等方面发挥越来越重要的作用，数据的生产要素特征日益显现。为更好地发挥数据在推动社会经济发展中蕴含的生产能力，为数字经济发展提供强大的要素支撑，培育完善、成熟的数据要素市场势在必行。近期，国家发布《关于构建更加完善的要素市场化配置体制机制的意见》，明确数据是一种重要的生产要素，提出要加快培育数据要素市场。当前由于粤港澳三地数据跨境流动规则不衔接，数字治理规则不统一，三地没有形成统一高效的数字要素市场，制约了三地数字经济的协同发展。

### （八）内地数字治理规则没有与港澳及国际对接

在数字经济时代，在保障国家安全和个人、企业数据安全的前提下，允许不同国家和地区间的数据跨境流通是未来的发展趋势。在国际方面，已有部分国家或地区对数据进行专门立法，比如美国的CBPR（亚太经合组织框架下的数据跨境流动个人隐私保护规则）、欧盟的GDPR（通用数据保护条例）、英国《数据保护法案》、德国《联邦数据保护法》等，对世界范围内数据产业产生较大影响。随着我国在全球数字经济产业价值链的地位迅速提升，改革开放政策和"一带一路"倡议的持续深化推进，亟待确立数据跨境流通相关规则。

但当前，我国在数字领域的总体政策取向是偏重保护的，注重强调数字安全，在跨境数据流动、数据本地化存储、数字市场开放等方面还有待调整。要通过开放形成数字双向跨境流动的格局，带动数字贸易产业发展，加速数字产业化和产业数字化步伐。港澳数字治理规则与西方国家在理念上大体接轨，但与内地数字治理规则差异较大，内地应通过与港澳在数据规则方面的衔接，探索如何对接国际先进数字治理规则和标准。

在围绕数字治理的各项议题中，数字跨境流动是最为核心的议题，数字跨境流动又与数字安全、个人隐私保护等规则紧密相关，在这些方面，我国现有数字治理体系仍不健全。当前应研究建立数字的分级分类标准：明确哪些数据属于国家安全数据，对数字跨境流动要采取严格限制措施，必须要求数据本地化存储；明确哪些数据属于个人隐私数据，在用户同意条件下推动数据流动；明确哪些数据属于一般性商业数据，形成便利化自由化的数据跨境流动机制。

## 二、推进粤港澳数据规则衔接的总体思路

信息数据是重要的生产要素，在全球数字革命的发展趋势下，哪个国家能够最大程度地掌握信息数据资源，哪个国家就能在新一轮的全球科技和产业竞争中掌握战略制高点。信息数据的天然属性是流动，只有开放包容、便捷流通的制度设计才能集聚全球信息数据资源。大湾区要立足新一轮科技与产业革命的发展大势，构建更加便捷开放的数据流动安排，推动内地与港澳乃至全球数据资源的充分对接，形成信息数据资源的集聚高地，并进而带动其他要素资源向大湾区汇聚，同时探索如何使我国从网络大国、数字大国走向网络强国、数字强国的路径和方法。

推动大湾区信息数据规则衔接要坚持"松紧结合"：

一手要"松"，要解放思想，大胆闯、大胆试，敢于突破思维禁区，敢于打破意识形态束缚，构建信息数据领域更加开放的制度安排。要探索面向全球互联网开放条件下，对网络有效治理的方式方法，针对特定人群、特定区域、特定内容、特定网络地址，先逐步开放互联网。要有序开放基础电信和增值电信，引入港澳及全球竞争者，在提升服务质量的同时降低资费水平。要推动云计算、移动支付、金融科技、数字内容等数字服务相关领域扩大开放，取消对港澳投资者的准入限制和股比限制。要在大湾区建设更多国际数据专用通信通道，将前海、南沙、横琴、落马洲河套等平台建设成为国际通信转接中心。要探索在大湾区重要自贸区、工业园区、产业聚集区等建立数

字自贸区，形成全球最高标准的信息数据开放制度安排。

另一手要"紧"，开放并不是盲目地开放，而是建立在有效治理基础上，循序渐进、稳扎稳打地开放，用开放来倒逼治理，用治理来巩固开放，形成边开放、边治理，二者良性互动的发展格局。要建立和完善数据分级分类制度，在此基础上推动与港澳的数据双向跨境自由流动。要完善个人数据隐私保护制度，在此基础上推动与港澳的信息数据共享，在社会管理、行政管理、司法管理等领域建立与港澳互通的信息数据共享平台。要加强网络综合治理，建立覆盖粤港澳三地的舆情监控平台，细化对违法互联网信息的认定标准、取证标准、处罚标准，实现网络治理由事前行政管理向事后法治管理转变。

## 三、粤港澳数据规则的具体衔接方式

### （一）建立关键性的制度安排

推行数字市场开放首先要加强数字治理，目前内地在围绕数字治理的若干重要制度如数字安全制度、个人数据隐私保护制度、数据分级分类制度等方面仍存在不足与短板，甚至相关制度完全处于空白。大湾区内地九市应在重要制度构建、加强数字治理方面先行先试，在完善治理的基础上寻求与港澳的数据规则衔接。

建立数据的分级分类制度。目前我国内地之所以未能形成数据跨境自由流动安排，主要是由于较为关注数字安全问题，又由于数字安全没有明确的概念和清晰的界定标准，数字安全被大大泛化，一些一般性的商业数据也被纳入数据安全范畴，从而影响了数字跨境流动。当务之急是需要完善顶层设计，形成重要的制度安排，建立数据的分级分类制度。对涉及国家安全的重要军事、地理、技术等的数据，要实行严格保密管理；对涉及民众健康、财产、生活等的数据要按照个人隐私数据管理，借鉴发达国家经验，实行本地化存储并对数据跨境流动实行一定程度的限制；对一般商业往来数据，要探索建立更加便捷化的数据跨境流动安排，建立数据跨境流动的安全风险评估机制。当前内地九市应在研究构建数据分级分类制度方面先行先试。

完善数据的个人隐私保护制度。隐私数据是指与自然人私人生活安宁和不愿为他人知晓的私密空间、私密活动、私密信息密切相关的数据及其衍生数据。港澳高度关注数据隐私保护，内地应从国家层面明确个人隐私数据的概念、范围、标准以及所有者的权利。要明确自然人对其个人数据依法享有数据权，任何组织或者个人不得侵犯；自然人可以知悉并决定数据收集、处理者能否收集、处理其个人数据以及收集、处理的目的、方式、范围等内容，除法律、法规另有规定外，自然人有权拒绝数据收集、处理者处理其个人数据及衍生数据；自然人可以向数据收集、处理者查阅或者复制其个人数据，发现个人数据有错误的，有权提出异议并请求及时采取更正等必要措施；自然人发现数据收集、处理者违反法律、行政法规的规定或者双方的约定收集、处理其个人数据的，有权请求数据收集、处理者及时删除。内地九市应在具体规则和实施方案制定方面先行先试，创新个人数据出境安全的制度设计，探索更加便利的个人信息安全出境评估办法，开展与港澳在个人信息保护方面的制度对接。

建立数据跨境流动制度。内地九市应在国家数据跨境传输安全管理制度框架下，开展数据跨境传输安全管理试点，探索形成既能便利数据流动又能保障安全的机制。应依据《中华人民共和国网络安全法》的基本要求，研究出台内地九市的跨境数据流动管理办法，发挥前海、横琴、南沙、落马洲河套等平台载体在跨境数据流动方面的先行先试功能。试点开展数据跨境流动的安全评估，建立数据保护能力认证、数据流通备份审查、跨境数据流通和交易风险评估等数据安全管理机制。探索建设以维护数据安全和高效处理为目标的数据跨境流通自由区、自由港，构建国际化数据合作平台。推动国家层面建立与其他国家、地区或国际组织的双边、多边合作机制，以实现数据安全有序跨境流通。相关监督管理机构建立个人数据跨境流动白名单，允许内地放松向白名单的国家、地区的数据流通限制。

完善数据交易制度。数据要素市场主体应当遵循自愿、公平和诚实信用的原则开展数据交易活动，遵守法律、法规及本条例的规定，不得损害国家利益、社会公共利益或者他人合法权益。数据要素市场可采用自主交易、交易平台等多种合法方式开展数据交易活动，引导数据要素市场主体通过依法设立的数据交易平台进行数据交易。数据交易平台应当建立安全可信、管理可控、可追溯的数据交易环境，制定数据交易、信息披露、自律监管等规则，并采取有效措施保护个人隐私、商业秘密和重要数据。支持数据交易技术研发和创新数据交易模式，拓宽数据交易渠道，促进数据高效流通。

**（二）推进数字领域的重大开放举措**

数字领域的开放是大势所趋，这是由数字要素本身的属性和特点所决定的。要在确保数据流动安全可控的前提下，面向港澳扩大数据领域开放，放松市场准入限制，创新安全制度设计，实现数据充分汇聚，培育发展数字经济。

推动互联网有序开放。尽管当前主要的大国围绕互联网开放和数字内容领域开展激烈博弈，互联网成为大国竞争与博弈的重要工具和意识形态主战场之一，但仍要清醒认识到，互联网开放是大势所趋，应该寻求在互联网开放条件下，增加博弈能力的方式方法。要在风险可控和有效治理前提下，针对特定人群、特定区域、特定内容、特定网络地址，先逐步开放互联网。完善事后监管机制，对散布不实言论的互联网服务企业和个人要依法惩处，加大惩治力度，将互联网管理从事前的行政化管理转变为事后的法治化管理，形成法治化管理和有序开放相互促进的发展格局。

扩大市场准入。要在大湾区内地九市进一步缩短负面清单，安全有序开放基础电信业务，积极开放增值电信业务，逐步取消外资股比等限制，探索试点放开电信业务外商投资的管理模式。允许实体注册、服务设施在内地九市的企业，面向大湾区全域及国际开展在线数据处理与交易处理等业务，并在安全可控的前提下逐步面向全国开展业务。

数字自贸港。在前海、横琴、南沙、落马洲河套等重要载体平台及其他有条件的开发区、产业集聚区，探索建设数字自贸港，推进通信、互联网等基础设施建设，探索数字跨境流动、个人隐私保护、数字分级分类、数字安全标准、网络综合治理等重要制度建设，吸引港澳乃至全球数字企业、跨国企业数据中心向此集聚，配套发展相关数字服务产业，打造我国乃至全球数字经济发展高地。

**（三）推动公共数据信息互换和共享**

立足于大湾区公共服务一体化的长远目标，推动三地工商、税务、海关、公安等有关部门深化合作，加强公共数据信息的互换和共享，建立跨境数据交换合作机制，方便信息交流、信用数据互换和共享。建立信息共享平台，参照内地的国家企业信息公示、征信系统、中国裁判文书网、全国法院被执行人信息查询系统、失信被执行名单等公开信息，建立可以查询港澳企业或自然人在港澳的投资信息、融资信息、涉诉信息等的平台，有利于三地金融机构开展跨境金融合作，有利于金融机构管控借款人风险。探索授权内地与港澳征信组织、银行业协会或其他符合条件的第三方机构建立跨境数据交换合作机制，在符合内地《网络安全法》、香港《个人资料条例》、澳门《个人资料保护法》和客户数据隐私相关法规的前提下，按照"最小授权"和"客户自愿"等原则交换数据信息。

公安和出入境数据互换和共享。公安和出入境信息共享较为敏感，未来可视香港局势变化逐步稳妥推进。如公安和出入境信息不能有效共享，三地居民快速通关较难实现。同时，内地需积极完善个人数据隐私保护制度，确保港澳居民相关身份信息不会被泄露，缓解港澳居民对个人数据流通至内地产生泄露的担忧。要加强内地公安部门与出入境部门的信息共享，目前公安相关信息归集由公安部门统一管理，出入境人员的基本信息及出入境信息数据归集由国家移民局统一管理，但目前仍然存在一些信息不对接问题，特别是地市一级公安机关不掌握港澳人员出入境信息，对实际开展工作造成不便，应推动公安信息系统与移民局信息系统更充分对接，扩大大湾区内地九市公安机关获取港澳出入境人员相关权限，便利对港澳人员的管理。

税务数据互换和共享。当前，湾区内各地域税务部门之间的信息交换还不够畅顺及时，数据质量有待提升，湾区内各地市之间、内地与港澳之间的税收管理部门应加强涉税信息的交换与共享。一是充分利用"互联网+"、大数据等技术优势，逐步搭建联合纳税服务平台，开发便捷实用的掌上和网页双渠道的软件应用，面向大湾区所有纳税人提供多语种税收政策宣传和咨询服务，拓建税收政策法规库和知识库。二是在湾区内城市共享除特定保密信息的一般性公司税务信息及个人税务信息，以及内地企业通过港澳投资平台对外投资的信息，建立牢固的粤港澳税务信息交换及共享机制，一方面可探索开展大湾区内地九市与香港、澳门的反避税协同调查机制，堵塞征管漏洞，另一方面也有助于税务机关提供更优质更有针对性的税务服务。

金融数据互换和共享。积极推动广东省、内地九市金融管理机构与香港证监会等进行协调，进一步扩大现有的监管协调和资格互认机制适用范围，建立统一的大湾区内金融数据跨境监管协作机制，要求金融机构确保数据有效隔离，加强包括合规、风险监控、反洗钱管控等方面的内控，做好数据传输与信息系统跨境部署。

### （四）畅通跨境通信通道和数据专用通道

要加大数据流动、跨境通信、互联网跨境连接的基础设施建设，夯实数字经济发展的基础设施，前瞻性提升数字基建的水平和能力，畅通内地与港澳数字互联互通大通道。

建设完备的国际通信设施。大湾区要加快5G、IPv6、云计算、物联网、车联网等新一代信息基础设施建设，推进粤港澳网间互联宽带扩容，全面布局基于互联网协议第六版（IPv6）的下一代互联网，推进骨干网、城域网、接入网、互联网数据中心和支撑系统的IPv6升级改造。提升大湾区宽带接入能力、网络服务质量和应用水平，构建安全便利的国际互联网数据专用通道。加快互联网国际出入口带宽扩容，全面提升流量转接能力。推动珠三角无线宽带城市群建设，实现免费高速无线局域网在大湾区热点区域和重点交通线路全覆盖。实现城市固定互联网宽带全部光纤接入。建设国际海底光缆及登陆点。

降低通信费率。港澳与内地九市应共同积极推动通信"同城化"，探索粤港澳三地通信运营商创新通信产品，积极推动取消深港澳手机长途费和漫游费，促进通信资费合理下降。优先探索在落马洲河套、前海、横琴、南沙等重要载体平台实行低费率国际通信，取消国际漫游费。

建设若干国际数据专用通道。未来随着更多港澳科研机构在内地的入驻，内地与境外互联网数据不能完全联通，特别是科研数据跨境流动难将成为粤港澳三地科技合作的重要障碍。可在深圳试行跨境通信试点的基础上，进一步扩大试点范围，将各地市重点开放平台也纳入进来，在确保网络和信息安全基础上，争取中央网信办、工信部等上级部门支持，试点开放国际互联网服务及工具，建立专用科研网络，开展国际互联网数据交互试点，开辟国家互联网数据专用通道。

在大湾区设立若干国际通信业务出入口局。国际通信业务出入口局，是指国内电信运营商的通信网络与国外及港澳台运营商的通信网络之间的互联节点局，主要用于实现双方业务的互联互通和数据交换。国际通信出入口局实际上是一个国家的通信边境，不仅关系到数亿用户能否顺利使用国际长途、上互联网等通信业务，还事关国家的信息安全。目前，我国已批准北京、上海、广州、昆明、南宁、乌鲁木齐、福州、哈尔滨等城市设立国际通信业务出入口局。根据《中华人民共和国电信条例》《中华人民共和国网络安全法》《中华人民共和国计算机信息网络国际联网管理暂行规定》《国际通信出入口局管理办法》《国际通信设施建设管理规定》等，设立国际通信业务出入口局需国家有关部门许可，应积极加强与国务院主管部门的协调，力争在大湾区主要城市再增设若干国际通信业务出入口局。

## （五）加强网络综合治理和协同监管

在推动数字市场向港澳开放和数据跨境流动的同时，也要注意做好网络和数据的综合治理和协同监管工作，提高风险防范意识，加强实时监测、通报预警、应急处置工作，健全数据流动风险管控措施，构建网络安全综合防御体系，妥善处理好安全与风险的关系。

建立跨境舆情监测系统和网络感知平台。内地网络监管部门不能停留在境外信息被动输入监管，而要研究如何将有效管理前移，在港澳建立前沿舆情搜集阵地和哨所。要研究在港澳建立舆情监测系统和网络感知平台，及时了解境外及港澳社会舆情的变化，监控不良信息向内地流动，及时消除安全隐患。地方监管部门想获取境外信息，必须"翻墙"，但目前有关部门对"翻墙"软件和渠道管控很严，地方网络管理部门难以实现舆情监测前移，应积极协调推动网信、公安等国家监管部门授予大湾区九市开通境外信息通道的权限。

加强与港澳相关部门协作。内地公安、网信等相关部门要加强与港澳相关机构的协调合作，在满足港澳方对数据安全等问题的关切下，加强信息共享和互换，建立常态化的信息互通机制和联合研商处置机制，协调处理因网络信息造成的社会治安等领域问题。

明确数据安全的有关处理标准。《全国人民代表大会关于建立健全香港特别行政区维护国家安全的法律制度和执行机制的决定（草案）》通过后，将进一步加强国家安全相关法律制度建设。数据是国家安全涉及的关键领域，需要在国家安全的框架下，明确数据安全的具体标准，一是要明确有害信息的认定标准，二是明确网络违法行为的取证标准，三是对网络违法行为的处罚标准。互联网和数据领域不是法外之地，必须要在明确标准的前提下，通过法治手段加强监督和管理。

# 附　录

## 附录1　《粤港澳大湾区发展规划纲要》

### 前言

粤港澳大湾区包括香港特别行政区、澳门特别行政区和广东省广州市、深圳市、珠海市、佛山市、惠州市、东莞市、中山市、江门市、肇庆市（以下称珠三角九市），总面积5.6万平方千米，2017年末总人口约7000万人，是我国开放程度最高、经济活力最强的区域之一，在国家发展大局中具有重要战略地位。建设粤港澳大湾区，既是新时代推动形成全面开放新格局的新尝试，也是推动"一国两制"事业发展的新实践。为全面贯彻党的十九大精神，全面准确贯彻"一国两制"方针，充分发挥粤港澳综合优势，深化内地与港澳合作，进一步提升粤港澳大湾区在国家经济发展和对外开放中的支撑引领作用，支持香港、澳门融入国家发展大局，增进香港、澳门同胞福祉，保持香港、澳门长期繁荣稳定，让港澳同胞同祖国人民共担民族复兴的历史责任、共享祖国繁荣富强的伟大荣光，编制本规划。

本规划是指导粤港澳大湾区当前和今后一个时期合作发展的纲领性文件。规划近期至2022年，远期展望到2035年。

# 第一章　规划背景

改革开放以来，特别是香港、澳门回归祖国后，粤港澳合作不断深化实化，粤港澳大湾区经济实力、区域竞争力显著增强，已具备建成国际一流湾区和世界级城市群的基础条件。

## 第一节　发展基础

区位优势明显。粤港澳大湾区地处我国沿海开放前沿，以泛珠三角区域为广阔发展腹地，在"一带一路"建设中具有重要地位。交通条件便利，拥有香港国际航运中心和吞吐量位居世界前列的广州、深圳等重要港口，以及香港、广州、深圳等具有国际影响力的航空枢纽，便捷高效的现代综合交通运输体系正在加速形成。

经济实力雄厚。经济发展水平全国领先，产业体系完备，集群优势明显，经济互补性强，香港、澳门服务业高度发达，珠三角九市已初步形成以战略性新兴产业为先导、先进制造业和现代服务业为主体的产业结构，2017年大湾区经济总量约 10 万亿元。

创新要素集聚。创新驱动发展战略深入实施，广东全面创新改革试验稳步推进，国家自主创新示范区加快建设。粤港澳三地科技研发、转化能力突出，拥有一批在全国乃至全球具有重要影响力的高校、科研院所、高新技术企业和国家大科学工程，创新要素吸引力强，具备建设国际科技创新中心的良好基础。

国际化水平领先。香港作为国际金融、航运、贸易中心和国际航空枢纽，拥有高度国际化、法治化的营商环境以及遍布全球的商业网络，是全球最自由经济体之一。澳门作为世界旅游休闲中心和中国与葡语国家商贸合作服务平台的作用不断强化，多元文化交流的功能日益彰显。珠三角九市是内地外向度最高的经济区域和对外开放的重要窗口，在全国加快构建开放型经济新体制中具有重要地位和作用。

合作基础良好。香港、澳门与珠三角九市文化同源、人缘相亲、民俗相近、优势互补。近年来，粤港澳合作不断深化，基础设施、投资贸易、金融服务、科技教育、休闲旅游、生态环保、社会服务等领域合作成效显著，已经形成了多层次、全方位的合作格局。

## 第二节　机遇挑战

当前，世界多极化、经济全球化、社会信息化、文化多样化深入发展，全球治理体系和国际秩序变革加速推进，各国相互联系和依存日益加深，和平发展大势不可逆转，新一轮科技革命和产业变革蓄势待发，"一带一路"建设深入推进，为提升粤港澳大湾区国际竞争力、更高水平参与国际合作和竞争拓展了新空间。在新发展理念引领下，我国深入推进供给侧结构性改革，推动经济发展质量变革、效率变革、动力变革，为大湾区转型发展、创新发展注入了新活力。全面深化改革取得重大突破，国家治理体系和治理能力现代化水平明显提高，为创新大湾区合作发展体制机制、破解合作发展中的突出问题提供了新契机。

同时，粤港澳大湾区发展也面临诸多挑战。当前，世界经济不确定不稳定因素增多，保护主义倾向抬头，大湾区经济运行仍存在产能过剩、供给与需求结构不平衡不匹配等突出矛盾和问题，经济增长内生动力有待增强。在"一国两制"下，粤港澳社会制度不同，法律制度不同，分属于不同关税区域，市场互联互通水平有待进一步提升，生产要素高效便捷流动的良好局面尚未形成。大湾区内部发展差距依然较大，协同性、包容性有待加强，部分地区和领域还存在同质化竞争和资源错配现象。香港经济增长缺乏持续稳固支撑，澳门经济结构相对单一、发展资源有限，珠三角九市市场经济体制有待完善。区域发展空间面临瓶颈制约，资源能源约束趋紧，生态环境压力日益增大，人口红利逐步减退。

## 第三节　重大意义

打造粤港澳大湾区，建设世界级城市群，有利于丰富"一国两制"实践内涵，进一步密切内地与港澳交流合作，为港澳经济社会发展以及港澳同胞到内地发展提供更多机会，保持港澳长期繁荣稳定；有利于贯彻落实新发展理念，深入推进供给侧结构性改革，加快培育发展新动能、实现创新驱动发展，为我国经济创新力和竞争力不断增强提供支撑；有利于进一步深化改革、扩大开放，建立与国际接轨的开放型经济新体制，建设高水平参与国际经济合作新平台；有利于推进"一带一路"建设，通过区域双向开放，构筑丝绸之路经济带和"21世纪海上丝绸之路"对接融汇的重要支撑区。

# 第二章　总体要求

## 第一节　指导思想

深入贯彻习近平新时代中国特色社会主义思想和党的十九大精神，统筹推进"五位一体"总体布局和协调推进"四个全面"战略布局，全面准确贯彻"一国两制"、"港人治港"、"澳人治澳"、高度自治的方针，严格依照宪法和基本法办事，坚持新发展理念，充分认识和利用"一国两制"制度优势、港澳独特优势和广东改革开放先行先试优势，解放思想、大胆探索，不断深化粤港澳互利合作，进一步建立互利共赢的区域合作关系，推动区域经济协同发展，为港澳发展注入新动能，为全国推进供给侧结构性改革、实施创新驱动发展战略、构建开放型经济新体制提供支撑，建设富有活力和国际竞争力的一流湾区和世界级城市群，打造高质量发展的典范。

## 第二节　基本原则

创新驱动，改革引领。实施创新驱动发展战略，完善区域协同创新体系，集聚国际创新资源，建设具有国际竞争力的创新发展区域。全面深化改革，推动重点领域和关键环节改革取得新突破，释放改革红利，促进各类要素在大湾区便捷流动和优化配置。

协调发展，统筹兼顾。实施区域协调发展战略，充分发挥各地区比较优势，加强政策协调和规划衔接，优化区域功能布局，推动区域城乡协调发展，不断增强发展的整体性。

绿色发展，保护生态。大力推进生态文明建设，树立绿色发展理念，坚持节约资源和保护环境的基本国策，实行最严格的生态环境保护制度，坚持最严格的耕地保护制度和最严格的节约用地制度，推动形成绿色低碳的生产生活方式和城市建设运营模式，为居民提供良好生态环境，促进大湾区可持续发展。

开放合作，互利共赢。以"一带一路"建设为重点，构建开放型经济新体制，打造高水平开放平台，对接高标准贸易投资规则，加快培育国际合作和竞争新优势。充分发挥港澳独特优势，创新完善各领域开放合作体制机制，深化内地与港澳互利合作。

共享发展，改善民生。坚持以人民为中心的发展思想，让改革发展成果更多更公平惠及全体人民。提高保障和改善民生水平，加大优质公共产品和服务供给，不断促进社会公平正义，使大湾区居民获得感、幸福感、安全感更加充实、更有保障、更可持续。

"一国两制"，依法办事。把坚持"一国"原则和尊重"两制"差异有机结合起来，坚守"一国"之本，善用"两制"之利。把维护中央的全面管治权和保障特别行政区的高度自治权有机结合起来，尊崇法治，严格依照宪法和基本法办事。把国家所需和港澳所长有机结合起来，充分发挥市场化机制的作用，促进粤港澳优势互补，实现共同发展。

## 第三节　战略定位

充满活力的世界级城市群。依托香港、澳门作为自由开放经济体和广东作为改革开放排头兵的优势，继续深化改革、扩大开放，在构建经济高质量发展的体制机制方面走在全国前列、发挥示范引领作用，加快制度创新和先行先试，建设现代化经济体系，更好融入全球市场体系，建成世界新兴产业、先进制造业和现代服务业基地，建设世界级城市群。

具有全球影响力的国际科技创新中心。瞄准世界科技和产业发展前沿，加强创新平台建设，大力发展新技术、新产业、新业态、新模式，加快形成以创新为主要动力和支撑的经济体系；扎实推进全面创新改革试验，充分发挥粤港澳科技研发与产业创新优势，破除影响创新要素自由流动的瓶颈和制约，进一步激发各类创新主体活力，建成全球科技创新高地和新兴产业重要策源地。

"一带一路"建设的重要支撑。更好发挥港澳在国家对外开放中的功能和作用，提高珠三角九市开放型经济发展水平，促进国际国内两个市场、两种资源有效对接，在更高层次参与国际经济合作和竞争，建设具有重要影响力的国际交通物流枢纽和国际文化交往中心。

内地与港澳深度合作示范区。依托粤港澳良好合作基础，充分发挥深圳前海、广州南沙、珠海横琴等重大合作平台作用，探索协调协同发展新模式，深化珠三角九市与港澳全面务实合作，促进人员、物资、资金、信息便捷有序流动，为粤港澳发展提供新动能，为内地与港澳更紧密合作提供示范。

宜居宜业宜游的优质生活圈。坚持以人民为中心的发展思想，践行生态文明理念，充分利用现代信息技术，实现城市群智能管理，优先发展民生工程，提高大湾区民众生活便利水平，提升居民生活质量，为港澳居民在内地学习、就业、创业、生活提供更加便利的条件，加强多元文化交流融合，建设生态安全、环境优美、社会安定、文化繁荣的美丽湾区。

## 第四节　发展目标

到 2022 年，粤港澳大湾区综合实力显著增强，粤港澳合作更加深入广泛，区域内生发展动力进一步提升，发展活力充沛、创新能力突出、产业结构优化、要素流动顺畅、生态环境优美的国际一流湾区和世界级城市群框架基本形成。

——区域发展更加协调，分工合理、功能互补、错位发展的城市群发展格局基本确立；

——协同创新环境更加优化，创新要素加快集聚，新兴技术原创能力和科技成果转化能力显著提升；

——供给侧结构性改革进一步深化，传统产业加快转型升级，新兴产业和制造业核心竞争力不断提升，数字经济迅速增长，金融等现代服务业加快发展；

——交通、能源、信息、水利等基础设施支撑保障能力进一步增强，城市发展及运营能力进一步提升；

——绿色智慧节能低碳的生产生活方式和城市建设运营模式初步确立，居民生活更加便利、更加幸福；

——开放型经济新体制加快构建，粤港澳市场互联互通水平进一步提升，各类资源要素流动更加便捷高效，文化交流活动更加活跃。

到 2035 年，大湾区形成以创新为主要支撑的经济体系和发展模式，经济实力、科技实力大幅跃升，国际竞争力、影响力进一步增强；大湾区内市场高水平互联互通基本实现，各类资源要素高效便捷流动；区域发展协调性显著增强，对周边地区的引领带动能力进一步提升；人民生活更加富裕；社会文明程度达到新高度，文化软实力显著增强，中华文化影响更加广泛深入，多元文化进一步交流融合；资源节约集约利用水平显著提高，生态环境得到有效保护，宜居宜业宜游的国际一流湾区全面建成。

## 第三章　空间布局

坚持极点带动、轴带支撑、辐射周边，推动大中小城市合理分工、功能互补，进一步提高区域发展协调性，促进城乡融合发展，构建结构科学、集约高效的大湾区发展格局。

### 第一节　构建极点带动、轴带支撑网络化空间格局

极点带动。发挥香港—深圳、广州—佛山、澳门—珠海强强联合的引领带动作用，深化港深、澳珠合作，加快广佛同城化建设，提升整体实力和全球影响力，引领粤港澳大湾区深度参与国际合作。

轴带支撑。依托以高速铁路、城际铁路和高等级公路为主体的快速交通网络与港口群和机场群，构建区域经济发展轴带，形成主要城市间高效连接的网络化空间格局。更好发挥港珠澳大桥作用，加快建设深（圳）中（山）通道、深（圳）茂（名）铁路等重要交通设施，提高珠江西岸地区发展水平，促进东西两岸协同发展。

## 第二节　完善城市群和城镇发展体系

优化提升中心城市。以香港、澳门、广州、深圳四大中心城市作为区域发展的核心引擎，继续发挥比较优势做优做强，增强对周边区域发展的辐射带动作用。

——香港。巩固和提升国际金融、航运、贸易中心和国际航空枢纽地位，强化全球离岸人民币业务枢纽地位、国际资产管理中心及风险管理中心功能，推动金融、商贸、物流、专业服务等向高端高增值方向发展，大力发展创新及科技事业，培育新兴产业，建设亚太区国际法律及争议解决服务中心，打造更具竞争力的国际大都会。

——澳门。建设世界旅游休闲中心、中国与葡语国家商贸合作服务平台，促进经济适度多元发展，打造以中华文化为主流、多元文化共存的交流合作基地。

——广州。充分发挥国家中心城市和综合性门户城市引领作用，全面增强国际商贸中心、综合交通枢纽功能，培育提升科技教育文化中心功能，着力建设国际大都市。

——深圳。发挥作为经济特区、全国性经济中心城市和国家创新型城市的引领作用，加快建成现代化国际化城市，努力成为具有世界影响力的创新创意之都。

建设重要节点城市。支持珠海、佛山、惠州、东莞、中山、江门、肇庆等城市充分发挥自身优势，深化改革创新，增强城市综合实力，形成特色鲜明、功能互补、具有竞争力的重要节点城市。增强发展的协调性，强化与中心城市的互动合作，带动周边特色城镇发展，共同提升城市群发展质量。

发展特色城镇。充分发挥珠三角九市特色城镇数量多、体量大的优势，培育一批具有特色优势的魅力城镇，完善市政基础设施和公共服务设施，发展特色产业，传承传统文化，形成优化区域发展格局的重要支撑。建设智慧小镇，开展智能技术应用试验，推动体制机制创新，探索未来城市发展模式。加快推进特大镇行政管理体制改革，在降低行政成本和提升行政效率的基础上不断拓展特大镇功能。

促进城乡融合发展。建立健全城乡融合发展体制机制和政策体系，推动珠三角九市城乡一体化发展，全面提高城镇化发展质量和水平，建设具有岭南特色的宜居城乡。加强分类指导，合理划定功能分区，优化空间布局，促进城乡集约发展。提高城乡基础设施一体化水平，因地制宜推进城市更新，改造城中村、合并小型村，加强配套设施建设，改善城乡人居环境。

## 第三节　辐射带动泛珠三角区域发展

发挥粤港澳大湾区辐射引领作用，统筹珠三角九市与粤东西北地区生产力布局，带动周边地区加快发展。构建以粤港澳大湾区为龙头，以珠江—西江经济带为腹地，带动中南、西南地区发展，辐射东南亚、南亚的重要经济支撑带。完善大湾区至泛珠三角区域其他省区的交通网络，深化区域合作，有序发展"飞地经济"，促进泛珠三角区域要素流动和产业转移，形成梯度发展、分工合理、优势互补的产业协作体系。依托沿海铁路、高等级公路和重要港口，实现粤港澳大湾区与海峡西岸城市群和北部湾城市群联动发展。依托高速铁路、干线铁路和高速公路等交通通道，深化大湾区与中南地区和长江中游地区的合作交流，加强大湾区对西南地区的辐射带动作用。

## 第四章　建设国际科技创新中心

深入实施创新驱动发展战略，深化粤港澳创新合作，构建开放型融合发展的区域协同创新共同体，集聚国际创新资源，优化创新制度和政策环境，着力提升科技成果转化能力，建设全球科技创新高地和新兴产业重要策源地。

## 第一节　构建开放型区域协同创新共同体

加强科技创新合作。更好发挥内地与香港、澳门科技合作委员会的作用，推动香港、澳门融入国家创新体系、发挥更重要作用。充分发挥粤港澳科技和产业优势，积极吸引和对接全球创新资源，建设开放互通、布局合理的区域创新体系。推进"广州—深圳—香港—澳门"科技创新走廊建设，探索有利于人才、资本、信息、技术等创新要素跨境流动和区域融通的政策举措，共建粤港澳大湾区大数据中心和国际化创新平台。加快国家自主创新示范区与国家双创示范基地、众创空间建设，支持其与香港、澳门建立创新创业交流机制，共享创新创业资源，共同完善创新创业生态，为港澳青年创新创业提供更多机遇和更好条件。鼓励粤港澳企业和科研机构参与国际科技创新合作，共同举办科技创新活动，支持企业到海外设立研发机构和创新孵化基地，鼓励境内外投资者在粤港澳设立研发机构和创新平台。支持依托深圳国家基因库发起设立"一带一路"生命科技促进联盟。鼓励其他地区的高校、科研机构和企业参与大湾区科技创新活动。

加强创新基础能力建设。支持重大科技基础设施、重要科研机构和重大创新平台在大湾区布局建设。向港澳有序开放国家在广东建设布局的重大科研基础设施和大型科研仪器。支持粤港澳有关机构积极参与国家科技计划（专项、基金等）。加强应用基础研究，拓展实施国家重大科技项目。支持将粤港澳深化创新体制机制改革的相关举措纳入全面创新改革试验。

加强产学研深度融合。建立以企业为主体、市场为导向、产学研深度融合的技术创新体系，支持粤港澳企业、高校、科研院所共建高水平的协同创新平台，推动科技成果转化。实施粤港澳科技创新合作发展计划和粤港联合创新资助计划，支持设立粤港澳产学研创新联盟。

## 第二节　打造高水平科技创新载体和平台

加快推进大湾区重大科技基础设施、交叉研究平台和前沿学科建设，着力提升基础研究水平。优化创新资源配置，建设培育一批产业技术创新平台、制造业创新中心和企业技术中心。推进国家自主创新示范区建设，有序开展国家高新区扩容，将高新区建设成为区域创新的重要节点和产业高端化发展的重要基地。推动珠三角九市军民融合创新发展，支持创建军民融合创新示范区。支持港深创新及科技园、中新广州知识城、南沙庆盛科技创新产业基地、横琴粤澳合作中医药科技产业园等重大创新载体建设。支持香港物流及供应链管理应用技术、纺织及成衣、资讯及通信技术、汽车零部件、纳米及先进材料等五大研发中心以及香港科学园、香港数码港建设。支持澳门中医药科技产业发展平台建设。推进香港、澳门国家重点实验室伙伴实验室建设。

## 第三节　优化区域创新环境

深化区域创新体制机制改革。研究实施促进粤港澳大湾区出入境、工作、居住、物流等更加便利化的政策措施，鼓励科技和学术人才交往交流。允许香港、澳门符合条件的高校、科研机构申请内地科技项目，并按规定在内地及港澳使用相关资金。支持粤港澳设立联合创新专项资金，就重大科研项目开展合作，允许相关资金在大湾区跨境使用。研究制定专门办法，对科研合作项目需要的医疗数据和血液等生物样品跨境在大湾区内限定的高校、科研机构和实验室使用进行优化管理，促进临床医学研究发展。香港、澳门在广东设立的研发机构按照与内地研发机构同等待遇原则，享受国家和广东省各项支持创新的政策，鼓励和支持其参与广东科技计划。开展知识产权证券化试点。

促进科技成果转化。创新机制、完善环境，将粤港澳大湾区建设成为具有国际竞争力的科技成果转化基地。支持粤港澳在创业孵化、科技金融、成果转化、国际技术转让、科技服务业等领域开展深度合作，共建国家级科技成果孵化基地和粤港澳青年创业就业基地等成果转化平台。在珠三角九市建设一批面向港澳的科技企业孵化器，为港澳高校、科研机构的先进技术成果转移转化提供便利条件。支持珠三角九市建设国家科技成果转移转化示范区。充分发挥香港、澳门、深圳、广州等资本市场和金融服务功能，合作构建多元化、国际化、跨区域的科技创新投融资体系。大力拓展直接融资渠道，依托区域性股权交易市场，建设科技创新金融支持平台。支持香港私募基金参与大湾区创新型科技企业融资，允许符合条件的创新型科技企业进入香港上市集资平台，将香港发展成为大湾区高新技术产业融资中心。

强化知识产权保护和运用。依托粤港、粤澳及泛珠三角区域知识产权合作机制，全面加强粤港澳大湾区在知识产权保护、专业人才培养等领域的合作。强化知识产权行政执法和司法保护，更好发挥广州知识产权法院等机构作用，加强电子商务、进出口等重点领域和环节的知识产权执法。加强在知识产权创造、运用、保护和贸易方面的国际合作，建立完善知识产权案件跨境协作机制。依托现有交易场所，开展知识产权交易，促进知识产权的合理有效流通。开展知识产权保护规范化市场培育和"正版正货"承诺活动。发挥知识产权服务业集聚发展区的辐射作用，促进高端知识产权服务与区域产业融合发展，推动通过非诉讼争议解决方式（包括仲裁、调解、协商等）处理知识产权纠纷。充分发挥香港在知识产权保护及相关专业服务等方面具有的优势，支持香港成为区域知识产权贸易中心。不断丰富、发展和完善有利于激励创新的知识产权保护制度。建立大湾区知识产权信息交换机制和信息共享平台。

## 第五章　加快基础设施互联互通

加强基础设施建设，畅通对外联系通道，提升内部联通水平，推动形成布局合理、功能完善、衔接顺畅、运作高效的基础设施网络，为粤港澳大湾区经济社会发展提供有力支撑。

### 第一节　构建现代化的综合交通运输体系

提升珠三角港口群国际竞争力。巩固提升香港国际航运中心地位，支持香港发展船舶管理及租赁、船舶融资、海事保险、海事法律及争议解决等高端航运服务业，并为内地和澳门企业提供服务。增强广州、深圳国际航运综合服务功能，进一步提升港口、航道等基础设施服务能力，与香港形成优势互补、互惠共赢的港口、航运、物流和配套服务体系，增强港口群整体国际竞争力。以沿海主要港口为重点，完善内河航道与疏港铁路、公路等集疏运网络。

建设世界级机场群。巩固提升香港国际航空枢纽地位，强化航空管理培训中心功能，提升广州和深圳机场国际枢纽竞争力，增强澳门、珠海等机场功能，推进大湾区机场错位发展和良性互动。支持香港机场第三跑道建设和澳门机场改扩建，实施广州、深圳等机场改扩建，开展广州新机场前期研究工作，研究建设一批支线机场和通用机场。进一步扩大大湾区的境内外航空网络，积极推动开展多式联运代码共享。依托香港金融和物流优势，发展高增值货运、飞机租赁和航空融资业务等。支持澳门机场发展区域公务机业务。加强空域协调和空管协作，优化调整空域结构，提高空域资源使用效率，提升空管保障能力。深化低空空域管理改革，加快通用航空发展，稳步发展跨境直升机服务，建设深圳、珠海通用航空产业综合示范区。推进广州、深圳临空经济区发展。

畅通对外综合运输通道。完善大湾区经粤东西北至周边省区的综合运输通道。推进赣州至深圳、广州至汕尾、深圳至茂名、岑溪至罗定等铁路项目建设，适时开展广州经茂名、湛江至海安铁路和柳州至肇庆铁路等区域性通道项目前期工作，研究广州至清远铁路进一步延伸的可行性。有序推进沈海高速（G15）和京港澳高速（G4）等国家高速公路交通繁忙路段扩容改造。加快构建以广州、深圳为枢纽，高速公路、高速铁路和快速铁路等广东出省通道为骨干，连接泛珠三角区域和东盟国家的陆路国际大通道。

构筑大湾区快速交通网络。以连通内地与港澳以及珠江口东西两岸为重点，构建以高速铁路、城际铁路和高等级公路为主体的城际快速交通网络，力争实现大湾区主要城市间1小时通达。编制粤港澳大湾区城际（铁路）建设规划，完善大湾区铁路骨干网络，加快城际铁路建设，有序规划珠三角主要城市的城市轨道交通项目。加快深中通道、虎门二桥过江通道建设。创新通关模式，更好发挥广深港高速铁路、港珠澳大桥作用。推进莲塘/香园围口岸、粤澳新通道（青茂口岸）、横琴口岸（探索澳门莲花口岸搬迁）、广深港高速铁路西九龙站等新口岸项目的规划建设。加强港澳与内地的交通联系，推进城市轨道交通等各种运输方式的有效对接，构建安全便捷换乘换装体系，提升粤港澳口岸通关能力和通关便利化水平，促进人员、物资高效便捷流动。

提升客货运输服务水平。按照零距离换乘、无缝化衔接目标，完善重大交通设施布局，积极推进干线铁路、城际铁路、市域（郊）铁路等引入机场，提升机场集疏运能力。加快广州—深圳国际性综合交通枢纽建设。推进大湾区城际客运公交化运营，推广"一票式"联程和"一卡通"服务。构建现代货运物流体系，加快发展铁水、公铁、空铁、江河海联运和"一单制"联运服务。加快智能交通系统建设，推进物联网、云计算、大数据等信息技术在交通运输领域的创新集成应用。

## 第二节　优化提升信息基础设施

构建新一代信息基础设施。推进粤港澳网间互联宽带扩容，全面布局基于互联网协议第六版（IPv6）的下一代互联网，推进骨干网、城域网、接入网、互联网数据中心和支撑系统的 IPv6 升级改造。加快互联网国际出入口带宽扩容，全面提升流量转接能力。推动珠三角无线宽带城市群建设，实现免费高速无线局域网在大湾区热点区域和重点交通线路全覆盖。实现城市固定互联网宽带全部光纤接入。建设超高清互动数字家庭网络。

建成智慧城市群。推进新型智慧城市试点示范和珠三角国家大数据综合试验区建设，加强粤港澳智慧城市合作，探索建立统一标准，开放数据端口，建设互通的公共应用平台，建设全面覆盖、泛在互联的智能感知网络以及智慧城市时空信息云平台、空间信息服务平台等信息基础设施，大力发展智慧交通、智慧能源、智慧市政、智慧社区。推进电子签名证书互认工作，推广电子签名互认证书在公共服务、金融、商贸等领域应用。共同推动大湾区电子支付系统互联互通。增强通信企业服务能力，多措并举实现通信资费合理下降，推动降低粤港澳手机长途和漫游费，并积极开展取消粤港澳手机长途和漫游费的可行性研究，为智慧城市建设提供基础支撑。

提升网络安全保障水平。加强通信网络、重要信息系统和数据资源保护，增强信息基础设施可靠性，提高信息安全保障水平。积极推动先进技术在香港、澳门、广州、深圳等城市使用，促进保密通信技术在政府部门、金融机构等应用。建立健全网络与信息安全信息通报预警机制，加强实时监测、通报预警、应急处置工作，构建网络安全综合防御体系。

## 第三节　建设能源安全保障体系

优化能源供应结构。大力推进能源供给侧结构性改革，优化粤港澳大湾区能源结构和布局，建设清洁、低碳、安全、高效的能源供给体系。大力发展绿色低碳能源，加快天然气和可再生能源利用，有序开发风能资源，因地制宜发展太阳能光伏发电、生物质能，安全高效发展核电，大力推进煤炭清洁高效利用，控制煤炭消费总量，不断提高清洁能源比重。

强化能源储运体系。加强周边区域向大湾区以及大湾区城市间送电通道等主干电网建设，完善城镇输配电网络，提高电网输电能力和抗风险能力。加快推进珠三角大型石油储备基地建设，统筹推进新建液化天然气（LNG）接收站和扩大已建 LNG 接收站储转能力，依托国家骨干天然气管线布局建设配套支线，扩大油气管道覆盖面，提高油气储备和供应能力。推进广州、珠海等国家煤炭储备基地建设，建成煤炭接收与中转储备梯级系统。研究完善广东对香港、澳门输电网络、供气管道，确保香港、澳门能源供应安全和稳定。

## 第四节　强化水资源安全保障

完善水利基础设施。坚持节水优先，大力推进雨洪资源利用等节约水、涵养水的工程建设。实施最严格水资源管理制度，加快制定珠江水量调度条例，严格珠江水资源统一调度管理。加快推进珠三角水资源配置工程和对澳门第四供水管道建设，加强饮用水水源地和备用水源安全保障达标建设及环境风险防控工程建设，保障珠三角以及港澳供水安全。加强粤港澳水科技、水资源合作交流。

完善水利防灾减灾体系。加强海堤达标加固、珠江干支流河道崩岸治理等重点工程建设，着力完善防汛防台风综合防灾减灾体系。加强珠江河口综合治理与保护，推进珠江三角洲河湖系统治理。强化城市内部排水系统和蓄水能力建设，建设和完善澳门、珠海、中山等防洪（潮）排涝体系，有效解决城市内涝问题。推进病险水库和病险水闸除险加固，全面消除安全隐患。加强珠江河口水文水资源监测，共同建设灾害监测预警、联防联控和应急调度系统，提高防洪防潮减灾应急能力。

# 第六章　构建具有国际竞争力的现代产业体系

深化供给侧结构性改革，着力培育发展新产业、新业态、新模式，支持传统产业改造升级，加快发展先进制造业和现代服务业，瞄准国际先进标准提高产业发展水平，促进产业优势互补、紧密协作、联动发展，培育若干世界级产业集群。

## 第一节　加快发展先进制造业

增强制造业核心竞争力。围绕加快建设制造强国，完善珠三角制造业创新发展生态体系。推动互联网、大数据、人工智能和实体经济深度融合，大力推进制造业转型升级和优化发展，加强产业分工协作，促进产业链上下游深度合作，建设具有国际竞争力的先进制造业基地。

优化制造业布局。提升国家新型工业化产业示范基地发展水平，以珠海、佛山为龙头建设珠江西岸先进装备制造产业带，以深圳、东莞为核心在珠江东岸打造具有全球影响力和竞争力的电子信息等世界级先进制造业产业集群。发挥香港、澳门、广州、深圳创新研发能力强、运营总部密集以及珠海、佛山、惠州、东莞、中山、江门、肇庆等地产业链齐全的优势，加强大湾区产业对接，提高协作发展水平。支持东莞等市推动传统产业转型升级，支持佛山深入开展制造业转型升级综合改革试点。支持香港在优势领域探索"再工业化"。

加快制造业结构调整。推动制造业智能化发展，以机器人及其关键零部件、高速高精加工装备和智能成套装备为重点，大力发展智能制造装备和产品，培育一批具有系统集成能力、智能装备开发能力和关键部件研发生产能力的智能制造骨干企业。支持装备制造、汽车、石化、家用电器、电子信息等优势产业做强做精，推动制造业从加工生产环节向研发、设计、品牌、营销、再制造等环节延伸。加快制造业绿色改造升级，重点推进传统制造业绿色改造、开发绿色产品，打造绿色供应链。大力发展再制造产业。

## 第二节 培育壮大战略性新兴产业

依托香港、澳门、广州、深圳等中心城市的科研资源优势和高新技术产业基础，充分发挥国家级新区、国家自主创新示范区、国家高新区等高端要素集聚平台作用，联合打造一批产业链条完善、辐射带动力强、具有国际竞争力的战略性新兴产业集群，增强经济发展新动能。推动新一代信息技术、生物技术、高端装备制造、新材料等发展壮大为新支柱产业，在新型显示、新一代通信技术、5G 和移动互联网、蛋白类等生物医药、高端医学诊疗设备、基因检测、现代中药、智能机器人、3D 打印、北斗卫星应用等重点领域培育一批重大产业项目。围绕信息消费、新型健康技术、海洋工程装备、高技术服务业、高性能集成电路等重点领域及其关键环节，实施一批战略性新兴产业重大工程。培育壮大新能源、节能环保、新能源汽车等产业，形成以节能环保技术研发和总部基地为核心的产业集聚带。发挥龙头企业带动作用，积极发展数字经济和共享经济，促进经济转型升级和社会发展。促进地区间动漫游戏、网络文化、数字文化装备、数字艺术展示等数字创意产业合作，推动数字创意在会展、电子商务、医疗卫生、教育服务、旅游休闲等领域应用。

## 第三节 加快发展现代服务业

建设国际金融枢纽。发挥香港在金融领域的引领带动作用，巩固和提升香港国际金融中心地位，打造服务"一带一路"建设的投融资平台。支持广州完善现代金融服务体系，建设区域性私募股权交易市场，建设产权、大宗商品区域交易中心，提升国际化水平。支持深圳依规发展以深圳证券交易所为核心的资本市场，加快推进金融开放创新。支持澳门打造中国—葡语国家金融服务平台，建立出口信用保险制度，建设成为葡语国家人民币清算中心，发挥中葡基金总部落户澳门的优势，承接中国与葡语国家金融合作服务。研究探索建设澳门—珠海跨境金融合作示范区。

大力发展特色金融产业。支持香港打造大湾区绿色金融中心，建设国际认可的绿色债券认证机构。支持广州建设绿色金融改革创新试验区，研究设立以碳排放为首个品种的创新型期货交易所。支持澳门发展租赁等特色金融业务，探索与邻近地区错位发展，研究在澳门建立以人民币计价结算的证券市场、绿色金融平台、中葡金融服务平台。支持深圳建设保险创新发展试验区，推进深港金融市场互联互通和深澳特色金融合作，开展科技金融试点，加强金融科技载体建设。支持珠海等市发挥各自优势，发展特色金融服务业。在符合法律法规及监管要求的前提下，支持粤港澳保险机构合作开发创新型跨境机动车保险和跨境医疗保险产品，为跨境保险客户提供便利化承保、查勘、理赔等服务。

有序推进金融市场互联互通。逐步扩大大湾区内人民币跨境使用规模和范围。大湾区内的银行机构可按照相关规定开展跨境人民币拆借、人民币即远期外汇交易业务以及与人民币相关衍生品业务、理财产品交叉代理销售业务。大湾区内的企业可按规定跨境发行人民币债券。扩大香港与内地居民和机构进行跨境投资的空间，稳步扩大两地居民投资对方金融产品的渠道。在依法合规前提下，有序推动大湾区内基金、保险等金融产品跨境交易，不断丰富投资产品类别和投资渠道，建立资金和产品互通机制。支持香港机构投资者按规定在大湾区募集人民币资金投资香港资本市场，参与投资境内私募股权投资基金和创业投资基金。支持香港开发更多离岸人民币、大宗商品及其他风险管理工具。支持内地与香港、澳门保险机构开展跨境人民币再保险业务。不断完善"沪港通"、"深港通"和"债券通"。支持符合条件的港澳银行、保险机构在深圳前海、广州南沙、珠海横琴设立经营机构。建立粤港澳大湾区金融监管协调沟通机制，加强跨境金融机构监管和资金流动监测分析合作。完善粤港澳反洗钱、反恐怖融资、反逃税监管合作和信息交流机制。建立和完善系统性风险预警、防范和化解体系，共同维护金融系统安全。

构建现代服务业体系。聚焦服务业重点领域和发展短板，促进商务服务、流通服务等生产性服务业向专业化和价值链高端延伸发展，健康服务、家庭服务等生活性服务业向精细和高品质转变，以航运物流、旅游服务、文化创意、人力资源服务、会议展览及其他专业服务等为重点，构建错位发展、优势互补、协作配套的现代服务业体系。推进粤港澳物流合作发展，大力发展第三方物流和冷链物流，提高供应链管理水平，建设国际物流枢纽。支持澳门加快建设葡语国家食品集散中心。推动粤港澳深化工业设计合作，促进工业设计成果产业化。深化粤港澳文化创意产业合作，有序推进市场开放。充分发挥香港影视人才优势，推动粤港澳影视合作，加强电影投资合作和人才交流，支持香港成为电影电视博览枢纽。巩固提升香港作为国际高端会议展览及采购中心的地位，支持澳门培育一批具有国际影响力的会议展览品牌。深化落实内地与香港、澳门关于建立更紧密经贸关系的安排（CEPA）对港澳服务业开放措施，鼓励粤港澳共建专业服务机构，促进会计审计、法律及争议解决服务、管理咨询、检验检测认证、知识产权、建筑及相关工程等专业服务发展。支持大湾区企业使用香港的检验检测认证等服务。

## 第四节 大力发展海洋经济

坚持陆海统筹、科学开发，加强粤港澳合作，拓展蓝色经济空间，共同建设现代海洋产业基地。强化海洋观测、监测、预报和防灾减灾能力，提升海洋资源开发利用水平。优化海洋开发空间布局，与海洋功能区划、土地利用总体规划相衔接，科学统筹海岸带（含海岛地区）、近海海域、深海海域利用。构建现代海洋产业体系，优化提升海洋渔业、海洋交通运输、海洋船舶等传统优势产业，培育壮大海洋生物医药、海洋工程装备制造、海水综合利用等新兴产业，集中集约发展临海石化、能源等产业，加快发展港口物流、滨海旅游、海洋信息服务等海洋服务业，加强海洋科技创新平台建设，促进海洋科技创新和成果高效转化。支持香港发挥海洋经济基础领域创新研究优势。在保障珠江河口水域泄洪纳潮安全的前提下，支持澳门科学编制实施海域中长期发展规划，进一步发展海上旅游、海洋科技、海洋生物等产业。支持深圳建设全球海洋中心城市。支持粤港澳通过加强金融合作推进海洋经济发展，探索在境内外发行企业海洋开发债券，鼓励产业（股权）投资基金投资海洋综合开发企业和项目，依托香港高增值海运和金融服务的优势，发展海上保险、再保险及船舶金融等特色金融业。

# 第七章　推进生态文明建设

牢固树立和践行绿水青山就是金山银山的理念，像对待生命一样对待生态环境，实行最严格的生态环境保护制度。坚持节约优先、保护优先、自然恢复为主的方针，以建设美丽湾区为引领，着力提升生态环境质量，形成节约资源和保护环境的空间格局、产业结构、生产方式、生活方式，实现绿色低碳循环发展，使大湾区天更蓝、山更绿、水更清、环境更优美。

## 第一节　打造生态防护屏障

实施重要生态系统保护和修复重大工程，构建生态廊道和生物多样性保护网络，提升生态系统质量和稳定性。划定并严守生态保护红线，强化自然生态空间用途管制。加强珠三角周边山地、丘陵及森林生态系统保护，建设北部连绵山体森林生态屏障。加强海岸线保护与管控，强化岸线资源保护和自然属性维护，建立健全海岸线动态监测机制。强化近岸海域生态系统保护与修复，开展水生生物增殖放流，推进重要海洋自然保护区及水产种质资源保护区建设与管理。推进"蓝色海湾"整治行动、保护沿海红树林，建设沿海生态带。加强粤港澳生态环境保护合作，共同改善生态环境系统。加强湿地保护修复，全面保护区域内国际和国家重要湿地，开展滨海湿地跨境联合保护。

## 第二节　加强环境保护和治理

开展珠江河口区域水资源、水环境及涉水项目管理合作，重点整治珠江东西两岸污染，规范入河（海）排污口设置，强化陆源污染排放项目、涉水项目和岸线、滩涂管理。加强海洋资源环境保护，更加重视以海定陆，加快建立入海污染物总量控制制度和海洋环境实时在线监控系统。实施东江、西江及珠三角河网区污染物排放总量控制，保障水功能区水质达标。加强东江、西江、北江等重要江河水环境保护和水生生物资源养护，强化深圳河等重污染河流系统治理，推进城市黑臭水体环境综合整治，贯通珠江三角洲水网，构建全区域绿色生态水网。强化区域大气污染联防联控，实施更严格的清洁航运政策，实施多污染物协同减排，统筹防治臭氧和细颗粒物（PM2.5）污染。实施珠三角九市空气质量达标管理。加强危险废物区域协同处理处置能力建设，强化跨境转移监管，提升固体废物无害化、减量化、资源化水平。开展粤港澳土壤治理修复技术交流与合作，积极推进受污染土壤的治理与修复示范，强化受污染耕地和污染地块安全利用，防控农业面源污染，保障农产品质量和人居环境安全。建立环境污染"黑名单"制度，健全环保信用评价、信息强制性披露、严惩重罚等制度。着力解决人民群众关心的环境保护历史遗留问题。

### 第三节　创新绿色低碳发展模式

挖掘温室气体减排潜力，采取积极措施，主动适应气候变化。加强低碳发展及节能环保技术的交流合作，进一步推广清洁生产技术。推进低碳试点示范，实施近零碳排放区示范工程，加快低碳技术研发。推动大湾区开展绿色低碳发展评价，力争碳排放早日达峰，建设绿色发展示范区。推动制造业智能化绿色化发展，采用先进适用节能低碳环保技术改造提升传统产业，加快构建绿色产业体系。推进能源生产和消费革命，构建清洁低碳、安全高效的能源体系。推进资源全面节约和循环利用，实施国家节水行动，降低能耗、物耗，实现生产系统和生活系统循环链接。实行生产者责任延伸制度，推动生产企业切实落实废弃产品回收责任。培育发展新兴服务业态，加快节能环保与大数据、互联网、物联网的融合。广泛开展绿色生活行动，推动居民在衣食住行游等方面加快向绿色低碳、文明健康的方式转变。加强城市绿道、森林湿地步道等公共慢行系统建设，鼓励低碳出行。推广碳普惠制试点经验，推动粤港澳碳标签互认机制研究与应用示范。

## 第八章　建设宜居宜业宜游的优质生活圈

坚持以人民为中心的发展思想，积极拓展粤港澳大湾区在教育、文化、旅游、社会保障等领域的合作，共同打造公共服务优质、宜居宜业宜游的优质生活圈。

## 第一节　打造教育和人才高地

推动教育合作发展。支持粤港澳高校合作办学，鼓励联合共建优势学科、实验室和研究中心。充分发挥粤港澳高校联盟的作用，鼓励三地高校探索开展相互承认特定课程学分、实施更灵活的交换生安排、科研成果分享转化等方面的合作交流。支持大湾区建设国际教育示范区，引进世界知名大学和特色学院，推进世界一流大学和一流学科建设。鼓励港澳青年到内地学校就读，对持港澳居民来往内地通行证在内地就读的学生，实行与内地学生相同的交通、旅游门票等优惠政策。推进粤港澳职业教育在招生就业、培养培训、师生交流、技能竞赛等方面的合作，创新内地与港澳合作办学方式，支持各类职业教育实训基地交流合作，共建一批特色职业教育园区。支持澳门建设中葡双语人才培训基地，发挥澳门旅游教育培训和旅游发展经验优势，建设粤港澳大湾区旅游教育培训基地。加强基础教育交流合作，鼓励粤港澳三地中小学校结为"姊妹学校"，在广东建设港澳子弟学校或设立港澳儿童班并提供寄宿服务。研究探索三地幼儿园缔结"姊妹园"。研究开放港澳中小学教师、幼儿教师到广东考取教师资格并任教。加强学校建设，扩大学位供给，进一步完善跨区域就业人员随迁子女就学政策，推动实现平等接受学前教育、义务教育和高中阶段教育，确保符合条件的随迁子女顺利在流入地参加高考。研究赋予在珠三角九市工作生活并符合条件的港澳居民子女与内地居民同等接受义务教育和高中阶段教育的权利。支持各级各类教育人才培训交流。

建设人才高地。支持珠三角九市借鉴港澳吸引国际高端人才的经验和做法，创造更具吸引力的引进人才环境，实行更积极、更开放、更有效的人才引进政策，加快建设粤港澳人才合作示范区。在技术移民等方面先行先试，开展外籍创新人才创办科技型企业享受国民待遇试点。支持大湾区建立国家级人力资源服务产业园。建立紧缺人才清单制度，定期发布紧缺人才需求，拓宽国际人才招揽渠道。完善外籍高层次人才认定标准，畅通人才申请永久居留的市场化渠道，为外籍高层次人才在华工作、生活提供更多便利。完善国际化人才培养模式,加强人才国际交流合作,推进职业资格国际互认。完善人才激励机制,健全人才双向流动机制,为人才跨地区、跨行业、跨体制流动提供便利条件,充分激发人才活力。支持澳门加大创新型人才和专业服务人才引进力度,进一步优化提升人才结构。探索采用法定机构或聘任制等形式,大力引进高层次、国际化人才参与大湾区的建设和管理。

## 第二节 共建人文湾区

塑造湾区人文精神。坚定文化自信,共同推进中华优秀传统文化传承发展,发挥粤港澳地域相近、文脉相亲的优势,联合开展跨界重大文化遗产保护,合作举办各类文化遗产展览、展演活动,保护、宣传、利用好湾区内的文物古迹、世界文化遗产和非物质文化遗产,支持弘扬以粤剧、龙舟、武术、醒狮等为代表的岭南文化,彰显独特文化魅力。增强大湾区文化软实力,进一步提升居民文化素养与社会文明程度,共同塑造和丰富湾区人文精神内涵。吸收中华优秀传统文化精华,大力弘扬廉洁修身、勤勉尽责的廉洁文化,形成崇廉尚洁的良好社会氛围,共同维护向善向上的清风正气,构建亲清新型政商关系,推动廉洁化风成俗。

共同推动文化繁荣发展。完善大湾区内公共文化服务体系和文化创意产业体系,培育文化人才,打造文化精品,繁荣文化市场,丰富居民文化生活。推进大湾区新闻出版广播影视产业发展;加强国家音乐产业基地建设,推动音乐产业发展。加强大湾区艺术院团、演艺学校及文博机构交流,支持博物馆合作策展,便利艺术院团在大湾区内跨境演出。支持新建香港故宫文化博物馆、西九文化区戏曲中心等重点文化项目,增强香港中西合璧的城市文化魅力。支持香港通过国际影视展、香港书展和设计营商周等具有国际影响力的活动,汇聚创意人才,巩固创意之都地位。支持深圳引进世界高端创意设计资源,大力发展时尚文化产业。支持香港、澳门、广州、佛山(顺德)弘扬特色饮食文化,共建世界美食之都。共同推进大湾区体育事业和体育产业发展,联合打造一批国际性、区域性品牌赛事。推进马匹运动及相关产业发展,加强香港与内地在马匹、饲草饲料、兽药、生物制品等进出境检验检疫和通关等方面的合作。

加强粤港澳青少年交流。支持"粤港澳青年文化之旅"、香港"青年内地交流资助计划"和澳门"千人计划"等重点项目实施,促进大湾区青少年交流合作。在大湾区为青年人提供创业、就业、实习和志愿工作等机会,推动青年人交往交流、交心交融,支持港澳青年融入国家、参与国家建设。强化内地和港澳青少年的爱国教育,加强宪法和基本法、国家历史、民族文化的教育宣传。开展青少年研学旅游合作,共建一批研学旅游示范基地。鼓励举办大湾区青年高峰论坛。

推动中外文化交流互鉴。发挥大湾区中西文化长期交汇共存等综合优势,促进中华文化与其他文化的交流合作,创新人文交流方式,丰富文化交流内容,提高文化交流水平。支持广州建设岭南文化中心和对外文化交流门户,扩大岭南文化的影响力和辐射力。支持中山深度挖掘和弘扬孙中山文化资源。支持江门建设华侨华人文化交流合作重要平台。支持澳门发挥东西方多元文化长期交融共存的特色,加快发展文化产业和文化旅游,建设中国与葡语国家文化交流中心。鼓励香港发挥中西方文化交流平台作用,弘扬中华优秀传统文化。

## 第三节　构筑休闲湾区

推进大湾区旅游发展,依托大湾区特色优势及香港国际航运中心的地位,构建文化历史、休闲度假、养生保健、邮轮游艇等多元旅游产品体系,丰富粤港澳旅游精品路线,开发高铁"一程多站"旅游产品,建设粤港澳大湾区世界级旅游目的地。优化珠三角地区"144小时过境免签"政策,便利外国人在大湾区旅游观光。支持香港成为国际城市旅游枢纽及"一程多站"示范核心区,建设多元旅游平台。支持澳门建设世界旅游休闲中心,在澳门成立大湾区城市旅游合作联盟,推进粤港澳共享区域旅游资源,构建大湾区旅游品牌,研发具有创意的旅游产品,共同拓展旅游客源市场,推动旅游休闲提质升级。有序推动香港、广州、深圳国际邮轮港建设,进一步增加国际班轮航线,探索研究简化邮轮、游艇及旅客出入境手续。逐步简化及放宽内地邮轮旅客的证件安排，研究探索内地邮轮旅客以过境方式赴港参与全部邮轮航程。推动粤港澳游艇自由行有效实施，加快完善软硬件设施，共同开发高端旅游项目。探索在合适区域建设国际游艇旅游自由港。支持澳门与邻近城市探索发展国际游艇旅游，合作开发跨境旅游产品，发展面向国际的邮轮市场。支持珠三角城市建设国家全域旅游示范区。促进滨海旅游业高品质发展，加快"海洋—海岛—海岸"旅游立体开发，完善滨海旅游基础设施与公共服务体系。探索以旅游等服务业为主体功能的无居民海岛整岛开发方式。建设贯通潮州到湛江并连接港澳的滨海景观公路，推动形成连通港澳的滨海旅游发展轴线，建设一批滨海特色风情小镇。探索开通澳门与邻近城市、岛屿的旅游路线，探索开通香港—深圳—惠州—汕尾海上旅游航线。

## 第四节　拓展就业创业空间

完善区域公共就业服务体系，建设公共就业综合服务平台，完善有利于港澳居民特别是内地学校毕业的港澳学生在珠三角九市就业生活的政策措施，扩宽港澳居民就业创业空间。鼓励港澳居民中的中国公民依法担任内地国有企事业单位职务，研究推进港澳居民中的中国公民依法报考内地公务员工作。在深圳前海、广州南沙、珠海横琴建立港澳创业就业试验区，试点允许取得建筑及相关工程咨询等港澳相应资质的企业和专业人士为内地市场主体直接提供服务，并逐步推出更多试点项目及开放措施。支持港澳青年和中小微企业在内地发展，将符合条件的港澳创业者纳入当地创业补贴扶持范围，积极推进深港青年创新创业基地、前海深港青年梦工场、南沙粤港澳（国际）青年创新工场、中山粤港澳青年创新创业合作平台、中国（江门、增城）"侨梦苑"华侨华人创新产业聚集区、东莞松山湖（生态园）港澳青年创新创业基地、惠州仲恺港澳青年创业基地等港澳青年创业就业基地建设。实施"粤港暑期实习计划""粤澳暑期实习计划"和"澳门青年到深圳实习及就业项目"，鼓励港澳青年到广东省实习就业。支持香港通过"青年发展基金"等帮助香港青年在大湾区创业就业。支持澳门建设中国与葡语国家青年创新创业交流中心。支持举办粤港、粤澳劳动监察合作会议和执法培训班。

## 第五节　塑造健康湾区

密切医疗卫生合作。推动优质医疗卫生资源紧密合作，支持港澳医疗卫生服务提供主体在珠三角九市按规定以独资、合资或合作等方式设置医疗机构，发展区域医疗联合体和区域性医疗中心。支持中山推进生物医疗科技创新。深化中医药领域合作，支持澳门、香港分别发挥中药质量研究国家重点实验室伙伴实验室和香港特别行政区政府中药检测中心优势，与内地科研机构共同建立国际认可的中医药产品质量标准，推进中医药标准化、国际化。支持粤澳合作中医药科技产业园开展中医药产品海外注册公共服务平台建设，发展健康产业，提供优质医疗保健服务，推动中医药海外发展。加强医疗卫生人才联合培养和交流，开展传染病联合会诊，鼓励港澳医务人员到珠三角九市开展学术交流和私人执业医务人员短期执业。研究开展非急重病人跨境陆路转运服务，探索在指定公立医院开展跨境转诊合作试点。完善紧急医疗救援联动机制。推进健康城市、健康村镇建设。

加强食品食用农产品安全合作。完善港澳与内地间的食品原产地可追溯制度，提高大湾区食品安全监管信息化水平。加强粤港澳食品安全合作，提升区域食品安全保障水平，建立健全食品安全信息通报案件查处和食品安全事故应急联动机制，建立食品安全风险交流与信息发布制度。保障内地供港澳食品安全，支持港澳参与广东出口食品农产品质量安全示范区和"信誉农场"建设，高水平打造惠州粤港澳绿色农产品生产供应基地、肇庆（怀集）绿色农副产品集散基地。

## 第六节　促进社会保障和社会治理合作

推进社会保障合作。探索推进在广东工作和生活的港澳居民在教育、医疗、养老、住房、交通等民生方面享有与内地居民同等的待遇。加强跨境公共服务和社会保障的衔接，探索澳门社会保险在大湾区内跨境使用，提高香港长者社会保障措施的可携性。研究建立粤港澳跨境社会救助信息系统，开展社会福利和慈善事业合作。鼓励港澳与内地社会福利界加强合作，推进社会工作领域职业资格互认，加强粤港澳社工的专业培训交流。深化养老服务合作，支持港澳投资者在珠三角九市按规定以独资、合资或合作等方式兴办养老等社会服务机构，为港澳居民在广东养老创造便利条件。推进医养结合，建设一批区域性健康养老示范基地。

深化社会治理合作。深入推进依法行政，加强大湾区廉政机制协同，打造优质高效廉洁政府，提升政府服务效率和群众获得感。在珠三角九市港澳居民比较集中的城乡社区，有针对性地拓展社区综合服务功能，为港澳居民提供及时、高效、便捷的社会服务。严格依照宪法和基本法办事，在尊重各自管辖权的基础上，加强粤港澳司法协助。建立社会治安治理联动机制，强化矛盾纠纷排查预警和案件应急处置合作，联合打击偷渡行为，更大力度打击跨境犯罪活动，统筹应对传统和非传统安全威胁。完善突发事件应急处置机制，建立粤港澳大湾区应急协调平台，联合制定事故灾难、自然灾害、公共卫生事件、公共安全事件等重大突发事件应急预案，不定期开展应急演练，提高应急合作能力。

## 第九章　紧密合作共同参与"一带一路"建设

深化粤港澳合作，进一步优化珠三角九市投资和营商环境，提升大湾区市场一体化水平，全面对接国际高标准市场规则体系，加快构建开放型经济新体制，形成全方位开放格局，共创国际经济贸易合作新优势，为"一带一路"建设提供有力支撑。

### 第一节　打造具有全球竞争力的营商环境

发挥香港、澳门的开放平台与示范作用，支持珠三角九市加快建立与国际高标准投资和贸易规则相适应的制度规则，发挥市场在资源配置中的决定性作用，减少行政干预，加强市场综合监管，形成稳定、公平、透明、可预期的一流营商环境。加快转变政府职能，深化"放管服"改革，完善对外资实行准入前国民待遇加负面清单管理模式，深化商事制度改革，加强事中事后监管。加强粤港澳司法交流与协作，推动建立共商、共建、共享的多元化纠纷解决机制，为粤港澳大湾区建设提供优质、高效、便捷的司法服务和保障，着力打造法治化营商环境。完善国际商事纠纷解决机制，建设国际仲裁中心，支持粤港澳仲裁及调解机构交流合作，为粤港澳经济贸易提供仲裁及调解服务。创新"互联网＋政务服务"模式，加快清理整合分散、独立的政务信息系统，打破"信息孤岛"，提高行政服务效率。探索把具备条件的行业服务管理职能适当交由社会组织承担，建立健全行业协会法人治理结构。充分发挥行业协会商会在制定技术标准、规范行业秩序、开拓国际市场、应对贸易摩擦等方面的积极作用。加快珠三角九市社会信用体系建设，借鉴港澳信用建设经验成果，探索依法对区域内企业联动实施信用激励和失信惩戒措施。

### 第二节 提升市场一体化水平

推进投资便利化。落实内地与香港、澳门 CEPA 系列协议，推动对港澳在金融、教育、法律及争议解决、航运、物流、铁路运输、电信、中医药、建筑及相关工程等领域实施特别开放措施，研究进一步取消或放宽对港澳投资者的资质要求、持股比例、行业准入等限制，在广东为港澳投资者和相关从业人员提供一站式服务，更好落实 CEPA 框架下对港澳开放措施。提升投资便利化水平。在 CEPA 框架下研究推出进一步开放措施，使港澳专业人士与企业在内地更多领域从业投资营商享受国民待遇。

推动贸易自由化。加快国际贸易单一窗口建设，推进口岸监管部门间信息互换、监管互认、执法互助。研究优化相关管理措施，进一步便利港澳企业拓展内地市场。支持广州南沙建设全球进出口商品质量溯源中心。加快推进市场采购贸易方式试点。落实内地与香港、澳门 CEPA 服务贸易协议，进一步减少限制条件，不断提升内地与港澳服务贸易自由化水平。有序推进制定与国际接轨的服务业标准化体系，促进粤港澳在与服务贸易相关的人才培养、资格互认、标准制定等方面加强合作。扩大内地与港澳专业资格互认范围，拓展"一试三证"（一次考试可获得国家职业资格认证、港澳认证及国际认证）范围，推动内地与港澳人员跨境便利执业。

促进人员货物往来便利化。通过电子化、信息化等手段，不断提高港澳居民来往内地通行证使用便利化水平。研究为符合条件的珠三角九市人员赴港澳开展商务、科研、专业服务等提供更加便利的签注安排。统筹研究外国人在粤港澳大湾区内的便利通行政策和优化管理措施。加强内地与港澳口岸部门协作，扩展和完善口岸功能，依法推动在粤港澳口岸实施更便利的通关模式，研究在条件允许的情况下主要陆路口岸增加旅客出入境自助查验通道，进一步便利港澳与内地居民往来。研究制定港澳与内地车辆通行政策和配套交通管理措施，促进交通物流发展。进一步完善澳门单牌机动车便利进出横琴的政策措施，研究扩大澳门单牌机动车在内地行驶范围；研究制定香港单牌机动车进入内地行驶的政策措施；完善粤港、粤澳两地牌机动车管理政策措施，允许两地牌机动车通过多个口岸出入境。

## 第三节　携手扩大对外开放

打造"一带一路"建设重要支撑区。支持粤港澳加强合作，共同参与"一带一路"建设，深化与相关国家和地区基础设施互联互通、经贸合作及人文交流。签署实施支持香港、澳门全面参与和助力"一带一路"建设安排，建立长效协调机制，推动落实重点任务。强化香港全球离岸人民币业务枢纽地位，支持澳门以适当方式与丝路基金、中拉产能合作投资基金、中非产能合作基金和亚洲基础设施投资银行（以下简称亚投行）开展合作。支持香港成为解决"一带一路"建设项目投资和商业争议的服务中心。支持香港、澳门举办与"一带一路"建设主题相关的各类论坛或博览会，打造港澳共同参与"一带一路"建设的重要平台。

全面参与国际经济合作。依托港澳的海外商业网络和海外运营经验优势，推动大湾区企业联手走出去，在国际产能合作中发挥重要引领作用。积极引导华侨华人参与大湾区建设，更好发挥华侨华人、归侨侨眷以及港澳居民的纽带作用，增进与相关国家和地区的人文交流。加强与世界主要经济体联系，吸引发达国家先进制造业、现代服务业和战略性新兴产业投资，吸引跨国公司总部和国际组织总部落户大湾区。加快引进国际先进技术、管理经验和高素质人才，支持跨国公司在大湾区内设立全球研发中心、实验室和开放式创新平台，提升大湾区对全球资源的配置能力。加强粤港澳港口国际合作，与相关国家和地区共建港口产业园区，建设区域性港口联盟。充分发挥港澳在国家对外开放中的特殊地位与作用，支持香港、澳门依法以"中国香港"、"中国澳门"名义或者其他适当形式，对外签署自由贸易协定和参加有关国际组织，支持香港在亚投行运作中发挥积极作用，支持澳门在符合条件的情况下加入亚投行，支持丝路基金及相关金融机构在香港、澳门设立分支机构。

携手开拓国际市场。充分发挥港澳对外贸易联系广泛的作用，探索粤港澳共同拓展国际发展空间新模式。鼓励粤港澳三地企业合作开展绿地投资、实施跨国兼并收购和共建产业园区，支持港澳企业与境外经贸合作区对接，共同开拓国际市场，带动大湾区产品、设备、技术、标准、检验检测认证和管理服务等走出去。发挥港澳在财务、设计、法律及争议解决、管理咨询、项目策划、人才培训、海运服务、建筑及相关工程等方面国际化专业服务优势，扩展和优化国际服务网络，为企业提供咨询和信息支持。发挥香港国际金融中心作用，为内地企业走出去提供投融资和咨询等服务。支持内地企业在香港设立资本运作中心及企业财资中心，开展融资、财务管理等业务，提升风险管控水平。支持香港与佛山开展离岸贸易合作。支持搭建"一带一路"共用项目库。加强内地与港澳驻海外机构的信息交流，联合开展投资贸易环境推介和项目服务，助力三地联合开展引进来和走出去工作。发挥澳门与葡语国家的联系优势，依托中国与葡语国家商贸合作服务平台，办好中国—葡语国家经贸合作论坛（澳门），更好发挥中葡合作发展基金作用，为内地和香港企业与葡语国家之间的贸易投资、产业及区域合作、人文及科技交流等活动提供金融、法律、信息等专业服务，联手开拓葡语国家和其他地区市场。

## 第十章　共建粤港澳合作发展平台

加快推进深圳前海、广州南沙、珠海横琴等重大平台开发建设，充分发挥其在进一步深化改革、扩大开放、促进合作中的试验示范作用，拓展港澳发展空间，推动公共服务合作共享，引领带动粤港澳全面合作。

### 第一节　优化提升深圳前海深港现代服务业合作区功能

强化前海合作发展引擎作用。适时修编前海深港现代服务业合作区总体发展规划，研究进一步扩展前海发展空间，并在新增范围内实施前海有关支持政策。联动香港构建开放型、创新型产业体系，加快迈向全球价值链高端。推进金融开放创新，拓展离岸账户（OSA）功能，借鉴上海自贸试验区自由贸易账户体系（FTA），积极探索资本项目可兑换的有效路径。支持香港交易所前海联合交易中心建成服务境内外客户的大宗商品现货交易平台，探索服务实体经济的新模式。加强深港绿色金融和金融科技合作。建设跨境经贸合作网络服务平台，助力企业走出去开拓国际市场。建设新型国际贸易中心，发展离岸贸易，打造货权交割地。建设国际高端航运服务中心，发展航运金融等现代航运服务业。建设离岸创新创业平台，允许科技企业区内注册、国际经营。支持在有条件的海关特殊监管区域开展保税研发业务。建设国际文化创意基地，探索深港文化创意合作新模式。

加强法律事务合作。合理运用经济特区立法权，加快构建适应开放型经济发展的法律体系，加强深港司法合作交流。加快法律服务业发展，鼓励支持法律服务机构为"一带一路"建设和内地企业走出去提供服务，深化粤港澳合伙联营律师事务所试点，研究港澳律师在珠三角九市执业资质和业务范围问题，构建多元化争议解决机制，联动香港打造国际法律服务中心和国际商事争议解决中心。实行严格的知识产权保护，强化知识产权行政保护，更好发挥知识产权法庭作用。

建设国际化城市新中心。支持在深圳前海设立口岸，研究加强与香港基础设施高效联通。扩大香港工程建设模式实施范围，推出更多对香港建筑及相关工程业界的开放措施。借鉴香港经验提升城市建设和营运管理水平，建设国际一流的森林城市，突出水城共融城市特色，打造可持续发展的绿色智慧生态城区。引进境内外高端教育、医疗资源，提供国际化高品质社会服务。支持国际金融机构在深圳前海设立分支机构。

## 第二节　打造广州南沙粤港澳全面合作示范区

携手港澳建设高水平对外开放门户。充分发挥国家级新区和自贸试验区优势，加强与港澳全面合作，加快建设大湾区国际航运、金融和科技创新功能的承载区，成为高水平对外开放门户。合理统筹解决广州南沙新增建设用地规模，调整优化城市布局和空间结构，强化与周边地区在城市规划、综合交通、公共服务设施等方面的一体化衔接，构建"半小时交通圈"。支持广州南沙与港澳合作建设中国企业走出去综合服务基地和国际交流平台，建设我国南方重要的对外开放窗口。

共建创新发展示范区。强化粤港澳联合科技创新，共同将广州南沙打造为华南科技创新成果转化高地，积极布局新一代信息技术、人工智能、生命健康、海洋科技、新材料等科技前沿领域，培育发展平台经济、共享经济、体验经济等新业态。支持粤港澳三地按共建共享原则，在广州南沙规划建设粤港产业深度合作园，探索建设粤澳合作葡语国家产业园，合作推进园区规划、建设、开发等重大事宜。在内地管辖权和法律框架下，营造高标准的国际化市场化法治化营商环境，提供与港澳相衔接的公共服务和社会管理环境，为港澳产业转型升级、居民就业生活提供新空间。

建设金融服务重要平台。强化金融服务实体经济的本源，着力发展航运金融、科技金融、飞机船舶租赁等特色金融。支持与港澳金融机构合作，按规定共同发展离岸金融业务，探索建设国际航运保险等创新型保险要素交易平台。研究探索在广东自贸试验区内设立粤港澳大湾区国际商业银行，服务大湾区建设发展。探索建立与粤港澳大湾区发展相适应的账户管理体系，在跨境资金管理、人民币跨境使用、资本项目可兑换等方面先行先试，促进跨境贸易、投融资结算便利化。

打造优质生活圈。高标准推进广州南沙城市规划建设，强化生态核心竞争力，彰显岭南文化、水乡文化和海洋文化特色，建设国际化城市。积极探索有利于人才发展的政策和机制，加快创建国际化人才特区。提升社会服务水平，为区内居民提供更加便利的条件。

## 第三节　推进珠海横琴粤港澳深度合作示范

建设粤港澳深度合作示范区。配合澳门建设世界旅游休闲中心，高水平建设珠海横琴国际休闲旅游岛，统筹研究旅客往来横琴和澳门的便利措施，允许澳门旅游从业人员到横琴提供相关服务。支持横琴与珠海保税区、洪湾片区联动发展，建设粤港澳物流园。加快推进横琴澳门青年创业谷和粤澳合作产业园等重大合作项目建设，研究建设粤澳信息港。支持粤澳合作中医药科技产业园发展，探索加强与国家中医药现代化科技产业创新联盟的合作，在符合相关法律法规前提下，为园区内的企业新药研发、审批等提供指导。探索符合条件的港澳和外籍医务人员直接在横琴执业。

加强民生合作。支持珠海和澳门在横琴合作建设集养老、居住、教育、医疗等功能于一体的综合民生项目，探索澳门医疗体系及社会保险直接适用并延伸覆盖至该项目。在符合横琴城市规划建设基本要求的基础上，探索实行澳门的规划及工程监管机制，由澳门专业人士和企业参与民生项目开发和管理。研究设立为澳门居民在横琴治病就医提供保障的医疗基金。研究在横琴设立澳门子弟学校。

加强对外开放合作。支持横琴与澳门联手打造中拉经贸合作平台，搭建内地与"一带一路"相关国家和地区的国际贸易通道，推动跨境交付、境外消费、自然人移动、商业存在等服务贸易模式创新。支持横琴为澳门发展跨境电商产业提供支撑，推动葡语国家产品经澳门更加便捷进入内地市场。研究将外国人签证居留证件签发权限下放至横琴。

## 第四节　发展特色合作平台

支持珠三角九市发挥各自优势，与港澳共建各类合作园区，拓展经济合作空间，实现互利共赢。支持落马洲河套港深创新及科技园和毗邻的深方科创园区建设，共同打造科技创新合作区，建立有利于科技产业创新的国际化营商环境，实现创新要素便捷有效流动。支持江门与港澳合作建设大广海湾经济区，拓展在金融、旅游、文化创意、电子商务、海洋经济、职业教育、生命健康等领域合作。加快江门银湖湾滨海地区开发，形成国际节能环保产业集聚地以及面向港澳居民和世界华侨华人的引资引智创业创新平台。推进澳门和中山在经济、社会、文化等方面深度合作，拓展澳门经济适度多元发展新空间。支持东莞与香港合作开发建设东莞滨海湾地区，集聚高端制造业总部、发展现代服务业，建设战略性新兴产业研发基地。支持佛山南海推动粤港澳高端服务合作，搭建粤港澳市场互联、人才信息技术等经济要素互通的桥梁。

## 第十一章　规划实施

### 第一节　加强组织领导

加强对规划实施的统筹指导，设立粤港澳大湾区建设领导小组，研究解决大湾区建设中政策实施、项目安排、体制机制创新、平台建设等方面的重大问题。广东省政府和香港、澳门特别行政区政府要加强沟通协商，稳步落实《深化粤港澳合作推进大湾区建设框架协议》与本规划确定的目标和任务。鼓励大湾区城市间开展多种形式的合作交流，共同推进大湾区建设。

### 第二节　推动重点工作

中央有关部门要结合自身职能，抓紧制定支持大湾区发展的具体政策和措施，与广东省政府和香港、澳门特别行政区政府加强沟通，坚持用法治化市场化方式协调解决大湾区合作发展中的问题。广东省政府和香港、澳门特别行政区政府要在相互尊重的基础上，积极协调配合，共同编制科技创新、基础设施、产业发展、生态环境保护等领域的专项规划或实施方案并推动落实。国家发展改革委要会同国务院港澳办等有关部门对本规划实施情况进行跟踪分析评估，根据新情况新问题研究提出规划调整建议，重大问题及时向中共中央、国务院报告。

### 第三节　防范化解风险

做好防范化解重大风险工作，重点防控金融风险。强化属地金融风险管理责任，做好重点领域风险防范和处置，坚决打击违法违规金融活动，加强薄弱环节监管制度建设，守住不发生系统性金融风险的底线。广东省要严格落实预算法有关规定，强化地方政府债务限额管理，有效规范政府举债融资；加大财政约束力度，有效抑制不具有还款能力的项目建设；加大督促问责力度，坚决制止违法违规融资担保行为。

### 第四节　扩大社会参与

支持内地与港澳智库加强合作，为大湾区发展提供智力支持。建立行政咨询体系，邀请粤港澳专业人士为大湾区发展提供意见建议。支持粤港澳三地按照市场化原则，探索成立联合投资开发机构和发展基金，共同参与大湾区建设。支持粤港澳工商企业界、劳工界、专业服务界、学术界等建立联系机制，加强交流与合作。扩大大湾区建设中的公众参与，畅通公众意见反馈渠道，支持各类市场主体共同参与大湾区建设发展。

# 附录2　《横琴粤澳深度合作区建设总体方案》

习近平总书记强调，"建设横琴新区的初心就是为澳门产业多元发展创造条件"。新形势下做好横琴粤澳深度合作区开发开放，是深入实施《粤港澳大湾区发展规划纲要》的重点举措，是丰富"一国两制"实践的重大部署，是为澳门长远发展注入的重要动力，有利于推动澳门长期繁荣稳定和融入国家发展大局。为全面贯彻落实习近平总书记关于粤澳合作开发横琴的重要指示精神，支持横琴粤澳深度合作区（以下简称合作区）发展，制定本方案。

## 一、总体要求

（一）发展基础。横琴地处珠海南端，与澳门一水一桥之隔，具有粤澳合作的先天优势，是促进澳门经济适度多元发展的重要平台。2009年中共中央、国务院决定开发横琴以来，在各方共同努力下，横琴经济社会发展取得显著成绩，基础设施逐步完善，制度创新深入推进，对外开放水平不断提高，地区生产总值和财政收入快速增长。同时，横琴实体经济发展还不充分，服务澳门特征还不够明显，与澳门一体化发展还有待加强，促进澳门产业多元发展任重道远。

（二）指导思想。以习近平新时代中国特色社会主义思想为指导，全面贯彻党的十九大和中共十九届二中、三中、四中、五中全会精神，立足新发展阶段，贯彻新发展理念，构建新发展格局，紧紧围绕促进澳门经济适度多元发展，坚持"一国两制"、依法办事，坚持解放思想、改革创新，坚持互利合作、开放包容，创新完善政策举措，丰富拓展合作内涵，以更加有力的开放举措统筹推进粤澳深度合作，大力发展促进澳门经济适度多元的新产业，加快建设便利澳门居民生活就业的新家园，着力构建与澳门一体化高水平开放的新体系，不断健全粤澳共商共建共管共享的新体制，支持澳门更好融入国家发展大局，为澳门"一国两制"实践行稳致远注入新动能。

（三）合作区范围。合作区实施范围为横琴岛"一线"和"二线"之间的海关监管区域，总面积约106平方千米。其中，横琴与澳门特别行政区之间设为"一线"；横琴与中华人民共和国关境内其他地区（以下简称内地）之间设为"二线"。

根据横琴全岛客观现实情况，对合作区进行分区分类施策管理。澳门大学横琴校区和横琴口岸澳门管辖区，由全国人大常委会授权澳门特别行政区政府管理，适用澳门有关制度和规定，与其他区域物理围网隔离；粤澳双方共商共建共管共享区域采用电子围网监管和目录清单方式，对符合条件的市场主体，实施特殊政策。

（四）战略定位

——促进澳门经济适度多元发展的新平台。立足粤澳资源禀赋和发展基础，围绕澳门产业多元发展主攻方向，加强政策扶持，大力发展新技术、新产业、新业态、新模式，为澳门长远发展注入新动力。

——便利澳门居民生活就业的新空间。推动合作区深度对接澳门公共服务和社会保障体系，为澳门居民在合作区学习、就业、创业、生活提供更加便利的条件，营造趋同澳门的宜居宜业生活环境。

——丰富"一国两制"实践的新示范。坚守"一国"之本，善用"两制"之利，立足合作区分线管理的特殊监管体制和发展基础，率先在改革开放重要领域和关键环节大胆创新，推进规则衔接、机制对接，打造具有中国特色、彰显"两制"优势的区域开发示范，加快实现与澳门一体化发展。

——推动粤港澳大湾区建设的新高地。充分挖掘粤港澳大湾区制度创新潜力，用足用好澳门自由港和珠海经济特区的有利因素，加快提升合作区综合实力和竞争力，有力支撑澳门—珠海极点对粤港澳大湾区的引领作用，辐射带动珠江西岸地区加快发展。

（五）发展目标

到 2024 年澳门回归祖国 25 周年时，粤澳共商共建共管共享体制机制运作顺畅，创新要素明显集聚，特色产业加快发展，公共服务和社会保障体系与澳门有序衔接，在合作区居住、就业的澳门居民大幅增加，琴澳一体化发展格局初步建立，促进澳门经济适度多元发展的支撑作用初步显现。

到 2029 年澳门回归祖国 30 周年时，合作区与澳门经济高度协同、规则深度衔接的制度体系全面确立，各类要素跨境流动高效便捷，特色产业发展形成规模，公共服务和社会保障体系更加完善，琴澳一体化发展水平进一步提升，促进澳门经济适度多元发展取得显著成效。

到 2035 年，"一国两制"强大生命力和优越性全面彰显，合作区经济实力和科技竞争力大幅提升，公共服务和社会保障体系高效运转，琴澳一体化发展体制机制更加完善，促进澳门经济适度多元发展的目标基本实现。

## 二、发展促进澳门经济适度多元的新产业

（六）发展科技研发和高端制造产业。布局建设一批发展急需的科技基础设施，组织实施国际大科学计划和大科学工程，高标准建设澳门大学、澳门科技大学等院校的产学研示范基地，构建技术创新与转化中心，推动合作区打造粤港澳大湾区国际科技创新中心的重要支点。大力发展集成电路、电子元器件、新材料、新能源、大数据、人工智能、物联网、生物医药产业。加快构建特色芯片设计、测试和检测的微电子产业链。建设人工智能协同创新生态，打造互联网协议第六版（IPv6）应用示范项目、第五代移动通信（5G）应用示范项目和下一代互联网产业集群。

（七）发展中医药等澳门品牌工业。着眼建设世界一流中医药生产基地和创新高地，优化粤澳合作中医药科技产业园发展路径，以国家中医药服务出口基地为载体，发展中医药服务贸易，建立具有自主知识产权和中国特色的医药创新研发与转化平台。对在澳门审批和注册、在合作区生产的中医药产品、食品及保健品，允许使用"澳门监造"、"澳门监制"或"澳门设计"标志。研究简化澳门外用中成药在粤港澳大湾区内地上市审批流程，探索允许在内地已获上市许可的澳门中药在粤港澳大湾区内地生产，对澳门研制符合规定的新药实施优先审评审批。支持发展毛坯钻石加工，打造世界级毛坯钻石、宝石交易中心。

（八）发展文旅会展商贸产业。高水平建设横琴国际休闲旅游岛，支持澳门世界旅游休闲中心建设，在合作区大力发展休闲度假、会议展览、体育赛事观光等旅游产业和休闲养生、康复医疗等大健康产业。加强对周边海岛旅游资源的开发利用，推动粤港澳游艇自由行。支持粤澳两地研究举办国际高品质消费博览会暨世界湾区论坛，打造具有国际影响力的展会平台。允许在合作区内与澳门联合举办跨境会展过程中，为会展工作人员、专业参展人员和持有展会票务证明的境内外旅客依规办理多次出入境有效签证（注），在珠海、澳门之间可通过横琴口岸多次自由往返。支持粤澳合作建设高品质进口消费品交易中心，构建高品质消费品交易产业生态。建设中葡国际贸易中心和数字贸易国际枢纽港，推动传统贸易数字化转型。

（九）发展现代金融产业。充分发挥澳门对接葡语国家的窗口作用，支持合作区打造中国—葡语国家金融服务平台。鼓励社会资本按照市场化原则设立多币种创业投资基金、私募股权投资基金，吸引外资加大对合作区高新技术产业和创新创业支持力度。支持在合作区开展跨境人民币结算业务，鼓励和支持境内外投资者在跨境创业投资及相关投资贸易中使用人民币。支持澳门在合作区创新发展财富管理、债券市场、融资租赁等现代金融业。支持合作区对澳门扩大服务领域开放，降低澳资金融机构设立银行、保险机构准入门槛。支持在合作区开展跨境机动车保险、跨境商业医疗保险、信用证保险等业务。

（十）完善企业所得税优惠政策。对合作区符合条件的产业企业减按15%的税率征收企业所得税，将有利于澳门经济适度多元发展的产业全部纳入政策范围。对企业符合条件的资本性支出，允许在支出发生当期一次性税前扣除或加速折旧和摊销。对在合作区设立的旅游业、现代服务业、高新技术产业企业新增境外直接投资取得的所得，免征企业所得税。

（十一）促进境内外人才集聚。制定吸引和集聚国际高端人才的政策措施，大力吸引"高精尖缺"人才，对符合条件的国际高端人才给予进出合作区高度便利，为高端人才在合作区发展提供更加优质服务。对在合作区工作的境内外高端人才和紧缺人才，其个人所得税负超过15%的部分予以免征。对享受优惠政策的高端人才和紧缺人才实行清单管理，具体管理办法由粤澳双方研究提出，提请粤港澳大湾区建设领导小组审定。完善外国人才签证政策，便利国际人才参与合作区建设。支持引进世界知名大学。建设国家级海外人才离岸创新创业基地。

## 三、建设便利澳门居民生活就业的新家园

（十二）吸引澳门居民就业创业。允许具有澳门等境外执业资格的金融、建筑、规划、设计等领域专业人才，在符合行业监管要求条件下，经备案后在合作区提供服务，其境外从业经历可视同境内从业经历。支持在合作区采取便利措施，鼓励具有澳门等境外资格的医疗领域专业人才依法取得境内执业资格。高水平打造横琴澳门青年创业谷、中葡青年创新创业基地等一批创客空间、孵化器和科研创新载体，构建全链条服务生态。推动在合作区创新创业就业的澳门青年同步享受粤澳两地的扶持政策。采取多种措施鼓励合作区企业吸纳澳门青年就业。对在合作区工作的澳门居民，其个人所得税负超过澳门税负的部分予以免征。

（十三）加强与澳门社会民生合作。加快推进"澳门新街坊"建设，对接澳门教育、医疗、社会服务等民生公共服务和社会保障体系，有效拓展澳

门居民优质生活空间。推动全面放开澳门机动车便利入出合作区。支持澳门医疗卫生服务提供主体以独资、合资或者合作方式设置医疗机构，聚集国际化、专业化医疗服务资源。允许指定医疗机构使用临床急需、已在澳门注册的药品和特殊医学用途配方食品，以及使用临床急需、澳门公立医院已采购使用、具有临床应用先进性（大型医用设备除外）的医疗器械。研究支持粤澳共建区域医疗联合体和区域性医疗中心，增强联合应对公共卫生突发事件能力。建立合作区与澳门社会服务合作机制，促进两地社区治理和服务融合发展。大幅降低并逐步取消合作区与澳门间的手机长途和跨境漫游费。

（十四）推进基础设施互联互通。支持澳门轻轨延伸至合作区与珠海城市轨道线网联通，融入内地轨道交通网。加快推动合作区连通周边区域的通道建设，有序推进广州至珠海（澳门）高铁、南沙至珠海（中山）城际铁路等项目规划建设。加强合作区与珠海机场、珠海港功能协调和产业联动。

## 四、构建与澳门一体化高水平开放的新体系

（十五）货物"一线"放开、"二线"管住。"一线"放开方面，对合作区与澳门之间经"一线"进出的货物（过境合作区货物除外）继续实施备案管理，进一步简化申报程序和要素。研究调整横琴不予免（保）税货物清单政策，除国家法律、行政法规明确规定不予免（保）税的货物及物品外，其他货物及物品免（保）税进入。"二线"管住方面，从合作区经"二线"进入内地的免（保）税货物，按照进口货物有关规定办理海关手续，征收关税和进口环节税。对合作区内企业生产的不含进口料件或者含进口料件在合作区加工增值达到或超过30%的货物，经"二线"进入内地免征进口关税。从内地经"二线"进入合作区的有关货物视同出口，按现行税收政策规定实行增值税和消费税退税，涉及出口关税应税商品的征收出口关税，并根据需要办理海关手续。研究调整适用退税政策的货物范围，实行负面清单管理。

（十六）人员进出高度便利。"一线"在双方协商一致且确保安全基础上，积极推行合作查验、一次放行通关模式，不断提升通关便利化水平，严格实

施卫生检疫和出入境边防检查，对出入境人员携带的行李依法实施监管。加快推进澳门大学横琴校区与横琴口岸的专用通道建设，探索在澳门大学横琴校区与合作区之间建设新型智能化口岸，高度便利澳门大学师生进出合作区。"二线"对人员进出不作限制，对合作区经"二线"进入内地的物品，研究制定相适应的税收政策，按规定进行监管。

（十七）创新跨境金融管理。加强合作区金融市场与澳门、香港离岸金融市场的联动，探索构建电子围网系统，推动合作区金融市场率先高度开放。按照国家统筹规划、服务实体、风险可控、分步推进原则，在合作区内探索跨境资本自由流入流出和推进资本项目可兑换。指导银行提升金融服务水平，进一步推动跨境电商等新型国际贸易结算便利化，实现银行真实性审核从事前审查转为事后核查。在跨境直接投资交易环节，按照准入前国民待遇加负面清单模式简化管理，提高兑换环节登记和兑换便利性，探索适应市场需求新形态的跨境投资管理。在跨境融资领域，探索建立新的外债管理体制，试点合并交易环节外债管理框架，完善企业发行外债备案登记制管理，全面实施全口径跨境融资宏观审慎管理，稳步扩大跨境资产转让范围，提升外债资金汇兑便利化水平。支持符合一定条件的非金融企业，在全口径跨境融资宏观审慎管理框架下，根据实际融资需要自主借用外债，逐步实现合作区非金融企业外债项下完全可兑换。在跨境证券投融资领域，重点服务实体经济投融资需求，扶持合作区具有特色和比较优势的产业发展，并在境外上市、发债等方面给予积极支持，简化汇兑管理。

（十八）建立高度便利的市场准入制度。实施市场准入承诺即入制，严格落实"非禁即入"，在"管得住"前提下，对具有强制性标准的领域，原则上取消许可和审批，建立健全备案制度，市场主体承诺符合相关要求并提交相关材料进行备案，即可开展投资经营活动。不断放宽各类投资者在合作区开展投资贸易的资质要求、持股比例、行业准入等限制。制定出台合作区放宽市场准入特别措施。强化事中事后监管，建立与澳门衔接、国际接轨的监管标准和规范制度。

（十九）促进国际互联网数据跨境安全有序流动。在国家数据跨境传输安全管理制度框架下，开展数据跨境传输安全管理试点，研究建设固网接入国际互联网的绿色通道，探索形成既能便利数据流动又能保障安全的机制。支持珠海、澳门相关高校、科研机构在确保个人信息和重要数据安全前提下，实现科学研究数据跨境互联互通。

## 五、健全粤澳共商共建共管共享的新体制

（二十）建立合作区开发管理机构。在粤港澳大湾区建设领导小组领导下，粤澳双方联合组建合作区管理委员会，在职权范围内统筹决定合作区的重大规划、重大政策、重大项目和重要人事任免。合作区管理委员会实行双主任制，由广东省省长和澳门特别行政区行政长官共同担任，澳门特别行政区委派一名常务副主任，粤澳双方协商确定其他副主任。成员单位包括广东省和澳门特别行政区有关部门、珠海市政府等。

（二十一）组建合作区开发执行机构

合作区管理委员会下设执行委员会，履行合作区的国际推介、招商引资、产业导入、土地开发、项目建设、民生管理等职能。执行委员会主要负责人由澳门特别行政区政府委派，广东省和珠海市派人参加，协助做好涉及广东省事务的协调工作。粤澳双方根据需要组建开发投资公司，配合执行委员会做好合作区开发建设有关工作。

（二十二）做好合作区属地管理工作。合作区上升为广东省管理。成立广东省委和省政府派出机构，集中精力抓好党的建设、国家安全、刑事司法、社会治安等工作，履行好属地管理职能，积极主动配合合作区管理和执行机构推进合作区开发建设。

（二十三）建立合作区收益共享机制。支持粤澳双方探索建立合作区收益共享机制，2024年前投资收益全部留给合作区管理委员会支配，用于合作区开发建设。中央财政对合作区给予补助，补助与合作区吸引澳门企业入驻和扩大就业、增加实体经济产值、支持本方案确定的重点产业等挂钩，补助数

额不超过中央财政在合作区的分享税收。

（二十四）建立常态化评估机制。创新合作区国民经济相关数据统计方式，研究编制合作区促进澳门经济适度多元发展的指标体系，全面反映对促进澳门经济适度多元发展的贡献。立足横琴土地开发现状，合作区未来新出让建设用地，应直接服务于支持澳门经济适度多元发展。组织对合作区建设及促进澳门经济适度多元发展成效开展年度评估，评估结果向粤港澳大湾区建设领导小组报告。

## 六、保障措施

（二十五）全面加强合作区党的领导和党的建设。坚持和加强党的全面领导，增强"四个意识"、坚定"四个自信"、做到"两个维护"，把党的领导贯穿合作区开发建设全过程。落实新时代党的建设总要求，把党的政治建设摆在首位，适应合作区开发建设新模式和对外开放新要求，积极创新国际化环境中党的建设工作，把党的政治优势、组织优势转化为合作区全面深化改革和扩大开放的坚强保障。

（二十六）强化法治保障。充分发挥"一国两制"制度优势，在遵循宪法和澳门特别行政区基本法前提下，逐步构建民商事规则衔接澳门、接轨国际的制度体系。研究制定合作区条例，为合作区长远发展提供制度保障。用足用好珠海经济特区立法权，允许珠海立足合作区改革创新实践需要，根据授权对法律、行政法规、地方性法规作变通规定。加强粤澳司法交流协作，建立完善国际商事审判、仲裁、调解等多元化商事纠纷解决机制。研究强化拓展横琴新区法院职能和作用，为合作区建设提供高效便捷的司法服务和保障。

（二十七）加大赋权力度。支持合作区以清单式申请授权方式，在经济管理、营商环境、市场监管等重点领域深化改革、扩大开放。有关改革开放政策措施，涉及需要调整现行法律的，由有关方面按法定程序向全国人大或其常委会提出相关议案，经授权或决定后实施；涉及需要调整现行行政法规的，由有关方面按法定程序提请国务院授权或决定后实施。

（二十八）建立健全风险管理机制。越是开放越要注重安全，强化底线思维，增强风险防范意识，及时研究处置合作区改革开放过程中的各种风险。综合运用稽查、核查、调查、缉私等监管手段，严厉打击走私等违法犯罪活动。建立反洗钱、反恐怖融资、反逃税金融监测管理体系，构筑金融"防火墙"。财政部、税务总局会同有关部门加强对合作区财税政策执行的监督检查，防止出现违法违规行为。对禁限管制、高风险商品等，依法实施口岸联合查验和入市监管，严守国家安全底线。

（二十九）加强组织实施。在粤港澳大湾区建设领导小组领导下，粤澳双方要切实履行主体责任，加快构建开放共享、运行有效的制度体系和管理机制，高标准、高质量推进合作区建设。合作区管理委员会要抓紧制定实施方案，按规定明确开发管理和执行机构具体组建方案和详细职责分工。按照合作区发展新要求，修编《横琴总体发展规划》。中央和国家机关有关部门要结合自身职能，制定具体措施，加大对合作区建设指导支持力度，把合作区作为本领域深化改革、扩大开放的试验田和先行区。国家发展改革委会同有关部门研究制定合作区鼓励类产业目录。粤港澳大湾区建设领导小组办公室会同有关部门加强统筹协调，及时研究解决合作区建设中遇到的困难和问题，重大事项按程序向中共中央、国务院请示报告。

# 附录3 《全面深化前海深港现代服务业合作区改革开放方案》

开发建设前海深港现代服务业合作区（以下简称前海合作区）是支持香港经济社会发展、提升粤港澳合作水平、构建对外开放新格局的重要举措，对推进粤港澳大湾区建设、支持深圳建设中国特色社会主义先行示范区、增强香港同胞对祖国的向心力具有重要意义。为推动前海合作区全面深化改革开放，在粤港澳大湾区建设中更好发挥示范引领作用，制定本方案。

## 一、总体要求

（一）指导思想。以习近平新时代中国特色社会主义思想为指导，全面贯彻党的十九大和中共十九届二中、三中、四中、五中全会精神，坚决贯彻党的基本理论、基本路线、基本方略，增强"四个意识"、坚定"四个自信"、做到"两个维护"，坚持稳中求进工作总基调，立足新发展阶段，贯彻新发展理念，构建新发展格局，以推动高质量发展为主题，以深化供给侧结构性改革为主线，以改革创新为根本动力，以满足人民日益增长的美好生活需要为根本目的，坚持系统观念，更好统筹发展和安全，以制度创新为核心，在"一国两制"框架下先行先试，推进与港澳规则衔接、机制对接，丰富协同协调发展模式，打造粤港澳大湾区全面深化改革创新试验平台，建设高水平对外开放门户枢纽，不断构建国际合作和竞争新优势。

（二）发展目标。到 2025 年，建立健全更高层次的开放型经济新体制，初步形成具有全球竞争力的营商环境，高端要素集聚、辐射作用突出的现代服务业蓬勃发展，多轮驱动的创新体系成效突出，对粤港澳大湾区发展的引擎作用日益彰显。到 2035 年，高水平对外开放体制机制更加完善，营商环境达到世界一流水平，建立健全与港澳产业协同联动、市场互联互通、创新驱动支撑的发展模式，建成全球资源配置能力强、创新策源能力强、协同发展带动能力强的高质量发展引擎，改革创新经验得到广泛推广。

## 二、实施范围

（三）进一步扩展前海合作区发展空间。以现有前海合作区为基础，进一步扩展至以下区域：南侧毗邻的蛇口及大小南山片区〔东至后海大道、近海路、爱榕路、招商路、水湾路，南至深圳湾，西至月亮湾大道、珠江口，北至东滨路，包含中国（广东）自由贸易试验区的蛇口区块〕22.89 平方千米；北侧毗邻的会展新城及海洋新城片区（东至松福大道，南至福永河，西至海岸线，北至东宝河、沙井北环路）29.36 平方千米，机场及周边片区（东至宝安大道，南至金湾大道、宝源路、碧湾路，西至海岸线，北至福永河、松福大道、福洲大道）30.07 平方千米，宝安中心区及大铲湾片区（东至宝安大道，南至双界河，西至海岸线，北至金湾大道、宝源路、碧湾路，另包括大小铲岛、孖洲岛）23.32 平方千米。前海合作区总面积由 14.92 平方千米扩展至 120.56 平方千米。

## 三、打造全面深化改革创新试验平台

（四）推进现代服务业创新发展。建立健全联通港澳、接轨国际的现代服务业发展体制机制。建立完善现代服务业标准体系，开展标准化试点示范。联动建设国际贸易组合港，实施陆海空多式联运、枢纽联动。培育以服务实体经济为导向的金融业态，积极稳妥推进金融机构、金融市场、金融产品和金融监管创新，为消费、投资、贸易、科技创新等提供全方位、多层次的金融服务。加快绿色、智慧供应链发展，推动供应链跨界融合创新，建立与国际接轨的供应链标准。在深圳前海湾保税港区整合优化为综合保税区基础上，深化要素市场化配置改革，促进要素自主有序流动，规范发展离岸贸易。探索研究推进国际船舶登记和配套制度改革。推动现代服务业与制造业融合发展，促进"互联网 +"、人工智能等服务业新技术新业态新模式加快发展。

（五）加快科技发展体制机制改革创新。聚焦人工智能、健康医疗、金融科技、智慧城市、物联网、能源新材料等港澳优势领域，大力发展粤港澳合作的新型研发机构，创新科技合作管理体制，促进港澳和内地创新链对接联通，推动科技成果向技术标准转化。建设高端创新人才基地，联动周边区域科技基础设施，完善国际人才服务、创新基金、孵化器、加速器等全链条配套支持措施，推动引领产业创新的基础研究成果转化。积极引进创投机构、科技基金、研发机构。联合港澳探索有利于推进新技术新产业发展的法律规则和国际经贸规则创新，逐步打造审慎包容监管环境，促进依法规范发展，健全数字规则，提升监管能力，坚决反对垄断和不正当竞争行为。集聚国际海洋创新机构，大力发展海洋科技，加快建设现代海洋服务业集聚区，打造以海洋高端智能设备、海洋工程装备、海洋电子信息（大数据）、海洋新能源、海洋生态环保等为主的海洋科技创新高地。

构建知识产权创造、保护和运用生态系统，推动知识产权维权援助、金融服务、海外风险防控等体制机制创新，建设国家版权创新发展基地。

（六）打造国际一流营商环境。用好深圳经济特区立法权，研究制定前海合作区投资者保护条例，健全外资和民营企业权益保护机制。用好深圳区域性国资国企综合改革试验相关政策，加快国有资本运营公司改革试点，加强国有资本市场化专业化运作能力，深入落实政企分开、政资分开原则，维护国有企业市场主体地位和经营自主权，切实增强前海合作区国有经济竞争力、创新力、控制力、影响力、抗风险能力。完善竞争政策框架，建立健全竞争政策实施机制，探索设立议事协调机构性质的公平竞争委员会，开展公平竞争审查和第三方评估，以市场化法治化国际化营商环境支持和引导产业发展。依法合规探索减少互联网融合类产品及服务市场准入限制。创建信用经济试验区，推进政府、市场、社会协同的诚信建设，在市场监管、税收监管、贸易监管、投融资体制、绿色发展等领域，推进以信用体系为基础的市场化改革创新。推进与港澳跨境政务服务便利化，研究加强在交通、通信、信息、支付等领域与港澳标准和规则衔接。为港澳青年在前海合作区学习、工作、居留、生活、创业、就业等提供便利。支持港澳和国际高水平医院在前海合作区设立机构，提供医疗服务。建立完善外籍人才服务保障体系，实施更开放的全球人才吸引和管理制度，为外籍人才申请签证、居留证件、永久居留证件提供便利。

（七）创新合作区治理模式。推进以法定机构承载部分政府区域治理职能的体制机制创新，优化法定机构法人治理结构、职能设置和管理模式。积极稳妥制定相关制度规范，研究在前海合作区工作、居留的港澳和外籍人士参与前海区域治理途径，探索允许符合条件的港澳和外籍人士担任前海合作区内法定机构职务。推进行业协会自律自治，搭建粤港澳职业共同体交流发展平台。开展政务服务流程再造，推进服务数字化、规范化、移动化、智能化。深化"放管服"改革，探索符合条件的市场主体承接公共管理和服务职能，健全公共服务供给机制。提升应对突发公共卫生事件能力，完善公共卫生等应急物资储备体系，增强应对重大风险能力。推动企业履行社会责任，适应数字经济发展，在网络平台、共享经济等领域探索政府和企业协同治理模式。

## 四、建设高水平对外开放门户枢纽

（八）深化与港澳服务贸易自由化。在不危害国家安全、风险可控前提下，在内地与香港、澳门关于建立更紧密经贸关系的安排（CEPA）框架内，支持前海合作区对港澳扩大服务领域开放。支持前海合作区在服务业职业资格、服务标准、认证认可、检验检测、行业管理等领域，深化与港澳规则对接，促进贸易往来。在前海合作区引进港澳及国际知名大学开展高水平合作办学，建设港澳青年教育培训基地。在审慎监管和完善风险防控前提下，支持前海打造面向海外市场的文化产品开发、创作、发行和集散基地。支持港澳医疗机构集聚发展，建立与港澳接轨的开放便利管理体系。推动对接港澳游艇出入境、活动监管、人员货物通关等开放措施，在疫情防控常态化条件下研究简化有关船舶卫生控制措施证书和担保要求。

（九）扩大金融业对外开放。提升国家金融业对外开放试验示范窗口和跨境人民币业务创新试验区功能，支持将国家扩大金融业对外开放的政策措施在前海合作区落地实施，在与香港金融市场互联互通、人民币跨境使用、外汇管理便利化等领域先行先试。开展本外币合一银行账户试点，为市场主体提供优质、安全、高效的银行账户服务。支持符合条件的金融机构开展跨境证券投资等业务。支持国际保险机构在前海合作区发展，为中资企业海外经营活动提供服务。深化粤港澳绿色金融合作，探索建立统一的绿色金融标准，为内地企业利用港澳市场进行绿色项目融资提供服务。探索跨境贸易金融和国际支付清算新机制。支持前海推进监管科技研究和应用，探索开展相关试点项目。支持香港交易所前海联合交易中心依法合规开展大宗商品现货交易。依托技术监测、预警、处置等手段，提升前海合作区内金融风险防范化解能力。

（十）提升法律事务对外开放水平。在前海合作区内建设国际法律服务中心和国际商事争议解决中心，探索不同法系、跨境法律规则衔接。探索完善前海合作区内适用香港法律和选用香港作仲裁地解决民商事案件的机制。探索建立前海合作区与港澳区际民商事司法协助和交流新机制。深化前海合作区内地与港澳律师事务所合伙联营机制改革，支持鼓励外国和港澳律师事务所在前海合作区设立代表机构。支持前海法院探索扩大涉外商事案件受案范围，支持香港法律专家在前海法院出庭提供法律查明协助，保护进行跨境商业投资的企业与个人的合法权益。建设诉讼、调解、仲裁既相互独立又衔接配合的国际区际商事争议争端解决平台。允许境外知名仲裁等争议解决机构经广东省政府司法行政部门登记并报国务院司法行政部门备案，在前海合作区设立业务机构，就涉外商事、海事、投资等领域发生的民商事争议开展仲裁业务。探索在前海合作区开展国际投资仲裁和调解，逐步成为重要国际商事争议解决中心。

（十一）高水平参与国际合作。健全投资保险、政策性担保、涉外法律服务等海外投资保障机制，充分利用香港全面与国际接轨的专业服务，支持前海合作区企业走出去。加强与国际港口和自由贸易园区合作，建设跨境贸易大数据平台，推动境内外口岸数据互联、单证互认、监管互助互认，开展双多边投资贸易便利化合作。支持在前海合作区以市场化方式发起成立国际性经济、科技、标准、人才等组织，创新国际性产业和标准组织管理制度。发展中国特色新型智库，建设粤港澳研究基地。稳妥有序扩大文化领域对外开放，建设多种文化开放共荣的文化交流互鉴平台，打造文化软实力基地。支持深圳机场充分利用现有航权，不断与共建"一带一路"国家和地区扩大合作。支持深圳机场口岸建设整车进口口岸。依托深圳国际会展中心，推动会展与科技、产业、旅游、消费的融合发展，打造国际一流系列会展品牌，积极承办主场外交活动。支持"一带一路"新闻合作联盟在前海合作区创新发展。

## 五、保障措施

（十二）坚持党的全面领导。坚持和加强党对全面深化前海合作区改革开放的领导，增强"四个意识"、坚定"四个自信"、做到"两个维护"，把党的领导始终贯穿前海合作区开发建设全过程。贯彻新时代党的建设总要求和新时代党的组织路线，推进基层党建工作创新，坚定不移推动全面从严治党向纵深发展，激励干部新时代新担当新作为，为前海合作区全面深化改革开放提供坚强保障。

（十三）完善组织实施机制。在粤港澳大湾区建设领导小组指导下，各有关方面要加快推动本方案落实。国家发展改革委要加强统筹协调和指导评估，及时协调解决工作推进中遇到的问题，重要情况及时按程序请示报告。各有关部门要加大业务指导和支持力度，按程序将前海合作区既有相关支持政策（企业所得税优惠政策除外）覆盖到本方案明确的全部区域。各项重大改革任务牵头部门要制定具体措施，确保改革举措有力有序落到实处。方案实施中涉及的重大政策、重点项目、重要任务按规定程序报批。有关改革开放政策措施，涉及需要调整现行法律的，由有关方面按法定程序向全国人大或其常委会提出相关议案，经授权或决定后实施；涉及需要调整现行行政法规的，由有关方面按法定程序提请国务院授权或决定后实施。

（十四）落实地方主体责任。广东省和深圳市要切实加强组织领导，完善管理体制机制，强化对前海合作区新扩大区域的协调管理，统一规划、统一监管，积极探索行政区和经济区适度分离下的管理体制问题；加大行政审批、科技创新、规划管理、综合监管等方面的放权力度，为前海合作区全面深化改革创造条件。前海合作区要切实履行主体责任，加强统筹协调，解放思想、大胆探索、勇担重任，确保各项改革举措有效实施，及时总结提炼好的政策措施和做法，形成可复制可推广可操作的经验。强化底线思维和风险意识，扎实稳妥推进各项改革任务，坚决兜住安全底线。

# 附录4　《广州南沙深化面向世界的粤港澳全面合作总体方案》

加快广州南沙粤港澳重大合作平台建设，是贯彻落实《粤港澳大湾区发展规划纲要》的战略部署，是建设高水平对外开放门户、推动创新发展、打造优质生活圈的重要举措。为加快推动广州南沙深化粤港澳全面合作，打造成为立足湾区、协同港澳、面向世界的重大战略性平台，在粤港澳大湾区建设中更好发挥引领带动作用，制定本方案。

## 一、总体要求

（一）指导思想。以习近平新时代中国特色社会主义思想为指导，全面贯彻落实党的十九大和中共十九届历次全会精神，坚持稳中求进工作总基调，完整、准确、全面贯彻新发展理念，加快构建新发展格局，全面深化改革开放，坚持创新驱动发展，推动高质量发展，坚持以供给侧结构性改革为主线，坚定不移贯彻"一国两制"方针，深化粤港澳互利共赢合作，厚植历史文化底蕴，加快建设科技创新产业合作基地、青年创业就业合作平台、高水平对外开放门户、规则衔接机制对接高地和高质量城市发展标杆，将南沙打造成为香港、澳门更好融入国家发展大局的重要载体和有力支撑。

（二）空间布局。本方案实施范围为广州市南沙区全域，总面积约803平方千米。按照以点带面、循序渐进的建设时序，以中国（广东）自由贸易试验区南沙片区的南沙湾、庆盛枢纽、南沙枢纽3个区块作为先行启动区，总面积约23平方千米。充分发挥上述区域依托交通枢纽快捷通达香港的优势，加快形成连片开发态势和集聚发展效应，有力带动南沙全域发展，逐步构建"枢纽带动、多点支撑、整体协同"的发展态势。

（三）发展目标。到2025年，南沙粤港澳联合科技创新体制机制更加完善，产业合作不断深化，区域创新和产业转化体系初步构建；青年创业就业合作水平进一步提升，教育、医疗等优质公共资源加速集聚，成为港澳青年安居乐业的新家园；市场化法治化国际化营商环境基本形成，携手参与"一带一路"建设取得明显成效；绿色智慧节能低碳的园区建设运营模式基本确立，先行启动区建设取得重大进展。

到2035年，南沙区域创新和产业转化体系更趋成熟，国际科技成果转移转化能力明显提升；生产生活环境日臻完善，公共服务达到世界先进水平，区域内港澳居民数量显著提升；国际一流的营商环境进一步完善，在粤港澳大湾区参与国际合作竞争中发挥引领作用，携手港澳建成高水平对外开放门户，成为粤港澳全面合作的重要平台。

## 二、建设科技创新产业合作基地

（四）强化粤港澳科技联合创新。推动粤港澳科研机构联合组织实施一批科技创新项目，共同开展关键核心技术攻关，强化基础研究、应用研发及产业化的联动发展，完善知识产权信息公共服务。创新科技合作机制，落实好支持科技创新进口税收政策，鼓励相关科研设备进口，允许港澳科研机构因科研、测试、认证检查所需的产品和样品免于办理强制性产品认证。加强华南（广州）技术转移中心、香港科技大学科创成果内地转移转化总部基地等项目建设，积极承接香港电子工程、计算机科学、海洋科学、人工智能和智慧城市等领域创新成果转移转化，建设华南科技成果转移转化高地。开展赋予科研人员职务科技成果所有权或长期使用权试点。推动金融与科技、产业深度融合，探索创新科技金融服务新业务新模式，为在南沙的港澳科研机构和创新载体提供更多资金支持。支持符合条件的香港私募基金参与在南沙的港资创新型科技企业融资。

（五）打造重大科技创新平台。高水平建设南沙科学城，布局前沿交叉研究平台，建设世界一流研究型大学和研究机构，增强原始创新能力。加快中科院明珠科学园建设，整合中科院在广州研究所、全国重点实验室等科技创新资源，打造具有竞争力的中试和应用推广基地。推动海洋科技力量集聚，加快与中科院、香港科技大学共建南方海洋科学与工程广东省实验室（广州），加快冷泉生态系统观测与模拟大科学装置、广州海洋地质调查局深海科技创新中心、南海生态环境创新工程研究院、新一代潜航器项目等重大创新平台建设，打造我国南方海洋科技创新中心。健全科技成果交易平台，完善科技成果公开交易体系。

（六）培育发展高新技术产业。发展智能制造，加快建设一批智能制造平台，打造"智能制造＋智能服务"产业链。加快建设智能网联汽车产业园，推进智能纯电动汽车研发和产业化，加强智能网联汽车测试示范，打造智能网联汽车产业链和智慧交通产业集群。推进专业化机器人创新中心建设，大力发展工业机器人和服务机器人，推进无人机、无人艇等无人系统产业发展。发展数字产业，加快下一代互联网国家工程中心粤港澳大湾区创新中心建设，推进互联网协议第六版（IPv6）行业应用示范、下一代互联网算力服务等业务发展。发挥国家物联网公共标识管理服务平台作用，促进物联网、云计算等新兴产业集聚发展。加快建设南沙（粤港澳）数据服务试验区，建设国际光缆登陆站。建设好国家科技兴海产业示范基地，推动可燃冰、海洋生物资源综合开发技术研发和应用，推动海洋能发电装备、先进储能技术等能源技术产业化。对南沙有关高新技术重点行业企业进一步延长亏损结转年限。对先行启动区鼓励类产业企业减按 15% 税率征收企业所得税，并按程序制定优惠产业目录。

（七）推动国际化高端人才集聚。创新人才政策体系，实施面向港澳人才的特殊支持措施，在人才引进、股权激励、技术入股、职称评价、职业资格认可、子女教育、商业医疗保险等方面率先取得突破。对在南沙工作的港澳居民，免征其个人所得税税负超过港澳税负的部分。支持南沙实行更大力度的国际高端人才引进政策，对国际高端人才给予入境、停居留便利。实施产学研合作培养创新人才模式，加快博士后科研流动站、科研工作站以及博士后创新实践基地等载体建设，鼓励国际高端人才进入南沙。大力发展国际化人力资源服务，搭建国际人才数据库，建设好人力资源服务产业园区，允许符合条件的取得内地永久居留资格的国际人才创办科技型企业、担任科研机构法人代表。

## 三、创建青年创业就业合作平台

（八）协同推进青年创新创业。深入推进大众创业、万众创新，聚众智汇众力，更大激发市场活力。进一步优化提升粤港澳（国际）青年创新工场、

"创汇谷"粤港澳青年文创社区等平台环境，拓展服务内容。鼓励现有各类创业孵化基地、众创空间等开辟拓展专门面向港澳青年的创新创业空间。营造更优双创发展生态，整合创业导师团队、专业化服务机构、创业投融资机构等各类创业资源，加强创新创业政策协同，构建全链条创业服务体系和全方位多层次政策支撑体系，打造集经营办公、生活居住、文化娱乐于一体的综合性创客社区。支持符合条件的一站式创新创业平台按规定享受科技企业孵化器税收优惠政策。符合条件的港澳居民到南沙创业的，纳入当地创业补贴扶持范围，可同等享受创业担保贷款和贴息等当地扶持政策。获得香港特别行政区政府"青年发展基金"、"创意智优计划"资助的创业团队，以及获得澳门特别行政区政府"青年创业援助计划"资助的创业团队，直接享受南沙创业扶持政策。大力开展"创业导师"、"创业大赛"、"创业培训"等创新创业赛事和培训活动，发掘创业典型案例，加大对南沙创业投资政策环境的宣传力度，营造优质创新创业生态圈。

（九）提升实习就业保障水平。深入实施港澳青年"百企千人"实习计划，落地一批青年专业人才合作项目。支持香港特别行政区政府扩大"内地专题实习计划"，提供更多有吸引力的专题实习岗位。支持香港特别行政区政府实施"大湾区青年就业计划"，为在南沙就业的香港大学生提供津贴。探索推动南沙事业单位、法定机构、国有企业引进符合条件的港澳青年人才。建设公共就业综合服务平台，进一步完善有利于港澳居民特别是内地学校毕业的港澳学生在南沙就业生活的政策措施，维护港澳居民在内地就业权益。加强就业配套服务保障，在住宿公寓、通勤、子女入托入学等方面提供便利条件，帮助港澳居民解决到南沙工作的后顾之忧。

（十）加强青少年人文交流。在南沙规划建设粤港澳青少年交流活动总部基地，创新开展粤港澳青少年人文交流活动，积极开展青少年研学旅游合作，打造"自贸初体验"、"职场直通车"、"文体对对碰"等品牌特色项目。定期举办粤港澳青年人才交流会、青年职业训练营、青年创新创业分享会等交流活动。携手港澳联合举办多种形式的文化艺术活动，引导粤港澳三地青少年积极参与重大文化遗产保护，不断增强认同感和凝聚力。

## 四、共建高水平对外开放门户

（十一）建设中国企业"走出去"综合服务基地。依托广州特别是南沙产业和市场基础，携手港澳不断深化对外经贸合作。发挥外国驻穗领事馆集聚优势，深入对接"一带一路"沿线国家和地区发展需要，整合珠三角优势产能、国际经贸服务机构等"走出去"资源，加强与香港专业服务机构合作，共同构建线上线下一体化的国际投融资综合服务体系，提供信息共享、项目对接、标准兼容、检测认证、金融服务、争议解决等一站式服务。集聚发展香港专业服务业，在做好相关监管的基础上，研究进一步降低香港专业服务业在内地提供服务的准入门槛。完善内地与港澳律师事务所合伙联营机制。推动建设粤港澳大湾区印刷业对外开放连接平台。

（十二）增强国际航运物流枢纽功能。按照功能互补、错位发展的原则，充分发挥香港国际航运中心作用及海事专业服务优势，推动粤港澳大湾区内航运服务资源跨境跨区域整合，提升大湾区港口群总体服务能级，重点在航运物流、水水中转、铁水联运、航运金融、海事服务、邮轮游艇等领域深化合作。加快广州港南沙港区四期自动化码头建设，充分利用园区已有铁路，进一步提高港铁联运能力。支持广州航运交易所拓展航运交易等服务功能，支持粤港澳三地在南沙携手共建大湾区航运联合交易中心。加快发展船舶管理、检验检测、海员培训、海事纠纷解决等海事服务，打造国际海事服务产业集聚区。遵循区域协调、互惠共赢原则，依托广州南沙综合保税区，建立粤港澳大湾区大宗原料、消费品、食品、艺术品等商品供应链管理平台，建设工程塑料、粮食、红酒展示交易中心，设立期货交割仓。

（十三）加强国际经济合作。全面加强和深化与日韩、东盟国家经贸合作，支持南沙高质量实施《区域全面经济伙伴关系协定》（RCEP），率先积累经验。对标《全面与进步跨太平洋伙伴关系协定》（CPTPP）、《数字经济伙伴关系协定》（DEPA）等国际高水平自贸协定规则，加大压力测试力度。加强与欧盟和北美发达经济体的合作，推动在金融、科技创新等领域对接，进一步融入区域和世界经济，打造成为国际经济合作前沿地。

（十四）构建国际交往新平台。鼓励引导港澳商会协会在南沙设立代表处。支持港澳全面参与和助力"一带一路"建设，促进与"一带一路"沿线国家和地区以及全球主要自贸区、自贸港区和商会协会建立务实交流合作，探索举办"一带一路"相关主题展会，构筑粤港澳大湾区对接"一带一路"建设的国际经济合作新平台。办好国际金融论坛（IFF）全球年会等国际性主题活动，积极承办国际重要论坛、大型文体赛事等对外交流活动。

## 五、打造规则衔接机制对接高地

（十五）打造国际一流营商环境。深化"放管服"改革，持续打造市场化法治化国际化营商环境。探索试行商事登记确认制，开展市场准入和监管体制机制改革试点，加快建立健全全方位、多层次、立体化监管体系，实现事前事中事后全链条全领域监管，依托国家企业信用信息公示系统，实现涉企信用信息互联互通、共享应用，创新推进部门联合"双随机、一公开"监管、企业信用风险分类管理。加快建设"数字政府"，完善"互联网+"审批体系，推进政务服务"即刻办+零跑动"。健全多元化纠纷解决机制，搭建一站式民商事纠纷解决系统平台，促进诉讼与仲裁、调解等多元化纠纷解决方式信息互通、有机衔接。

（十六）有序推进金融市场互联互通。支持符合条件的港澳投资者依法申请设立证券公司、期货公司、基金公司等持牌金融机构。积极支持南沙参与粤港澳大湾区保险服务中心设立。支持南沙在跨境机动车保险、跨境商业医疗保险等方面先行先试，促进粤港澳三地保险市场融合发展。支持开展移动支付创新应用。加快研究按程序在南沙设立粤港澳大湾区国际商业银行。支持推进外汇管理改革，探索开展合格境内有限合伙人（QDLP）境外投资等政策试点，支持粤港澳三地机构合作设立人民币海外投贷基金。加强金融监管合作，提升风险监测、预警、处置能力。

（十七）提升公共服务和社会管理相互衔接水平。推动粤港澳三地加强社会保障衔接，推进在南沙工作和生活的港澳居民享有市民待遇，提高港澳居民社会保障措施的跨境可携性。配合香港特别行政区政府建立医疗机构"白名单"制度，扩大香港"长者医疗券"使用范围，推动将"白名单"内的南沙医疗机构纳入香港医疗费用异地结算单位，并逐步将支付范围从门诊扩大到住院。组织制定与国际接轨的医院评审认证标准，在南沙开展国际医院评审认证，便利国际保险偿付。建立健全与港澳之间食品原产地可追溯制度，建立食品安全风险交流与信息发布制度，提高大湾区食品安全监管信息化水平。加强与港澳的交通衔接，加快建立南沙枢纽与香港的直接交通联系，进一步优化南沙客运港航班和广深港高铁庆盛站等经停班次，推进实现"一票式"联程和"一卡通"服务。在严格做好疫情防控等前提下，稳妥推进粤港澳游艇自由行，细化完善港澳游艇出入境政策体系、管理机制和操作规范。

## 六、建立高质量城市发展标杆

（十八）加强城市规划建设领域合作。坚持尊重自然、顺应自然、保护自然的生态文明理念，加强文明传承、文化延续，抓好历史文化保护传承，加强乡土树种、古树名木保护，用"绣花"功夫做好城市精细化治理。引入高水平规划策划设计单位及专家团队参与南沙规划编制、设计研究，探索引入港澳规划、建筑、设计、测量、工程等顾问公司和工程承建商的准入标准。对具有香港协会（学会）资格的香港建筑师、结构工程师、建筑测量师与内地相应协会会员资格互认。强化工程建设领域合作，借鉴港澳在市政建设及服务方面的经验，邀请港澳专家以合作或顾问形式参与建设管理，支持港澳业界参与重大交通设施、市政基础设施、文体设施和连片综合开发建设，允许港澳企业在南沙独资或控股的开发建设项目采用港澳工程建设管理模式，推进建筑师负责制和全过程工程咨询项目试点，允许取得建筑及相关工程咨询等香港相应资质的企业和专业人士经备案后直接提供服务。

（十九）稳步推进智慧城市建设。运用下一代互联网、云计算、智能传感、卫星、地理信息系统（GIS）等技术，加快南沙智慧城市基础设施建设，实现第五代移动通信（5G）全覆盖，提高基础设施管理和服务能力。加快建设交通信息感知设施，建立统一的智能化城市综合交通管理和服务系统，全面提升智能化管理水平。推进建设南沙智能电网、智能气网和智能供排水保障系统。

（二十）稳步推进粤港澳教育合作。在南沙划定专门区域，打造高等教育开放试验田、高水平高校集聚地、大湾区高等教育合作新高地。支持依法合规引进境外一流教育资源到南沙开展高水平合作办学，推进世界一流大学和一流学科建设。深化粤港澳高等教育合作，充分发挥粤港澳高校联盟等作用，鼓励三地高校探索开展相互承认特定课程学分、实施更灵活的交换生安排等方面的合作交流。完善在南沙设立的大学对港澳考生招生机制，参考中山大学、暨南大学自主招生方式，进一步拓宽港澳籍学生入学渠道。鼓励港澳职业教育培训机构与内地院校、企业、机构合作建立职业教育培训学校和实训基地。深入开展姊妹学校（园）交流合作活动。规划建设外籍人员子女学校或国际化程度较高的中小学校，落实港澳居民在内地申请中小学教师资格有关政策，鼓励发展0—3岁托育服务。从就医、购房跨境抵押、资格互认、创业支持等方面优化就业创业配套环境，实现教育、创新、创业联动和就学就业互促，增强对港澳青年学生就学吸引力。

（二十一）便利港澳居民就医养老。积极增加优质资源供给，携手港澳共建国际健康产业，加快国家健康旅游示范基地建设，支持港澳医疗卫生服务提供主体按规定以独资、合资方式设立医疗机构。参照香港大学深圳医院投资运营管理模式，在南沙建设由地方政府全额投资、引进港澳现代化管理模式的大型综合性公办医院。开展非急重病人跨境陆路转运服务，率先在南沙公立医院开展跨境转诊合作试点。加快实施《粤港澳大湾区药品医疗器械监管创新发展工作方案》，允许指定医疗机构使用临床急需、已在港澳上市的药品，以及临床急需、港澳公立医院已采购使用、具有临床应用先进性的医疗器械，由广东省实施审批。支持国家药监局在粤港澳大湾区内地区域加强药品和医疗器械审评检查工作。增强南沙养老机构对港澳老年人吸引力，提高南沙公办养老机构面向非户籍人口的床位比例，试点赋予港澳居民申请资格。支持香港扩大广东院舍住宿照顾服务计划，将南沙符合条件的养老机构纳入其中，香港老年人入住享受与香港本地同等补助。

（二十二）强化生态环境联建联防联治。加强节能环保、清洁生产、资源综合利用、可再生能源等绿色产业发展交流合作，在合作开展珠江口海域海洋环境综合治理、区域大气污染防治等方面建立健全环保协同联动机制。坚持陆海统筹、以海定陆，协同推进陆源污染治理、海域污染治理、生态保护修复和环境风险防范。实施生态保护红线精细化管理，加强生态重要区和敏感区保护。深入推进节能降耗和资源循环利用，加强固体废物污染控制，构建低碳环保园区。打好污染防治攻坚战，全面落实河长制、湖长制，消除黑臭水体，提升河流水质。实施更严格的清洁航运政策，减少船舶污染排放。

## 七、保障措施

（二十三）全面加强党的领导。坚持和加强党的领导，增强"四个意识"、坚定"四个自信"、做到"两个维护"，不断提高政治判断力、政治领悟力、政治执行力，把党的领导始终贯穿南沙建设发展全过程。坚持以党的政治建设为统领，坚持思想建党和制度治党紧密结合，加强党风廉政建设，以一流党建引领南沙发展。加强基层党组织建设，引导基层党组织和广大党员在推动南沙建设中发挥战斗堡垒和先锋模范作用。

（二十四）加强资金、要素等政策支持。2022—2024 年，每年安排南沙100 亿元新增地方政府债务限额，并统一计入地方政府债务余额。结合地方财力、债务风险情况以及项目融资需求，广东省在分配有关财政资金和新增地方政府债券额度方面对南沙予以倾斜支持。对主要投资港资澳资企业的创业投资基金，在基金注册、营商服务等方面提供便利。探索建立刚性和弹性有效结合的国土空间规划管理机制，严格耕地保护，在严守耕地红线和永久基本农田控制线、生态保护红线和不突破城镇开发边界的前提下，按程序开展土地管理综合改革试点；广东省和广州市要采取用地指标倾斜等方式，合理增加南沙年度用地指标。支持按程序推进解决龙穴岛南部围填海历史遗留问题。

（二十五）创新合作模式。探索采取法定机构或聘任制等方式，积极引进港澳专业人士、国际化人才参与南沙建设和管理。支持港澳积极参与南沙开发建设，优先导入符合本方案产业导向的港澳项目。建立由政府、行业协会商会、智库机构、专家学者等代表共同参与的发展咨询委员会，为南沙建设提供咨询建议。

（二十六）加强组织实施。各有关部门在重大政策实施、重大项目安排、体制机制创新等方面给予指导支持，粤港澳大湾区建设领导小组办公室要加强统筹协调、跟踪服务和督促落实。按照南沙发展新要求，研究修编南沙发展规划。广东省要与港澳加强沟通协调，积极为南沙建设发展创造良好环境，给予大力支持。广州市要落实主体责任，高标准高水平规划、建设和管理，整体谋划、分步实施。要强化底线思维，敬畏历史、敬畏文化、敬畏生态，加强风险防范化解，确保南沙健康有序可持续发展。

# 附录 5 《深圳建设中国特色社会主义先行示范区综合改革试点实施方案（2020—2025 年）》

中共中央作出兴办经济特区重大战略部署 40 年来，深圳敢闯敢试、敢为人先、埋头苦干，创造了发展史上的奇迹，成为全国改革开放的一面旗帜。2019 年 8 月，以习近平同志为核心的党中央作出支持深圳建设中国特色社会主义先行示范区的重大决策，一年来，各项工作取得积极进展。以设立经济特区 40 周年为契机，在中央改革顶层设计和战略部署下，支持深圳实施综合授权改革试点，是新时代推动深圳改革开放再出发的又一重大举措，是建设中国特色社会主义先行示范区的关键一招，也是创新改革方式方法的全新探索，为贯彻落实习近平总书记关于深圳改革发展的重要指示批示精神和《中

共中央、国务院关于支持深圳建设中国特色社会主义先行示范区的意见》有
关要求，积极稳妥做好综合授权改革试点工作，制定本方案。

## 一、总体要求

（一）指导思想。以习近平新时代中国特色社会主义思想为指导，全面
贯彻党的十九大和中共十九届二中、三中、四中全会精神，按照中共中央、
国务院决策部署，牢牢把握正确改革方向，围绕中国特色社会主义先行示范
区的战略定位和战略目标，赋予深圳在重点领域和关键环节改革上更多自主
权，支持深圳在更高起点、更高层次、更高目标上推进改革开放，率先完善
各方面制度，构建高质量发展体制机制，推进治理体系和治理能力现代化，
加快形成全面深化改革、全面扩大开放新格局，推动更高水平深港合作，增
强在粤港澳大湾区建设中的核心引擎功能，努力创建社会主义现代化强国的
城市范例。

（二）工作原则

——坚持解放思想、守正创新。坚持和加强党的全面领导，坚持中国特
色社会主义道路，坚持以人民为中心的发展思想，在守正的基础上创新，解
放思想、实事求是，固根基、扬优势、补短板、强弱项。

——坚持市场化、法治化、国际化。充分发挥市场在资源配置中的决定
性作用，更好发挥政府作用，推进改革与法治双轮驱动，实施更大范围、更
宽领域、更深层次的全面开放。

——坚持系统集成、协同高效。突出改革系统性、整体性、协同性，聚
焦重点领域和关键环节，推动各方面制度更加衔接配套、成熟定型，实现改
革目标集成、政策集成、效果集成。

——坚持先行先试、引领示范。坚持问题导向、目标导向、结果导向，
给予充分改革探索空间，在遵循宪法和法律、行政法规基本原则前提下，允
许深圳立足改革创新实践需要，根据授权开展相关试点试验示范。鼓励大胆
创新、真抓实干，注重经验总结，及时规范提升，为全国提供示范。

——坚持底线思维、稳步实施。提前预设底线情形，在风险总体可控前提下，科学把握时序、节奏和步骤，分期分步、稳妥有序推进改革。

（三）主要目标。2020年，在要素市场化配置、营商环境优化、城市空间统筹利用等重要领域推出一批重大改革措施，制定实施首批综合授权事项清单，推动试点开好局、起好步。2022年，各方面制度建设取得重要进展，形成一批可复制可推广的重大制度成果，试点取得阶段性成效。2025年，重要领域和关键环节改革取得标志性成果，基本完成试点改革任务，为全国制度建设作出重要示范。

## 二、完善要素市场化配置体制机制

（四）支持在土地管理制度上深化探索。将国务院可以授权的永久基本农田以外的农用地转为建设用地审批事项委托深圳市政府批准。支持在符合国土空间规划要求的前提下，推进二三产业混合用地。支持盘活利用存量工业用地，探索解决规划调整、土地供应、收益分配、历史遗留用地问题。探索利用存量建设用地进行开发建设的市场化机制，完善闲置土地使用权收回机制。深化深汕特别合作区等区域农村土地制度改革。支持依托公共资源交易平台建设自然资源资产交易市场，完善一二级市场联动的土地市场服务监管体系。试点实行土地二级市场预告登记转让制度。

（五）完善适应超大城市特点的劳动力流动制度。深化户籍制度改革，调整完善积分落户政策。完善居住证制度，鼓励根据实际扩大公共服务范围、提高服务标准，稳步推进基本公共服务常住人口全覆盖。允许探索适应新技术、新业态、新产业、新模式发展需要的特殊工时管理制度。

（六）支持在资本市场建设上先行先试。推进创业板改革并试点注册制，试点创新企业境内发行股票或存托凭证（CDR）。建立新三板挂牌公司转板上市机制。优化私募基金市场准入环境。探索优化创业投资企业市场准入和发展环境。依法依规开展基础设施领域不动产投资信托基金试点。在中国人民银行数字货币研究所深圳下属机构的基础上成立金融科技创新平台。支持开展数字人民币内部封闭试点测试，推动数字人民币的研发应用和国际合作。

（七）加快完善技术成果转化相关制度。改革科研项目立项和组织方式，建立主要由市场决定的科技项目遴选、经费分配、成果评价机制。深化科技成果使用权、处置权和收益权改革，在探索赋予科研人员职务科技成果所有权或长期使用权、成果评价、收益分配等方面先行先试。探索政府资助项目科技成果专利权向发明人或设计人、中小企业转让和利益分配机制，健全国有企业科研成果转化利益分配机制。完善技术成果转化公开交易与监管体系。

（八）加快培育数据要素市场。率先完善数据产权制度，探索数据产权保护和利用新机制，建立数据隐私保护制度。试点推进政府数据开放共享。支持建设粤港澳大湾区数据平台，研究论证设立数据交易市场或依托现有交易场所开展数据交易。开展数据生产要素统计核算试点。

（九）健全要素市场评价贡献机制。率先探索完善生产要素由市场评价贡献、按贡献决定报酬的机制，增加劳动者特别是一线劳动者劳动报酬。充分尊重科研、技术、管理人才，探索充分体现技术、知识、管理、数据等要素价值的实现形式。深入推进区域性国资国企综合改革试验，支持建立和完善符合市场经济规律与企业家成长规律的国有企业领导人员管理机制，探索与企业市场地位和业绩贡献相匹配、与考核结果紧密挂钩、增量业绩决定增量激励的薪酬分配和长效激励约束机制。

## 三、打造市场化法治化国际化营商环境

（十）进一步完善公平开放的市场环境。在全国统一的市场准入负面清单基础上，制定深圳放宽市场准入特别措施清单，放宽能源、电信、公用事业、交通运输、教育等领域市场准入。进一步放宽前沿技术领域的外商投资准入限制。支持完善公平竞争制度。完善经营邮政通信业务审批机制。试点能源领域许可审批告知承诺制。推进破产制度和机制的综合配套改革，试行破产预重整制度，完善自然人破产制度。

（十一）打造保护知识产权标杆城市。开展新型知识产权法律保护试点，

完善互联网信息等数字知识产权财产权益保护制度，探索建立健全证据披露、证据妨碍排除和优势证据规则，建立知识产权侵权惩罚性赔偿制度。探索在部分知识产权案件中实行举证责任转移制度。实施知识产权领域以信用为基础的分级分类监管。

（十二）完善行政管理体制和经济特区立法。按程序赋予深圳在干部和机构管理、统筹使用各类编制资源等方面更大自主权。探索完善行政争议多元解决机制，健全行政复议与行政诉讼衔接机制。支持深圳扩宽经济特区立法空间，在新兴领域加强立法探索，依法制定经济特区法规规章。

## 四、完善科技创新环境制度

（十三）优化创新资源配置方式和管理机制。支持实行非竞争性、竞争性"双轨制"科研经费投入机制。推动完善科研机构管理机制，建立常态化的政企科技创新咨询制度。实施高层次科技人才定向培养机制。

（十四）建立具有国际竞争力的引才用才制度。按程序赋予深圳外国高端人才确认函权限，探索优化外国人来华工作许可和工作类居留许可审批流程。支持探索制定外籍"高精尖缺"人才认定标准，为符合条件的外籍人员办理 R 字签证和提供出入境便利。为符合条件的外籍高层次人才申请永久居留提供便利。支持探索建立高度便利化的境外专业人才执业制度，放宽境外人员（不包括医疗卫生人员）参加各类职业资格考试的限制。

## 五、完善高水平开放型经济体制

（十五）加大制度型开放力度。支持以规则衔接深化粤港澳大湾区合作发展。充分发挥中国（广东）自由贸易试验区深圳前海蛇口片区全面深化改革和扩大开放试验田作用，形成更多可复制可推广的制度创新成果。加强对重大疑难涉外商事案件的业务指导。支持完善法治领域跨境协作机制，健全国际法律服务和纠纷解决机制。

（十六）扩大金融业、航运业等对外开放。支持符合条件的在深境内企业赴境外上市融资。开展本外币合一跨境资金池业务试点。支持深圳在推进人民币国际化方面先行先试，推动完善外汇管理体制。支持符合条件的外资金融机构在深圳依法发起设立证券公司、基金管理公司。支持符合条件的外资机构在深圳依法合规获取支付业务许可证。推动构建与国际接轨的金融规则体系。探索完善国际船舶登记制度。赋予深圳国际航行船舶保税加油许可权，进一步放开保税燃料油供应市场。

## 六、完善民生服务供给体制

（十七）创新医疗服务体系。支持在深圳开展国际前沿药品临床应用。探索完善医疗服务跨境衔接，建立与国际接轨的医学人才培养、医院评审认证标准体系。支持建设全新机制的医学科学院。支持完善重大疫情防控体制机制，健全公共卫生应急管理体系。

（十八）探索扩大办学自主权。探索扩大在深高等学校办学自主权。在符合国家相关政策规定前提下，支持深圳引进境外优质教育资源，开展高水平中外合作办学。赋予深圳对企业博士后科研工作站分站的设立和撤销权限。

（十九）优化社会保障机制。探索公共服务多元化供给新机制，加快构建以促进健康为导向的创新型医保制度。支持完善普惠婴幼儿照护服务体系。鼓励利用全国一体化政务服务平台实现医保政务服务一体化办理。支持健全公共就业服务和终身职业技能培训制度。

（二十）完善文化体育运营管理体制。支持深化文艺院团改革，完善院团管理体制、运行机制和利益分配制度。按程序赋予省级电视剧审查等管理权限。支持建设适用国际通用规则的文化艺术品（非文物）拍卖中心。支持开展体育消费城市试点，推进体育产业创新试验，创新促进体育赛事发展的服务管理机制和安保制度。

## 七、完善生态环境和城市空间治理体制

（二十一）健全生态建设和环境保护制度。支持完善生态保护红线、环

境质量底线、资源利用上线和生态环境准入清单等"三线一单"生态环境分区管控体系，开展重要生态空间自然资源确权登记，扩大生态系统服务价值核算范围。支持完善本地清洁能源供应机制，建设能源产业创新中心、创新联合体等平台机构。支持完善产品环保强制性地方标准，建立绿色产业认定规则体系，完善气候投融资机制。推动完善陆海统筹的海洋生态环境保护修复机制，实行环境污染强制责任保险制度，探索建立入海排污口分类管理制度。加快建设国家可持续发展议程创新示范区。

（二十二）提升城市空间统筹管理水平。按照相关法律法规，支持推动在建设用地地上、地表和地下分别设立使用权，探索按照海域的水面、水体、海床、底土分别设立使用权，促进空间合理开发利用。开展深化自然生态空间用途管制试点。按程序赋予深圳占用林地省级审核权限。探索优化用地用林用海"统一收文、统一办理、统一发文"审批机制，推动自然资源使用审批全链条融合。开展航空资源结构化改革试点。完善无人机飞行管理制度。

## 八、强化保障措施

（二十三）全面加强党的领导。坚持和加强党对深圳建设中国特色社会主义先行示范区综合改革试点的领导，增强"四个意识"、坚定"四个自信"、做到"两个维护"，把党的建设始终贯穿综合改革试点全过程，严密党的组织体系，为深圳深化改革开放提供坚强保障。

（二十四）创新工作机制。支持深圳结合实际率先开展相关试点试验示范，实施重大改革举措。国家发展改革委会同有关方面分批次研究制定授权事项清单，按照批量授权方式，按程序报批后推进实施。有关方面要按照本方案要求和经批准的事项清单，依法依规赋予深圳相关管理权限。建立健全重大风险识别及系统性风险防范制度和政策体系。实行包容审慎的改革风险分类分级管控机制，根据风险程度，分别采取调整、暂缓或终止等处置措施，不断优化综合改革试点实施路径。国家发展改革委会同有关部门及时跟进综合改革试点进展，加强统筹协调和指导评估，对达到预期效果的抓紧总结推广，对新情况新问题及时分析评估，重要情况及时向中共中央、国务院报告。

（二十五）落实地方责任。广东省要积极为深圳开展综合改革试点创造条件，加大行政审批、科技创新、规划管理、综合监管、涉外机构和组织管理等方面放权力度，依法依规赋予深圳更多省级经济社会管理权限。深圳要切实担负起试点主体责任，增强使命感和责任感，认真做好具体实施工作，确保各项改革任务扎实有序推进。要加强与粤港澳大湾区其他城市协调合作，建立区域互动、优势互补的改革联动机制，实现协同对接，充分发挥制度整体效能。

（二十六）强化法治保障。建立健全与综合改革试点相配套的法律法规、政策调整机制。本方案提出的各项改革政策举措，凡涉及调整现行法律或行政法规的，经全国人大常委会或国务院授权后实施。有关方面要加强指导和服务，统筹综合改革试点涉及的法律法规事项，做好与相关法律法规立改废释的衔接。

（二十七）营造改革氛围。弘扬特区精神，继续大胆地闯、大胆地试。健全改革的正向激励机制，注重在改革一线考察识别干部，大胆提拔使用敢于改革、善于改革的干部，充分调动和激发广大干部参与改革的积极性、主动性和创造性。全面落实"三个区分开来"，建立健全容错纠错机制，宽容干部在改革创新中的失误错误，对干部的失误错误进行综合分析，该容的大胆容，不该容的坚决不容。及时宣传深圳推进改革的新进展新成效，为综合改革试点营造良好舆论氛围。

# 参考文献

［1］胡长顺.深化改革开放需要创办沿边经济特区［EB/OL］.人民网，2013-07-29.

［2］李锋.创新粤港澳大湾区合作机制 建设世界级城市群［A］.中国国际经济交流中心.中国智库经济观察：2017［C］.北京：社会科学文献出版社，2018.

［3］李锋.粤港澳大湾区发展现状及展望［A］.中国国际经济交流中心.中国经济分析与展望：2017—2018［C］.北京：社会科学文献出版社，2018.

［4］李锋."一带一路"建设的前景展望［J］.中国财政，2017（12）.

［5］李晓莉，申明浩.新一轮对外开放背景下粤港澳大湾区发展战略和建设路径探讨［J］.国际经贸探索，2017（9）.

［6］林先扬.粤港澳大湾区科技创新发展特征、瓶颈与策略探讨［J］.岭南学刊，2018（7）.

［7］龙永图."一带一路"战略与中国对外开放战略的新特点［J］.区域经济评论，2016（5）.

［8］丘杉.粤港澳大湾区城市群发展路向选择的维度分析［J］.广东社会科学，2017（4）.

［9］申明浩，杨永聪.国际湾区实践对粤港澳大湾区建设的启示［J］.发展改革理论与实践，2017（1）.

［10］覃成林，刘丽玲，覃文昊.粤港澳大湾区城市群发展战略思考［J］.

区域经济评论，2017（9）.

［11］曾培炎."一带一路"：全球共同需要 人类共同梦想［J］.求是，2015（5）.

［12］孙伯银.近年国际经济形势及未来展望［J］.农村金融研究，2016（3）.

［13］王志民.把握粤港澳大湾区发展机遇 携手打造国际科技创新中心［N］.学习时报，2018-08-31.

［14］汪雨卉，王承云.粤港澳大湾区科技创新资源空间配置差异研究［J］.科技与经济，2018（2）.

［15］赵晋平.发达国家与发展中国家发展不平衡［N］.人民日报，2015-07-12.

［16］张晓强.构建开放型经济新体制的重点工作［J］.全球化，2016（2）.

［17］张晓强.粤港澳大湾区突破要靠体制机制创新［J］.腾云，2017（8）.

［18］张晓强.粤港澳大湾区建设，要以改革为发展注入强大动力［J］.南方，2017（11）.

［19］邓志新.粤港澳大湾区：珠三角发展的新引擎［J］.广东经济，2017（5）.

［20］《粤港澳大湾区发展规划纲要》，2019 年 2 月 18 日.

［21］《广东省科技创新"十四五"规划》，2021 年 10 月 14 日.

［22］《广东省国民经济和社会发展第十四个五年规划和 2035 年远景目标纲要》，2021 年 4 月 25 日.

［23］陈文玲，塑造粤港澳大湾区创新驱动的集成优势［N］.21 世纪经济报道，2021-11-09.

［24］陈文玲.打造粤港澳大湾区建设成为国际创新枢纽 为科技强国提供重大战略支撑［J］.中国科技产业，2022（2）.

［25］陈文玲.创新金融助力改革发展 粤港澳大湾区承担着历史使命

［EB/OL］.金融界网站，2019-06-24.

　　［26］陈文玲.突破壁垒　把粤港澳大湾区建设为创新高地［EB/OL］.粤港澳大湾区门户网，2020-07-08.

　　［27］陈文玲.一带一路给香港带来的重大机遇与建议［J］.全球化，2015（12）.

　　［28］陈文玲，王飞，王检贵.新形势下充分发挥香港优势的思路与对策［J］.宏观经济研究，2009（11）.

　　［29］毛艳华，肖延兵.CEPA十年来内地与香港服务贸易开放度效应评析［J］.中山大学学报（社会科学学报），2013（6）.

　　［30］张智慧.5G时代金融支持粤港澳大湾区文创产业高质量发展研究［J］.投资与合作，2021（2）.

　　［31］丘少桦，王国庆.5G下粤港澳大湾区物流配送时效性研究［J］.合作经济与科技，2020（20）.

　　［32］甄清岚.5G落地　大湾区成了"国际一流湾区"［J］.通信世界，2021（9）.